Wir danken folgenden Firmen für die freundliche Unterstützung

Württembergische Metallwarenfabrik AG, Geislingen/Steige
CMA, Bonn-Bad Godesberg
Dr. Oetker Tiefkühlkost GmbH, Bielefeld
New Zealand Meat Producers Board, Brüssel
PR Dr. Muth, Hamburg
Union Deutsche Lebensmittelwerke GmbH, Hamburg
Rice-Council, Zürich
American Soybean-Association
SvL, Hamburg

Lizenzausgabe 1986 Manfred Pawlak Verlagsgesellschaft mbH, Herrsching

Gestaltung Agentur für Werbung und Marketing ATS GmbH, Bielefeld

Umschlag Bine Cordes, Weyarn

Fotos Kapitel-Doppelseiten (Kulinarische Impressionen) Arnold Zabert, Hamburg
Food-Styling: Wolfgang Helmentag, Gütersloh

Rezepte und Anleitungen Versuchsküche Dr. August Oetker, Bielefeld

Herstellung New Interlitho S.p.A., Trezzano

Reproduktion Büscher Repro, Bielefeld

ISBN 3-88199-278-2

Das Dr. Oetker Kochbuch

Das Dr. Oetker Kochbuch

Über 850 Rezepte
mit mehr als 450 Farbfotos
und Abbildungen

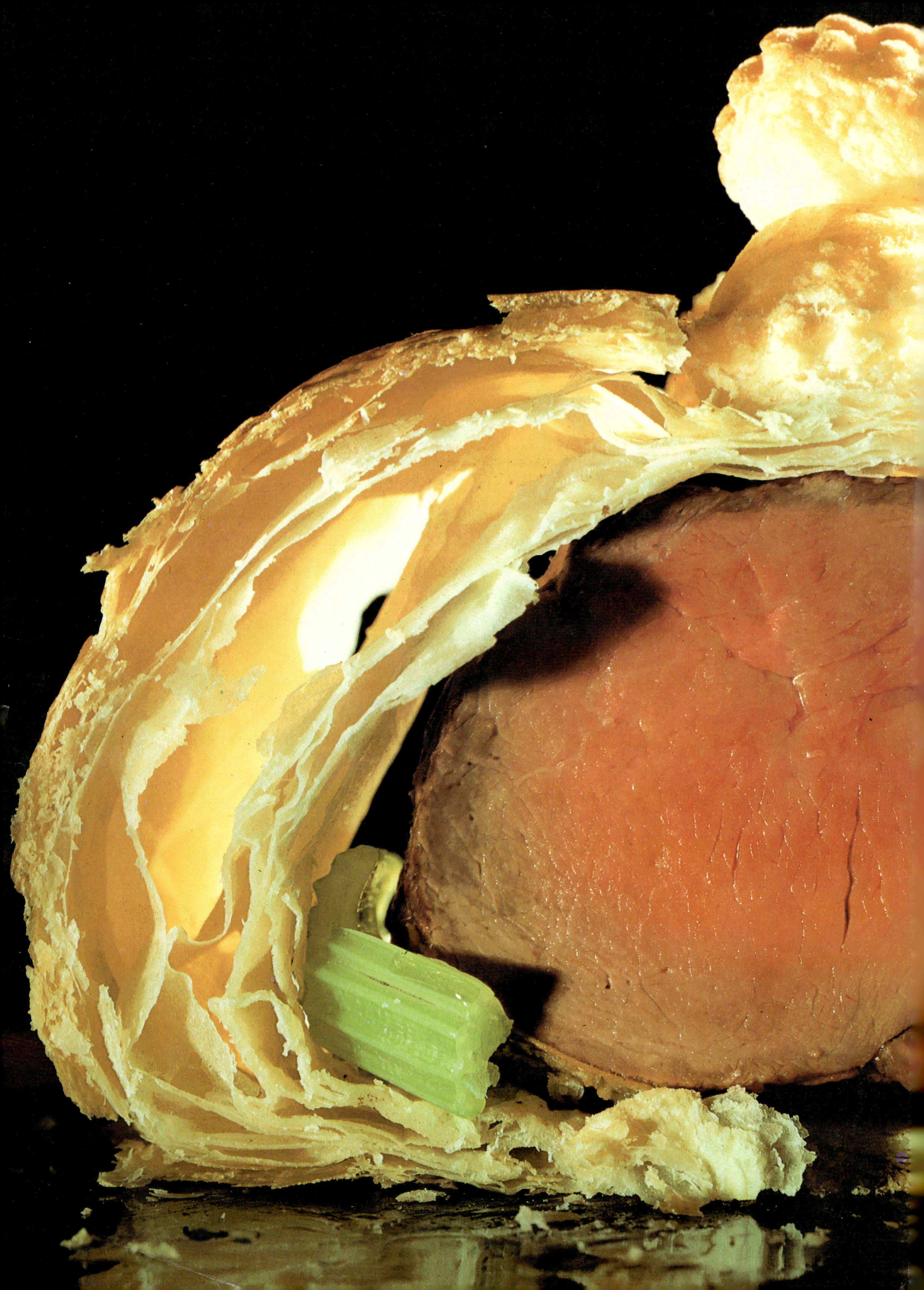

VORWORT

„Das Dr. Oetker Kochbuch" möchten wir allen widmen, die gern kochen und mit Freude genießen.
Deshalb soll dieses Kochbuch nicht nur eine Fundgrube der schönsten Rezepte sein, sondern ein echter „Gebrauchsgegenstand", der Sie mit immer wieder neuen Ideen zum abwechslungsreichen Kochen inspiriert .
Und das Beste daran: Jedes Rezept ist – bei aller Raffinesse – sehr verständlich beschrieben. Alle Zutaten stehen exakt in der Reihenfolge, wie sie beim Kochen verwendet werden.
Das wurde in der Dr. Oetker Versuchsküche genau geprüft, damit Ihnen alles am besten gelingt.

Inhaltsübersicht

Die Rezepte der Doppelseitenfotos (Kulinarische Impressionen) finden Sie auf den Seiten 346 bis 352.

Die Rezepte sind – wenn nicht anders angegeben – für 4 Personen berechnet.

Dunkle Grundsuppe

40 g Butter oder Margarine	zerlassen
50 g Weizenmehl	unter Rühren so lange darin erhitzen, bis es hell- bis dunkelbraun ist
evtl. 1 Zwiebel	abziehen, würfeln, in das leicht gebräunte Mehl geben, da sie sonst zu dunkel wird
1 l Flüssigkeit	hinzugießen, mit einem Schneebesen durchschlagen, zum Kochen bringen, etwa 10 Minuten kochen lassen, nach Belieben abschmecken.

Helle Grundsuppe

40 g Butter oder Margarine	zerlassen
40 g Weizenmehl	unter Rühren so lange darin erhitzen, bis es hellgelb ist
1 l Flüssigkeit	hinzugießen, mit einem Schneebesen durchschlagen, zum Kochen bringen, etwa 10 Minuten kochen lassen, nach Belieben abschmecken.

Fleischbrühe mit Reis oder Sago

1 l Fleischbrühe (s. oben oder Instant-Fleischbrühe)	zum Kochen bringen
40 g Brühreis (Langkorn) oder Sago	hineinstreuen, zum Kochen bringen, gar kochen lassen, die Brühe mit
1 Eßl. gehackter Petersilie oder feingeschnittenem Schnittlauch	bestreuen
Kochzeit für den Reis:	20 – 30 Minuten
für den Sago:	15 – 20 Minuten.
Veränderung:	Reis oder Sago gesondert in Salzwasser gar kochen lassen, kurz vor dem Anrichten in die Brühe geben.

Fleischbrühe

250 g Knochen	abspülen, zerkleinern
375 g Rindfleisch (Brust-, Schwanzstück oder Bein)	waschen
	beide Zutaten in
2 l kaltes Salzwasser	geben, zum Kochen bringen
1 Bund Suppengrün	putzen, waschen
1 Zwiebel	abziehen, in Scheiben schneiden, nach Belieben rösten, mit dem Suppengrün in die Brühe geben, kochen lassen
	wenn das Fleisch gar ist, die Brühe durch ein Sieb gießen, mit Salz,
Fleischextrakt oder Suppenwürze	abschmecken
Kochzeit:	2½ – 3 Stunden
	klare Fleischbrühe in Tassen mit
Käsestangen	reichen oder sie zu einer der nachfolgenden Suppen mit Einlage verwenden.

Fleischbrühe mit Nudeln

1 l Fleischbrühe (s. oben oder Instant-Fleischbrühe)	zum Kochen bringen
40 g Nudeln (Sternchen, Hörnchen, Buchstaben oder Fadennudeln)	(Fadennudeln zerkleinern) hineinstreuen, umrühren, gar kochen lassen, die Brühe mit
1 Eßl. gehackter Petersilie	bestreuen
Kochzeit:	Etwa 15 Minuten.
Veränderung:	Die Nudeln gesondert in Salzwasser gar kochen lassen, kurz vor dem Anrichten in die Brühe geben.

Kalbfleischbrühe

250 g zerkleinerte Kalbsknochen	unter fließendem kaltem Wasser abspülen
250 g Kalbfleisch (aus der Brust)	waschen, beide Zutaten in
1½ l kaltes Salzwasser	geben, zum Kochen bringen, abschäumen
1 Bund Suppengrün	putzen, waschen, kleinschneiden, hinzufügen, das Fleisch gar ziehen lassen, die Brühe durch ein Sieb gießen, mit Salz,
Fleischextrakt oder Suppenwürze	abschmecken
etwa 100 g gekochte Spargelköpfe	
etwa 100 g gedünstete Erbsen	nach Belieben hinzufügen, miterhitzen
Kochzeit:	Etwa 1½ Stunden.
Beigabe:	Weißbrot.

Hühnerbrühe mit Einlage

1 l Hühnerbrühe	zum Kochen bringen
50 g Nudeln oder Brühreis (Langkorn)	hineinstreuen, umrühren, zum Kochen bringen, gar kochen lassen
vorbereitete Blumenkohlröschen Spargelstückchen	in der Suppe gar kochen lassen die Suppe mit
Fleischextrakt oder Suppenwürze	abschmecken, mit
1 Eßl. gehackter Petersilie	bestreuen
Kochzeit für die Nudeln:	10 – 15 Minuten
für den Reis:	20 – 30 Minuten.

Knochenbrühe

500 g zerkleinerte Fleischknochen	
2 Markknochen	unter fließendem kaltem Wasser abspülen, in
1½ l kaltes Salzwasser	geben, zum Kochen bringen, abschäumen
1 Bund Suppengrün	putzen, waschen, kleinschneiden, etwa 30 Minuten vor Beendigung der Kochzeit in die Brühe geben, mitkochen lassen, die Brühe durch ein Sieb gießen
1 rote und 1 grüne Paprikaschote	halbieren, entstielen, entkernen, die weißen Scheidewände entfernen, die Schoten waschen, in Streifen schneiden, in der Brühe in 10 – 15 Minuten gar ziehen lassen, nach Belieben mit
geschrotetem, schwarzem Pfeffer	würzen
Kochzeit:	Etwa 2½ Stunden.

Hühnerbrühe

1 küchenfertiges Suppenhuhn (1¼ kg) waschen, zusammen mit Herz, aufgeschnittenem, gesäubertem Magen, Hals in

2½ l kochendes Salzwasser geben

1 Bund Suppengrün putzen, waschen, kleinschneiden, hinzufügen, zum Kochen bringen, alles gar kochen lassen (die Leber nur wenige Minuten mitkochen)

wenn das Huhn gar ist, die Brühe durch ein Sieb gießen, das Hühnerfleisch von den Knochen lösen, nach Belieben kleinschneiden, in die Brühe geben oder zu Frikassee verwenden

Kochzeit: Etwa 2 Stunden.

Einlage: Verlorene Eier.

Taubenbrühe

2 küchenfertige Tauben waschen, zusammen mit Herz, aufgeschnittenem, gesäubertem Magen, Hals in

2½ l kochendes Salzwasser geben

1 Bund Suppengrün putzen, waschen, hinzufügen, zum Kochen bringen, gar kochen lassen, die Tauben aus der Brühe nehmen, von den Knochen befreien, das Fleisch kleinschneiden, die Brühe durch ein Sieb gießen, aus der Leber nach Belieben Klößchen bereiten (S. 18), zusammen mit dem Fleisch als Einlage in die Brühe geben (Taubenbrühe ist sehr geeignet für Kranke und Genesende)

Kochzeit: Etwa 2 Stunden.

Gestockte Brühe

1 l Instant-Fleischbrühe zum Kochen bringen

2 Eier mit

4 Eßl. kaltem Wasser kurz verrühren, mit

Salz, geriebener Muskatnuß abschmecken, tropfenweise (über einen Schneebesen) in die stark kochende Brühe geben, einmal aufkochen lassen.

Flädle-Suppe

1 Ei	mit
Salz	
4 Eßl. kalter Milch	
3 gestrichenen Eßl. Weizenmehl	verschlagen
2 Eßl. Speiseöl	in einer Stielpfanne erhitzen, eine dünne Teiglage hineingeben, von beiden Seiten goldgelb backen, von dem restlichen Teig nochmals 1 Pfannkuchen backen (es können auch evtl. übrig gebliebene Pfannkuchen vom Vortage verwendet werden) die Pfannkuchen aufrollen, in dünne Streifen (Flädle) schneiden
1 l Wasser	zum Kochen bringen
3 gestrichene Eßl. Instant-Fleischbrühe	unterrühren, die Pfannkuchenstreifen in die Suppe geben, kurz miterhitzen, nach Belieben mit
feingeschnittenem Schnittlauch	bestreuen
Kochzeit:	2 – 3 Minuten.

Königinsuppe

40 g Butter oder Margarine	zerlassen
40 g Weizenmehl	unter Rühren so lange darin erhitzen, bis es hellgelb ist
1 l Hühnerbrühe (S. 14)	hinzugießen, mit einem Schneebesen durchschlagen, zum Kochen bringen, etwa 10 Minuten kochen lassen
200 g gekochtes Hühnerfleisch	in Würfel schneiden
8 – 10 Mandeln	abziehen, mahlen
100 g gare Blumenkohlröschen oder Spargelköpfe	
	die Zutaten in die Suppe geben
1 Eigelb	mit
125 ml (⅛ l) Milch	verschlagen, die Suppe damit abziehen, mit
Fleischextrakt oder Suppenwürze	abschmecken
Kochzeit:	15 – 20 Minuten.
Veränderung:	Anstelle der Hühnerbrühe Kalbfleischbrühe verwenden.

Grießsuppe

1 l Fleisch-, Knochen- oder Gemüsebrühe (S. 12) oder Instant-Fleischbrühe	zum Kochen bringen
40 g Grieß	unter Rühren hineinstreuen, ausquellen lassen, die Suppe mit
Salz, Fleischextrakt oder Suppenwürze	abschmecken, mit
1 Eßl. gehackter Petersilie oder feingeschnittenem Schnittlauch	bestreuen
Kochzeit:	Etwa 10 Minuten.
Veränderung:	Den Grieß in 20 g zerlassene Butter oder Margarine geben, unter Rühren so lange darin erhitzen, bis er hellgelb ist, dann die Brühe dazugeben.

Ochsenschwanzsuppe

750 g Ochsenschwanz	waschen, abtrocknen, in Stücke schneiden
1 mittelgroße Zwiebel	abziehen, in Scheiben schneiden
1 Bund Suppengrün	putzen, waschen, kleinschneiden
40 g Margarine	erhitzen, den Ochsenschwanz mit
40 g Schinkenspeckwürfeln	gut darin bräunen, Zwiebel und Suppengrün hinzufügen, kurz miterhitzen
1½ l heißes Wasser	mit
4 Pfefferkörnern	
2 Pimentkörnern (Nelkenpfeffer)	
1 Gewürznelke	
1 kleinen Lorbeerblatt, Salz	hinzufügen, zum Kochen bringen, gar kochen lassen, die Brühe durch ein Sieb gießen, entfetten, das Fleisch von den Knochen lösen, kleinschneiden
40 g Margarine	zerlassen
50 g Weizenmehl	unter Rühren so lange darin erhitzen, bis es dunkelbraun ist, die Brühe hinzugießen, mit einem Schneebesen durchschlagen, darauf achten, daß keine Klumpen entstehen, die Suppe zum Kochen bringen, das Fleisch hinzugeben, etwa 5 Minuten kochen lassen, mit
Salz, Pfeffer	
1 – 2 Eßl. Zitronensaft	
Rotwein	
Zucker	abschmecken
Kochzeit:	Etwa 2 Stunden.

Pikante Ochsenschwanzsuppe

1 mittelgroße Zwiebel	abziehen, fein würfeln
1 Eßl. Speiseöl	erhitzen, die Zwiebelwürfel darin glasig dünsten
1 kleine Gewürzgurke	in kleine Stücke schneiden, mit
1 Teel. Honig	
1 Messerspitze Currypulver	
1 Messerspitze Paprika edelsüß	zu den Zwiebelwürfeln geben, kurz durchdünsten lassen
1 Dose (etwa 400 g) Ochsenschwanzsuppe	nach der Vorschrift zubereiten, zu dem gedünsteten Gemüse geben, unter Rühren einmal aufkochen lassen, die Suppe mit
1 Teel. Rotwein	
1 Teel. Weinbrand	
1 Eßl. Sahne oder Dosenmilch	verfeinern
Garzeit:	Etwa 20 Minuten.

Frühlingssuppe

125 g vorbereiteten Blumenkohl	in Röschen teilen
2 Möhren	putzen, schrappen, mit einem Buntschneidemesser in Scheiben schneiden
4 Stangen Suppenspargel	schälen, in kleine Stücke schneiden
1 Stange Porree	putzen, in Scheiben schneiden
1 Stück Sellerieknolle	putzen, schälen, in Würfel schneiden das Gemüse waschen
2 mittelgroße Tomaten	waschen, kleinschneiden, das Gemüse in
1 l Instant-Fleischbrühe	geben, zum Kochen bringen, gar kochen

	lassen, die Suppe mit
Salz Pfeffer Fleischextrakt oder Suppenwürze	abschmecken, mit
2 Eßl. gehackter Petersilie	bestreuen
Kochzeit:	Etwa 30 Minuten.
Einlage:	Nach Belieben Eierstich (S. 18), Markklößchen (S. 18) oder Grießklößchen (S. 19).

Gulaschsuppe

300 g Zwiebeln	abziehen, in Scheiben schneiden
1 rote und 1 grüne Paprikaschote (etwa 400 g)	halbieren, entstielen, entkernen, die weißen Scheidewände entfernen, die Schoten waschen, in feine Streifen schneiden
250 g Rindfleisch	waschen, in kleine Würfel schneiden
60 g Margarine	zerlassen, die Zwiebeln darin hellgelb dünsten lassen, Paprikastreifen,
3 schwach gehäufte Eßl. Tomatenmark	hinzufügen, andünsten, das Fleisch, etwa 250 ml (¼ l) von
1½ l heißem Wasser, 2 Brühwürfel (für 1 l), Salz Paprika extrascharf Gulasch-Gewürz Knoblauchsalz	hinzufügen, gut umrühren, dünsten lassen, 30 Minuten vor Beendigung der Garzeit das restliche Wasser hinzugießen, gar kochen lassen
3 gestrichene Teel. Speisestärke	mit
2 Eßl. kaltem Wasser	anrühren, die Suppe damit binden, mit
Tabascosoße	abschmecken
Garzeit:	Etwa 1¼ Stunden.
Veränderung:	300 g geschälte, gewaschene, in kleine Würfel geschnittene Kartoffeln 20 Minuten vor Beendigung der Kochzeit in die Suppe geben.

Tip:

Für Suppen mit dem „gewissen Etwas": Crème fraîche nach dem Abschmecken unter die Suppe rühren.

Wildsuppe
(Resteverwertung)

Kleingehackte Wildknochen (Hasengerippe, Rebhuhn-, Rehknochen)	unter fließendem kaltem Wasser abspülen
1 mittelgroße Zwiebel	abziehen, in Scheiben schneiden
1 Bund Suppengrün	putzen, waschen, kleinschneiden
1 – 2 Eßl. Margarine	erhitzen, die Knochen mit
100 g rohen Schinkenwürfeln	darin bräunen, Zwiebel und Suppengrün hinzufügen, kurz miterhitzen
1½ l heißes Wasser 4 Pfefferkörner 2 Pimentkörner (Nelkenpfeffer) 1 Gewürznelke 1 kleines Lorbeerblatt	hinzufügen, zum Kochen bringen, gar kochen lassen, die Brühe durch ein Sieb gießen, entfetten, das Fleisch von den Knochen lösen, in feine Streifen schneiden
40 g Margarine	zerlassen
50 g Weizenmehl	unter Rühren so lange darin erhitzen, bis es dunkelbraun ist, die Brühe hinzugießen, mit einem Schneebesen durchschlagen, darauf achten, daß keine Klumpen entstehen, die Suppe zum Kochen bringen, etwa 5 Minuten kochen lassen, mit
Salz 1 – 2 Eßl. Zitronensaft Madeira Zucker	abschmecken, das Fleisch hinzugeben
Kochzeit:	Etwa 2 Stunden.
Veränderung:	Die Suppe statt mit einer Mehlschwitze mit 40 g kalt angerührter Speisestärke, z. B. Gustin, binden.

Einlaufsuppe

2 Eßl. Weizenmehl	mit
1 Eßl. Milch 1 Ei Salz, geriebener Muskatnuß	verschlagen, tropfenweise (über einen Quirl oder durch die Löcher eines Schaumlöffels) in
1 l stark kochende Fleischbrühe (S. 12) oder Instant-Fleischbrühe	geben, einmal aufkochen lassen, die Suppe mit
gehackter Petersilie	bestreuen
Kochzeit:	Etwa 3 Minuten.

Eierstich

2 Eier	mit
125 ml (⅛ l)	
kalter Milch	
Salz, geriebener	
Muskatnuß	verschlagen, in ein mit
Butter oder	
Margarine	gefettetes Gefäß füllen, mit
Alufolie	verschließen, in kochendes Wasser stellen, das Wasser wieder zum Kochen bringen, den Topf mit einem Deckel verschließen (das Wasser nicht mehr kochen lassen), wenn die Masse fest geworden ist, sie stürzen, in Würfel schneiden, in die Suppe geben
Garzeit:	Etwa 30 Minuten.
Veränderung:	1 Eßl. feingehackte Kräuter, feingeriebenen Käse oder Tomatenmark mit den Eiern verschlagen.

Leberklößchen

50 g Leber	
(z. B. Geflügelleber)	enthäuten
1 Zwiebel	abziehen
2 gestrichene Eßl.	
fetter Speck	
	die Zutaten durch den Fleischwolf drehen oder fein hacken, mit
1 Eigelb	
Salz, Pfeffer	
2 Eßl. Semmelmehl	mischen, von der Masse mit einem Teelöffel Klößchen abstechen, in
kochendes	
Salzwasser oder in	
kochende Suppe	geben, gar ziehen lassen (Flüssigkeit muß sich leicht bewegen)
Garzeit:	Etwa 10 Minuten.

Markklößchen

40 g Mark	zerlassen, durch ein Sieb gießen, kalt stellen das abgekühlte Fett schaumig rühren
1 Ei	
Salz	und so viel
Semmelmehl	
(etwa 45 g)	hinzufügen, daß eine geschmeidige Masse entsteht, darunter
1 Messerspitze	
Backpulver Backin	rühren die Masse ½ Stunde stehenlassen, mit nassen Händen Klößchen daraus formen, in
kochendes	
Salzwasser oder in	
kochende Suppe	geben, gar ziehen lassen (Flüssigkeit muß sich leicht bewegen)
Garzeit:	Etwa 3 Minuten.

Semmelklößchen

2 Eßl. Butter	
oder Margarine	geschmeidig rühren
1 Ei	
Salz	und so viel
Semmelmehl	
(etwa 50 g)	hinzufügen, daß eine geschmeidige Masse entsteht, darunter
1 Messerspitze	
Backpulver Backin	rühren die Masse ½ Stunde stehenlassen, mit nassen Händen Klößchen daraus formen, in
kochendes	
Salzwasser oder in	
kochende Suppe	geben, gar ziehen lassen (Suppe muß sich leicht bewegen)
Garzeit:	Etwa 4 Minuten.

Pilzklößchen

50 g Pilze (frisch oder aus der Dose)	putzen, waschen (Dosenpilze abtropfen lassen)
1 Eßl. Margarine	erhitzen, die Pilze darin gar dünsten lassen, fein hacken
2 Eßl. Butter oder Margarine	schaumig rühren
1 Ei	
Salz	
1 Eßl. Speisestärke	und die erkalteten Pilze und so viel
Semmelmehl (etwa 40 g)	hinzufügen, daß eine geschmeidige Masse entsteht, ½ Stunde stehenlassen aus der Masse mit nassen Händen Klößchen formen, in
kochendes Salzwasser oder in kochende Suppe	geben, gar ziehen lassen (Flüssigkeit muß sich leicht bewegen)
Garzeit:	Etwa 3 Minuten.

Grießklößchen

125 ml (⅛ l) Milch	mit
10 g Butter oder Margarine	
Salz, geriebener Muskatnuß	zum Kochen bringen, von der Kochstelle nehmen
50 g Grieß	unter Rühren hineinstreuen, zu einem glatten Kloß rühren, noch etwa 1 Minute erhitzen den heißen Kloß in eine Schüssel geben
1 Ei	unterrühren aus der Masse mit zwei nassen Teelöffeln Klößchen formen, in
kochendes Salzwasser oder in kochende Suppe	geben, gar ziehen lassen (Flüssigkeit muß sich leicht bewegen)
Garzeit:	Etwa 5 Minuten.

Fleischklößchen

20 g Margarine	geschmeidig rühren
50 g Gehacktes	
1 Eigelb	
Salz, Pfeffer	
20 g Semmelmehl	hinzufügen aus der Masse mit nassen Händen Klößchen formen, in
kochendes Salzwasser oder in kochende Suppe	geben, gar ziehen lassen (Flüssigkeit muß sich leicht bewegen)
Garzeit:	Etwa 5 Minuten. Die Klößchen eignen sich besonders gut als Einlage in Frikassee und Ragout.

Tomatensuppe

800 g Tomaten (aus der Dose)	durch ein Sieb streichen, mit Wasser auf 1 l auffüllen
2 mittelgroße Zwiebeln	abziehen, würfeln
50 g Butter oder Margarine	zerlassen, die Zwiebeln darin andünsten, mit
35 g Weizenmehl	bestreuen, kurz miterhitzen die abgemessene Tomatenflüssigkeit,
2 schwach gehäufte Eßl. Tomatenmark	hinzufügen, mit einem Schneebesen durchschlagen, darauf achten, daß keine Klumpen entstehen, die Suppe zum Kochen bringen, etwa 10 Minuten schwach kochen lassen, mit
Salz	
Pfeffer	
Zucker	
gerebeltem Oregano	abschmecken, mit
2 Eßl. gehackter Petersilie	bestreuen
Kochzeit:	Etwa 15 Minuten.
Einlage:	Reis oder Nudeln.

Kräftige Tomatensuppe

375 g Tomaten	waschen, kleinschneiden
1 Zwiebel	abziehen
50 g fetter Speck	
	beide Zutaten in Würfel schneiden, den Speck auslassen
30 g Butter oder Margarine	
40 g Weizenmehl	und die Zwiebel hinzugeben, so lange erhitzen, bis das Mehl hellgelb ist, die Tomaten,
750 ml (¾ l) Wasser	
Salz	
1 Teel. gerebeltes Basilikum	
½ Brühwürfel	hinzufügen, zum Kochen bringen, gar kochen lassen die Suppe durch ein Sieb streichen, mit Salz,
Zucker	
Paprika edelsüß	
Tomatenmark	
Knoblauchsalz	
Tabascosoße	abschmecken, mit
gehackter Petersilie	bestreuen
Kochzeit:	15 – 20 Minuten.
Veränderung:	Anstelle von Tomaten etwa 3 Eßl. Tomatenmark für 1 l Wasser nehmen.

Gemüsebrühe

1 Stück Sellerie	
1 mittelgroßer Kohlrabi	
1 mittelgroße Möhre	
1 mittelgroße Zwiebel	
1 Stange Porree	
100 g Spargelstücke	
	das Gemüse putzen, waschen, kleinschneiden
40 g Butter oder Margarine	zerlassen, das Gemüse darin andünsten
1¼ l heißes Wasser	hinzufügen, zum Kochen bringen, gar kochen lassen, kurz vor Beendigung der Kochzeit
1 Bund Petersilie	waschen, hinzufügen, die Brühe durch ein Sieb gießen, sie nach Belieben anstelle von Fleisch- oder Knochenbrühen verwenden
Kochzeit:	Etwa 1 Stunde.
Veränderung:	Petersilienwurzel, Blumenkohlrippen, Weißkohl- und Wirsingblätter mitkochen. Anstelle von frischem Gemüse tiefgekühltes Suppengemüse verwenden.

Frische Erbsensuppe

250 g ausgepalte Erbsen (¾ kg mit Hülsen)	waschen
40 g Margarine	zerlassen, die Erbsen darin andünsten, nach Belieben mit
40 g Weizenmehl	bestreuen, kurz miterhitzen
1 l Wasser	
Salz	unter Rühren hinzufügen, zum Kochen bringen, gar kochen lassen die Suppe mit Salz abschmecken, mit
gehackter Petersilie	bestreuen
Kochzeit:	25 – 30 Minuten.
Einlage:	Schwemm-, Grieß- oder Fleischklößchen in die Suppe geben.

Selleriesuppe

250 g Sellerie	schälen, waschen, in dünne Streifen oder Scheiben schneiden, in
1 – 1¼ l kochendes Wasser	geben, zum Kochen bringen, gar kochen lassen, aus dem Kochwasser nehmen, durch ein Sieb streichen (einige Stücke zurücklassen), den durchgestrichenen Sellerie wieder in das Kochwasser geben
40 g Margarine	zerlassen
40 g Weizenmehl	unter Rühren so lange darin erhitzen, bis es hellgelb ist, die Gemüsebrühe hinzugießen, mit einem Schneebesen durchschlagen, zum Kochen bringen, etwa 10 Minuten kochen lassen, die Selleriestückchen hinzugeben die Suppe mit
Salz	abschmecken, nach Belieben mit
gerösteten Semmelwürfeln	anrichten
Kochzeit:	Etwa 30 Minuten.

Spargelsuppe

250 g Suppenspargel	von oben nach unten schälen, darauf achten, daß Schalen und holzige Stücke völlig entfernt, die Köpfe aber nicht verletzt werden, den Spargel waschen, in 3 cm lange Stücke schneiden, in
1 l kochendes Salzwasser	geben, zum Kochen bringen, gar kochen lassen das Spargelwasser durch ein Sieb gießen
40 g Butter oder Margarine	zerlassen
40 g Weizenmehl	unter Rühren so lange darin erhitzen, bis es hellgelb ist, das Gemüsewasser,
250 ml (¼ l) Milch	hinzugießen, mit einem Schneebesen durchschlagen, zum Kochen bringen, etwa 10 Minuten kochen lassen, die Spargelstückchen hinzugeben, nach Belieben
1 Eigelb	mit
2 Eßl. Sahne oder Dosenmilch	verschlagen, die Suppe damit abziehen, mit
Salz	abschmecken
Kochzeit:	Etwa 30 Minuten.

Blumenkohlsuppe

375 g vorbereiteten Blumenkohl	in Röschen teilen, waschen, in
750 ml (¾ l) kochendes Salzwasser	geben, zum Kochen bringen, gar kochen lassen das Blumenkohlwasser durch ein Sieb gießen, mit Wasser auf 750 ml (¾ l) auffüllen
40 g Butter oder Margarine	zerlassen
40 g Weizenmehl	unter Rühren so lange darin erhitzen, bis es hellgelb ist, das Gemüsewasser,
250 ml (¼ l) Milch	hinzugießen, mit einem Schneebesen durchschlagen, darauf achten, daß keine Klumpen entstehen, die Suppe zum Kochen bringen, etwa 10 Minuten schwach kochen lassen
1 Eigelb	mit
2 Eßl. kaltem Wasser	verschlagen, die Suppe damit abziehen, mit
Salz Suppenwürze geriebener Muskatnuß	abschmecken, die Blumenkohlröschen hinzugeben
Kochzeit:	30 – 40 Minuten.

Zwiebelsuppe

375 g Zwiebeln	abziehen, in Scheiben schneiden
75 g Margarine	zerlassen, die Zwiebeln darin andünsten
1 l Fleischbrühe (aus Brühwürfeln)	hinzugießen, gar kochen lassen die Suppe mit
Salz Pfeffer 4 Eßl. Weißwein	abschmecken
Kochzeit:	Etwa 20 Minuten.
Veränderung:	Suppe in feuerfeste Tassen füllen, Weißbrotwürfel, in Butter gebräunt, darauf geben, mit geriebenem Käse bestreut, überbacken.

Belgische Champignonsuppe

500 g Champignons	putzen, waschen, in sehr dünne Scheiben schneiden, sofort mit
Zitronensaft	beträufeln
1 Zwiebel	abziehen, würfeln
50 g Butter	zerlassen, Zwiebel und Champignons 15 – 20 Minuten darin dünsten lassen
1 l heiße Instant-Fleischbrühe	hinzugießen, zum Kochen bringen
1 gestrichenen Eßl. Weizenmehl	mit
125 ml (⅛ l) Sahne	anrühren, in die kochende Suppe rühren, etwa 8 Minuten kochen lassen, die Suppe mit
Salz Pfeffer geriebener Muskatnuß	abschmecken
gehackte Petersilie oder Kressesträußchen	in die Suppe geben
Garzeit:	Etwa 30 Minuten.
Veränderung:	1 hartgekochtes Ei pellen, kleinhacken, 2 enthäutete Tomaten halbieren, entkernen, in Würfel schneiden, Ei- und Tomatenwürfel in die Suppe geben, miterhitzen.

Kartoffelsuppe

500 g Kartoffeln	schälen, waschen, in Würfel schneiden
1 Bund Suppengrün	putzen, waschen, kleinschneiden die Zutaten in
1 l kochendes Salzwasser	geben
1 Brühwürfel (für 500 ml = ½ l)	hinzufügen, zum Kochen bringen, gar kochen lassen, durch ein Sieb streichen
2 mittelgroße Zwiebeln	abziehen
40 g durchwachsenen Speck	beide Zutaten in Würfel schneiden den Speck auslassen, die Zwiebeln darin andünsten, mit
2 – 3 Eßl. Weizenmehl	bestreuen, kurz miterhitzen die Kartoffelbrühe hinzugießen, mit einem Schneebesen durchschlagen die Suppe zum Kochen bringen, etwa 10 Minuten schwach kochen lassen, mit
Fleischextrakt oder Suppenwürze	abschmecken, mit
2 Eßl. gehackter Petersilie	bestreuen
Kochzeit:	Etwa 30 Minuten.
Veränderung:	Die Suppe mit einem in Würfel geschnittenen, in Butter gebräunten Brötchen (Semmel) anrichten.

Kerbel-Kräutersuppe

1 Bund Suppengrün	putzen, waschen, in feine Streifen schneiden
40 g Butter oder Margarine	zerlassen, das Suppengrün darin leicht andünsten
1 l Instant-Fleischbrühe	hinzufügen, zum Kochen bringen, etwa 25 Minuten bei schwacher Hitze kochen lassen
2 – 3 Eßl. Speisestärke	mit
4 – 5 Eßl. kaltem Wasser	anrühren, die Brühe damit binden
1 Becher (150 g) Crème fraîche	unterrühren

1 kleines Bund Kerbel
½ Bund Petersilie die Kräuter waschen, fein hacken, hinzufügen, die Suppe mit
Salz, Pfeffer würzen, nach Belieben mit
gerösteten Weißbrotwürfeln anrichten
Kochzeit: Etwa 25 Minuten.

Linsensuppe
(Hülsenfrüchte)

200 g Linsen waschen, in
1¼ – 1½ l Fleischbrühe (S. 12) oder Instant-Fleischbrühe 12 – 24 Stunden einweichen, mit der Einweichflüssigkeit zum Kochen bringen
1 Bund Suppengrün putzen, waschen, kleinschneiden
1 Zwiebel abziehen, würfeln
beide Zutaten nach 45 Minuten Kochzeit mit in die Suppe geben, die garen Linsen (entweder alle oder nur die Hälfte) durch ein Sieb streichen, wieder zum Kochen bringen
nach Belieben
1 – 2 Teel. Speisestärke mit
1 Teel. Wasser anrühren, die Suppe damit binden, mit
Salz
gerebeltem Thymian abschmecken
2 – 3 Brühwürstchen in Scheiben schneiden, miterhitzen, die Suppe mit
1 Eßl. feingeschnittenem Schnittlauch bestreuen
Kochzeit: Etwa 1½ Stunden.

Bohnensuppe mit Tomaten
(Hülsenfrüchte)

150 g Weiße Bohnen waschen, in
1¼ l Wasser oder Fleischbrühe (S. 12) oder Instant-Fleischbrühe 12 – 24 Stunden einweichen, mit der Einweichflüssigkeit zum Kochen bringen, gar kochen lassen
1 Stange Porree putzen, waschen, in Scheiben schneiden, nach 1½ Stunden Kochzeit mit in die Suppe geben, einen Teil der garen Bohnen durch ein Sieb streichen
6 Tomaten waschen, kurze Zeit in kochendes Wasser legen (nicht kochen lassen), in kaltem Wasser abschrecken, enthäuten, kleinschneiden
1 Eßl. Butter oder Margarine zerlassen, die Tomatenstücke,
1 Eßl. Tomatenmark
1 Eßl. Weizenmehl unter Rühren darin erhitzen, die Bohnenbrühe hinzugießen, mit einem Schneebesen durchschlagen, die ganzen Bohnen hinzufügen, zum Kochen bringen, etwa 15 Minuten kochen lassen
die Suppe mit
Salz
gerebeltem Thymian
Knoblauchsalz (nach Belieben)
Fleischextrakt oder Suppenwürze
5 Tropfen Tabascosoße abschmecken
4 Wiener Würstchen in Scheiben schneiden, hinzufügen, miterhitzen
Kochzeit: Etwa 2 Stunden.
Veränderung: Die Suppe ohne Tomaten kochen.

Gratinierte Lauchsuppe

Gratinierte Lauchsuppe

375 g Porree (Lauch, vorbereitet gewogen)	gründlich waschen, in Ringe schneiden (evtl. nochmals waschen)
3 – 4 Eßl. Speiseöl	erhitzen, das Gemüse darin andünsten
1 l Wasser	hinzugießen
3 gestrichene Eßl. Klare Fleischsuppe Instant	unterrühren, zum Kochen bringen, gar kochen lassen
1 – 2 Eßl. Speisestärke	mit
1 Eigelb	
4 Eßl. kalter Milch	anrühren, die Suppe damit binden
1 Eiweiß	steif schlagen, darunter
50 g geriebenen Käse, z. B. Emmentaler	heben
	die Suppe auf vorgewärmte Suppentassen oder -teller verteilen, auf jede Portion etwas von der Eischnee-Käse-Masse geben, im vorgeheizten Grill kurz überbacken
Garzeit:	15 – 20 Minuten.

Erbsensuppe
(Hülsenfrüchte)

200 g ungeschälte Erbsen	waschen, in
1¼ – 1½ l Wasser oder Instant-Fleischbrühe	12 – 24 Stunden einweichen, mit der Einweichflüssigkeit zum Kochen bringen
	nach Belieben
Speckschwarten und Schinkenreste	hinzufügen, gar kochen lassen
Suppengrün	putzen, waschen, nach 1 Stunde Kochzeit mit in die Suppe geben
	die garen Erbsen durch ein Sieb streichen
1 Zwiebel	abziehen, würfeln
1 Eßl. Fett	zerlassen
	die Zwiebel darin leicht bräunen
1 Eßl. Weizenmehl	hinzufügen, kurz miterhitzen
	die Erbsenbrühe hinzugießen, mit einem Schneebesen durchschlagen, zum Kochen bringen, etwa 15 Minuten kochen lassen
	die Suppe mit
Salz gerebeltem Majoran Fleischextrakt oder Suppenwürze	abschmecken, mit
gehackter Petersilie oder feingeschnittenem Schnittlauch	bestreuen, nach Belieben mit
gerösteten Semmelwürfeln	anrichten
Kochzeit:	Etwa 2 Stunden.

Porreesuppe

375 g Porree	putzen, in feine Ringe schneiden, waschen
50 g Speck	in Würfel schneiden, auslassen, den Porree darin andünsten, mit
30 g Weizenmehl	bestreuen, kurz miterhitzen
1 l Instant-Fleischbrühe	hinzufügen, mit einem Schneebesen durchschlagen, darauf achten, daß keine Klumpen entstehen, die Suppe zum Kochen bringen, gar kochen lassen
20 g Speisestärke	mit
4 Eßl. kalter Milch	anrühren, die Suppe damit binden
1 Eigelb	mit
2 Eßl. kaltem Wasser	verschlagen, die Suppe damit abziehen, mit
Salz Suppenwürze geriebener Muskatnuß	abschmecken, mit
2 Eßl. gehackter Petersilie	bestreuen
Kochzeit:	Etwa 10 Minuten.
Veränderung:	100 g in Würfel geschnittenen, gekochten Schinken in wenig Butter oder Margarine bräunen lassen, in die Porreesuppe geben.

Rhabarberkaltschale

375 g Rhabarber	waschen, in kleine Stücke schneiden, mit
etwa 150 g Zucker	in
1¼ l Wasser	zum Kochen bringen, einmal aufkochen lassen
1 Päckchen Pudding-Pulver Kirsch- oder Zitrone-Geschmack	mit
4 Eßl. kaltem Wasser	anrühren, die Flüssigkeit damit binden
3 – 4 Eßl. Weißwein	hinzufügen, die Suppe evtl. mit
Zucker	abschmecken, erkalten lassen, nach Belieben
etwa 100 g Erdbeeren	waschen, entstielen, halbieren, in die Kaltschale geben.

Obstsuppe

von getrocknetem Obst

100 g Backobst (Äpfel, Aprikosen oder Pflaumen)	waschen, in
1¼ l Wasser	12 Stunden einweichen, mit dem Einweichwasser,
3 Tropfen Backöl Zitrone gemahlenem Zimt	zum Kochen bringen, gar kochen lassen die Suppe durch ein Sieb streichen, zum Kochen bringen
20 g Speisestärke	mit
2 Eßl. kaltem Wasser	anrühren, die Suppe damit binden, mit
Vanillin-Zucker Zucker	abschmecken, nach Belieben mit
Suppenmakronen	anrichten
Kochzeit:	Etwa 30 Minuten.

Sauerkirsch-Kaltschale

500 g Sauerkirschen	waschen, abtropfen lassen, entstielen, entsteinen, mit
200 g Zucker	in
1¼ l Wasser	geben, zum Kochen bringen, fast gar kochen lassen
1 Päckchen Pudding-Pulver Kirsch-Geschmack	mit
4 Eßl. kaltem Wasser	anrühren, die Suppe damit binden, mit
50 g Zucker	
5 Eßl. Weißwein	unterrühren
Kochzeit:	Etwa 15 Minuten.
Einlage:	Wiener Nockerln.

Dickmilch-Kaltschale

1 l Dickmilch	mit
200 ml (⅕ l) Milch	
100 g Zucker	
½ gestrichenen Teel. gemahlenem Zimt	schaumig schlagen
50 g geriebenes Schwarzbrot	hinzufügen
	die Suppe mit
Zucker	abschmecken, kühl stellen.

Weißweinsuppe

300 ml Wasser	mit
1 Stück Stangenzimt	
2 – 3 Tropfen Backöl Zitrone	zum Kochen bringen
30 g Speisestärke	mit
2 Eßl. kaltem Wasser	anrühren, unter Rühren in das von der Kochstelle genommene Wasser geben, kurz aufkochen lassen
700 ml Weißwein	hinzugießen, die Suppe erhitzen (nicht kochen lassen)
1 Eigelb	mit
2 Eßl. kaltem Wasser	verschlagen, die Suppe damit abziehen, mit
100 g Zucker	abschmecken
	für die Schneeklößchen
1 Eiweiß	steif schlagen
2 Teel. Zucker	unterschlagen, kleine Klöße abstechen, auf kochendheißes Wasser setzen, im zugedeckten Topf in etwa 5 Minuten fest werden lassen, auf die Suppe geben.

Rotweinsuppe

300 ml Wasser	mit
1 Stück Stangenzimt	
2 Gewürznelken	zum Kochen bringen
1 kleinen Apfel	schälen, vierteln, entkernen, in Scheiben schneiden, mit
40 g Sago	in das Wasser geben, umrühren, zum Kochen bringen, gar kochen lassen (Stangenzimt und Nelken herausnehmen)
700 ml Rotwein	hinzugießen, die Suppe erhitzen (nicht kochen lassen)
2 Teel. Zitronensaft	
100 g Zucker	unterrühren, nach Belieben warm oder kalt reichen
Kochzeit:	10 – 15 Minuten.
Veränderung:	Anstelle von Sago, Reis (Kochzeit: 20 – 30 Minuten) verwenden.
Einlage:	Schneeklößchen, Suppenmakronen oder Zwiebackbröckchen.

Wiener Nockerln

40 g Butter oder Margarine	schaumig rühren
1 Ei	
Salz	hinzufügen
75 g Weizenmehl	sieben, abwechselnd mit
etwa 2 Eßl. Milch	unterrühren, nur so viel Milch verwenden, daß ein geschmeidiger Teig entsteht
	aus der Masse mit zwei nassen Teelöffeln Klößchen formen, in
kochendes Salzwasser oder in kochende Suppe	geben, gar ziehen lassen (Flüssigkeit muß sich leicht bewegen)
Garzeit:	Etwa 10 Minuten.

Helle Grundsoße

30 g Margarine	zerlassen
35 g Weizenmehl	unter Rühren so lange darin erhitzen, bis es hellgelb ist
500 ml (½ l) Instant-Fleischbrühe oder Wasser	hinzugießen, mit einem Schneebesen durchschlagen, darauf achten, daß keine Klumpen entstehen, die Soße zum Kochen bringen, etwa 5 Minuten kochen lassen, abschmecken
Kochzeit:	Etwa 5 Minuten.

Dunkle Grundsoße

40 g Margarine	zerlassen
50 g Weizenmehl	unter Rühren so lange darin erhitzen, bis es hell- bis dunkelbraun ist
500 ml (½ l) Instant-Fleischbrühe	hinzugießen, mit einem Schneebesen durchschlagen, darauf achten, daß keine Klumpen entstehen, die Soße zum Kochen bringen, etwa 5 Minuten kochen lassen, abschmecken
Kochzeit:	Etwa 5 Minuten.
Veränderung:	1 Zwiebel abziehen, fein würfeln, in das leicht gebräunte Mehl geben, da sie sonst zu dunkel wird.

Champignonsoße

30 g Margarine	zerlassen
35 g Weizenmehl	unter Rühren so lange darin erhitzen, bis es hellgelb ist
500 ml (½ l) Instant-Fleischbrühe	hinzufügen, mit einem Schneebesen durchschlagen, darauf achten, daß keine Klumpen entstehen, die Soße zum Kochen bringen, etwa 5 Minuten kochen lassen
125 g Champignons	putzen, waschen, in Scheiben schneiden
1 Eßl. Butter oder Margarine	zerlassen, die Champignons darin gar dünsten lassen, in die Soße geben
1 Eigelb	mit
2 Eßl. kaltem Wasser	verschlagen, die Soße damit abziehen, mit
Salz Zitronensaft	abschmecken
Kochzeit:	Etwa 10 Minuten.

Tomatensoße

1 kleine Zwiebel	abziehen
30 g roher Schinken	beide Zutaten in kleine Würfel schneiden
250 g Tomaten	waschen, in Stücke schneiden
1 Eßl. Butter oder Margarine	zerlassen, Schinkenwürfel, Zwiebel und Tomaten darin andünsten, mit
40 g Weizenmehl	bestreuen, kurz miterhitzen
500 ml (½ l) Fleischbrühe (S. 12) oder Instant-Fleischbrühe	hinzugießen, mit einem Schneebesen durchschlagen, darauf achten, daß keine Klumpen entstehen, die Soße zum Kochen bringen, etwa 10 Minuten kochen lassen, durch ein Sieb streichen, mit
Salz Zitronensaft Zucker Tomatenmark Pfeffer	abschmecken
Kochzeit:	Etwa 10 Minuten.
Veränderung:	Etwa 150 g Erbsen (aus der Dose) unter die Soße rühren. Anstelle von frischen Tomaten geschälte Tomaten (etwa 300 g aus der Dose) verwenden. Tomatensaft evtl. mit Wasser auf 500 ml (½ l) auffüllen.

Senfsoße

30 g Butter oder Margarine	zerlassen
35 g Weizenmehl	unter Rühren so lange darin erhitzen, bis es hellgelb ist
250 ml (¼ l) Milch	
250 ml (¼ l) Instant-Fleischbrühe	hinzugießen, mit einem Schneebesen durchschlagen, darauf achten, daß keine Klumpen entstehen, die Soße zum Kochen bringen, etwa 5 Minuten kochen lassen
2 schwach gehäufte Eßl. mittelscharfen Senf	in die Soße geben, mit
Salz	
Zitronensaft	
Zucker	abschmecken
Kochzeit:	Etwa 5 Minuten.

Burgundersoße

40 g Schalotten (Zwiebeln)	abziehen, mit
kochendem Wasser	überbrühen, abtropfen lassen
2 schwach gehäufte Teel. Zucker	
125 ml (⅛ l) Instant-Fleischbrühe	
Zitronensaft	
Salz	hinzufügen, die Schalotten darin glasig dünsten lassen
40 g Margarine	zerlassen
50 g Weizenmehl	unter Rühren so lange darin erhitzen, bis es fast dunkelbraun ist
250 ml (¼ l) Instant-Fleischbrühe	
125 ml (⅛ l) Rotwein (Burgunder)	hinzugießen, mit einem Schneebesen durchschlagen, darauf achten, daß keine Klumpen entstehen, die Schalotten unterrühren, die Soße zum Kochen bringen, etwa 5 Minuten kochen lassen, mit
Salz	
Burgunder	abschmecken
Kochzeit:	Etwa 5 Minuten.
Veränderung:	Die Soße mit Thymian abschmecken.

Béchamelsoße

2 kleine Zwiebeln	abziehen
40 g Schinken	
	beide Zutaten in kleine Würfel schneiden
30 g Butter oder Margarine	zerlassen, die Schinkenwürfel darin andünsten
35 g Weizenmehl	mit den Zwiebeln unter Rühren so lange darin erhitzen, bis das Mehl hellgelb ist
250 ml (¼ l) Instant-Fleischbrühe oder Wasser	
250 ml (¼ l) Milch	hinzufügen, mit einem Schneebesen durchschlagen, die Soße zum Kochen bringen, etwa 10 Minuten kochen lassen, nach Belieben durch ein Sieb streichen, mit
Salz	
Pfeffer	abschmecken
Kochzeit:	Etwa 10 Minuten.

Käsesoße

30 g Margarine, z. B. Sanella	zerlassen
35 g Weizenmehl	unter Rühren so lange darin erhitzen, bis es hellgelb ist
500 ml (½ l) Instant-Fleischbrühe	hinzugießen, mit einem Schneebesen durchschlagen, darauf achten, daß keine Klumpen entstehen,
150 g Gouda-Käse	reiben, unterrühren, die Soße zum Kochen bringen, etwa 10 Minuten kochen lassen, mit
Salz	
Zitronensaft	abschmecken.
Kochzeit:	Etwa 10 Minuten.
Veränderung:	Anstelle von 500 ml (½ l) Brühe 500 ml (½ l) Milch nehmen.
Beilage:	Pikanter Spinat mit Pinienkernen und Rosinen, gegrilltes Schnitzel.

Sauce béarnaise

100 g Butter	zerlassen, etwas abkühlen lassen
1 kleine Zwiebel	abziehen, fein würfeln, mit
gehacktem Estragon	
gehacktem Basilikum	
geschrotetem, schwarzem Pfeffer	
1 Teel. Weinessig	
2 Eßl. Weißwein	zum Kochen bringen, etwa 5 Minuten kochen, etwas abkühlen lassen, mit
2 Eigelb	im Wasserbad oder auf der Automatikplatte so lange schlagen, bis die Masse dicklich ist, die Butter unterschlagen, die Soße mit
Salz	
Pfeffer	
Zucker	abschmecken, bis zum Verzehr im Wasserbad warm halten, damit sie nicht gerinnt
Kochzeit:	Etwa 12 Minuten.

Sauce hollandaise

100 g Butter	zerlassen, etwas abkühlen lassen
2 Eigelb	
1 Teel. Essig	
2 Eßl. Wasser	im Wasserbad oder auf der Automatikplatte so lange schlagen, bis die Masse dicklich ist die Butter unterschlagen, die Soße mit
Salz	
Pfeffer	
Zucker	
Zitronensaft	abschmecken, bis zum Verzehr im Wasserbad warm halten, damit sie nicht gerinnt
Erhitzungszeit:	Etwa 6 Minuten.

Holländische Soße
einfach

30 g Butter oder Margarine	zerlassen
35 g Weizenmehl	unter Rühren so lange darin erhitzen, bis es hellgelb ist
250 ml (¼ l) Milch	
250 ml (¼ l) Instant-Fleischbrühe	hinzugießen, mit einem Schneebesen durchschlagen, darauf achten, daß keine Klumpen entstehen, die Soße zum Kochen bringen, etwa 5 Minuten kochen lassen
1 Eigelb	mit
2 Eßl. Sahne	verschlagen, die Soße damit abziehen, mit
Salz	
Zitronensaft	abschmecken
1 Eßl. Butter	unterrühren
Kochzeit:	Etwa 5 Minuten.

Holländische Soße
abgeschlagen

20 g Weizenmehl	mit
2 Eßl. kaltem Wasser	anrühren, mit
2 Eiern	
1 Eßl. Zitronensaft	
250 ml (¼ l) Fleischbrühe (aus Brühwürfeln)	verschlagen, in einen kleinen Kochtopf geben, im Wasserbad oder auf der Automatikplatte so lange mit einem Schneebesen durchschlagen, bis eine dicke Kochblase aufsteigt (nicht kochen lassen)
60 g Butter	unter ständigem Schlagen in Flöckchen dazugeben, die Soße mit
Salz	
geriebener Muskatnuß	abschmecken
Erhitzungszeit:	Etwa 6 Minuten.

Meerrettichsoße

30 g Butter oder Margarine	zerlassen
35 g Weizenmehl	unter Rühren so lange darin erhitzen, bis es hellgelb ist
250 ml (¼ l) Milch	
250 ml (¼ l) Instant-Fleischbrühe	hinzugießen, mit einem Schneebesen durchschlagen, darauf achten, daß keine Klumpen entstehen, die Soße zum Kochen bringen, etwa 5 Minuten kochen lassen
3 gehäufte Eßl. geriebenen Meerrettich (aus dem Glas)	in die Soße geben (nicht mehr kochen lassen), mit
Salz	
Zitronensaft	abschmecken
Kochzeit:	Etwa 5 Minuten.

Pikante Kräutercreme

1 Becher (150 g) Crème fraîche	mit
2 Eßl. Weißwein	verrühren, kurz aufkochen lassen, mit
Salz	
Pfeffer	
Speisewürze	
Worcestersoße	würzen
1 Eßl. gehackte Kräuter	
1 Teel. feingehackte Haselnußkerne	unterrühren.

Polnische Soße

40 g Pfefferkuchen	zerkrümeln
80 g Zwiebeln	abziehen, in Scheiben schneiden
1 Eßl. Fett	zerlassen
1 gestrichenen Eßl. Weizenmehl	unter Rühren so lange darin erhitzen, bis es fast dunkelbraun ist
125 ml (⅛ l) Instant-Fleischbrühe	
375 ml (⅜ l) Malzbier	hinzufügen, mit einem Schneebesen durchschlagen, Pfefferkuchen, Zwiebeln,
2 Eßl. kleingeschnittenes Suppengrün	
4 Pfefferkörner	
2 Pimentkörner (Nelkenpfeffer)	
1 Nelke	
1 kleines Lorbeerblatt	unterrühren
	die Soße zum Kochen bringen, etwa 30 Minuten kochen lassen, durch ein Sieb streichen, mit
Salz, Zitronensaft	
Zucker	
Rotwein	abschmecken
	die Soße zu Karpfen reichen.

Mayonnaise

1 Eigelb	mit
1 Eßl. Essig	
1 – 2 Teel. Senf	
Salz	
1 Teel. Zucker	in einer Rührschüssel mit einem Schneebesen oder mit einem elektrischen Handrührgerät mit Rührbesen zu einer dicklichen Masse schlagen, darunter
125 ml (⅛ l) Salatöl	schlagen (bei dieser Zubereitung ist es nicht notwendig, das Öl tropfenweise zuzusetzen, es wird in Mengen von 1 – 2 Eßl. untergeschlagen, die an das Eigelb gegebenen Gewürze verhindern eine Gerinnung).
Veränderung:	Unter die Mayonnaise Joghurt nach Geschmack rühren.

Salatsoße I

Marinade

3 Eßl. Salatöl	mit
1 – 2 Eßl. Essig	
Salz	
Pfeffer	
Zucker	verschlagen
1 Eßl. gehackte Kräuter (Petersilie, Estragon, Kerbel, Dill, Kresse, Schnittlauch, Pimpinelle)	unterrühren.
Veränderung:	1 – 2 mittelgroße abgezogene, gewürfelte Zwiebeln hinzufügen.

Salatsoße II

3 Eßl. Salatöl	mit
2 Eßl. Zitronensaft oder Essig	
Salz	
Zucker	verschlagen
1 mittelgroße Zwiebel	abziehen, fein würfeln
2 Eßl. Sahne	
1 Eßl. gehackte Kräuter	
	die Zutaten unterrühren.

Cumberlandsoße

Schale einer Apfelsine (ungespritzt)	von der weißen Haut befreien, die Schale in sehr feine Streifen schneiden, in etwa 10 Minuten in
3 Eßl. Rotwein	weich kochen lassen, kalt stellen
250 g Johannisbeergelee	
1 – 2 Teel. Senf	gut verrühren, die erkalteten Apfelsinenstreifen mit dem Rotwein hinzufügen die Soße mit
Salz	
Zitronensaft	abschmecken
	die Soße schmeckt gut zu Wild, kaltem Fleisch oder Pasteten.
Veränderung:	1 – 2 Eßl. feingehackte Zwiebelwürfel in die Soße geben, mit feinen Zitronenschalenstreifen bestreuen.

Crème fraîche-Soße

1 Becher (150 g) Crème fraîche	mit
1 Eßl. Tomaten-Ketchup	verrühren, mit
Salz	
Pfeffer	
Zucker	abschmecken
2 Eßl. gehackte Kräuter (Petersilie, Schnittlauch, Dill, Kresse)	unterrühren.

Senfsoße

3 hartgekochte Eier	pellen, fein hacken, mit
4 Eßl. Senf	
1 Teel. Zwiebelwürfeln	
6 Eßl. saurer Sahne	verrühren
2 Äpfel	schälen, vierteln, entkernen, reiben, hinzufügen
	die Soße mit
Salz	
Zucker	abschmecken.

Remouladensoße, Kräutersahnesoße, Meerrettichsahne

Remouladensoße

2 hartgekochte Eier	pellen, das Eigelb durch ein Sieb streichen, mit
1 rohen Eigelb	
Salz	verrühren, dann tropfenweise unter Schlagen die Hälfte von
125 ml (⅛ l) Salatöl	hinzufügen, ist die Masse steif genug,
1 Eßl. Essig-Essenz	
1 Teel. Senf	hinzufügen, dann erst den Rest des Öls hinzugeben
1 Eßl. Kapern	fein wiegen
2 kleine Gewürzgurken	fein schneiden
1 – 2 Eßl. gehackte Kräuter (Petersilie, Schnittlauch)	
Pfeffer	
Zucker	
	die Zutaten zu der Mayonnaise geben das hartgekochte Eiweiß nach Belieben in kleine Würfel schneiden, mit in die Soße geben.

Kräutersahnesoße

Frühlingssoße

250 ml (¼ l) saure Sahne	mit
1 Eßl. Zitronensaft	verschlagen
2 hartgekochte Eier	pellen, hacken
3 Eßl. gehackte Kräuter	
	die Zutaten unterrühren
	die Soße mit
Zucker	
Salz	abschmecken.
	Die Soße schmeckt besonders gut zu gekochtem Rindfleisch.

Meerrettichsahne

250 ml (¼ l) Sahne	steif schlagen, mit
3 Eßl. geriebenem Meerrettich (aus dem Glas)	verrühren, mit
Zitronensaft	
Salz	
Zucker	abschmecken.

Dill-Kresse-Soße

2 Bund Dill	waschen, die Dillspitzen abschneiden, fein hacken, von
¼ Kästchen Kresse	die Blättchen abschneiden, fein hacken, die Kräuter mit
1 Becher (150 g) Crème fraîche	verrühren, die Soße mit
Salz	
Pfeffer	
Zucker	abschmecken.

Cocktail-Soße

1 Becher (150 g) Crème fraîche	mit
3 Eßl. Tomaten-Ketchup	verrühren
2 Eßl. Weißwein	
1 Eßl. Weinbrand	unterrühren, die Soße mit
1 Teel. geriebenen Meerrettich (frisch oder aus dem Glas)	würzen, mit
Salz	
grob gemahlenem Pfeffer	
Cayennepfeffer	abschmecken
1 – 2 Eßl. gehackte Kräuter	hinzufügen.

Crème fraîche „Sverige"

1 Becher (150 g) Crème fraîche	mit
2 Teel. geriebenem Meerrettich (frisch oder aus dem Glas)	verrühren
1 Eßl. Preiselbeerkompott	unterrühren.

Zwiebel-Schnittlauch-Soße

1 Zwiebel	abziehen, fein würfeln
1 Bund Schnittlauch	waschen, fein schneiden
1 Knoblauchzehe	abziehen, zerdrücken die drei Zutaten mit
1 Becher (150 g) Crème fraîche	verrühren, mit
Salz	
Pfeffer	würzen.

Cocktail-Soße, Crème fraîche „Sverige", Zwiebel-Schnittlauch-Soße, Dill-Kresse-Soße

Tomatensoße

250 g reife Tomaten	waschen, in kleine Stücke schneiden, durch ein Sieb streichen, mit
2 Eßl. Salatöl	
1 Teel. feingeriebener Zwiebel	verrühren, mit
Salz	
Zucker	abschmecken.

Weiße Zwiebel-Soße

Abb. S. 39

2 Zwiebeln	abziehen, würfeln
1 Eßl. Butter	zerlassen, die Zwiebelwürfel darin glasig dünsten lassen
125 ml (⅛ l) trockenen Weißwein	hinzugießen, so lange dünsten lassen, bis die Flüssigkeit verdampft ist
1 Teel. Speisestärke	mit
125 ml (⅛ l) Milch oder Sahne	anrühren, die Zwiebeln damit binden, mit
Salz	
Streuwürze	
Pfeffer	abschmecken, die Soße zugedeckt erkalten lassen, mit
gerösteten Zwiebelstreifen	garnieren.

Vinaigrette

3 Eßl. Salatöl	mit
2 – 3 Eßl. Weinessig	
1 Teel. mittelscharfem Senf	
1 kleinen abgezogenen, gewürfelten Zwiebel	
2 hartgekochten, gehackten Eiern	
4 feingewürfelten Cornichons	
1 – 2 Bund gehackter Petersilie	
einigen gehackten Kapern	verrühren, mit
Salz	
Pfeffer	abschmecken.

Tomaten-Soße „Solferino"

500 ml (½ l) Tomatensaft (aus der Dose)	im offenen Topf auf die Hälfte der Flüssigkeit einkochen lassen
2 Schalotten oder kleine Zwiebeln	
1 Knoblauchzehe	beide Zutaten abziehen, sehr fein hacken
½ Bund Petersilie	waschen, trockentupfen, fein hacken die 3 Zutaten mit
1 Teel. Fleischextrakt	
1 Eßl. Zitronensaft	
1 Messerspitze Cayennepfeffer	
Salz	in den Tomatensaft geben, aufkochen lassen, von der Kochstelle nehmen, nach und nach unter ständigem Schlagen
Butter	hinzufügen, die Soße während des Erkaltens ab und zu umrühren.

Aprikosen-Soße mit Curry

100 g Aprikosen-marmelade	glattrühren, mit
100 g Mayonnaise (aus dem Glas)	
1 – 2 Teel. Currypulver	verrühren.

Aprikosen-Soße mit Curry, Weiße Zwiebel-Soße, Rezept S. 38, Vinaigrette, Tomaten-Soße „Solferino", Senf-Rahm mit Dill

Senf-Rahm mit Dill

1 – 2 Eßl. Senf	mit
1 Becher (150 g) saurer Sahne	
4 Eßl. feingehackten Dillspitzen	verrühren, mit
Salz	
Pfeffer	abschmecken
1 Teel. Korn oder Gin	unterrühren.

Tip:
Das Geheimnis einer raffinierten Soße: Zum Schluß etwas Crème fraîche unterrühren.

Teufelssoße

2 hartgekochte Eier	pellen, das Eigelb durch ein Sieb streichen, nach und nach
Salz, 2 Eßl. Salatöl	
1 Eßl. Senf	
1 Teel. Essig-Essenz oder 1 Eßl. Zitronensaft	
1 Teel. Zwiebelwürfel	
Pfeffer, Zucker	
1 Teel. gehackten Estragon	
1 Eßl. geriebenen Apfel	
3 Eßl. Rotwein	
½ Teel. Tabascosoße	unterrühren die Soße schmeckt gut zu Sülze oder kaltem Roastbeef.
Veränderung:	Die Soße mit geschnittenem Schnittlauch bestreuen.

Soße für Rohkostgemüse

2 Eßl. Salatöl	mit
2 Eßl. Zitronensaft oder Essig	
Salz	
Zucker	verschlagen
1 kleine Zwiebel	abziehen, reiben
2 Eßl. Sahne	
	die Zutaten hinzufügen nach Belieben
1 Eßl. feingehackte Kräuter	unterrühren.

Joghurtsoße

1 Becher (150 g) Joghurt	mit
1 Teel. Salatöl	
1 Eßl. Essig	verrühren, mit
Salz	
Zucker	abschmecken.
Veränderung:	1 – 2 Eßl. feingeschnittenen Schnittlauch unterrühren.

Preiselbeersoße

200 g Preiselbeerkompott (aus dem Glas)	mit
1 Eßl. Salatöl, z. B. Livio	verrühren
1 Eßl. süßen Senf	
1 Eßl. scharfen Senf	hinzufügen
50 g Silberzwiebeln (aus dem Glas)	fein würfeln, in die Soße geben, mit
Salz	abschmecken, gut durchziehen lassen. Preiselbeersoße schmeckt besonders gut zu dunklem Fleisch, Wild und Wildgeflügel.

Apfel-Zwiebelsoße

1 Apfel	schälen, vierteln, entkernen, raspeln, mit
2 Eßl. Zitronensaft	beträufeln
3 kleine Zwiebeln (etwa 100 g)	abziehen, fein würfeln, hinzufügen, die Apfel-Zwiebel-Masse mit
4 Eßl. Salatöl, z. B. Livio	verrühren, mit
Mango-Chutney (aus dem Glas)	
Salz	
Zucker	pikant abschmecken die Soße zu gebratenem Fisch oder Frikadellen reichen.

Eiersoße „Delft"

Etwa 1 Eßl. geriebenen Meerrettich	mit
2 – 3 Eßl. Senf	
4 Eßl. Wasser	
1 Eßl. Zitronensaft	
4 Eßl. Salatöl, z. B. Livio	verrühren
2 hartgekochte Eier	pellen, hacken, hinzufügen, die Soße mit
Salz	
Pfeffer	abschmecken die Soße zu Fisch oder kaltem Fleisch reichen.

Apfel-Zwiebelsoße, Preiselbeersoße, Eiersoße „Delft", Scharfe Peperonisoße

Scharfe Peperonisoße

2 Eßl. Essig	mit
4 Eßl. Tomaten-Ketchup	
4 Eßl. Salatöl, z. B. Livio	
1 Eßl. Kokosraspeln	verrühren
1 rote Peperonischote (aus dem Glas)	entstielen, entkernen, in sehr kleine Stücke schneiden, hinzufügen die Soße mit
Salz	
Zucker	abschmecken die Soße zu kaltem Fleisch oder Geflügel reichen.

Kräutersoße mit Frischkäse

(Für 6 Personen)

2 Packungen Frischkäse (je 200 g) mit Kräutern	mit
125 ml (1/8 l) Buttermilch	verrühren
1 Zwiebel	abziehen, fein würfeln, unter die Masse geben
2–3 Senfgurken (etwa 75 g – aus dem Glas)	in kleine Stücke schneiden
1 roten Apfel	waschen, abtrocknen, vierteln, entkernen, fein raspeln
etwa 2 Eßl. feingehackte Petersilie etwa 2 Eßl. feingeschnittenen Schnittlauch etwa 2 Eßl. feingehackten Dill oder 1/4 Eßl. gerebelten Dill	
	die Zutaten mit der Frischkäsemasse verrühren, die Soße mit
Salz Pfeffer Zucker	kräftig abschmecken, nach Belieben mit Kräutern, Apfel- und Gurkenstückchen garnieren.
Beigabe:	Gebackene Folienkartoffeln oder Toast.

Matjescreme mit Eiern

8 hartgekochte Eier	pellen, in Viertel schneiden
2 Matjesfilets	unter fließendem kaltem Wasser abspülen, trockentupfen, im Mixer fein pürieren, mit
125 g Sahnequark 3 Eßl. Sahne Pfeffer Salz 1–2 Eßl. feingeschnittenem Schnittlauch	vermengen, mit Pfeffer, Salz abschmecken, die Matjescreme über die Eierviertel geben, mit
etwas feingeschnittenem Schnittlauch	garnieren.
Beilage:	Pellkartoffeln oder Bratkartoffeln.

Schokoladensoße

	Aus
1 Päckchen Soßen-Pulver für Schokoladensoße 50 g Zucker 200 ml (1/5 l) kalter Milch	nach der Vorschrift auf dem Päckchen (aber nur mit 200 ml = 1/5 l Milch) eine Schokoladensoße zubereiten, kalt stellen, ab und zu durchrühren
125 ml (1/8 l) Sahne	steif schlagen
30 g Schokolade (zartbitter)	grob hacken
	beide Zutaten unter die erkaltete Soße heben, mit
1 Teel. Rum	abschmecken
	Schokoladensoße ist eine ausgezeichnete Beigabe zu gekochten Birnen.

Heiße Schokoladensoße

6 – 8 Eßl. Wasser	in einem kleinen Stieltopf zum Kochen bringen
100 g Schokolade	in kleine Stücke brechen, in das Wasser geben, so lange erhitzen (nicht kochen), bis eine dickflüssige Soße entstanden ist (ab und zu durchrühren) evtl. Wasser nachgeben, je länger die Soße erhitzt wird, desto besser wird sie.
Veränderung:	Anstelle von Wasser Milch oder Sahne nehmen.

Zitronen- oder Apfelsinenschaumsoße

½ Päckchen Soßen-Pulver Vanille-Geschmack	mit
60 g Zucker	
1 Ei	
1 Eigelb	
125 ml (⅛ l) Wasser	in einen kleinen Kochtopf geben, gut verschlagen, im Wasserbad oder auf der Automatikplatte so lange mit einem Schneebesen durchschlagen, bis eine dicke Kochblase aufsteigt (nicht kochen lassen), danach
3 Eßl. Zitronensaft oder 125 ml (⅛ l) Apfelsinensaft	
1 Eßl. Zitronensaft	mit einem Holzlöffel unterrühren
Erhitzungszeit:	Etwa 20 Minuten.

Weinschaumsoße

Chaudeau

½ Päckchen Soßen-Pulver Vanille-Geschmack	
50 g Zucker	
1 Ei	
1 Eigelb	
250 ml (¼ l) Weißwein	
1 Eßl. Zitronensaft	in einen kleinen Kochtopf geben, gut verschlagen, im Wasserbad oder auf der Automatikplatte so lange mit einem Schneebesen durchschlagen, bis eine dicke Kochblase aufsteigt (nicht kochen lassen)
Erhitzungszeit:	Etwa 20 Minuten.

Vanillesoße

	Für Soße I aus
1 Päckchen Soßen-Pulver Vanille-Gechmack	
30 g Zucker	
500 ml (½ l) kalter Milch	nach der Vorschrift auf dem Päckchen zubereiten
	für Soße II
1 Päckchen Soßen-Pulver Vanille-Geschmack	mit
50 g Zucker	
1 Päckchen Vanillin-Zucker	mischen, mit 5 Eßl. von
750 ml (¾ l) kalter Milch	anrühren
1 Ei	unterrühren, die übrige Milch zum Kochen bringen das angerührte Soßen-Pulver unter Rühren in die von der Kochstelle genommene Milch geben, kurz aufkochen lassen, kalt stellen, ab und zu durchrühren Vanillesoße ist eine ausgezeichnete Beigabe auch zu frischem Obst.

Tafelspitz nach Wiener Art

750 g Rindfleisch (aus der Hüfte)	waschen, abtrocknen, in
1 l kochende Instant-Fleischbrühe	geben, zum Kochen bringen, mit
Salz frisch gemahlenem schwarzem Pfeffer	würzen, zugedeckt etwa 1 Stunde kochen lassen
2 mittelgroße Zwiebeln	abziehen, in Ringe schneiden
2 Bund Suppengrün	putzen, waschen, kleinschneiden
1 Bund Petersilie	waschen, fein hacken, die Hälfte davon mit den Zwiebelringen, dem Suppengrün,
½ Lorbeerblatt 3 Pfefferkörnern	zu dem Fleisch geben, noch eine weitere Stunde kochen lassen, das gare Fleisch aus der Brühe nehmen, etwa 10 Minuten zugedeckt stehenlassen, in dünne Scheiben schneiden, mit dem Suppengemüse auf einer vorgewärmten Platte anrichten, etwas von der heißen Brühe darüber gießen, das Fleisch mit der restlichen Petersilie bestreuen
3 – 4 Gewürzgurken	fächerartig einschneiden, das Fleisch damit garnieren
2 – 3 Teel. geriebenen Meerrettich (aus dem Glas)	auf das Fleisch geben
Kochzeit:	2 – 2¼ Stunden.
Beilage:	Röstkartoffeln, Rote Bete oder Apfel-Möhren-Rohkost.

Rindfleisch

500 g Fleischknochen	waschen, in
1½ l kaltes Salzwasser	geben, zum Kochen bringen, abschäumen, etwa 1 Stunde kochen lassen
600 g Rinderbrust (ohne Knochen)	waschen
1 mittelgroße Zwiebel	abziehen
1 Bund Suppengrün	putzen, waschen die Zutaten mit dem Fleisch in die Brühe geben, gar kochen lassen, aus der Brühe nehmen das Fleisch in Scheiben schneiden, auf einer vorgewärmten Platte anrichten, mit etwas heißer Brühe übergießen, mit dem geschnittenen Suppengrün garnieren
Kochzeit:	Etwa 2½ Stunden.
Veränderung:	Anstelle von Rinderbrust 600 g Hohe Rippe verwenden.
Beilage:	Gedünstetes Gemüse oder Meerrettich, Tomaten-, Kräuter- oder Senfsoße, Salzkartoffeln.

Leberknödel

400 g (etwa 10) alte Semmeln (Brötchen)	in knapp 2 mm dicke Blättchen schneiden, mit
500 ml (½ l) kochendheißer Milch	übergießen, 1 Stunde quellen lassen
250 g Kalbs- oder Rinderleber	von der Haut befreien
1 mittelgroße Zwiebel	abziehen beide Zutaten durch den Fleischwolf drehen, mit
1 Eßl. gehackter Petersilie 2 Eiern 3 g (1 gestrichener Teel.) Backpulver Backin	unter die Semmelmasse rühren die Masse mit
Salz Pfeffer gerebeltem Majoran abgeriebener Zitronenschale (ungespritzt)	abschmecken, mit nassen Händen Klöße daraus formen, in
kochendes Salzwasser	geben, zum Kochen bringen, gar ziehen lassen (Wasser muß sich leicht bewegen) Leberknödel in Kräutersoße anrichten
Garzeit:	Etwa 20 Minuten.
Beilage:	Salzkartoffeln.

Rinderzungenragout

(Für 6 Personen)

1¼ kg küchenfertige Rinderzunge	waschen, in
2½ l kochendes Salzwasser	geben, zum Kochen bringen, abschäumen
1 Päckchen tiefgekühltes Suppengrün (75 g)	hinzufügen, die Zunge gar kochen lassen (die Zunge ist gar, wenn sich die Spitze weich ansticht) die gare Zunge mit kaltem Wasser abspülen, die Haut abziehen, solange die Zunge heiß ist das obere knorpelige Ende ablösen die Zunge in Scheiben oder Würfel schneiden die Brühe durch ein Sieb gießen, 1 l davon abmessen, die Zunge in die restliche heiße Brühe geben *für die Fleischklößchen*
1 Eßl. Margarine	schaumig rühren
50 g Gehacktes 1 Eigelb Salz Pfeffer 2 Eßl. Semmelmehl	hinzufügen, verrühren, aus der Masse mit nassen Händen Klößchen formen die Klößchen in
kochendes Salzwasser	geben, gar ziehen lassen *für die Soße*
100 g Margarine	zerlassen
100 g Weizenmehl	unter Rühren so lange darin erhitzen, bis es braun ist
1 l Zungenbrühe	hinzugießen, mit einem Schneebesen durchschlagen, darauf achten, daß keine Klumpen entstehen, die Soße zum Kochen bringen, etwa 5 Minuten kochen lassen, die Zungenscheiben mit den Fleischklößchen in die Soße geben, kurz aufkochen lassen das Ragout mit
Salz Pfeffer Zucker	abschmecken
250 ml (¼ l) Rotwein	unterrühren
300 g gedünstete Champignons	abtropfen lassen, vierteln, in das Ragout geben
Blätterteighalbmonde	darauf geben
Kochzeit:	Etwa 2½ Stunden.

Ragout fin in Muscheln

300 g gekochte Kalbszunge 175 g gekochtes Kalbshirn 250 g gekochtes Kalbfleisch (ohne Knochen)	die Zutaten in kleine Würfel schneiden *für die Soße*
40 g Butter oder Margarine	zerlassen
50 g Weizenmehl	unter Rühren so lange darin erhitzen, bis es hellgelb ist
500 ml (½ l) Fleischbrühe	hinzugießen, mit einem Schneebesen durchschlagen, darauf achten, daß keine Klumpen entstehen, zum Kochen bringen, etwa 5 Minuten kochen lassen
100 g gedünstete Champignons	abtropfen lassen, in kleine Stücke schneiden, mit dem Fleisch in die Soße geben, kurz aufkochen lassen
2 Eigelb	mit
2 Eßl. kalter Milch	verschlagen, das Ragout fin damit abziehen (nicht mehr kochen lassen), mit
2 Eßl. Zitronensaft 1 Eßl. Weißwein Salz Pfeffer Worcestersoße	abschmecken die Masse in 12 Muschel- oder Ragout fin-Förmchen füllen, mit
2 Eßl. Semmelmehl 3 Eßl. geriebenem Gouda-Käse	bestreuen
Butter	in Flöckchen darauf setzen, die Förmchen auf dem Rost in den vorgeheizten Backofen schieben
Strom:	225 – 250
Gas:	8
Backzeit:	10 – 15 Minuten.

Rindfleischragout

600 g Rindfleisch (ohne Knochen)	waschen, in Würfel schneiden, in
750 ml (¾ l) kochendes Salzwasser	geben, zum Kochen bringen, abschäumen
1 mittelgroße Zwiebel	abziehen, mit
1 kleinen Lorbeerblatt 4 Pimentkörnern (Nelkenpfeffer) 1 Päckchen tiefgekühltem Suppengrün (75 g)	hinzufügen, das Fleisch gar kochen lassen die Brühe durch ein Sieb gießen, 500 ml (½ l) davon abmessen *für die Soße*
50 Margarine	zerlassen
50 g Weizenmehl	unter Rühren so lange darin erhitzen, bis es braun ist
1 Zwiebel	abziehen, fein würfeln, in das leicht gebräunte Mehl geben
500 ml (½ l) Rindfleischbrühe	hinzugießen, mit einem Schneebesen durchschlagen, darauf achten, daß keine Klumpen entstehen, die Soße zum Kochen bringen, etwa 5 Minuten kochen lassen, das Fleisch in die Soße geben, das Ragout mit
Salz Pfeffer Speisewürze Essig Zucker	abschmecken
1 Essiggurke	in Würfel oder Scheiben schneiden, in das Ragout geben
Kochzeit:	1¾ – 2 Stunden.

Kalbsmilch

750 g Kalbsmilch	mehrere Stunden wässern, damit sie weiß wird, sie danach zunächst mit kochendem, dann mit kaltem Wasser übergießen, damit sie erstarrt und die Blutäderchen besser entfernt werden können die Kalbsmilch in
500 ml (½ l) kochendes Salzwasser	geben, zum Kochen bringen, gar kochen lassen
Kochzeit:	Etwa 15 Minuten.
Veränderung:	Die Kalbsmilch auch zur Verfeinerung von Frikassee und Ragout verwenden.
Beigabe:	Madeirasoße.

Ragout vom Kalbsherz

600 g Kalbsherz	quer in Hälften schneiden, Adern, Haut, Blut entfernen, das Fleisch wässern, in Stücke schneiden, in
500 ml (½ l) kochendes Salzwasser	geben, zum Kochen bringen, abschäumen
1 Lorbeerblatt 3 Gewürznelken 5 Pimentkörner (Nelkenpfeffer)	hinzufügen, das Fleisch gar kochen lassen die Brühe durch ein Sieb geben, 500 ml (½ l) davon abmessen (evtl. mit Wasser auffüllen) *für die Soße*
50 g Margarine	zerlassen
50 g Weizenmehl	unter Rühren so lange darin erhitzen, bis es braun ist
1 mittelgroße Zwiebel	abziehen, fein würfeln, in das leicht gebräunte Mehl geben
500 ml (½ l) Kalbsherzbrühe	hinzugießen, mit einem Schneebesen durchschlagen, darauf achten, daß keine Klumpen entstehen, die Soße zum Kochen bringen, etwa 5 Minuten kochen lassen, das Fleisch in die Soße geben, kurz aufkochen lassen das Ragout mit
Salz Pfeffer 1 Eßl. Zitronensaft Zucker	abschmecken
1 Essiggurke	in Würfel oder Scheiben schneiden, in das Ragout geben
Kochzeit:	Etwa 1½ Stunden.
Veränderung:	Nach Belieben in die Soße ausgelassenen, durchwachsenen Speck geben.

Kalbszunge

600 g küchenfertige Kalbszunge	waschen, in
1½ l kochendes Salzwasser	geben, zum Kochen bringen, abschäumen
1 Päckchen (75 g) tiefgekühltes Suppengrün	hinzufügen, die Zunge gar kochen lassen (die Zunge ist gar, wenn sich die Spitze weich ansticht) die gare Zunge mit kaltem Wasser abspülen, die Haut abziehen, solange die Zunge heiß ist das obere knorpelige Ende ablösen die Zunge bis zum Anrichten wieder in die heiße Brühe geben, herausnehmen, in fingerdicke Scheiben schneiden, auf einer vorgewärmten Platte anrichten
Kochzeit:	1¾ Stunden.
Beilage:	Champignon- oder Tomatensoße, Butterreis, Stangenspargel und junge Erbsen.

Kalbshirn

600 g Kalbshirn	so lange wässern, bis das Blut ausgezogen ist das Hirn von Haut und Adern befreien, mit
1 Eßl. Essig	in
500 ml (½ l) kochendes Salzwasser	geben, zum Kochen bringen, abschäumen
1 Bund Petersilie	waschen, hinzufügen, das Kalbshirn gar ziehen lassen das gut abgetropfte Kalbshirn auf einer vorgewärmten Platte anrichten, mit
gebräunter Butter	übergießen
Kochzeit:	5 – 6 Minuten.
Veränderung:	Kalbshirn auch zur Verfeinerung von Ragout fin verwenden; soll das Kalbshirn gebraten werden, es in der Brühe erkalten lassen, herausnehmen, abtropfen lassen, mit Salz, Pfeffer bestreuen, in Weizenmehl, verschlagenem Ei, Semmelmehl wenden, in zerlassener Margarine braten.
Beigabe:	Tomatensalat.

Kalbfleischfrikassee

600 g Kalbfleisch (ohne Knochen)	waschen, in Würfel schneiden, in
750 ml (¾ l) kochendes Salzwasser	geben, zum Kochen bringen, abschäumen
1 mittelgroße Zwiebel	abziehen, mit
1 Lorbeerblatt	
3 Gewürznelken	spicken, hinzufügen das Fleisch gar kochen lassen die Brühe durch ein Sieb gießen, 500 ml (½ l) davon abmessen *für die Soße*
30 g Butter oder Margarine	zerlassen
35 g Weizenmehl	unter Rühren so lange darin erhitzen, bis es hellgelb ist
500 ml (½ l) Kalbfleischbrühe	hinzugießen, mit einem Schneebesen durchschlagen, darauf achten, daß keine Klumpen entstehen, die Soße zum Kochen bringen, etwa 5 Minuten kochen lassen das Fleisch in die Soße geben, kurz aufkochen lassen
1 Eigelb	mit
2 Eßl. kalter Milch	verschlagen, das Frikassee damit abziehen (nicht mehr kochen lassen), mit
Zitronensaft	
Salz	
Pfeffer	
Zucker	abschmecken
Kochzeit:	45 – 60 Minuten.
Veränderung:	Das Frikassee nach Belieben durch Fleischklößchen, Blumenkohlröschen, Spargelstücke, Champignons, gehackte Sardellen verfeinern.
Beilage:	Reis (Reisrand).

Kalbfleischragout

600 g Kalbfleisch	waschen, in etwa 2 cm dicke Scheiben schneiden, in
500 ml (½ l) kochendes Salzwasser	geben, zum Kochen bringen, gar kochen lassen das Fleisch aus der Brühe nehmen, in Würfel schneiden 500 ml (½ l) von der Brühe abmessen (evtl. mit Wasser auffüllen) *für die Soße*
30 g Butter oder Margarine	erhitzen
1 Zwiebel	abziehen, fein würfeln, in dem Fett andünsten
40 g Weizenmehl	unter Rühren so lange darin erhitzen, bis es hellgelb ist
500 ml (½ l) Fleischbrühe	hinzugießen, mit einem Schneebesen durchschlagen, darauf achten, daß keine Klumpen entstehen die Soße zum Kochen bringen, etwa 5 Minuten kochen lassen
1 Teel. Kapern	hinzufügen, die Soße mit
Salz	
Pfeffer	
Zitronensaft	
Weißwein	
Zucker	abschmecken, das Fleisch hineingeben
Kochzeit:	Etwa 30 Minuten.
Beilage:	Salzkartoffeln oder Reis, Endiviensalat.

Hammelfleisch

750 g Hammelfleisch (z. B. Brust, Blatt oder Rippe)	waschen
1 Zwiebel	abziehen, rösten das Fleisch mit der Zwiebel,
1 Teel. Kümmel	in
1½ l Salzwasser	geben, zum Kochen bringen, gar kochen lassen das gare Fleisch noch 10 Minuten in der heißen Brühe liegen lassen, herausnehmen, in Scheiben schneiden, auf einer vorgewärmten Platte anrichten, mit etwas heißer Brühe übergießen
Kochzeit:	1½ – 2 Stunden.
Beigabe:	Kartoffelbrei mit sauren Gurken oder Grünen Bohnen, Kräuter- oder Tomatensoße.

Grünkohltopf

2 – 3 große Dosen Grünkohl (je etwa 480 g)	abtropfen lassen
oder 2 – 3 Pakete (je 450 g) tiefgekühlten Grünkohl	bei Zimmertemperatur auftauen lassen
1 Eßl. Schweineschmalz oder Margarine	in einem großen Topf erhitzen
3 große Zwiebeln	abziehen, in dem Fett andünsten den Kohl mit der Flüssigkeit hinzufügen
2 Lorbeerblätter	
2 – 3 Eßl. Haferflocken	unterrühren, mit
Salz, Pfeffer	
Zucker	würzen
500 – 750 g Kasseler Rippenspeer	
500 g geräucherte Rippchen	
250 g mageren durchwachsenen Speck	waschen, abtrocknen, auf den Kohl legen, alles im geschlossenen Topf etwa 45 Minuten kochen lassen den Kohl ab und zu umrühren, damit er nicht anbrennt, evtl. etwas
Wasser	hinzugießen, weitere
1 – 2 Eßl. Haferflocken	unterrühren
2 – 4 geräucherte Mettwürstchen	
1 runde Kochmettwurst	hinzufügen, etwa 30 Minuten mitkochen lassen, das gare Fleisch aus dem Kohl nehmen, in Stücke schneiden, die Würstchen halbieren, den Kohl auf einer großen Platte anrichten, mit den Fleisch- und Wurststücken umlegen
Kochzeit:	Etwa 1¼ Stunden.
Beilage:	Salzkartoffeln.

Königsberger Klopse

1 Brötchen (Semmel)	in kaltem Wasser einweichen
1 mittelgroße Zwiebel	abziehen, fein würfeln
500 g Gehacktes (halb Rind-, halb Schweinefleisch)	mit dem gut ausgedrückten Brötchen, der Zwiebel,
1 Eiweiß	
2 gestrichenen Teel. Senf	vermengen, mit
Salz, Pfeffer	abschmecken, aus der Masse mit nassen Händen Klopse formen, in
750 ml (¾ l) kochendes Salzwasser	geben, zum Kochen bringen, abschäumen, gar ziehen lassen (Wasser muß sich leicht bewegen), die Brühe durch ein Sieb gießen, 500 ml (½ l) davon abmessen *für die Soße*
30 g Butter oder Margarine	zerlassen
35 g Weizenmehl	unter Rühren so lange darin erhitzen, bis es hellgelb ist
500 ml (½ l) Brühe	hinzugießen, mit einem Schneebesen durchschlagen, darauf achten, daß keine Klumpen entstehen, die Soße zum Kochen bringen, etwa 5 Minuten kochen lassen
1 Eigelb	mit
2 Eßl. kalter Milch	verschlagen, die Soße damit abziehen (nicht mehr kochen lassen)
1 Eßl. Kapern	hinzufügen, mit
Salz Pfeffer Speisewürze Zitronensaft	abschmecken, die Klopse in die Soße geben, 5 Minuten darin ziehen lassen
Garzeit:	Etwa 15 Minuten.

Friesisches Pökelfleisch

1 kg gepökelte Ochsenbrust	waschen, in
1¾ l kochendes Salzwasser	geben, zum Kochen bringen, abschäumen
1 mittelgroße Zwiebel	abziehen, mit
1 Lorbeerblatt	spicken
1 Petersilienwurzel	putzen, schrappen, waschen
2 Wacholderbeeren	
einige weiße Pfefferkörner	
	die 5 Zutaten zu dem Fleisch geben, das Fleisch zum Kochen bringen
1 Möhre	putzen, schrappen, waschen
1 Stange Porree (Lauch)	putzen, waschen
1 Stück Sellerieknolle	schälen, waschen
	das Gemüse kleinschneiden, nach etwa 1 Stunde Kochzeit hinzufügen
	das Fleisch gar kochen lassen
	das Fleisch aus der Brühe nehmen, etwa 10 Minuten stehenlassen, in etwa 1½ cm dicke Scheiben schneiden, auf einer vorgewärmten Platte anrichten, mit etwas von der Brühe übergießen
	für die Meerrettichsahne
125 ml (⅛ l) Sahne	fast steif schlagen
4 – 5 Eßl. geriebenen Meerrettich (aus dem Glas)	unterrühren, mit
Zitronensaft	
Salz	
Pfeffer	abschmecken, zu dem Fleisch reichen
Kochzeit:	Etwa 2 Stunden.
Beilage:	Preiselbeeren, Apfelmus, Salzkartoffeln.
Tip:	Die restliche Fleischbrühe nach Belieben als Vorsuppe reichen.

Rinderschmorbraten

1 kg Rindfleisch (Schwanzstück, Blume)	waschen, abtrocknen
1 Bund Suppengrün	putzen, waschen
1 Zwiebel	abziehen
1 Tomate	waschen
	die 3 Zutaten kleinschneiden
50 g Fett	erhitzen, das Fleisch von allen Seiten gut darin anbraten, mit
Salz	bestreuen, die geschnittenen Zutaten hinzufügen, kurz miterhitzen, etwas von
125 – 375 ml (⅛ – ⅜ l) heißem Wasser	hinzugießen, das Fleisch schmoren lassen, von Zeit zu Zeit wenden, verdampfte Flüssigkeit nach und nach ersetzen
	das gare Fleisch in Scheiben schneiden, auf einer vorgewärmten Platte anrichten
	den Bratensatz nach Bedarf mit Wasser auffüllen, durch ein Sieb gießen, entfetten, zum Kochen bringen
2 gestrichene Eßl. Weizenmehl	mit
3 Eßl. kaltem Wasser	anrühren, die Flüssigkeit damit binden
2 Eßl. saure Sahne oder Dosenmilch	unterrühren
Schmorzeit:	Etwa 2½ Stunden.
Beilage:	Kartoffelkroketten, Butterböhnchen.

Rindfleischscheibchen mit Gemüse

	Für die Marinade
125 ml (⅛ l) Instant-Fleischbrühe	
2 Eßl. Weinbrand	
2 Eßl. Zitronensaft	

2 Eßl. Speiseöl 1 abgezogene, zerdrückte Knoblauchzehe Salz frisch geschroteter weißer Pfeffer	die Zutaten miteinander verrühren
600 g Rindfleisch (aus der Keule)	waschen, abtrocknen, in dünne Scheiben schneiden, in die Marinade geben, zugedeckt etwa 2 Stunden stehenlassen, das Fleisch evtl. einmal wenden
2 Stangen Porree (Lauch)	putzen, gründlich waschen, in Scheiben schneiden, nochmals waschen
4 mittelgroße Möhren	putzen, schrappen, waschen, in dünne Streifen schneiden
200 g Champignons	putzen, waschen, in Scheiben schneiden, die Fleischscheiben aus der Marinade nehmen, gut abtropfen lassen, die Marinade aufbewahren
2 Eßl. Margarine	erhitzen, das Fleisch unter Wenden gut darin anbraten das Gemüse nach und nach hinzufügen, unter ständigem Wenden etwa 5 Minuten dünsten lassen
250 ml (¼ l) heiße Instant-Fleischbrühe	mit der Marinade zu dem Fleisch geben
1 Teel. gerebelten Estragon 1 Teel. gerebelte Zitronenmelisse	hinzufügen, zugedeckt etwa 30 Minuten schmoren lassen, mit
1 – 2 Teel. Soja-Soße	abschmecken
Garzeit:	Etwa 45 Minuten.
Beilage:	Kartoffelpüree.

Schmorbraten mit Staudensellerie

750 g Rindfleisch Salz, Pfeffer	waschen, abtrocknen, mit einreiben
4 Eßl. Speiseöl	erhitzen, das Fleisch darin anbraten
1 Bund Suppengrün	putzen, waschen, hinzufügen, durchdünsten
1 Teel. Paprika edelsüß	hinzufügen etwas von
125 – 250 ml (⅛ – ¼ l) Instant-Fleischbrühe	mit etwas von
375 ml (⅜ l) hellem Bier	hinzugießen, das Fleisch schmoren lassen, von Zeit zu Zeit wenden, verdampfte Flüssigkeit nach und nach ersetzen
2 Möhren	putzen, schrappen, waschen, in Würfel schneiden von
500 g Staudensellerie	die einzelnen Stengel am Wurzelansatz abschneiden, bei den äußeren kräftigen Stengeln evtl. die gröbsten Fasern abziehen, die Stengel waschen, in Stücke schneiden
250 g kleine Zwiebeln	abziehen das Gemüse etwa 45 Minuten vor Beendigung der Schmorzeit zu dem Fleisch geben, mitschmoren lassen das gare Fleisch in Scheiben schneiden, mit dem Gemüse auf einer vorgewärmten Platte anrichten, warm stellen den Bratensatz mit
125 – 250 ml (⅛ – ¼ l) Sahne	loskochen die Flüssigkeit etwas einkochen lassen die Soße evtl. mit Salz, Pfeffer,
Paprika edelsüß	abschmecken, nach Belieben über das Fleisch und Gemüse geben oder getrennt dazureichen
Schmorzeit:	Etwa 2 Stunden.

Gulasch, pikant

400 g Zwiebeln	abziehen, würfeln
100 g Schweineschmalz	erhitzen, die Zwiebelwürfel darin hellgelb dünsten lassen
2 – 3 Eßl. Tomatenmark	unterrühren, so lange rühren, bis eine weiche Masse entstanden ist
2 gestrichene Teel. Paprika edelsüß	
3 Eßl. Weißwein	unterrühren
500 g schieres Rindfleisch (Wadenstück)	waschen, abtrocknen, in etwa 2 cm große Würfel schneiden, mit
Salz	
Pfeffer	würzen, zu der Zwiebelmasse geben, etwa 50 Minuten schmoren lassen
500 ml (½ l) Instant-Fleischbrühe	hinzugießen, das Fleisch gar schmoren lassen das Gulasch mit
Salz	
Pfeffer	
Paprika edelsüß	
Weiß- oder Rotwein	abschmecken nach Belieben
etwas Weizenmehl	mit
kaltem Wasser	anrühren das Gulasch damit binden
Schmorzeit:	Etwa 80 Minuten.
Veränderung:	Eine Gurke schälen, halbieren, entkernen, in fingerdicke Stücke schneiden, etwa 20 Minuten vor Beendigung der Schmorzeit zu dem Gulasch geben, 1 kleine Dose (etwa 200 g) Tomaten mit dem Saft etwa 10 Minuten vor Beendigung der Schmorzeit hinzufügen.

Rindfleisch in Rotwein

(Im Tontopf)

1 kg Rindfleisch	waschen, abtrocknen, in 5 – 6 cm große Stücke schneiden
6 kleine Zwiebeln	abziehen
40 g Butter oder Margarine	zerlassen, das Fleisch darin anbraten, die Zwiebeln,
1 abgezogene Knoblauchzehe	
1 Lorbeerblatt	
Salz	
Pfeffer	
gerebelten Thymian	hinzufügen, mitdünsten lassen
2 Eßl. Weizenmehl	
500 ml (½ l) Rotwein	hinzufügen, durchrühren, alles in den gewässerten Tontopf umfüllen, mit dem Deckel verschließen, in den vorgeheizten Backofen stellen das gare Rindfleisch mit
Kresse	garnieren
Strom:	200 – 225
Gas:	4 – 5
Garzeit:	Etwa 2 Stunden.

Osso bucco

Kalbshaxe

1 Kalbshaxe (etwa 2 kg) vom Schlachter quer in 4 – 6 cm dicke Scheiben schneiden lassen
das Fleisch waschen, abtrocknen, mit
Salz
Pfeffer einreiben, in
Weizenmehl wenden
2 Eßl. Olivenöl erhitzen, die Haxenstücke gut darin anbraten, aus dem Bratfett nehmen, warm stellen
das Bratfett mit
125 ml (⅛ l) Weißwein
125 ml (⅛ l) Instant-Fleischbrühe loskochen
3 Möhren putzen, schrappen
1 Stück Sellerieknolle putzen, schälen
beide Zutaten waschen, in kleine Würfel schneiden
4 Zwiebeln abziehen, würfeln
2 Eßl. Butter zerlassen, das Gemüse mit den Zwiebelwürfeln unter häufigem Umrühren darin dünsten lassen, bis es leicht gebräunt ist
etwa 500 g Tomaten (aus der Dose) abtropfen lassen, die Flüssigkeit auffangen, die Tomaten in Stücke schneiden, mit der Flüssigkeit,
1 Lorbeerblatt
gerebeltem Basilikum
gerebeltem Thymian
gehackter Petersilie zu dem Gemüse geben, mit Salz, Pfeffer würzen
die Haxenstücke auf das Gemüse legen
die Bratenflüssigkeit darüber geben, das Gericht zum Kochen bringen, zugedeckt in dem vorgeheizten Backofen schmoren lassen

Strom: 225 – 250
Gas: 4 – 5
Schmorzeit: Etwa 1¼ Stunden.
Beilage: Kräuterreis oder Stangenweißbrot.

Schwalbennester

Kalbsrouladen mit Ei

4 Scheiben Kalbfleisch (je 150 g, aus der Keule geschnitten)
4 Scheiben roher Schinken
4 Scheiben Speck
4 gekochte, gepellte Eier
auf jede Kalbfleischscheibe 1 Scheibe Schinken, 1 Scheibe Speck, 1 Ei legen, das Fleisch von der schmalen Seite her aufrollen, mit einer Bratennadel oder Küchengarn zusammenhalten
60 g Margarine erhitzen, die Rouladen von allen Seiten gut darin anbraten
etwas von
250 ml (¼ l) heißem Wasser hinzugießen, die Rouladen schmoren lassen, von Zeit zu Zeit wenden, verdampfte Flüssigkeit nach und nach ersetzen
wenn die Rouladen gar sind, die Bratennadeln (Küchengarn) entfernen
nach Belieben den Bratensatz mit Flüssigkeit auffüllen, zum Kochen bringen
etwas Weizenmehl mit
kaltem Wasser anrühren, den aufgefüllten Bratensatz damit binden
2 Eßl. saure Sahne hinzufügen, die Soße mit
Salz abschmecken
die Rouladen in Hälften oder in Scheiben schneiden, in der Soße anrichten

Schmorzeit: Etwa 1 Stunde.
Veränderung: Die Soße durch feingehackte Sardellen oder Champignons verfeinern.
Beilage: Blumenkohl, Butterkartoffeln.

Kalbsschmorbraten

1 kg Kalbfleisch (aus der Schulter, ohne Knochen)	waschen, abtrocknen
1 Bund Suppengrün	putzen, waschen, kleinschneiden
50 g Pflanzenfett, z. B. Biskin	erhitzen, das Fleisch von allen Seiten gut darin anbraten, mit
Salz	
Pfeffer	
gemahlenem Rosmarin	bestreuen, Suppengrün,
1 Lorbeerblatt	
5 Pfefferkörner	hinzufügen, kurz miterhitzen etwas von
500 ml (½ l) heißem Wasser	hinzugießen, das Fleisch schmoren lassen, von Zeit zu Zeit wenden, verdampfte Flüssigkeit nach und nach ersetzen das gare Fleisch in Scheiben schneiden, auf einer vorgewärmten Platte anrichten, warm stellen den Bratensatz durch ein Sieb gießen, entfetten, nach Belieben mit Flüssigkeit auffüllen, zum Kochen bringen
etwas Weizenmehl	mit
kaltem Wasser	anrühren, den aufgefüllten Bratensatz damit binden
3 schwach geh. Eßl. Crème fraîche	unterrühren, die Soße mit Salz, Pfeffer abschmecken
Schmorzeit:	Etwa 2 Stunden.
Veränderung:	Anstelle von Kalbfleisch aus der Schulter Fleisch aus der Keule oder Kalbsnierenbraten verwenden.

Rindergulasch mit Tomaten

600 g schieres Rindfleisch (ohne Knochen)	waschen, abtrocknen, in Würfel schneiden
2 Eßl. Speiseöl	erhitzen, das Fleisch von allen Seiten gut darin anbraten
250 g Zwiebeln	abziehen, halbieren, in Scheiben schneiden, mitbräunen lassen, das Fleisch mit
Salz	
Pfeffer	
Gulasch-Gewürz	würzen
etwa 400 g Tomaten (aus der Dose)	mit der Flüssigkeit,
375 ml (⅜ l) heißem Wasser	hinzugießen, das Fleisch gar schmoren lassen, verdampfte Flüssigkeit nach und nach ersetzen nach Belieben
etwas Weizenmehl	mit
kaltem Wasser	anrühren, das Gulasch damit binden, mit Salz,
Paprika edelsüß	
1 – 2 Spritzern	
Tabascosoße	abschmecken
Schmorzeit:	1 – 1½ Stunden.
Beilage:	Reis, Paprikaschoten-Salat.

1 mittelgroße Zwiebel	abziehen, würfeln
1 Eßl. Speiseöl	erhitzen, die Zwiebelwürfel darin andünsten, die Rouladen hinzufügen, von allen Seiten gut darin anbraten, etwas von
500 ml (½ l) heißem Wasser	hinzufügen, die Rouladen schmoren lassen, von Zeit zu Zeit wenden, verdampfte Flüssigkeit nach und nach ersetzen wenn die Rouladen gar sind, Küchengarn (Bratennadeln) entfernen
1 Eßl. Soja-Soße	mit
1 Eßl. Worcestersoße	hinzufügen
	nach Belieben
etwas Weizenmehl	mit
kaltem Wasser	anrühren, die Soße damit binden
10 spanische Oliven, mit Paprika gefüllt	halbieren, in die Soße geben, miterhitzen
Schmorzeit:	Etwa 2 Stunden.
Beilage:	Nudeln, Salat oder Gemüse.

Rinderrouladen mit pikanter Füllung

	Für die Füllung
100 g Brühreis	in
kochendes Salzwasser	geben, zum Kochen bringen, etwa 10 Minuten quellen lassen, den Reis auf ein Sieb geben, mit kaltem Wasser übergießen, abtropfen lassen
2 Bund Schnittlauch	waschen, fein schneiden
1 Eßl. Butter	zerlassen
	die beiden Zutaten mit dem Reis vermengen
	für die Rouladen
4 Scheiben Rindfleisch (je etwa 150 g, aus der Keule)	leicht klopfen, mit
Salz	
Pfeffer	bestreuen
4 Scheiben durchwachsenen Speck	auf die Fleischscheiben geben, die Reismasse darüber verteilen, die Fleischscheiben von der schmalen Seite her aufrollen, mit Küchengarn zunähen oder mit Bratennadeln zusammenhalten

Schmornierchen

600 g Kalbsnieren	aufschneiden, von den Röhren befreien, in Scheiben schneiden, gründlich waschen, mit kochendheißem Wasser übergießen, 30 Minuten darin liegen lassen, abtropfen lassen die Nieren mit
Salz	
Pfeffer	bestreuen, in
Weizenmehl	wenden
50 g Pflanzenfett, z. B. Biskin	erhitzen, die Nieren unter Wenden darin braun braten den Bratensatz mit
250 ml (¼ l) heißem Wasser	loskochen, die Nieren schmoren lassen nach Belieben
etwas Weizenmehl	mit
kaltem Wasser	anrühren, die Schmorflüssigkeit damit binden, mit
Paprika edelsüß	
Zitronensaft	abschmecken, mit
gehackter Petersilie	bestreuen
Schmorzeit:	Etwa 25 Minuten. Die Schmornierchen im Reisring anrichten.

Elsässer Bäckerofen

750 g Schweine-, Rind- oder Hammelfleisch (ohne Knochen)	waschen, abtrocknen, in Würfel schneiden
4 Möhren	
1 Stange Porree	beide Zutaten putzen, waschen, kleinschneiden, mit dem Fleisch in eine Schüssel geben, mit so viel von
1 Flasche (0,7 l) Weißwein	begießen, daß die Zutaten knapp bedeckt sind
1 Knoblauchzehe	abziehen, zerdrücken, mit
10 schwarzen Pfefferkörnern	
1 Lorbeerblatt	
2 Pimentkörnern	hinzufügen, das Ganze zugedeckt einige Stunden (am besten über Nacht) an einem kühlen Ort stehenlassen
250 g abgezogene Zwiebeln	halbieren, in Ringe schneiden
750 g Kartoffeln	schälen, waschen, in Scheiben schneiden einen Schmortopf mit
Butter oder	
Margarine	gut ausfetten, die Zwiebelringe mit dem Fleisch, dem Gemüse, den Kartoffel-

	scheiben abwechselnd lagenweise hineinschichten, mit der Marinade begießen (soll knapp bedeckt sein, evtl. noch etwas Wein hinzufügen), mit
Salz	
Pfeffer	
½ Teel. gerebeltem Thymian	
½ Teel. gerebeltem Basilikum	
½ Teel. gerebeltem Bohnenkraut	würzen, den Topf mit einem Deckel verschließen, auf dem Rost in den vorgeheizten Backofen schieben, nach etwa 2½ Stunden Garzeit probieren, ob das Fleisch gar ist, den „Bäckerofen" kräftig mit den Gewürzen abschmecken
1 – 2 Becher (150 – 300 g) Crème fraîche	unterrühren, das Gericht mit
2 – 3 Eßl. Semmelmehl	bestreuen
Butter	in Flöckchen darauf setzen den „Bäckerofen" kurz im geöffneten Topf bei starker Hitze überbacken oder unter den vorgeheizten Grill schieben, im Topf servieren
Strom:	175 – 200
Gas:	3 – 4
Garzeit:	2½ bis 3 Stunden.
Beigabe:	Stangenweißbrot.
Tip:	Wenn kein eiserner Schmortopf vorhanden ist, kann auch eine Auflaufform verwendet werden, wenn sie gut mit Alufolie abgedeckt wird. Auch feuerfestes Glas- bzw. Porzellangeschirr und der Tontopf sind zur Zubereitung des „Bäkkerofens" geeignet.

Geschmorte Zunge mit Paprikasoße

1 Kalbszunge (600 – 800 g)	gründlich waschen, den Schlund abschneiden, die Zunge so lange waschen und bürsten, bis der Schleim entfernt ist, in
1 l kochendes Wasser	geben, zum Kochen bringen, etwa 20 Minuten darin ziehen lassen, kalt abspülen, die Haut abziehen
250 g Zwiebeln	abziehen, in Scheiben schneiden
1 Knoblauchzehe	abziehen, zerdrücken
75 g Schweineschmalz	erhitzen, die Zunge hineingeben, von allen Seiten anbraten, mit
1 Teel. Paprika edelsüß	
Salz, Pfeffer	würzen
etwas kaltes Wasser	hinzugießen, die Zwiebelscheiben, die Knoblauchzehe,
250 ml (¼ l) heiße Instant-Fleischbrühe	
250 ml (¼ l) Rotwein	hinzufügen, zugedeckt etwa 1½ Stunden kochen lassen
2 Stangen Porree (Lauch)	putzen, waschen, in Scheiben schneiden
1 grüne und 1 rote Paprikaschote	halbieren, entstielen, entkernen, die weißen Scheidewände entfernen, die Schoten waschen, in Streifen schneiden die drei Zutaten etwa 20 Minuten vor Beendigung der Schmorzeit zu der Zunge geben, die Zunge herausnehmen, in dikke Scheiben schneiden, auf einer vorgewärmten Platte anrichten, warm stellen
etwa 400 g Tomaten (aus der Dose)	durch ein Sieb streichen, die Schmorflüssigkeit damit binden, mit
3 – 4 Eßl. Weinbrand	abschmecken, etwas von der Soße auf die Fleischplatte geben, die restliche Soße dazureichen die Kalbszunge nach Belieben mit
gewaschener Petersilie	garnieren
Garzeit:	Etwa 1¾ Stunden.

Schweineschmorbraten

1 kg Schweinefleisch (aus der Keule, ohne Knochen)	waschen, abtrocknen
1 Bund Suppengrün	putzen, waschen
1 mittelgroße Zwiebel	abziehen beide Zutaten kleinschneiden
50 g Pflanzenfett, z. B. Biskin	erhitzen, das Fleisch von allen Seiten gut darin anbraten, mit
Salz **Pfeffer** **gerebeltem Majoran**	würzen, die geschnittenen Zutaten hinzufügen, kurz miterhitzen, etwas von
500 ml (½ l) heißem Wasser	hinzugießen, das Fleisch schmoren lassen, von Zeit zu Zeit wenden, verdampfte Flüssigkeit nach und nach ersetzen, das gare Fleisch in Scheiben schneiden, auf einer vorgewärmten Platte anrichten, warm stellen nach Belieben den Bratensatz mit Flüssigkeit auffüllen, zum Kochen bringen
etwas Weizenmehl	mit
kaltem Wasser	anrühren, den aufgefüllten Bratensatz damit binden, die Soße mit Salz, Pfeffer abschmecken
Schmorzeit:	1½ – 2 Stunden.
Veränderung:	Anstelle von Schweinefleisch (aus der Keule) Schweinenacken, -schulter oder -rollbraten verwenden.
Beigabe:	Tomatensalat.

Sauerbraten

1 kg Rindfleisch (aus der Keule) waschen, abtrocknen, in eine Schüssel legen

für die Marinade

1 mittelgroße Zwiebel abziehen, in Scheiben schneiden

1 Bund Suppengrün putzen, waschen, kleinschneiden, die Zutaten mit

15 Pfefferkörnern
5 Pimentkörnern (Nelkenpfeffer)
3 Nelken
1 Lorbeerblatt zu dem Fleisch geben

250 ml (¼ l) Essig mit

375 ml (⅜ l) Wasser verdünnen, über das Fleisch gießen (Fleisch muß bedeckt sein), zugedeckt etwa 4 Tage an einem kühlen Ort stehen lassen, das Fleisch ab und zu wenden

das genügend gesäuerte Fleisch abtrocknen

50 g Pflanzenfett erhitzen, das Fleisch von allen Seiten gut darin anbraten, mit

Salz
Pfeffer bestreuen, das abgetropfte Suppengrün hinzufügen, mitbraten lassen

die Hälfte der Marinade mit

500 ml (½ l) heißem Wasser mischen, etwas davon zu dem Fleisch gießen, das Fleisch schmoren lassen, von Zeit zu Zeit wenden, verdampfte Flüssigkeit nach und nach ersetzen

das gare Fleisch in Scheiben schneiden, auf einer vorgewärmten Platte anrichten, warm stellen, den Bratensatz durch ein Sieb gießen, nach Belieben mit Flüssigkeit auffüllen, zum Kochen bringen

etwas Weizenmehl mit

kaltem Wasser anrühren, den Bratensatz damit binden, mit Salz, Pfeffer,

Zucker abschmecken

Schmorzeit: Etwa 2½ Stunden.

Veränderung: Die Soße mit eingeweichten Rosinen, abgezogenen, gehobelten, gebräunten Mandeln und Crème fraîche verfeinern.

Beilage: Kartoffelklöße oder Makkaroni.

Schweinerollbraten

¾ – 1 kg Schweine-rollbraten	waschen, abtrocknen, mit
Salz	
Pfeffer	einreiben
5 Eßl. Olivenöl	erhitzen, das Fleisch von allen Seiten darin anbraten, herausnehmen
2 abgezogene Knoblauchzehen	in dem Bratfett anbräunen
3 Eßl. Tomatenmark	
6 Eßl. Wasser	hinzufügen, das Fleisch hineingeben, im geschlossenen Topf schmoren lassen, ab und zu wenden
	den garen Braten in Scheiben schneiden, auf einer vorgewärmten Platte anrichten
	den Bratensatz mit Salz abschmecken, über das Fleisch geben oder dazureichen
Schmorzeit:	1¼ – 1½ Stunden.
Beilage:	Junge Erbsen, Butterböhnchen, Kartoffelklöße.

Geschmorte Lammkeule

1 kg Lammkeule (ohne Knochen)	waschen
2 – 3 Zwiebeln	
2 – 3 Knoblauch-zehen	abziehen, vierteln, mit
1 kleinen Lorbeerblatt	
8 Wacholderbeeren	
5 Pimentkörnern	
gerebeltem Thymian	
2 Eßl. Essig	in
250 ml (¼ l) Wasser	zum Kochen bringen, etwa 5 Minuten kochen, abkühlen lassen
250 ml – 375 ml (¼ – ⅜ l) Weißwein	hinzugießen, das Fleisch hineinlegen, 24 Stunden darin ziehen lassen, ab und zu wenden
	das Fleisch aus der Marinade nehmen, abtrocknen, die Marinade durch ein Sieb gießen, Gewürze mit Zwiebel- und Knoblauchvierteln aufbewahren
	das Fleisch mit
Salz	
Pfeffer	würzen, evtl. etwas zusammenbinden
2 – 3 Eßl. Speiseöl	erhitzen, das Fleisch von allen Seiten darin anbraten
250 g Tomaten	waschen, vierteln, mit den zurückgelassenen Gewürzen, Zwiebel- und Knoblauchvierteln zu dem Fleisch geben, durchdünsten lassen, etwas von der Marinade hinzugießen, das Fleisch im geschlossenen Topf schmoren lassen, verdampfte Flüssigkeit nach und nach durch Marinade ersetzen (insgesamt etwa 125 ml = ⅛ l)
	die gare Lammkeule aus der Schmorflüssigkeit nehmen, warm stellen
	die Flüssigkeit durch ein Sieb gießen
1 Eßl. saure Sahne	unterrühren
	nach Belieben
etwas Weizenmehl	mit
kaltem Wasser	anrühren, die aufgefüllte Schmorflüssigkeit damit binden, die Soße mit Salz, Pfeffer,
Zucker	abschmecken
	die Lammkeule in Scheiben schneiden, auf einer vorgewärmten Platte anrichten, die Soße dazureichen
Schmorzeit:	Etwa 1½ Stunden.
Beilage:	Salzkartoffeln, Butterbohnen.

Bratwurstspieße auf Pußta-Gemüse (Im Tontopf)

250 g Zwiebeln abziehen, halbieren, in Scheiben schneiden
250 g Paprikaschoten halbieren, entstielen, entkernen, die weißen Scheidewände entfernen, die Schoten waschen, in Streifen schneiden
250 g Tomaten kurze Zeit in kochendes Wasser legen, in kaltem Wasser abschrecken, enthäuten, in Scheiben schneiden, das Gemüse mit
Salz, Pfeffer
Paprika edelsüß würzen
2 Eßl. Speiseöl unterrühren, in den gewässerten Tontopf geben
4 vorgebrühte Bratwürste
4 Scheiben durchwachsener Speck (etwa ½ cm dick)
beide Zutaten in etwa 3 cm lange Stücke schneiden
2 – 3 Gewürzgurken in etwa ½ cm dicke Scheiben schneiden
Tomatenviertel
die 4 Zutaten abwechselnd auf Spieße (5 – 6) stecken, auf das Gemüse legen
1 Eßl. Speiseöl mit Paprika edelsüß verrühren, die Bratwurstspieße damit bestreichen, den Tontopf mit dem Deckel verschließen, auf dem Rost in den Backofen stellen
Strom: 200 – 225
Gas: 4 – 5
Garzeit: Etwa 1 Stunde.

Möhrenbraten (In der Bratfolie)

(Für 6 Personen)

250 g dünne Möhren putzen, schrappen, waschen, in
Salzwasser zum Kochen bringen, in etwa 10 Minuten halbgar kochen lassen
1 kg Schweinefleisch (aus der Keule) waschen, abtrocknen, mit
Salz
Pfeffer
Paprika edelsüß einreiben, das Fleisch mehrere Male so in Faserrichtung einschneiden, daß die Möhren hineingeschoben werden können
das Fleisch mit
1 – 2 Eßl. Speiseöl bestreichen, mit den restlichen Möhren auf ein genügend großes Stück
Bratfolie legen, die Folie verschließen, auf dem Rost in die Mitte des Backofens schieben
den garen Braten in Scheiben schneiden
den Bratensaft auf der Kochstelle zum Kochen bringen, mit
Weizenmehl (mit etwas kaltem Wasser angerührt) binden, mit Salz, Pfeffer, Paprika abschmecken
Strom: 200
Gas: Etwa 3½
Bratzeit: Etwa 1½ Stunden.

Rinderfilet „Wellington"

	Für die Füllung
1 kg Rinderfilet	waschen, abtrocknen, enthäuten
1 Eßl. Margarine	erhitzen, das Fleisch von allen Seiten kurz darin anbraten, mit
Salz Pfeffer	würzen, aus der Pfanne nehmen, abkühlen lassen
125 g Schinkenspeck 2 abgezogene Zwiebeln	in Würfel schneiden, den Speck zu dem Bratfett geben, auslassen, die Zwiebelwürfel hinzufügen, glasig dünsten lassen
100 g Champignons (aus der Dose)	abtropfen lassen, kleinschneiden, hinzufügen, die Masse mit Salz, Pfeffer abschmecken, kalt stellen
	für den Teig
1 Packung (300 g) tiefgekühlten Blätterteig	bei Zimmertemperatur auftauen lassen, zu einer länglichen Platte in der doppelten Größe des Filets ausrollen (nach Belieben etwas Teig zum Garnieren zurücklassen) etwas von der Zwiebel-Champignonmasse in der Länge des Filets in die Mitte des Teiges geben, das Filet darauf legen, mit der restlichen Zwiebel-Champignonmasse bedecken, den Teig um das Fleisch schlagen, auf ein mit Wasser abgespültes Backblech legen (glatte Teigseite nach oben), mit dem zurückgelassenen Teig garnieren, über die Teigoberseite verteilt 3 etwa pfenniggroße Löcher ausstechen
½ Eigelb	mit
1 Teel. Milch	verschlagen, die Teigoberfläche damit bestreichen
Strom:	200 – 225
Gas:	3 – 4
Backzeit:	40 – 50 Minuten.
Beilage:	Kräuter-Sahnesoße, Stangenweißbrot.

Kalbshaxe auf italienische Art

1 Kalbshaxe	
(1½ – 2 kg)	waschen, abtrocknen, mit
Salz	
Pfeffer	
gerebeltem Rosmarin	
gerebeltem Thymian	würzen, in einen Bratentopf oder eine feuerfeste Form mit Deckel legen
4 Tomaten	waschen, vierteln
2 Zwiebeln	
2 Knoblauchzehen	abziehen, vierteln die 3 Zutaten um das Fleisch legen, mit Salz, Pfeffer,
gerebeltem	
Basilikum	bestreuen
125 ml (⅛ l)	
Weißwein	hinzugießen den Bratentopf (Form) mit dem Deckel verschließen, auf dem Rost in den Backofen stellen verdampfte Flüssigkeit nach und nach durch Wasser ersetzen nach etwa 1 Stunde Bratzeit den Deckel entfernen, das Fleisch ab und zu wenden, damit es gleichmäßig bräunt das gare Fleisch vom Knochen lösen, auf einer vorgewärmten Platte anrichten, warm stellen den Bratensatz mit etwas Wasser loskochen, durch ein Sieb streichen, in einen Topf geben, evtl. mit Flüssigkeit auffüllen, zum Kochen bringen
etwas Weizenmehl	mit
kaltem Wasser	anrühren, den aufgefüllten Bratensatz damit binden
2 Eßl. Sahne	unterrühren die Soße mit Salz, Pfeffer
Weißwein	
Zucker	abschmecken, zu dem Fleisch reichen
Strom:	225 – 250
Gas:	3 – 4
Bratzeit:	2¼ – 2½ Stunden.
Beilage:	Kartoffelbrei, Broccoli-Gemüse.

Rinderfilet

1 kg Filet	
(gut abgehangen)	waschen, abtrocknen, enthäuten, mit
Salz	
Pfeffer	einreiben, mit
Speiseöl	bestreichen, auf dem gefetteten Rost auf eine mit Wasser ausgespülte Rostbratpfanne legen, in den vorgeheizten Backofen schieben, braten lassen, ab und zu wenden das gare Fleisch vor dem Schneiden etwa 10 Minuten „ruhen" lassen, damit sich der Fleischsaft setzt, auf einer vorgewärmten Platte anrichten
Strom:	225 – 250
Gas:	6 – 7
Bratzeit:	Etwa 30 Minuten.
Beilage:	Broccoli, Herzogin-Kartoffeln.

Roastbeef

1 kg Rinderrücken (ohne Knochen)	waschen, abtrocknen, die Haut einritzen, das Fleisch mit
Salz	
Pfeffer	einreiben, mit der Fettschicht nach oben auf den gefetteten Rost auf eine mit Wasser ausgespülte Rostbratpfanne legen, in den vorgeheizten Backofen schieben, braten lassen, ab und zu wenden das gare Fleisch vor dem Schneiden etwa 10 Minuten „ruhen" lassen, damit sich der Fleischsaft setzt auf einer vorgewärmten Platte anrichten
Strom:	225 – 250
Gas:	6 – 7
Bratzeit:	35 – 45 Minuten.
Beilage:	Gebratene Zwiebelringe, Pommes frites.

Gefüllte Kalbsbrust

(Für 6 Personen)

	Für die Füllung
2 Brötchen (Semmeln)	in kaltem Wasser einweichen
2 mittelgroße Zwiebeln	abziehen, fein würfeln
750 g Gehacktes (halb Rind-, halb Schweinefleisch)	mit den gut ausgedrückten Brötchen, den Zwiebeln
2 Eiern	
2 Eßl. gehackten Kräutern (Petersilie, Schnittlauch, Dill, Basilikum)	vermengen, mit
Salz	abschmecken
1½ kg Kalbsbrust (ohne Knochen, vom Metzger als Tasche geschnitten)	waschen, abtrocknen, innen und außen mit Salz,
Pfeffer	einreiben, die Füllung in die Tasche geben, zunähen oder mit Holzspießchen zusammenhalten die Kalbsbrust mit
weicher Margarine	bestreichen, mit
50 g fetten Speckscheiben	belegen, auf dem Rost auf eine mit Wasser ausgespülte Rostbratpfanne legen, in den vorgeheizten Backofen schieben sobald der Bratensaft bräunt, etwas
heißes Wasser	hinzugießen, das Fleisch ab und zu mit dem Bratensatz begießen, verdampfte Flüssigkeit nach und nach ersetzen das gare Fleisch in Portionsstücke schneiden, mit der Füllung auf einer vorgewärmten Platte anrichten, warm stellen den Bratensatz loskochen, durch ein Sieb gießen, nach Belieben mit Flüssigkeit auffüllen, auf der Kochstelle zum Kochen bringen
etwas Weizenmehl	mit
kaltem Wasser	anrühren, den aufgefüllten Bratensatz damit binden
1 Becher (150 g) Crème fraîche	unterrühren die Soße mit Salz, Pfeffer abschmecken
Strom:	200 – 225
Gas:	3 – 4
Bratzeit:	Etwa 2¾ Stunden.
Veränderung:	Anstelle der Fleischfüllung eine Semmelfüllung verwenden.

Kalbsbraten mit Weintrauben und Pfirsichen

1 kg Kalbsbraten	waschen, abtrocknen, mit
Salz	
Pfeffer	einreiben, mit
1 Eßl. Butter	
oder Margarine	bestreichen, in eine mit Wasser ausgespülte Rostbratpfanne legen, in den vorgeheizten Backofen schieben
1 Bund Suppengrün	putzen, waschen, in kleine Stücke schneiden, zu dem Fleisch geben sobald der Bratensatz bräunt, etwas von
250 ml (¼ l)	
Weißwein	hinzugießen, das Fleisch ab und zu mit dem Bratensatz begießen, verdampfte Flüssigkeit nach und nach ersetzen das gare Fleisch auf einer vorgewärmten Platte anrichten, warm stellen den Bratensatz mit
etwas Wasser	loskochen, durch ein Sieb gießen
2 Eßl. saure Sahne	hinzufügen
2 Pfirsiche	
je 100 g	
blaue und grüne	
Weintrauben	
	Pfirsiche und Weintrauben waschen, abtrocknen, halbieren, entkernen, in die Soße geben, erhitzen, das Obst zu dem Fleisch geben, die Soße mit Salz, Pfeffer abschmecken, getrennt dazureichen
Strom:	Etwa 200
Gas:	Etwa 3
Bratzeit:	1 – 1½ Stunden.
Beilage:	Grüner Salat.

Kalbsnierenbraten

1 kg gerollten	
Kalbsnierenbraten	waschen, abtrocknen, mit
Salz	
weißem Pfeffer	einreiben
1 Zwiebel	abziehen, würfeln
1 Möhre	putzen, schrappen, waschen, in Würfel schneiden
2 Tomaten	kurze Zeit in kochendes Wasser legen, in kaltem Wasser abschrecken, enthäuten, in Würfel schneiden
½ abgezogene	
Knoblauchzehe	fein hacken
3 Eßl. Speiseöl	in einem Bratentopf erhitzen, das Fleisch darin von allen Seiten anbraten die zerkleinerten Zutaten hinzufügen, unter Wenden etwa 5 Minuten andünsten
250 ml (¼ l)	
heißes Wasser	hinzugießen
1 Lorbeerblatt	
5 getrocknete Pilze	
Schale von ½ Zitrone	
(ungespritzt)	hinzugeben den Braten in den vorgeheizten Backofen schieben, von Zeit zu Zeit mit der Bratenflüssigkeit begießen, das gare Fleisch in Scheiben schneiden, auf einer vorgewärmten Platte anrichten, warm stellen, den Bratensatz mit etwas Wasser loskochen, durch ein Sieb gießen, nach Belieben
etwas Weizenmehl	mit
kaltem Wasser	anrühren, den aufgefüllten Bratensatz damit binden
Strom:	200 – 225
Gas:	3 – 4
Schmorzeit:	1½ – 1¾ Stunden.
Beilage:	Prinzeßbohnen mit gebratenen Speckscheiben, Spargel, Herzogin-Kartoffeln.

Curry-Koteletts
(In der Bratfolie)

4 Schweinekoteletts	waschen, abtrocknen, leicht klopfen, mit
Salz	
Pfeffer	
Currypulver	bestreuen, mit
Speiseöl	bestreichen, auf ein genügend großes Stück
Bratfolie	legen, die Folie verschließen, auf dem Rost in die Mitte des Backofens schieben die garen Koteletts auf einer vorgewärmten Platte anrichten, mit
Tomatenachteln	
Petersilie	garnieren, den Bratensaft dazureichen
Strom:	200
Gas:	Etwa 3½
Bratzeit:	Etwa 30 Minuten.
Beilage:	Tomatensalat, Röstkartoffeln.

Gefüllte Schweinerippe
(Für 6 Personen)

	Für die Füllung
250 g entsteinte getrocknete Pflaumen	etwa 12 Stunden in kaltem Wasser einweichen
4 Äpfel (etwa 300 g)	schälen, vierteln, entkernen, in Scheiben schneiden, mit den abgetropften Pflaumen,
2 Eßl. Semmelmehl	
1 Eßl. Zucker	
Salz	vermengen
1 kg Schweinerippe (dickes Stück)	waschen, abtrocknen, eine Tasche einschneiden, innen und außen mit Salz einreiben die Füllung in die Tasche geben, zunähen dünne Schweinerippe waschen, in der Mitte vorsichtig quer durchschlagen, mit Salz einreiben, übereinanderklappen, zunähen die Schweinerippe in eine mit Wasser ausgespülte Rostbratpfanne legen, in den vorgeheizten Backofen schieben sobald der Bratensatz bräunt, etwas
heißes Wasser	hinzugießen, das Fleisch ab und zu mit dem Bratensatz begießen, verdampfte Flüssigkeit nach und nach ersetzen das gare Fleisch von dem Küchengarn befreien, mit der Füllung auf einer vorgewärmten Platte anrichten, warm stellen den Bratensatz mit Wasser loskochen, durch ein Sieb gießen, nach Belieben mit
etwas Weizenmehl	mit
kaltem Wasser	anrühren, den Bratensatz damit binden, die Soße mit Salz abschmecken
Strom:	200 – 225
Gas:	3 – 4
Bratzeit:	1½ – 1¾ Stunden.

Schweinenacken

1 kg Schweinenacken	waschen, abtrocknen, mit
Salz, Pfeffer	
Paprika edelsüß	einreiben, in eine mit Wasser ausgespülte Rostbratpfanne legen, in den vorgeheizten Backofen schieben sobald der Bratensatz bräunt, etwas
heißes Wasser	hinzugießen, das Fleisch ab und zu mit dem Bratensatz begießen, verdampfte Flüssigkeit nach und nach ersetzen
1 Zwiebel	abziehen
1 Tomate	waschen beide Zutaten vierteln, 25 Minuten vor Beendigung der Bratzeit in die Rostbratpfanne geben das gare Fleisch in Scheiben schneiden, auf einer vorgewärmten Platte anrichten den Bratensatz mit Wasser loskochen, durch ein Sieb gießen, nach Belieben
etwas Weizenmehl	mit
kaltem Wasser	anrühren, den Bratensatz damit binden, mit Salz abschmecken
Strom:	200 – 225
Gas:	3 – 4
Bratzeit:	Etwa 1¾ Stunden.

Burgunder-Schinken

(Für 8 – 10 Personen)

	Burgunder-Schinken ist ein gepökelter, leicht geräucherter Schinken, der eine Woche vor Verwendung beim Schlachter bestellt werden muß
etwa 3 kg Burgunder-Schinken mit Schwarte	
	die Schwarte vom Schlachter gitterartig einschneiden lassen, den Schinken waschen, abtrocknen, die Haut an verschiedenen Stellen einritzen
15 Nelken	hineinstecken
2 – 3 Knoblauchzehen	abziehen, in Stifte schneiden, mit den Stücken von
1 – 2 zerkleinerten Lorbeerblättern	zwischen die Schwarteneinschnitte geben
3 große Zwiebeln	abziehen
3 große Tomaten	waschen, abtrocknen beide Zutaten vierteln oder achteln, mit dem Schinken in die Fettpfanne geben sobald der Bratensatz bräunt,
heißes Wasser	hinzugießen, verdampfte Flüssigkeit nach und nach ersetzen (wenn der Schinken zu stark bräunt, ihn mit Alufolie abdecken), etwa 30 Minuten vor Beendigung der Bratzeit die Schinkenschwarte mit
Zucker	bestreuen den garen Schinken in Scheiben schneiden, auf einer vorgewärmten Platte anrichten oder im ganzen auf den Tisch bringen, erst dann in Scheiben schneiden den Bratensatz mit Wasser loskochen, durch ein Sieb streichen, nach Belieben
etwas Weizenmehl	mit
kaltem Wasser	anrühren, den Bratensatz damit binden die Soße mit
Salz	
Pfeffer	abschmecken, getrennt zu dem Schinken reichen
Strom:	225 – 250
Gas:	3 – 4
Bratzeit:	Etwa 2½ Stunden.
Beigabe:	Stangenweißbrot, Salat.

Kümmelbraten
(In der Bratfolie)

1 kg Schweinefleisch (Schulter)	waschen, abtrocknen, mit
Salz, Pfeffer	
1 Teel. Kümmel	einreiben
1 große Zwiebel	abziehen, grob würfeln
1 Stück Sellerie	waschen, vierteln
	die Zutaten mit dem Fleisch auf ein genügend großes Stück
Bratfolie	legen, die Folie verschließen, auf dem Rost in die Mitte des Backofens schieben
	den garen Braten in Scheiben schneiden
	nach Belieben den Bratensaft mit
Weizenmehl (mit etwas kaltem Wasser angerührt)	binden, mit Salz, Pfeffer abschmecken
1 – 2 Eßl. Kümmel-Schnaps	unterrühren
Strom:	200
Gas:	Etwa 3½
Bratzeit:	1½ – 1¾ Stunden.

Schweineschulter mit Mintkruste
(Für 4 – 6 Personen)

1½ kg Schweine-schulter	waschen, abtrocknen, mit
Salz	
Pfeffer	
Knoblauchsalz	einreiben, in eine mit Wasser ausgespülte Rostbratpfanne legen
3 Eßl. Speiseöl	erhitzen, über das Fleisch geben, die Rostbratpfanne in den vorgeheizten Backofen schieben
	sobald der Bratensatz bräunt, etwas von
250 ml (¼ l) Rotwein	
250 ml (¼ l) Instant-Fleischbrühe	hinzugießen, das Fleisch ab und zu mit dem Bratensatz begießen, verdampfte Flüssigkeit nach und nach ersetzen

4 Zwiebeln abziehen, vierteln
2 Möhren putzen, schrappen, waschen, in Scheiben schneiden
1 Knoblauchzehe abziehen, zerdrücken
die drei Zutaten 30 Minuten vor Beendigung der Bratzeit in die Rostbratpfanne geben, mitbraten lassen
für die Kruste
1 Eßl. weiche Butter
2 Eßl. Mintsoße (aus dem Glas)
1 Eßl. feingehackte Petersilie
1 Eßl. feingehackten Dill
etwas gerebelten Rosmarin
1 Eßl. Semmelmehl
die Zutaten verrühren, die Masse 15 Minuten vor Beendigung der Bratzeit auf das Fleisch streichen, gut andrücken
das gare Fleisch auf einer vorgewärmten Platte anrichten, warm stellen
den Bratensatz mit der restlichen Brühe und dem restlichen Rotwein loskochen, durch ein Sieb geben, auf der Kochstelle zum Kochen bringen
1 Becher (150 g) Crème fraîche unterrühren, die Soße mit Salz, Pfeffer,
Pfefferminzlikör abschmecken
Strom: 200 – 225
Gas: 3 – 4
Bratzeit: Etwa 2 Stunden.
Beilage: Kartoffelklöße, Spitzkohlgemüse.

Kasseler Rippenspeer

1½ kg Rippenspeer waschen, abtrocknen, die Knochen herauslösen, die Fettschicht mit einem scharfen Messer gitterartig einschneiden
das Fleisch mit der Fettschicht nach oben in eine mit Wasser ausgespülte Rostbratpfanne legen, in den Backofen schieben
sobald der Bratensatz bräunt, etwas
heißes Wasser hinzugießen, das Fleisch ab und zu mit dem Bratensatz begießen, verdampfte Flüssigkeit nach und nach ersetzen
1 Zwiebel abziehen
1 Tomate waschen
beide Zutaten vierteln, 25 Minuten vor Beendigung der Bratzeit in die Rostbratpfanne geben
das gare Fleisch in Scheiben schneiden, auf einer vorgewärmten Platte anrichten, warm stellen
den Bratensatz mit Wasser loskochen, durch ein Sieb gießen
4 Eßl. saure Sahne oder Dosenmilch hinzufügen, nach Belieben
etwas Weizenmehl mit
kaltem Wasser anrühren, den Bratensatz damit binden, die Soße mit
Salz
Pfeffer abschmecken
Strom: Etwa 225
Gas: 3 – 4
Bratzeit: 50 – 60 Minuten.
Beilage: Gefüllte Birnen- und Pfirsichhälften, Kroketten oder Sauerkraut und Kartoffelpüree.

Schweinebraten mit süßer Kruste

1 kg Schweinefleisch mit Schwarte (Keule oder Schulter)	waschen, abtrocknen, die Schwarte gitterartig einschneiden, das Fleisch auf der Unterseite mit
Salz	einreiben, mit der Schwarte nach oben in eine mit Wasser ausgespülte Rostbratpfanne legen, in den vorgeheizten Backofen schieben sobald der Bratensatz bräunt, etwas
heiße Instant-Fleischbrühe	hinzugießen, das Fleisch ab und zu mit dem Bratensatz begießen, verdampfte Flüssigkeit nach und nach ersetzen *für die Kruste*
2 Knoblauchzehen	abziehen, zerdrücken
3 gut gehäufte Eßl. brauner Zucker **3 Eßl. Rum** **½ Teel. gemahlener Ingwer** **¼ Teel. weißer Pfeffer** **knapp ¼ Teel. gemahlene Nelken** **1 Teel. Speiseöl**	die Zutaten verrühren, 20 Minuten vor Beendigung der Bratzeit die Schwarte gleichmäßig mit der Gewürz-Masse bestreichen (danach den Braten nicht mehr begießen) das gare Fleisch auf einer vorgewärmten Platte anrichten den Bratensatz mit Wasser loskochen, durch ein Sieb gießen, nach Belieben
etwas Weizenmehl	mit
kaltem Wasser	anrühren, den aufgefüllten Bratensatz damit binden, die Soße mit
Zitronensaft	abschmecken
Strom:	175 – 200
Gas:	3 – 4
Bratzeit:	1¾ – 2 Stunden.
Beilage:	Kartoffelklöße, Bunter Salat.
Veränderung:	Nach Belieben 2 Eßl. Crème fraîche unter die Soße rühren.

Schweinefilet

750 g Schweinefilet	waschen, abtrocknen, entfetten, enthäuten, mit
Salz **Pfeffer**	
gerebeltem Majoran	einreiben, mit
flüssiger Margarine, z. B. Sanella	bestreichen, mit
50 g fetten Speckstreifen	belegen das Fleisch in eine mit Wasser ausgespülte Rostbratpfanne legen, auf der obersten Schiene in den vorgeheizten Backofen schieben
1 mittelgroße Zwiebel	abziehen
1 mittelgroße Tomate	waschen
1 Bund Suppengrün	putzen, waschen die Zutaten kleinschneiden sobald der Bratensatz bräunt, die geschnittenen Zutaten hinzufügen, mitbräunen lassen etwas
heißes Wasser	hinzugießen, das Fleisch ab und zu mit dem Bratensatz begießen, verdampfte Flüssigkeit nach und nach ersetzen, das gare Fleisch in Scheiben schneiden, auf einer vorgewärmten Platte anrichten, warm stellen den Bratensatz mit Wasser loskochen, durch ein Sieb gießen, mit Salz, Pfeffer abschmecken
1 Becher (150 g) Crème fraîche	unterrühren
Strom:	225 – 250
Gas:	4 – 5
Bratzeit:	20 – 25 Minuten.

Schweinshaxe, gepökelt

4 gepökelte Schweinshaxen (je 500 g, mit Knochen) waschen, abtrocknen, mit
Salz
Pfeffer einreiben, in eine mit Wasser ausgespülte Rostbratpfanne legen, in den vorgeheizten Backofen schieben, sobald der Bratensatz bräunt, etwas
heißes Wasser hinzugießen, das Fleisch ab und zu mit dem Bratensatz begießen, verdampfte Flüssigkeit nach und nach ersetzen
das gare Fleisch auf einer vorgewärmten Platte anrichten, den Bratensatz mit etwas Wasser loskochen, durch ein Sieb gießen, zu dem Fleisch reichen

Strom: 200 – 225
Gas: 3 – 4
Bratzeit: Etwa 3 Stunden.
Beilage: Sauerkraut, Kartoffelklöße.

Hackbraten mit grünem Pfeffer und gewürfelten Möhren

250 g Möhren putzen, schrappen, waschen, in
kochendes Salzwasser geben, zum Kochen bringen, 8 – 10 Minuten kochen, abtropfen lassen, in Würfel schneiden
1 Brötchen in kaltem Wasser einweichen, gut ausdrücken
1 mittelgroße Zwiebel abziehen, fein würfeln
250 g durchwachsenen Speck in Würfel schneiden
600 g Gehacktes (halb Rind-, halb Schweinefleisch) mit dem Brötchen, den Zwiebelwürfeln, den Speckwürfeln,
2 Eiern vermengen, mit
1 Teel. gerebeltem Majoran
1 Teel. gerebeltem Thymian
Salz
weißem, geschrotetem Pfeffer würzen
25 g grünen Pfeffer (aus dem Glas) abtropfen lassen, mit einer Gabel zerdrücken, unter die Hackfleischmasse geben, evtl. nochmals mit Salz, Pfeffer,
gerebeltem Majoran
gerebeltem Thymian abschmecken

für die Füllung
1 Bund Petersilie waschen, fein hacken
eine Königskuchenform (Länge etwa 25 cm) mit
Butter oder Margarine einfetten, die Hälfte der Hackfleischmasse hineingeben, glattstreichen
zuerst die vorbereiteten Möhren, dann die Petersilie darüber verteilen, den restlichen Fleischteig darüber geben, glattstreichen, nach Belieben auf der Teigoberfläche mit einem Messer der Länge nach eine Vertiefung eindrücken
1 Eßl. grünen Pfeffer (aus dem Glas) abtropfen lassen, in die Vertiefung geben
die Form auf dem Rost in den vorgeheizten Backofen schieben
von dem garen Hackbraten den herausgetretenen Fleischsaft abgießen, den Hackbraten aus der Form nehmen, in Scheiben schneiden, auf einer vorgewärmten Platte anrichten, warm stellen
den Fleischsaft durch ein Sieb gießen, mit
125 ml (⅛ l) Instant-Fleischbrühe auffüllen, auf der Kochstelle zum Kochen bringen
etwas Weizenmehl mit
etwas kaltem Wasser anrühren, den aufgefüllten Bratensatz damit binden, die Soße evtl. mit Salz, Pfeffer, Majoran, Thymian abschmecken

Strom: 200 – 225
Gas: 3 – 4
Bratzeit: Etwa 1 Stunde.
Beilage: Salzkartoffeln, Rosenkohl.

Lammrücken mit Kräutern und Ananaspüree

1½ kg Lammrücken	waschen, abtrocknen, entfetten, enthäuten
1 Bund Kräuter (Oregano, Thymian, Majoran, Rosmarin) oder jeweils 1 gestrichenen Teel. gerebelte Kräuter	
	frische Kräuter waschen, abtrocknen, fein hacken, mit
½ Teel. gemahlenem Ingwer	
½ Teel. gerebeltem Salbei	
½ Teel. schwarzem Pfeffer	
1½ Teel. Salz	mischen, den Lammrücken damit einreiben das Fleisch fest zusammenbinden, in eine mit Wasser ausgespülte Rostbratpfanne legen, in den vorgeheizten Backofen schieben sobald der Bratensatz zu bräunen beginnt, etwas von
250 ml (¼ l) Instant-Fleischbrühe	hinzugießen, das Fleisch ab und zu mit dem Bratensatz begießen, verdampfte Flüssigkeit nach und nach ersetzen
340 g Ananasstücke (aus der Dose)	in einem Mixer pürieren, mit
1 Eßl. Soja-Soße	
2½ Teel. Senf (mittelscharf)	verrühren 30 Minuten vor Beendigung der Bratzeit den Lammrücken mit 3 Eßl. Ananaspüree bestreichen das gare Fleisch auf einer vorgewärmten Platte anrichten, warm stellen den Bratensatz mit Wasser loskochen, auf der Kochstelle zum Kochen bringen nach Belieben
etwas Weizenmehl	mit
kaltem Wasser	anrühren, den Bratensatz damit binden die Soße evtl. mit Salz, Pfeffer abschmecken restliches Ananaspüree und Soße zum Braten reichen
Strom:	200 – 225
Gas:	3 – 4
Bratzeit:	Etwa 1½ Stunden.
Beilage:	Röstkartoffeln, Butterbohnen, glasierte Möhren.

Lammkoteletts in Alufolie

4 doppelte Lammkoteletts	von den Fetträndern befreien, die darunter liegende Haut in Abständen von etwa 2 cm einschneiden die Koteletts von beiden Seiten mit
Salz	
gerebeltem Thymian	würzen, nebeneinander auf ein großes Stück
Alufolie	legen
etwa 300 g gedünstete Champignonscheiben	abtropfen lassen, auf die Koteletts verteilen
Butterflöckchen	darauf geben die Folie locker, aber fest verschließen, das Folienpaket auf dem Rost in die Mitte des Backofens schieben die garen Lammkoteletts mit den Champignonscheiben auf einer vorgewärmten Platte anrichten, mit
gehackter Petersilie	bestreuen
Strom:	225 – 250
Gas:	4 – 5
Garzeit:	Etwa 30 Minuten.

Hammelrücken mit Grünen Bohnen (Im Tontopf)

1 kg Hammelkoteletts im Stück
1 l Buttermilch waschen, abtrocknen, etwa 24 Stunden in legen
das Fleisch waschen, abtrocknen, von Haut und fast allem Fett befreien (es darf nur noch eine dünne Fettschicht am Fleisch bleiben), das Fleisch mit

Salz, Pfeffer
gerebeltem Thymian einreiben

2 Packungen (je 300 g) tiefgekühlte Brechbohnen mit Salz,
Bohnenkraut in den gewässerten Tontopf geben, das Fleisch darauf legen, den Tontopf mit dem Deckel verschließen, auf dem Rost in den Backofen stellen
das gare Fleisch von den Knochen lösen, in Scheiben schneiden, mit den Bohnen auf einer vorgewärmten Platte anrichten, warm stellen
nach Belieben die Bohnen-Fleischbrühe mit

etwas Weizenmehl (mit kaltem Wasser angerührt) binden

2 Eßl. Sahne oder Dosenmilch unterrühren, die Soße mit Salz abschmecken

Strom: 200 – 225
Gas: 4 – 5
Garzeit: Etwa 1¾ Stunden.

Rinderfilet mit Zucchini

4 Zucchini (etwa 600 g) waschen, evtl. schälen, halbieren, entkernen, in etwa 2 cm breite Streifen schneiden

40 g Butter zerlassen, die Zucchini hineingeben, gar dünsten lassen

3 Eßl. Sahne hinzufügen, zum Kochen bringen, mit
Salz abschmecken

4 Scheiben Rinderfilet (je etwa 125 g) mit einem flachen Messer leicht klopfen, zusammendrücken

60 g Margarine erhitzen, die Fleischscheiben von beiden Seiten darin braten
nachdem die untere Seite gebräunt ist, das Fleisch wenden, mit

Salz
Pfeffer bestreuen (das Fleisch öfter mit dem Bratfett begießen)
die Filetscheiben auf einer vorgewärmten Platte anrichten, die Zucchini darüber verteilen, mit

Petersilie garnieren

Dünstzeit für die Zucchini: Etwa 15 Minuten
Bratzeit für das Rinderfilet: 6 – 8 Minuten.

Rinderfiletsteaks

4 Rinderfiletsteaks
(je 150 g) etwas zusammendrücken
50 g Pflanzenfett erhitzen, die Fleischscheiben hineinlegen
nachdem die untere Seite gebräunt ist,
das Fleisch wenden, mit
Salz
Pfeffer bestreuen
die Fleischscheiben öfter mit Bratfett begießen, damit sie saftig bleiben
Filetsteaks sollen nicht ganz durchgebraten sein
das Fleisch auf einer vorgewärmten Platte anrichten
das Bratfett über die Fleischscheiben gießen

Bratzeit: 6 – 8 Minuten.
Veränderung: Die Steaks vor dem Braten mit Senf bestreichen, mit gehackten Kräutern bestreuen.
Beilage: Kräuterbutter, Reis.

Rumpsteaks

Bei
4 Rumpsteaks
(je 150 g) die Sehnen an den Rändern etwas einschneiden
50 g Pflanzenfett erhitzen, das Fleisch hineinlegen
nachdem die untere Seite gebräunt ist,
das Fleisch wenden, mit
Salz
Pfeffer bestreuen
die Fleischscheiben öfter mit Bratfett begießen, damit sie saftig bleiben
die Steaks auf einer vorgewärmten Platte anrichten
das Bratfett über die Steaks gießen

Bratzeit: 6 – 8 Minuten.
Veränderung: Die Rumpsteaks mit gebräunten Zwiebeln garnieren.
Beilage: Geriebener Meerrettich (aus dem Glas).

Rindfleisch-Geschnetzeltes „Georges“ (Für 2 Personen)

250 – 300 g Rindfleisch (Keule, Rumpsteak oder Filet)	waschen, abtrocknen, zunächst in dünne kleine Scheiben, dann in Streifen schneiden
1 Zwiebel	abziehen
2 Gewürzgurken	evtl. schälen
2 – 3 Tomaten	kurze Zeit in kochendes Wasser legen, in kaltem Wasser abschrecken, enthäuten die drei Zutaten in kleine Würfel schneiden
1 Knoblauchzehe	abziehen, eine Pfanne damit ausreiben
1 Eßl. Butterschmalz	in der Pfanne erhitzen, das Fleisch darin anbraten, mit
Salz Pfeffer	bestreuen, aus der Pfanne nehmen, warm stellen die Zwiebelwürfel in dem Bratfett glasig dünsten, Gurken- und Tomatenwürfel hinzufügen, kurz miterhitzen
1 Becher (150 g) Crème fraîche 1 Teel. Tomatenmark ½ Teel. Senf ½ Teel. Fleischextrakt oder Instant Bratensoße	unterrühren, die Soße mit Salz, Pfeffer abschmecken das Fleisch unterrühren, miterhitzen
Bratzeit:	Etwa 8 Minuten.
Beilage:	Bratkartoffeln.

Kalbssteaks

4 Scheiben Kalbfleisch aus der Keule (je 150 g)	evtl. etwas zusammendrücken
50 g Pflanzenfett	erhitzen, das Fleisch hineinlegen nachdem die untere Seite gebräunt ist, das Fleisch wenden, mit
Salz Pfeffer	bestreuen die Fleischscheiben öfter mit Bratfett begießen, damit sie saftig bleiben die Steaks auf einer vorgewärmten Platte anrichten, das Bratfett über die Steaks gießen
Bratzeit:	4 – 6 Minuten.
Beilage:	Champignongemüse mit Schinkenstreifen, Butterreis.

Pfeffersteaks

(Für 2 Personen)

Etwa 300 g Rinderfilet	waschen, abtrocknen, in 2 Scheiben schneiden, leicht flachdrücken, mit
Salz	
Pfeffer	bestreuen
1 Eßl. Butterschmalz	erhitzen, die Fleischscheiben von beiden Seiten darin braten, auf einer vorgewärmten Platte anrichten, warm stellen den Bratensatz mit
2 Eßl. Weinbrand	ablöschen
1 Becher (150 g) Crème fraîche	unterrühren, mit Salz, Pfeffer abschmecken
1 Eßl. grünen Pfeffer (aus dem Glas)	hinzufügen, die Soße kurz aufkochen lassen, über die Steaks geben
Bratzeit:	Jede Seite etwa 3 Minuten.
Beilage:	Folienkartoffeln mit Crème-fraîche-Soße.

Geschnetzeltes mit Champignons

500 g Rinder- oder Schweinefilet	waschen, abtrocknen, evtl. von Haut befreien, das Fleisch in dünne Streifen schneiden, mit
2 Eßl. Weizenmehl	bestäuben
1 Zwiebel	abziehen, würfeln von
etwa 50 g Butter	die Hälfte zerlassen, die Hälfte der Zwiebelwürfel, die Hälfte des Fleisches hineingeben, unter öfterem Wenden in etwa 2 Minuten bräunen lassen, aus der Pfanne nehmen, warm stellen das restliche Fleisch auf die gleiche Weise zubereiten
1 Zwiebel	abziehen, würfeln
etwa 200 g Champignons	putzen, waschen (große Pilze evtl. einmal durchschneiden)
1 Eßl. Butter	zerlassen, die Zwiebelwürfel mit den Champignons hinzufügen, etwa 10 Minuten dünsten lassen
125 ml (⅛ l) Weißwein	
250 ml (¼ l) Sahne	unter die Champignons rühren, das Fleisch dazugeben, mit
Salz	
Pfeffer	abschmecken, das Geschnetzelte etwa 6 Minuten erhitzen, sofort servieren
Garzeit:	Etwa 20 Minuten.
Beilage:	Folienkartoffeln mit Sahnesoße, Leipziger Allerlei.

Kalbsnieren, flambiert

500 g Kalbsnieren	aufschneiden, von den Röhren befreien, gründlich waschen, mit
500 ml (½ l) Milch	übergießen, 1 Stunde darin liegen lassen, trockentupfen, in ½ cm dicke Scheiben schneiden
1 Zwiebel	abziehen, würfeln
1 rote und 1 grüne Paprikaschote	halbieren, entstielen, entkernen, die weißen Scheidewände entfernen, die Schoten waschen, in Streifen schneiden
40 g Butter	zerlassen, die Zutaten darin 3 Minuten dünsten
120 g gedünstete Pfifferlinge	hinzufügen, mit
Salz, Pfeffer Rosenpaprika	würzen
125 ml (⅛ l) Weißwein	hinzugießen, das Gemüse 10 Minuten dünsten lassen
4 Eßl. Speiseöl	in einer Flambierpfanne erhitzen, die Nierenscheiben darin von beiden Seiten 5 Minuten braten, mit Salz, Pfeffer bestreuen, auf einen vorgewärmten Teller geben, warm stellen das gedünstete Gemüse in die Flambierpfanne geben, erhitzen die Nierenscheiben in die Mitte auf das Gemüse häufen
4 – 6 Eßl. Weinbrand	erwärmen, über das Fleisch gießen, anzünden (flambieren), wenn die Flamme erloschen ist, das Gericht vorsichtig umrühren, mit
1 Eßl. gehackter Petersilie	bestreuen
Garzeit für das Gemüse:	Etwa 15 Minuten
Bratzeit für die Kalbsnieren:	Etwa 5 Minuten.

Cordon bleu

8 Kalbsschnitzel (je etwa 75 g)	leicht klopfen, mit
Salz, Pfeffer	bestreuen
4 Scheiben Käse (in Größe der Fleischscheiben, je etwa 40 g) 4 Scheiben gekochter Schinken (in Größe der Fleischscheiben, je etwa 50 g)	
	4 Fleischscheiben mit je 1 Käse- und Schinkenscheibe belegen, mit den übrigen Fleischscheiben bedecken
2 Eier	verschlagen, die Fleischportionen zunächst in den Eiern, dann in
etwa 60 g Semmelmehl	wenden
60 g Margarine	erhitzen, das Fleisch von beiden Seiten darin braten
Bratzeit:	Etwa 10 Minuten.
Beilage:	Gebackene Kartoffeln in Alu-Folie mit Sahnesoße, Erbsengemüse.

Kalbsleber mit Pfirsichen

Etwa 400 g Pfirsichhälften (aus der Dose)	abtropfen lassen, den Saft auffangen
3 Eßl. Zucker	in einer Pfanne karamelisieren lassen den Pfirsichsaft,
1 Eßl. Weinessig	
250 ml (¼ l) heiße Fleischbrühe	hinzugießen, zum Kochen bringen, so lange kochen lassen, bis die Flüssigkeit dicklich wird
1 – 2 Teel. Johannisbeergelee	unterrühren
4 Scheiben Kalbsleber	waschen, trockentupfen
4 – 5 Eßl. Margarine	erhitzen, die Leberscheiben hineingeben, von beiden Seiten braun braten, mit
Salz, Pfeffer	bestreuen, warm stellen die Pfirsichsoße mit dem Bratensatz verrühren, die Pfirsichhälften dazugeben, miterhitzen, die Soße mit
1 – 2 Eßl. Orangenlikör	abschmecken die Leberscheiben mit den Pfirsichhälften auf einer vorgewärmten Platte anrichten, die Soße dazureichen
Bratzeit:	Etwa 6 Minuten.
Beilage:	Bandnudeln.

Kalbsschnitzel

4 Scheiben Kalbfleisch	leicht klopfen, mit
Salz	bestreuen die Schnitzel zunächst in
1 gestrichenen Eßl. Weizenmehl	dann in
1 verschlagenen Ei	zuletzt in
40 g Semmelmehl	wenden
60 g Fett	erhitzen, das Fleisch von beiden Seiten darin braten, auf einer vorgewärmten Platte anrichten den mit
125 ml (⅛ l) heißem Wasser	
3 Eßl. saurer Sahne	losgekochten Bratensatz dazureichen.

Roquefort-Schnitzel

In
4 dicke Schweineschnitzel (je etwa 150 g) vom Schlachter eine Tasche schneiden lassen, die Schnitzel außen mit
Salz
Pfeffer bestreuen
100 g Roquefort mit
2 Eßl. Sahne verrühren
1 Eßl. Portwein unterrühren, die Masse in die Schnitzel füllen, die Schnitzel mit Holzstäbchen zusammenhalten
das Fleisch zunächst in
3 Eßl. Weizenmehl dann in
1 verschlagenen Ei zuletzt in
4 Eßl. Semmelmehl wenden
Speiseöl erhitzen, die Schnitzel von beiden Seiten darin braten, mit
Zitronenachteln garnieren
Bratzeit: Etwa 15 Minuten.
Beilage: Kartoffelpüree, Gemischter Salat.

Frikadellen
Bouletten

1 Brötchen (Semmel) in kaltem Wasser einweichen
2 mittelgroße Zwiebeln abziehen, fein würfeln
600 g Gehacktes (halb Rind-, halb Schweinefleisch) mit dem gut ausgedrückten Brötchen, den Zwiebeln,
1 Ei vermengen, mit
Salz
Pfeffer
Paprika edelsüß abschmecken
aus der Masse mit nassen Händen ovale Frikadellen formen
50 g Pflanzenfett erhitzen, die Frikadellen von beiden Seiten darin braten
Bratzeit: Etwa 10 Minuten.

Bratwurst

30 g Pflanzenfett erhitzen
4 vorgebrühte Bratwürste von beiden Seiten bei schwacher Hitze darin braun braten
Bratzeit: Etwa 10 Minuten.
Veränderung: Feine Kalbsbratwurst vor dem Braten überbrühen.
Beilage: Senf oder Tomaten-Ketchup, geröstete Zwiebeln, Pommes frites, Salat.

Leber

4 Scheiben Kalbs-, Rinder- oder Schweineleber (je etwa 100 g)	waschen, trockentupfen, von der feinen Haut befreien, nach Möglichkeit Sehnen und Röhren entfernen, in
Weizenmehl	wenden
60 g Margarine	erhitzen, die Leber hineinlegen, nachdem die untere Seite gebräunt ist, die Leber wenden, mit
Salz	bestreuen
4 Zwiebeln	abziehen, in Ringe schneiden, mit in die Pfanne geben, an der Seite unter Wenden bräunen die Leber mit den Zwiebeln auf einer vorgewärmten Platte anrichten, den mit Wasser losgekochten Bratensatz über die Leberscheiben gießen
Bratzeit:	Etwa 10 Minuten.
Veränderung:	Nach Belieben Apfelscheiben und halbierte Tomaten mitdünsten lassen.
Beilage:	Kartoffelbrei oder Béchamelkartoffeln oder „Himmel und Erde“.
Tip:	Rinder- oder Schweineleber ist zarter, wenn sie, in Scheiben geschnitten, vor dem Braten 30 Minuten in kalte Milch gelegt wird.

Leber mit Champignonzwiebeln

4 Scheiben Kalbs-, Rinder- oder Schweineleber (je etwa 150 g)	waschen, trockentupfen, von der feinen Haut befreien, nach Möglichkeit Sehnen und Röhren entfernen, in
etwa 1 Eßl. Weizenmehl	wenden
40 g Margarine	erhitzen, die Leber hineinlegen nachdem die untere Seite gebräunt ist, die Leber wenden, mit
Salz Pfeffer	bestreuen
250 g Zwiebeln	abziehen, in Ringe schneiden
etwa 200 g gekochte Champignonstücke	
2 Eßl. Butter	zerlassen, die Zwiebelringe unter Wenden darin bräunen die Champignonstücke hinzufügen, kurz miterhitzen, mit Salz, Pfeffer würzen
Bratzeit:	Etwa 10 Minuten.
Beigabe:	Kartoffelbrei-Nestchen mit gedünsteten Stachelbeeren.

Schweinefilet, pikant

500 g Schweinefilet	waschen, trockentupfen, von Haut und evtl. Fett befreien, in etwa 1 cm dicke Scheiben schneiden
1 Eßl. Butter oder Margarine	erhitzen, die Fleischscheiben gut darin anbraten, mit
Salz	bestreuen, herausnehmen
2 – 3 mittelgroße Zwiebeln	abziehen, fein würfeln, in dem Bratfett etwas bräunen lassen
1 – 2 Gewürzgurken	in Streifen schneiden
etwa 200 g gedünstete Champignonscheiben etwa 150 g Tomatenpaprika (aus dem Glas)	gut abtropfen lassen
	die drei Zutaten zu den Zwiebelwürfeln geben, gut durchdünsten lassen
250 ml (¼ l) Sahne	hinzufügen, zum Kochen bringen, etwas einkochen lassen, das Gemüse mit Salz,
Pfeffer Zucker mittelscharfem Senf	würzen, das Fleisch hinzufügen, in der Soße erhitzen, etwas ziehen lassen
Garzeit:	Etwa 30 Minuten.
Beilage:	Butterreis, Grüner Salat.

Lammkoteletts mit Kräutern

8 Lammkoteletts	waschen, abtrocknen, jeweils den Fettrand abschneiden, die darunter liegende Haut in Abständen von etwa 2 cm einschneiden
	die Koteletts mit
Salz, Pfeffer	bestreuen
2 Eßl. Margarine	erhitzen
1 Knoblauchzehe	abziehen, zerdrücken, hinzufügen
	die Lammkoteletts in der Butter von jeder Seite etwa 5 Minuten braten lassen, herausnehmen, warm stellen
	den Bratensatz mit
125 ml (⅛ l) Weißwein 125 ml (⅛ l) heißer Instant-Fleischbrühe	loskochen
1 Teel. gehackter Kerbel 1 Teel. gehacktes Basilikum 1 Teel. gehackter Estragon 1 Teel. gehackte Petersilie abgeriebene Schale von ½ Zitrone (ungespritzt)	
	Kräuter und abgeriebene Zitronenschale in den aufgefüllten Bratensatz geben, etwa 10 Minuten kochen lassen
2 Eßl. Butter	hinzufügen
	die Lammkoteletts mit
Tomatenachteln Estragonzweigen	garnieren, die Soße dazureichen
Bratzeit für die Lammkoteletts:	Etwa 10 Minuten
Kochzeit für die Soße:	Etwa 10 Minuten.
Beilage:	Butterbohnen, Röstkartoffeln oder Stangenweißbrot.

Lammspieße

800 g Lammschulter (ohne Knochen)	waschen, abtrocknen, Fett und Sehnen entfernen, das Fleisch in etwa 4 cm große Scheiben schneiden
1 Zwiebel	abziehen, fein würfeln
1 Knoblauchzehe	abziehen, in Scheiben schneiden, mit
1 Teel. Salz	bestreuen, unter einer Messerschneide zerdrücken
3 Eßl. Speiseöl	mit Zwiebel und Knoblauchzehe in eine Schüssel geben
1 Eßl. Currypulver	
1 Teel. Ingwerpulver	
2 Eßl. Zitronensaft	hinzufügen, verrühren, das Fleisch darin wenden, zugedeckt etwa 4 Stunden stehenlassen
2 rote Paprikaschoten	halbieren, entstielen, entkernen, die weißen Scheidewände entfernen, die Schoten waschen, in etwa 4 cm große Stücke schneiden
100 g Frühstücksspeck	in etwa 4 cm große Scheiben schneiden
4 Zwiebeln	abziehen, vierteln
4 Lorbeerblätter	
	alle Zutaten abwechselnd auf Spieße stecken
250 ml (¼ l) Speiseöl	in einer Pfanne erhitzen, die Lamm-Spieße darin bräunen lassen
Bratzeit:	Etwa 10 Minuten.
Beilage:	Curryreis mit Rosinen, Apfelsinen-Porree-Salat.

Koteletts mit Pfifferlingen

4 Schweinekoteletts	waschen, abtrocknen, mit
Salz	
Paprika edelsüß	
geschrotetem Pfeffer	bestreuen
2 – 3 Eßl. Margarine	erhitzen, die Koteletts von einer Seite darin braten, wenden
etwa 125 g gedünstete Pfifferlinge	hinzufügen, mit
1 – 2 Eßl. gehackter Petersilie	bestreuen
	die Koteletts mit
etwas Weinbrand	beträufeln
	nach Belieben mit
Schaschliksoße (fertig gekauft)	übergießen
Bratzeit:	Etwa 15 Minuten.
Beilage:	Salzkartoffeln, Gurkensalat.

Rindfleischsülze

2 Päckchen Gelatine gemahlen, weiß	mit
6 Eßl. kaltem Wasser	anrühren, 10 Minuten zum Quellen stehenlassen
125 ml ($\frac{1}{8}$ l) Weißwein	mit
750 ml ($\frac{3}{4}$ l) Wasser	auffüllen, erhitzen, mit
Salz	
Pfeffer	
Streuwürze	
Zucker	
Weinessig	
1 Spritzer Tabascosoße	kräftig würzen, die Gelatine hineingeben, so lange rühren, bis sie gelöst ist, kalt stellen
	1 Rehrücken- oder Kastenform mit
kaltem Wasser	ausspülen, so viel von der erkalteten Masse hineingießen, daß der Boden bedeckt ist, im Kühlschrank erstarren lassen
300 g tiefgekühlte Erbsen	in
kochendes Salzwasser	geben, zum Kochen bringen, gar kochen, erkalten lassen
2 hartgekochte Eier	pellen, in Scheiben schneiden, von
1 Bund Radieschen	Wurzeln und Blätter abschneiden, die Radieschen waschen, in Scheiben schneiden
2 Eßl. Tomatenpaprika (in Streifen, aus dem Glas)	abtropfen lassen
400 g gebratenes Roastbeef	in dünne Scheiben schneiden
	die erstarrte Aspikschicht zunächst mit Eierscheiben, dann mit Radieschen, Erbsen, Tomatenpaprika garnieren
	etwa $\frac{1}{3}$ der Roastbeefscheiben schuppenförmig darauf legen, mit Aspikmasse bedecken, erstarren lassen, darauf wieder Eierscheiben, Radieschen, Erbsen, Tomatenpaprika und Roastbeefscheiben anrichten, mit Aspikmasse bedecken, erstarren lassen
	alle Zutaten auf diese Weise verbrauchen
	die oberste Schicht mit der restlichen Aspikmasse bedecken
	die Rindfleischsülze zum völligen Erstarren in den Kühlschrank stellen
	vor dem Servieren die Form kurz in heißes Wasser halten, die Sülze auf eine Platte stürzen, in Scheiben schneiden, nach Belieben mit
Tomatenachteln	
Petersilie oder Feldsalat	garnieren
Kochzeit für die Erbsen:	Etwa 8 Minuten.
Beilage:	Remouladensoße, Bratkartoffeln oder Stangenweißbrot.

Sülzkotelett

600 g Schweinerücken	waschen, in
1$\frac{1}{2}$ l kochendes Wasser	geben, zum Kochen bringen, das Wasser abgießen, das Fleisch abspülen, in
1$\frac{1}{2}$ l kochendes Salzwasser	geben, zum Kochen bringen, abschäumen
1 mittelgroße Zwiebel	abziehen
1 Bund Suppengrün	putzen, waschen
	die Zutaten kleinschneiden, mit
4 Pfefferkörnern	
2 Pimentkörnern (Nelkenpfeffer)	
1 Gewürznelke	
1 kleinen Lorbeerblatt	hinzufügen
	das Fleisch gar kochen lassen, aus der Brühe nehmen, in 4 gleich dicke Scheiben schneiden, erkalten lassen
	die Brühe durch ein Sieb gießen,

	375 ml (3/8 l) davon abmessen
125 ml (1/8 l) Essig	hinzufügen, mit Salz abschmecken
1 Päckchen Gelatine gemahlen, weiß	mit
5 Eßl. kaltem Wasser	anrühren, 10 Minuten zum Quellen stehenlassen die Brühe wieder zum Kochen bringen, von der Kochstelle nehmen, die Gelatine hineingeben, so lange rühren, bis sie gelöst ist, kühl stellen
4 Kotelettformen	mit
1 Eßl. Speiseöl	aussstreichen so viel von der erkalteten Brühe hineingeben, daß der Boden bedeckt ist. im Kühlschrank erstarren lassen
1 mittelgroße Tomate	waschen
1 hartgekochtes Ei	pellen
1 Gewürzgurke	
	die Zutaten in Scheiben schneiden, die erstarrte Schicht damit garnieren, einige Eßl. Brühe darüber gießen, wieder im Kühlschrank erstarren lassen in jede Form ein Kotelett legen je 1/4 der restlichen, schon etwas dicklichen Brühe darüber gießen, wieder im Kühlschrank erstarren lassen vor dem Servieren das Gelee mit einem Messer vom Rand der Formen lösen, die Formen kurz in heißes Wasser halten, die Sülzkoteletts auf eine Platte stürzen
Kochzeit:	Etwa 1 1/2 Stunden.
Veränderung:	Anstelle von Schweinerücken Kasseler Rippenspeer verwenden, dann dem Kochwasser kein Salz hinzufügen.
Beigabe:	Kräutersahnesoße, Remouladensoße.

Sülze

1 l Salzwasser	zum Kochen bringen
250 g Kalbfleisch	
250 g Schweinefleisch	
	das Fleisch waschen, hineingeben, zum Kochen bringen, abschäumen
1 mittelgroße Zwiebel	abziehen
1 Päckchen tiefgekühltes Suppengrün (75 g)	
	die Zutaten mit
1 Lorbeerblatt	
3 – 4 Pfefferkörnern	hinzufügen, das Fleisch gar kochen lassen, aus der Brühe nehmen, erkalten lassen, in Würfel schneiden die Brühe durch ein Sieb gießen, 375 ml (3/8 l) davon abmessen
125 ml (1/8 l) Essig	hinzufügen, mit
Salz	
Zucker	abschmecken
1 Päckchen Gelatine gemahlen, weiß	mit
5 Eßl. kaltem Wasser	anrühren, 10 Minuten zum Quellen stehenlassen die Brühe wieder zum Kochen bringen, von der Kochstelle nehmen, die Gelatine hineingeben, so lange rühren, bis sie gelöst ist die Fleischwürfel hinzugeben die Flüssigkeit mit dem Fleisch in mit kaltem Wasser ausgespülte Tassen oder Förmchen füllen, im Kühlschrank erstarren lassen wenn die Sülze schnittfest ist, sie mit einem Messer vorsichtig vom Rand des Gefäßes lösen (evtl. vorher kurz in heißes Wasser halten), auf eine Platte stürzen, mit
Petersilie	garnieren.

ROSTFREI

Hirschragout

600 g Hirschfleisch (aus der Schulter, ohne Knochen) waschen, abtrocknen, enthäuten, in Würfel schneiden

150 g durchwachsenen Speck in kleine Würfel schneiden

2 Eßl. Pflanzenfett zerlassen, den Speck darin auslassen, das Fleisch von allen Seiten gut darin anbraten

4 mittelgroße Zwiebeln abziehen, würfeln, mitbräunen lassen das Fleisch mit

Salz, Pfeffer
10 Wacholderbeeren
5 Pimentkörnern (Nelkenpfeffer)
1 Gewürznelke
1 Lorbeerblatt
2 Messerspitzen gerebeltem Thymian würzen etwas von

600 ml heißem Wasser hinzugießen, das Fleisch gar schmoren lassen, verdampfte Flüssigkeit nach und nach ersetzen, wenn das Fleisch gar ist, das restliche Wasser hinzugießen

3 gestrichene Eßl. Weizenmehl mit

4 Eßl. Rotwein anrühren, das Ragout damit binden, mit Salz, Pfeffer,

Johannisbeergelee abschmecken

Schmorzeit: 2¼ – 2¾ Stunden.

Veränderung: Anstelle von Hirschfleisch Rehfleisch verwenden (Schmorzeit 2 – 2½ Stunden); das Ragout mit saurer Sahne und Mischpilzen verfeinern.

Beilage: Kartoffelkroketten oder Salzkartoffeln, Spätzle, Rotkohl, Apfelmus mit Preiselbeerkompott.

Hirschrücken

(Für 6 Personen)

1½ kg Hirschrücken waschen, abtrocknen, enthäuten, mit

Salz einreiben, mit

40 g weicher Butter oder Margarine bestreichen, die Hälfte von

100 g Speckscheiben in die mit Wasser ausgespülte Rostbratpfanne legen, den Hirschrücken darauf geben, mit den restlichen Speckscheiben bedecken, in den Backofen schieben sobald der Bratensatz bräunt, etwas

heißes Wasser	hinzugießen, das Fleisch ab und zu mit dem Bratensatz begießen, verdampfte Flüssigkeit nach und nach ersetzen 10 Minuten vor Beendigung der Bratzeit den Hirschrücken mit
125 ml (⅛ l) saurer Sahne	übergießen das gare Fleisch von den Knochen lösen, in Scheiben schneiden, wieder auf das Knochengerüst legen, auf einer vorgewärmten Platte anrichten, warm stellen den Bratensatz mit Wasser loskochen, nach Belieben
etwas Weizenmehl	mit
kaltem Wasser	anrühren, den Bratensatz damit binden, die Soße mit Salz abschmecken
Strom:	Etwa 225
Gas:	3 – 4
Bratzeit:	1¼ – 1½ Stunden.
Beilage:	Birnenhälften mit Preiselbeergelee, Rotkohl.

Rehrücken

1½ kg Rehrücken	waschen, abtrocknen, enthäuten, mit
Salz, Pfeffer gemahlenem Koriander	einreiben, die Hälfte von
125 g fetten Speckscheiben	in eine mit Wasser ausgespülte Rostbratpfanne legen, den Rehrücken darauf legen, mit den restlichen Speckscheiben bedecken
2 mittelgroße Zwiebeln	abziehen, vierteln, mit
5 zerdrückten Wacholderbeeren 10 Pfefferkörnern	hinzufügen, in den vorgeheizten Backofen schieben sobald der Bratensatz bräunt, etwas
heißes Wasser	hinzugießen, das Fleisch ab und zu mit dem Bratensatz begießen, verdampfte Flüssigkeit nach und nach ersetzen
1 Becher (150 g) saure Sahne	verrühren 10 Minuten vor Beendigung der Bratzeit den Rehrücken damit begießen das gare Fleisch vom Knochen lösen, in Scheiben schneiden, wieder auf das Knochengerüst legen, auf einer vorgewärmten Platte anrichten, warm stellen den Bratensatz mit Wasser loskochen, durch ein Sieb gießen, nach Belieben
etwas Weizenmehl	mit
kaltem Wasser	anrühren, den Bratensatz damit binden, mit Salz, Pfeffer abschmecken
Strom:	200 – 225
Gas:	3 – 4
Bratzeit:	35 – 50 Minuten.
Beilage:	Sauerkraut mit Preiselbeeren, Birnenhälften mit Johannisbeergelee gefüllt, Kroketten.

Rehsteaks in gehobelten Mandeln

4 Scheiben Rehfleisch (je 150 g, 2 cm dick, aus der Keule geschnitten)	leicht flachklopfen, etwas zusammendrücken, mit
Salz	
geriebener Muskatnuß	bestreuen das Fleisch zunächst in
etwa 2 Eßl. Weizenmehl	
1 verschlagenen Ei	zuletzt in
80 g gehobelten Mandeln	wenden (gut festklopfen)
50 g Margarine	erhitzen, das Fleisch von beiden Seiten darin braten (darauf achten, daß die Mandeln nicht zu dunkel werden), auf einer Platte anrichten den Bratensatz mit etwas Wasser loskochen, über die Steaks verteilen
Bratzeit:	6 – 8 Minuten.
Beilage:	Kartoffelkroketten, Ananasscheiben mit Preiselbeeren.

Rehkeule „Hubertus"

(Für 2 Personen)

Etwa 500 g Rehfleisch (aus der Keule)	waschen, abtrocknen, enthäuten, mit
Salz	
zerdrückten Wacholderbeeren	
gerebeltem Thymian	
gerebeltem Majoran	
gerebeltem Rosmarin	
gerebeltem Salbei	einreiben
1 – 2 Zwiebeln	abziehen, würfeln
1 Eßl. Butterschmalz	erhitzen, das Fleisch von allen Seiten darin anbraten, die Zwiebelwürfel hinzufügen den zugedeckten Bratentopf auf dem Rost in den vorgeheizten Backofen schieben das gare Fleisch aus dem Topf nehmen, warm stellen den Bratensatz mit
100 ml Rotwein	loskochen, durch ein Sieb gießen
2 Eßl. Preiselbeerkompott	
1 Becher (150 g) Crème fraîche	unterrühren, kurz aufkochen lassen, die Soße mit Salz,
Pfeffer	
Fleischextrakt	abschmecken das Fleisch in Scheiben schneiden, mit der Soße anrichten
Strom:	175 – 200
Gas:	3 – 4
Bratzeit:	Etwa 30 Minuten.
Beilage:	Kartoffelkroketten, Broccoli.

Wildpastete

1 kg Wildgulasch	waschen, abtrocknen
etwa 2 Eßl. Pflanzenfett	erhitzen, das Gulasch gut darin anbraten, mit
2 Eßl. Weinbrand	beträufeln, anzünden, mit
Salz Pfeffer	würzen, erkalten lassen, durch den Fleischwolf drehen
375 g fetten Speck	in Streifen schneiden, zweimal durch den Fleischwolf drehen, mit einem elektrischen Handrührgerät mit Rührbesen geschmeidig rühren, nach und nach das Wildfleisch hinzufügen von
etwa 230 g gedünsteten Champignons	⅔ in Scheiben schneiden (die restlichen zurücklassen), ⅔ von
25 g Pistazienkernen	hacken (die restlichen zum Garnieren zurücklassen), mit den Champignons,
4 Eßl. Rotwein 3 Eßl. Sherry 200 ml (⅕ l) Sahne	zu der Fleischmasse geben, kräftig mit Salz, Pfeffer,
Kräutern der Provence	würzen
250 g Geflügelleber	waschen, abtrocknen, evtl. Hautreste entfernen
1 Eßl. Butter	erhitzen, die Leber von allen Seiten darin anbraten, mit Salz, Pfeffer würzen, etwas abkühlen lassen in eine Pastetenform (Inhalt 1½ l) die Hälfte der Wildmasse geben, leicht andrücken, die Leber darauf geben, mit der restlichen Wildmasse bedecken, andrücken, mit den zurückgelassenen Pistazien, den zurückgelassenen halbierten Champignons garnieren, mit
2 – 3 Lorbeerblättern	belegen, die Form mit dem Deckel verschließen, in die Fettpfanne stellen, in den Backofen setzen
1 l warmes Wasser	in die Fettpfanne gießen nach der Hälfte der Garzeit nochmals
750 ml (¾ l) warmes Wasser	hinzugießen
Strom:	200 – 225
Gas:	3 – 4
Garzeit:	Etwa 2 Stunden.
Beigabe:	Cumberlandsoße, Toast und Butter.

Wildpastete

Rehblatt

1 kg Rehblatt	waschen, abtrocknen, in
1 – 2 Eßl. Weizenmehl	wenden, mit
30 g Speckscheiben	belegen
50 g Fett	erhitzen, das Fleisch von beiden Seiten gut darin anbraten, mit
Salz	bestreuen
1 Zwiebel	abziehen, würfeln, kurz miterhitzen etwas von
250 – 500 ml (¼ – ½ l) heißem Wasser	hinzugießen, das Fleisch schmoren lassen, ab und zu wenden, verdampfte Flüssigkeit nach und nach ersetzen das gare Fleisch von den Knochen lösen, auf einer vorgewärmten Platte anrichten, warm stellen den Bratensatz durch ein Sieb gießen, nach Belieben mit Flüssigkeit auffüllen, zum Kochen bringen
etwas Weizenmehl	mit
kaltem Wasser	anrühren, die Flüssigkeit damit binden, die Soße mit Salz abschmecken
Schmorzeit:	Etwa 2 Stunden.
Veränderung:	Das Fleisch vor dem Schmoren 3 – 4 Tage in Buttermilch legen, damit es zarter wird.

Wildschweinsteaks mit Preiselbeer-Birnen

4 Scheiben Wildschweinfleisch (je etwa 150 g, etwa 2 cm dick) leicht flachklopfen, etwas zusammendrücken, in
2 Eßl. erhitztem Olivenöl von beiden Seiten braten, ab und zu mit dem Bratensatz begießen, erst wenn die untere Fleischseite gebräunt ist, das Fleisch wenden, mit
Salz bestreuen
die Steaks auf eine vorgewärmte Platte geben
4 Birnenhälften (aus der Dose) in dem
Birnensaft erhitzen, gut abtropfen lassen, mit
4 Eßl. Preiselbeerkompott (aus dem Glas) füllen, mit den Wildschweinsteaks auf der Platte anrichten
Bratzeit: Jede Seite etwa 5 Minuten.
Beilage: In Butter geschwenkter Rosenkohl, Herzoginkartoffeln.

Wildschweinkeule

1½ kg Wildschweinkeule (ohne Knochen) waschen, abtrocknen, mit
Salz, Pfeffer einreiben, das Fett (falls vorhanden) gitterförmig einschneiden, das Fleisch mit der Fettschicht nach oben auf den Rost in eine mit
1 Eßl. Pflanzenfett gefettete Rostbratpfanne legen, mit
100 g Speckscheiben belegen, in den Backofen schieben
sobald der Bratensatz bräunt, etwas von
250 ml (¼ l) Rotwein hinzugießen, das Fleisch ab und zu mit dem Bratensatz begießen, verdampfte Flüssigkeit nach und nach ersetzen
1 mittelgroße Zwiebel abziehen
1 Bund Suppengrün putzen, waschen
beide Zutaten kleinschneiden, mit
1 Lorbeerblatt
10 zerdrückten Wacholderbeeren
20 Pfefferkörnern
5 Pimentkörnern (Nelkenpfeffer) 30 Minuten vor Beendigung der Bratzeit in die Rostbratpfanne geben, mitbraten lassen, das sich evtl. sammelnde Fett abschöpfen, das gare Fleisch in Scheiben schneiden, auf einer vorgewärmten Platte anrichten, warm stellen
den Bratensatz mit Wasser loskochen, durch ein Sieb gießen
2 Eßl. Johannisbeergelee
3 schwach gehäufte Eßl. saure Sahne hinzufügen, nach Belieben
etwas Weizenmehl mit
kaltem Wasser
2 schwach gehäuften Eßl. saurer Sahne anrühren, den aufgefüllten Bratensatz damit binden, die Soße mit Salz, Pfeffer abschmecken
Strom: 200 – 225
Gas: 3 – 4
Bratzeit: 2 – 2¼ Stunden (je nach Alter des Tieres).
Beilage: Kartoffelklöße, Rosenkohl.

Wildschweinbraten

(Für 6 Personen)

1½ kg Wild-schweinfleisch vom Frischling (Rücken)	waschen, abtrocknen, mit
Salz	einreiben, die Schwarte gitterartig einschneiden, das Fleisch mit der Schwarte nach oben in die mit
Butter oder Margarine	gefettete, mit Wasser ausgespülte Rostbratpfanne legen, in den Backofen schieben sobald der Bratensatz bräunt, etwas von
250 ml (¼ l) Wasser	
250 ml (¼ l) Rotwein	hinzugießen, das Fleisch ab und zu mit dem Bratensatz begießen, verdampfte Flüssigkeit nach und nach ersetzen
1 Zwiebel	abziehen, 15 Minuten vor Beendigung der Bratzeit in die Rostbratpfanne geben das sich sammelnde Fett evtl. abschöpfen das gare Fleisch von den Knochen lösen, in Scheiben schneiden (evtl. wieder auf das Knochengerüst legen), auf einer vorgewärmten Platte anrichten, warm stellen den Bratensatz mit dem restlichen Wasser loskochen dem restlichen Rotwein,
1 Eßl Johannisbeergelee	
3 Eßl. saure Sahne	hinzufügen, durch ein Sieb gießen, nach Belieben
etwas Weizenmehl	mit
kaltem Wasser	
2 Eßl. saurer Sahne oder Dosenmilch	anrühren, den Bratensatz damit binden, die Soße mit Salz abschmecken
Strom:	200 – 225
Gas:	3 – 4
Bratzeit:	2 – 2¼ Stunden.

Hasenkeulen

4 Hasenkeulen (1,5 kg)	waschen, abtrocknen, enthäuten, mit
Salz, Pfeffer	
10 zerdrückten Wacholderbeeren	einreiben
50 g Pflanzenfett	erhitzen die Keulen von allen Seiten gut darin anbraten
3 mittelgroße Zwiebeln	abziehen, kleinschneiden, mit
1 Lorbeerblatt	
6 Pimentkörnern (Nelkenpfeffer)	hinzufügen, kurz miterhitzen etwas von
500 ml (½ l) heißem Wasser	hinzugießen, die Keulen schmoren lassen, von Zeit zu Zeit wenden, verdampfte Flüssigkeit nach und nach ersetzen die garen Keulen auf einer vorgewärmten Platte anrichten, warm stellen den Bratensatz durch ein Sieb gießen, nach Belieben
etwas Weizenmehl	mit
kaltem Wasser	anrühren, den Bratensatz damit binden, die Soße mit Salz, Pfeffer abschmekken, über die Hasenkeulen verteilen
Schmorzeit:	Etwa 1½ Stunden (je nach Alter des Tieres).
Beilage:	Rotkohl, Spätzle.

Hasenbraten

1 küchenfertigen Hasen (2 kg, Rücken, Keulen, Läufe)	waschen, abtrocknen, enthäuten, von allem Fett befreien, Keulen und Läufe vom Rücken trennen, mit
Salz, Pfeffer gerebeltem Rosmarin	einreiben, mit
50 g weicher Butter oder Margarine	bestreichen, die Hälfte von
125 g fetten Speckscheiben	in eine mit Wasser ausgespülte Rostbratpfanne legen, darauf Keulen und Läufe geben, mit Speckscheiben bedecken (einige für den Rücken zurücklassen)
1 mittelgroße Zwiebel	abziehen
1 mittelgroße Möhre	schrappen, waschen beide Zutaten kleinschneiden, mit
1 Lorbeerblatt 10 zerdrückten Wacholderbeeren 5 Pimentkörnern (Nelkenpfeffer)	hinzufügen, in den Backofen schieben den Rücken erst nach 15 Minuten Bratzeit dazulegen sobald der Bratensatz bräunt, etwas
heißes Wasser	hinzugießen, das Fleisch ab und zu mit dem Bratensatz begießen, verdampfte Flüssigkeit nach und nach ersetzen
1 Becher (150 g) saure Sahne	mit
5 Eßl. Dosenmilch	verrühren 10 Minuten vor Beendigung der Bratzeit den Hasen damit begießen das gare Fleisch auf einer vorgewärmten Platte anrichten, warm stellen den Bratensatz mit Wasser loskochen, durch ein Sieb gießen, nach Belieben
etwas Weizenmehl	mit
kaltem Wasser	anrühren, den Bratensatz damit binden, die Soße mit Salz, Pfeffer abschmecken
Strom:	200 – 225
Gas:	3 – 4
Bratzeit:	Etwa 1½ Stunden (je nach Alter des Tieres).

Kaninchen in Senf-Estragonsoße

1 küchenfertiges Kaninchen (etwa 2¼ kg Rücken, Keulen, Läufe)	waschen, abtrocknen, enthäuten, vom Fett befreien, Keulen und Läufe vom Rücken trennen den Rücken in 3 – 4 Stücke schneiden
1 Bund Estragon	waschen, fein hacken, mit
100 g Senf	verrühren
50 g Butter	in der Rostbratpfanne erhitzen die Fleischstücke mit
Salz Pfeffer	einreiben, mit der Hälfte des Senfs von allen Seiten bestreichen, in die Rostbratpfanne legen, in den Backofen schieben nach etwa 30 Minuten Bratzeit
200 ml Weißwein 200 ml Instant-Fleischbrühe	hinzugießen, das Fleisch garen lassen
500 g Grüne Bohnen	waschen, die Stiele abschneiden, evtl. die Fäden abziehen, die Bohnen mit
Bohnenkraut	in
125 ml (⅛ l) kochendes Salzwasser	geben, zum Kochen bringen, etwa 3 Minuten kochen lassen, mit Salz, Pfeffer würzen jeweils 7 – 10 Bohnen mit einer von
8 – 10 dünnen Scheiben durchwachsenem Speck	umwickeln, etwa 30 Minuten vor Beendigung der Garzeit des Kaninchens mit in die Rostbratpfanne legen das gare Fleisch mit den Bohnen aus der Pfanne nehmen, auf einer vorgewärmten Platte anrichten, warm stellen den Bratensatz durch ein Sieb gießen, um etwa die Hälfte einkochen lassen den restlichen Senf mit
1 Teel. Zucker 1 - 2 Bechern (150 - 300 g) Crème fraîche	verrühren, unter den Bratensatz rühren die Soße mit
Worcestersoße	abschmecken einen Teil der Soße über das Fleisch geben, die restliche Soße dazureichen
Strom:	200 – 225
Gas:	2 – 3
Bratzeit:	Etwa 1¼ Stunden.
Beilage:	Kroketten.

Fasan auf Weinsauerkraut

1 küchenfertigen Fasan (½ – 1 kg)	waschen, abtrocknen, innen und außen mit
Salz	einreiben, mit
40 g Speckscheiben	umwickeln
40 g Speck	in Würfel schneiden, auslassen
2 Eßl. Butter oder Margarine	hinzufügen, den Fasan von allen Seiten darin anbraten, herausnehmen
1 Zwiebel	abziehen, würfeln, in dem Bratfett goldgelb dünsten lassen
500 g Sauerkraut	dazugeben, kurz erhitzen
250 ml (¼ l) Weißwein	hinzugießen, mit Salz würzen den Fasan auf das Sauerkraut legen, schmoren lassen den garen Fasan in Portionsstücke schneiden, warm stellen
125 g blaue Weintrauben	waschen, halbieren, entkernen, zu dem Sauerkraut geben, mit Salz,
Zucker	abschmecken den Fasan auf dem Sauerkraut anrichten, mit
Tomatenachteln Petersilie	garnieren
Schmorzeit:	60 – 70 Minuten.
Beilage:	Kartoffelbrei oder Kartoffelkroketten.

Fasan

(Für 2 Personen)

1 küchenfertigen Fasan (1 kg)	waschen, abtrocknen, innen und außen mit
Salz	einreiben
Magen, Herz, Leber	waschen, abtrocknen, fein hacken, mit Salz würzen, in den Fasan geben, zunähen den Fasan mit
50 g Speckscheiben	umwickeln
2 Eßl. Margarine	erhitzen, den Fasan von allen Seiten darin anbraten den Topf auf dem Rost in den Backofen stellen sobald der Bratensatz bräunt, etwas
heißes Wasser	hinzugießen, den Fasan ab und zu mit dem Bratensatz begießen, verdampfte Flüssigkeit nach und nach ersetzen 10 Minuten vor Beendigung der Bratzeit
125 ml (⅛ l) saure Sahne	hinzufügen den garen Fasan auf einer vorgewärmten Platte anrichten (Fäden herausziehen, Füllung herausnehmen), warm stellen den Bratensatz mit Wasser loskochen, nach Belieben
etwas Weizenmehl	mit
kaltem Wasser	anrühren, den aufgefüllten Bratensatz damit binden, die Soße mit Salz,
Zitronensaft	abschmecken
Strom:	225 – 250
Gas:	3 – 4
Bratzeit:	Etwa 1 Stunde.

Hähnchenkeulen in Sherrysoße

4 Hähnchenkeulen	waschen, abtrocknen, mit
Salz	
Pfeffer	einreiben
2 Eßl. Butter	
oder Margarine	erhitzen, die Keulen von allen Seiten darin braten die garen Hähnchenkeulen auf einer vorgewärmten Platte anrichten, warm stellen
1 Zwiebel	abziehen, würfeln, in dem Bratfett dünsten lassen
2 Eßl. Weizenmehl	dazugeben, unter Rühren etwas bräunen lassen, mit
2 Teel. Currypulver	bestäuben
250 ml (¼ l)	
heiße Instant-	
Fleischbrühe	hinzugießen, mit einem Schneebesen durchschlagen, darauf achten, daß keine Klumpen entstehen, die Soße zum Kochen bringen, etwa 5 Minuten kochen lassen
125 ml (⅛ l) Sahne	unterrühren, erhitzen (nicht mehr kochen) die Soße mit
100 – 125 ml	
Sherry medium	abschmecken, einen Teil der Soße über die Hähnchenkeulen geben, die übrige Soße dazureichen
Garzeit:	25 – 30 Minuten.
Beilage:	Butterreis, Leipziger Allerlei, Radicchio-Salat.

Poulardengulasch

300 g Zwiebeln	abziehen, in Scheiben schneiden
50 g Butter	erhitzen, die Zwiebeln darin dünsten
2 Eßl. Paprika	
edelsüß	darüber streuen, mitdünsten lassen
4 Poulardenbrust-	
filets (etwa 500 g)	waschen, enthäuten, in etwa 3 cm große Würfel schneiden
300 g rote	
Paprikaschoten	halbieren, entstielen, entkernen, die weißen Scheidewände entfernen, die Schoten waschen, in etwa 2 cm große Würfel schneiden
400 g Tomaten	
(aus der Dose)	abtropfen lassen, die Flüssigkeit auffangen, die Tomaten in Stücke schneiden, das Fleisch, Gemüse und die Tomatenflüssigkeit zu den gedünsteten Zwiebeln geben, mit

1 Eßl. Instant-Fleischbrühe Salz gemahlenem Kümmel	würzen
2 Lorbeerblätter	dazugeben, das Gulasch 20 Minuten zugedeckt schmoren lassen, die Lorbeerblätter entfernen
1 Bund Petersilie	waschen, abtrocknen, fein hacken
2 Gewürzgurken	in kleine Würfel schneiden
	beide Zutaten zu dem Gulasch geben, miterhitzen
	das Gulasch in eine vorgewärmte Schüssel füllen
2 hartgekochte Eier	pellen, hacken, über das Gulasch streuen
Schmorzeit:	Etwa 25 Minuten.
Beilage:	Nudeln, Kartoffelpüree oder Klöße.

Gebratene Poularde

(Im Backofen)

1 küchenfertige Poularde (etwa 1,2 kg)	waschen, abtrocknen, mit
2 Eßl. Speiseöl ½ Teel. Paprika edelsüß ¼ Teel. Currypulver Salz Pfeffer	verrühren, die Poularde innen und außen damit einreiben, in eine mit Wasser ausgespülte Rostbratpfanne legen, in den Backofen schieben
	sobald der Bratensatz bräunt, etwas
heißes Wasser	hinzugießen, die Poularde ab und zu mit dem Bratensatz begießen, verdampfte Flüssigkeit nach und nach ersetzen
	die gare Poularde in Portionsstücke teilen, auf einer vorgewärmten Platte anrichten, warm stellen
	den Bratensatz mit Wasser loskochen, durch ein Sieb gießen, mit Salz, Pfeffer abschmecken
Strom:	200 – 225
Gas:	3 – 4
Bratzeit:	40 – 45 Minuten.
Veränderung:	Anstelle der Poularde 2 Brathähnchen verwenden, Bratzeit: 30 – 35 Minuten. Das Geflügel mit einer Semmelfüllung füllen.

Feines Hühnerfrikassee

1 küchenfertiges Suppenhuhn (etwa 1,2 kg)	waschen, in
2 l kochendes Salzwasser	geben, zum Kochen bringen, abschäumen
1 Bund Suppengrün	putzen, waschen
1 mittelgroße Zwiebel	abziehen, mit
1 Lorbeerblatt	
1 Gewürznelke	spicken
	die Zutaten hinzufügen, das Huhn gar kochen lassen (Huhn muß während des Kochens mit Flüssigkeit bedeckt sein, verkochte Flüssigkeit durch heißes Wasser ersetzen)
	das gare Huhn aus der Brühe nehmen, sie durch ein Sieb gießen, 1 l davon abmessen
	das Fleisch von den Knochen lösen, die Haut entfernen, das Fleisch evtl. etwas kleinschneiden, in der restlichen Brühe warm halten
	für die Soße
60 g Butter oder Margarine	zerlassen
70 g Weizenmehl	unter Rühren so lange darin erhitzen, bis es hellgelb ist
1 l Hühnerbrühe	hinzugießen, mit einem Schneebesen durchschlagen, darauf achten, daß keine Klumpen entstehen, zum Kochen bringen, etwa 10 Minuten kochen lassen
175 g gekochte Spargelstücke	
150 g gedünstete Champignons	
	beide Zutaten mit dem abgetropften Fleisch in die Soße geben, kurz aufkochen lassen
2 Eigelb	mit
4 Eßl. kalter Milch	verschlagen, das Frikassee damit abziehen (nicht mehr kochen lassen), mit
Salz	
Pfeffer	
Zitronensaft	abschmecken
Kochzeit:	2 – 2½ Stunden (je nach Alter des Tieres).
Veränderung:	Anstelle des Suppenhuhnes 1 Poularde verwenden, Kochzeit: 40 – 45 Minuten. Fleischklößchen gleichzeitig in der Soße gar ziehen lassen, mit Blätterteighalbmonden garnieren.
Beilage:	Reis (Reisring).

Gekochtes Huhn

1 küchenfertiges Suppenhuhn (etwa 1 ¼ kg)	waschen, zusammen mit Herz, aufgeschnittenem, gesäubertem Magen, Hals in
2 ½ l kochendes Salzwasser	geben, zum Kochen bringen, abschäumen
1 Bund Suppengrün	putzen, waschen, hinzufügen, das Huhn gar kochen lassen (Huhn muß während des Kochens mit Flüssigkeit bedeckt sein, verkochte Flüssigkeit durch heißes Wasser ersetzen)
	das gare Huhn aus der Brühe nehmen, das Fleisch von den Knochen lösen, die Haut entfernen, das Fleisch in Stücke schneiden
Kochzeit:	2 – 2 ½ Stunden.
Veränderung:	Anstelle des Suppenhuhns 1 Poularde verwenden, Kochzeit: 40 – 45 Minuten.

Geschmorte Poularde

(Im Brattopf)

1 küchenfertige Poularde (etwa 1,2 kg)	waschen, abtrocknen, in Portionsstücke schneiden, mit
Salz	
Paprika edelsüß	einreiben
2 Eßl. Speiseöl	erhitzen, die Fleischteile von allen Seiten gut darin anbraten etwas von
250 ml (¼ l) heißem Wasser	hinzugießen, das Fleisch schmoren lassen, von Zeit zu Zeit wenden, verdampfte Flüssigkeit nach und nach ersetzen die gare Poularde auf einer vorgewärmten Platte anrichten, warm stellen den Bratensatz mit
3 schwach gehäuften Eßl. saurer Sahne	verrühren nach Belieben
1 gestrichenen Eßl. Speisestärke	mit
2 Eßl. kaltem Wasser	anrühren den aufgefüllten Bratensatz damit binden, die Soße mit Salz,
Pfeffer	abschmecken
Schmorzeit:	35 – 40 Minuten.
Veränderung:	Anstelle der Poularde 2 Brathähnchen verwenden, Schmorzeit: 30 – 35 Minuten.

Ente mit Weintraubensoße

1 küchenfertige Ente (etwa 2 kg)	waschen, abtrocknen, innen und außen mit
Salz	
Pfeffer	
gerebeltem Majoran	einreiben, Keulen und Flügel mit Küchengarn am Rumpf festbinden die Ente mit dem Rücken nach unten auf den Rost in die Fettpfanne legen
Herz, Hals, Magen	waschen, abtrocknen, auf den Rost neben die Ente legen, in den Backofen schieben während des Bratens ab und zu unterhalb der Flügel und Keulen in die Ente stechen, damit das Fett besser ausbraten kann nach etwa 45 Minuten Bratzeit abgetropftes Fett aus der Fettpfanne entfernen, etwas
heißes Wasser	hineingießen, verdampfte Flüssigkeit nach und nach ersetzen
250 g grüne Weintrauben	waschen, halbieren, entkernen
2 Eßl. Johannisbeergelee	mit
4 Eßl. Portwein	
1 Messerspitze scharfem Senf	
Zitronensaft	verrühren, nach etwa 75 Minuten Bratzeit die Ente mit etwa der Hälfte der Masse bestreichen die Weintrauben in die Fettpfanne geben etwa 10 Minuten vor Beendigung der Bratzeit die Ente mit der restlichen Johannisbeergelee-Masse bestreichen die gare Ente von den Fäden befreien, in Portionsstücke teilen, auf einer vorgewärmten Platte anrichten, warm stellen den Bratensatz mit Wasser loskochen, entfetten nach Belieben
2 Eßl. Weizenmehl	mit
4 Eßl. kaltem Wasser	anrühren, den aufgefüllten Bratensatz damit binden die Soße mit Salz, Pfeffer,
Portwein	abschmecken
Strom:	200 – 225
Gas:	3 – 4
Bratzeit:	Etwa 1¾ Stunden.

Gefüllte Ente
(Im Tontopf)

1 küchenfertige Ente (etwa 1 ½ kg)	waschen, abtrocknen, innen mit
Salz	einreiben
2 – 3 saure Äpfel	schälen, vierteln, entkernen
50 g Rosinen	verlesen die Ente mit Äpfeln, Rosinen füllen, die Füllung evtl. mit
Zucker	würzen, die Ente zunähen, außen mit Salz,
Pfeffer	einreiben, in den gewässerten Tontopf legen, mit dem Deckel verschließen, in den Backofen stellen die gare Ente in Portionsstücke schneiden, mit der Füllung auf einer vorgewärmten Platte anrichten oder wieder in den Tontopf geben, warm stellen von dem Bratensatz das Fett abschöpfen, den Bratensatz nach Belieben mit Flüssigkeit auffüllen, zum Kochen bringen
2 Teel. Speisestärke	mit
1 Eßl. kaltem Wasser	anrühren, den aufgefüllten Bratensatz damit binden, die Soße mit Salz abschmecken
Strom:	200 – 225
Gas:	4 – 5
Garzeit:	1½ – 2 Stunden.

Gebratene Ente

1 küchenfertige Ente (etwa 1½ kg)	waschen, abtrocknen, innen mit
Salz	einreiben, mit dem Rücken nach unten auf den Rost auf eine mit Wasser ausgespülte Rostbratpfanne legen, auf die untere Schiene in den Backofen schieben während des Bratens ab und zu unterhalb der Flügel und Keulen in die Ente stechen, damit das Fett besser ausbraten kann nach 30 Minuten Bratzeit das sich angesammelte Fett abschöpfen sobald der Bratensatz bräunt, etwas
heißes Wasser	hinzugießen, die Ente ab und zu mit dem Bratensatz begießen, verdampfte Flüssigkeit nach und nach ersetzen 10 Minuten vor Beendigung der Bratzeit die Ente mit
kaltem Salzwasser	bestreichen, die Hitze auf stark stellen, damit die Haut schön kroß wird die gare Ente in Portionsstücke schneiden, auf einer vorgewärmten Platte anrichten, warm stellen den Bratensatz mit Wasser loskochen, durch ein Sieb gießen, mit Flüssigkeit auffüllen, auf der Kochstelle zum Kochen bringen
1 – 2 gestrichene Eßl. Weizenmehl	mit
2 Eßl. kaltem Wasser	anrühren, den aufgefüllten Bratensatz damit binden, die Soße mit Salz,
Pfeffer	abschmecken
Strom:	200 – 225
Gas:	3 – 4
Bratzeit:	Etwa 1¾ Stunden.
Beilage:	Rotkohl, Apfelscheiben mit Preiselbeerkompott.

Ente, pikant
(Im Tontopf)

	Von
1 küchenfertigen Ente (etwa 2 kg)	die Flügel abschneiden, die Ente entbeinen (die Haut nicht verletzen), innen mit
Salz	einreiben
250 g Birnen (aus der Dose)	
250 g gedünstete Aprikosen	abtropfen lassen, die Früchte auf das Fleisch geben, das Fleisch zusammenrollen, zunähen, von außen mit Salz einreiben, mit
gerebeltem Thymian	
Paprika edelsüß	einreiben, die Ente in den gewässerten Tontopf legen, mit dem Deckel verschließen, in den Backofen stellen die gare Ente in Portionsstücke schneiden, auf einer vorgewärmten Platte anrichten, warm stellen von dem Bratensatz das Fett abschöpfen, den Bratensatz mit Flüssigkeit auffüllen, zum Kochen bringen
1 Eßl. Weizenmehl	mit
2 Eßl. kaltem Wasser	anrühren, den aufgefüllten Bratensatz damit binden, die Soße mit
Salz, Pfeffer	abschmecken
Strom:	200 – 225
Gas:	4 – 5
Garzeit:	Etwa 80 Minuten.

Gebratene Pute
(Für 8 Personen)

1 küchenfertige Pute (etwa 3,2 kg)	waschen, abtrocknen, innen mit
Salz	einreiben, mit dem Rücken nach unten auf den Rost auf eine mit Wasser ausgespülte Rostbratpfanne legen, auf die untere Schiene in den vorgeheizten Backofen schieben sobald der Bratensatz bräunt, etwas
heißes Wasser	hinzugießen, die Pute ab und zu mit dem Bratensatz begießen verdampfte Flüssigkeit nach und nach ersetzen 10 Minuten vor Beendigung der Bratzeit die Pute mit
kaltem Salzwasser	bestreichen, die Hitze auf stark stellen, damit die Haut schön kroß wird die gare Pute in Portionsstücke schneiden, auf einer vorgewärmten Platte anrichten, warm stellen den Bratensatz mit Wasser loskochen, durch ein Sieb gießen, mit Flüssigkeit auffüllen, auf der Kochstelle zum Kochen bringen
1 gestrichenen Eßl. Speisestärke	mit
2 Eßl. kaltem Wasser	anrühren, den aufgefüllten Bratensatz damit binden, die Soße mit Salz,
Pfeffer	abschmecken
Strom:	200 – 225
Gas:	3 – 4
Bratzeit:	Etwa 2½ Stunden.
Beilage:	Rosenkohl, in Butter geschwenkt, Salzkartoffeln.

Putenschnitzel

4 Putenschnitzel (je 125 – 150 g)	waschen, abtrocknen, von beiden Seiten mit
Salz	bestreuen
	die Schnitzel zuerst in
50 g Weizenmehl	dann in
1 verschlagenen Ei	zuletzt in
50 g Semmelmehl	wenden (gut festklopfen)
75 g Margarine	zerlassen, die Schnitzel von beiden Seiten darin goldgelb braten, auf einer vorgewärmten Platte anrichten
Bratzeit:	Etwa 12 Minuten.
Beilage:	Sahne-Kartoffelbrei, gemischter Salat.

Gefüllte Putenbrust (In der Bratfolie)

(Für 6 – 8 Personen)

	Für die Füllung
3 Brötchen (Semmeln)	in sehr kleine Würfel schneiden, mit
150 ml (1 Tasse) heißer Milch	übergießen
1 – 2 Zwiebeln	abziehen, würfeln
100 g durchwachsenen Speck	in Würfel schneiden, auslassen, die Zwiebeln darin andünsten, abkühlen lassen, mit den Brötchenwürfeln,
2 Eiern	
2 Eßl. Erbsen (frisch oder tiefgekühlt)	
1 Eßl. gehackter Petersilie	zu einer geschmeidigen Masse vermengen, evtl. etwas
Semmelmehl	dazugeben
	die Füllung mit
Salz	
Pfeffer	
geriebener Muskatnuß	
gerebeltem Majoran	
gerebeltem Basilikum	würzen
1 Putenbrust (etwa 2 kg)	waschen, abtrocknen, von der dickeren Seite zur Spitze hin eine tiefe Tasche einschneiden, die Füllung hineingeben die Putenbrust mit Küchengarn zunähen oder mit Holzstäbchen zusammenhalten, das Fleisch mit Salz, Pfeffer einreiben, auf ein genügend großes Stück
Bratfolie	legen
Butterflöckchen	auf dem Fleisch verteilen, die Bratfolie verschließen, auf dem Rost in die Mitte des Backofens schieben das gare Fleisch in Scheiben schneiden, auf einer vorgewärmten Platte anrichen den Bratensatz nach Belieben mit Wasser auffüllen, zum Kochen bringen
1 Becher (150 g) Crème fraîche	unterrühren, die Soße mit Salz, Pfeffer abschmecken
Strom:	200
Gas:	4
Bratzeit:	Etwa 1½ Stunden.
Beilage:	Rosenkohl-Maronen-Gemüse, Herzogin-Kartoffeln.

Gebratene Tauben

4 küchenfertige Tauben	waschen, abtrocknen (Bauch quer einschneiden), innen mit
Salz	einreiben, den Hals nach hinten legen, die Flügel so zusammenbiegen, daß der eine den Hals hält Magen, Herz und Leber säubern, waschen, mit
1 Eßl. Butter	in den Bauch geben, beide Beine in den Baucheinschnitt stecken die Tauben in die mit Wasser ausgespülte Rostbratpfanne legen, in den vorgeheizten Backofen schieben sobald der Bratensatz bräunt, etwas von
125 ml (⅛ l) heißem Wasser	hinzugießen, die Tauben ab und zu mit dem Bratensatz begießen, verdampfte Flüssigkeit nach und nach ersetzen die garen Tauben auf einer vorgewärmten Platte anrichten, warm stellen den Bratensatz mit Wasser loskochen
3 Eßl. saure Sahne	hinzufügen, nach Belieben mit Flüssigkeit auffüllen, auf der Kochstelle zum Kochen bringen
etwas Weizenmehl	mit
kaltem Wasser	anrühren, den aufgefüllten Bratensatz damit binden, die Soße mit Salz abschmecken
Strom:	200 – 225
Gas:	3 – 4
Bratzeit:	45 – 60 Minuten.
Veränderung:	Magen, Herz und Leber fein hacken, mit 1 eingeweichten, gut ausgedrückten Stück Weißbrot, 1 Ei, Salz, geriebener Muskatnuß, gehackter Petersilie vermengen, die Füllung in die Tauben geben, zunähen.

Gänseschenkel in Paprika

2 Gänseschenkel	
(etwa 1 kg)	waschen, abtrocknen, mit
Salz	
Paprika edelsüß	einreiben
1 Eßl. Schweine-	
schmalz	zerlassen, das Fleisch von allen Seiten gut darin anbraten, die Hälfte des Fettes abgießen
3 Zwiebeln	abziehen, vierteln, dazugeben, miterhitzen von
250 ml (¼ l)	
heißem Wasser	125 ml (⅛ l) hinzugießen, das Fleisch schmoren lassen, ab und zu wenden, mit dem Bratensatz begießen, verdampfte Flüssigkeit nach und nach ersetzen
500 g Paprikaschoten	halbieren, entstielen, entkernen, die weißen Scheidewände entfernen, die Schoten waschen, in Streifen schneiden
500 g Tomaten	kurze Zeit in kochendes Wasser legen, in kaltem Wasser abschrecken, enthäuten, in Streifen schneiden nach etwa 1 Stunde Schmorzeit das Gemüse hinzufügen, mit Salz,
Pfeffer	würzen, etwa 45 Minuten mitschmoren lassen das gare Fleisch von den Knochen lösen, in Scheiben schneiden, warm stellen
etwas Speisestärke	mit
kaltem Wasser	anrühren, das Gemüse damit binden, mit Salz, Pfeffer, Paprika abschmecken, in eine Schüssel geben, das Fleisch darauf legen, mit
1 Eßl. gehackter	
Petersilie	bestreuen
Schmorzeit:	Etwa 1 ¾ Stunden.
Beilage:	Kartoffelklöße oder Salzkartoffeln.

Gebratene Gans

(Für 8 Personen)

1 küchenfertige Gans (etwa 3,5 kg) waschen, abtrocknen, Keulen und Flügel mit einem Bindfaden am Rumpf befestigen, die Gans von innen und außen mit
Salz einreiben
soll die Gans gefüllt werden, die Füllung in das Innere geben, die Öffnung zunähen
die Gans mit dem Rücken nach unten in die mit Wasser ausgespülte Rostbratpfanne legen, in den Backofen schieben
während des Bratens ab und zu unterhalb der Flügel und Keulen in die Gans stechen, damit das Fett besser ausbraten kann
das sich sammelnde Fett hin und wieder abschöpfen
sobald der Bratensatz bräunt, zunächst 125 ml (⅛ l) von

und zu mit
verdampfte
ersetzen
g der Bratzeit

stark stellen,
wird
gewärmten
rausziehen,
teilen), warm
Wasser los-
lüssigkeit
le zum

Bratensatz
Salz ab-

pfelmus.
t geschält,

n Scheiben
eingeweich-
en, etwas
mischt.
und Haut
, mit 750 g
heiben ge-
t.

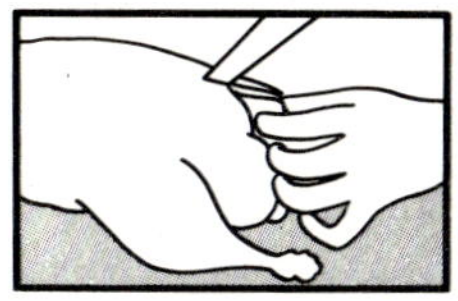

1. Die Bauchhaut der Gans wird eingeschnitten.

2. damit sich das Geflügel besser braten und zerlegen läßt, mit einer Nadel einen Bindfaden durch Keulen, Leib, Flügel, Haut des zurückgebogenen Halses und durch den Rücken ziehen.

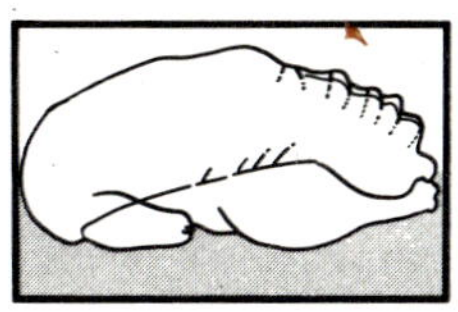

3. Bratfertige Gans (Rezept nebenstehend).

Gänsebrust mit Orangensoße

1 kg Gänsebrust (mit Knochen) waschen, abtrocknen, mit
Salz
Pfeffer einreiben, mit dem Knochen nach unten in einen Brattopf legen, auf dem Rost in den Backofen schieben
nach 30 Minuten Bratzeit das sich angesammelte Fett abgießen
2 Möhren putzen, schrappen
1 Stück Sellerieknolle putzen, schälen
die Zutaten waschen, in den Brattopf geben, kurz mitbraten lassen
etwas von
500 ml (½ l) heißem Wasser hinzugießen, das Fleisch schmoren lassen, von Zeit zu Zeit wenden, verdampfte Flüssigkeit nach und nach ersetzen
kurz vor Beendigung der Schmorzeit das Fleisch mit dem
Saft von 2 Orangen übergießen
das gare Fleisch vom Knochen lösen, in Scheiben schneiden, auf einer vorgewärmten Platte anrichten, warm stellen
den Bratensatz durch ein Sieb gießen, nach Belieben
etwas Weizenmehl mit
kaltem Wasser anrühren, den Bratensatz binden, die Soße mit Salz, Pfeffer abschmecken

Strom: 200 – 225
Gas: 4 – 5
Schmorzeit: 2 – 2½ Stunden (je nach Alter des Tieres).

Karpfen blau, gekocht

2 l Wasser	mit
1 Päckchen (75 g) tiefgekühltem Suppengrün	
1 Lorbeerblatt	
10 Pfefferkörnern	
3 Gewürznelken	
5 Pimentkörnern (Nelkenpfeffer)	
1 mittelgroßen, abgezogenen Zwiebel	
2 schwach gehäuften Eßl. Salz	
6 Eßl. Essig	zum Kochen bringen, etwa 5 Minuten kochen lassen
1¼ kg küchenfertigen Karpfen	unter fließendem kaltem Wasser abspülen, in das kochende Wasser geben (Topf **sofort** zudecken), zum Kochen bringen, gar ziehen lassen
	den garen Fisch auf einer vorgewärmten Platte anrichten
Kochzeit:	30 – 35 Minuten.
Veränderung:	Anstelle von Karpfen folgende Fische verwenden: 1. 4 Forellen, je 300 g (rund gebunden) Kochzeit: 20 – 25 Minuten 2. 4 Schleien, je 300 g Kochzeit: 20 – 25 Minuten.

Karpfen blau, gedünstet

(Im Backofen)

1¼ kg küchenfertigen Karpfen	unter fließendem kaltem Wasser abspülen, innen mit
Salz	einreiben (nicht von außen salzen, da dann der Schleim, der die Blaufärbung hervorruft, verletzt würde)
1 große Kartoffel	schälen, waschen, in die Bauchhöhle des Fisches stecken, vorsichtig auf eine Rostbratpfanne stellen den Karpfen mit
500 ml (½ l) kochend-heißem Essigwasser	übergießen, der Zugluft aussetzen den Karpfen in eine mit
Butter oder Margarine	gefettete feuerfeste Form (Platte) setzen (mit der Kartoffel), auf dem Rost in den Backofen schieben (der Karpfen ist gar, wenn sich die Rükkenflosse leicht herausziehen läßt) 5 Minuten vor Beendigung der Dünstzeit den Karpfen mit
50 g zerlassener Butter	übergießen, damit die Farbe erhalten bleibt blau gedünstete Fische nicht der Nachhitze aussetzen, da sie sonst ihre Farbe verlieren würden den Karpfen sofort servieren
Strom:	175 – 200
Gas:	2 – 3
Dünstzeit:	45 – 50 Minuten.
Veränderung:	Anstelle von Karpfen folgende Fische verwenden: 1. 4 Forellen, je 300 g (rund gebunden, ohne Kartoffel) Dünstzeit: 25 – 30 Minuten 2. 4 Schleien, je 300 g (rund gebunden, ohne Kartoffel) Dünstzeit: 30 – 35 Minuten.
Beilage:	Zerlassene Butter, Petersilienkartoffeln, Grüner Salat in Sahnesoße.

Hecht in Frikasseesoße

1 Hecht (1 – 1½ kg)	schuppen, ausnehmen, unter fließendem kaltem Wasser abspülen, in Portionsstücke schneiden nach Belieben mit
verdünnter Essig-Essenz (25%)*	beträufeln, etwa ½ Stunde stehenlassen, trockentupfen, mit
Salz	würzen die Fischstücke in einen mit
Butter oder Margarine	gefetteten Kochtopf geben, gar dünsten lassen *für die Frikasseesoße*
30 g Butter oder Margarine	zerlassen
35 g Weizenmehl	unter Rühren so lange darin erhitzen, bis es hellgelb ist
500 ml (½ l) Instant-Fleischbrühe	hinzugießen, mit einem Schneebesen durchschlagen, darauf achten, daß keine Klumpen entstehen, zum Kochen bringen, etwa 5 Minuten kochen lassen
100 – 150 g gedünstete Champignonstücke	mit
1 Teel. gehackten Kapern **1 – 2 gewässerten, gehackten Sardellenfilets**	unterrühren, etwa 5 Minuten darin ziehen lassen
1 – 2 Eigelb	mit
2 Eßl. Sahne	verschlagen, die Soße damit abziehen, mit Salz,
Pfeffer **2 – 3 Eßl. Weißwein**	abschmecken, die Hechtstücke in die Soße geben, miterhitzen
Dünstzeit für den Fisch:	Etwa 20 Minuten
Kochzeit für die Soße:	Etwa 10 Minuten.
Beilage:	Salzkartoffeln, Endiviensalat.

*Auf 1 Teel. Essig-Essenz 4 Teel. Wasser

Forelle blau, gekocht

4 größere oder 8 kleinere Forellen (etwa 1 kg)	mit einem scharfen Küchenmesser an der Bauchseite aufschlitzen, ausnehmen, unter fließendem kaltem Wasser gründlich waschen, mit dem Daumennagel den schwarzen Streifen am Rückgrat herausschälen, die Forellen innen mit
Salz	bestreuen, nach Belieben rund binden (einen starken Faden mit einer Nadel durch Kopf und Schwanz ziehen und die Fadenenden verknoten)
oder 2 Pakete tiefgekühlte Regenbogenforellen	
	die Forellen mit dem Kopf zuerst in so viel
kochende Flüssigkeit (auf 1 l Wasser: 4 Eßl. Weißwein, 5 Eßl. Essig, 3 gehäufte Teel. Salz)	geben, daß sie bedeckt sind, zum Kochen bringen, den Topf von der Kochstelle nehmen, die Forellen gar ziehen lassen (der Fisch ist gar, wenn sich Kiemen und Flossen leicht herausziehen lassen)
Garzeit:	Etwa 20 Minuten.
Beigabe:	Petersilienkartoffeln, zerlassene Butter, Grüner Salat.

Fischröllchen in Weinsoße

750 g Fischfilet	waschen, abtrocknen, mit
Zitronensaft oder Essig	beträufeln, etwa ½ Stunde stehenlassen, trockentupfen das Filet mit
Salz	bestreuen, in nicht zu kleine Streifen schneiden, aufrollen, mit Holzstäbchen feststecken, in eine mit
Butter oder Margarine	gefettete Auflaufform legen *für die Weinsoße*
30 g Butter oder Margarine	zerlassen
30 g Weizenmehl	unter Rühren so lange darin erhitzen, bis es hellgelb ist
250 ml (¼ l) Wasser	hinzugießen, mit einem Schneebesen durchschlagen, die Soße zum Kochen bringen
5 Eßl. Weißwein	hinzufügen, die Soße mit Salz, Zitronensaft,
Zucker	abschmecken, über die Fischröllchen gießen die Auflaufform auf dem Rost in den Backofen schieben
Strom:	175 – 200
Gas:	2 – 3
Garzeit:	25 – 35 Minuten.

Seelachsröllchen in pikanter Soße

750 g Seelachsfilet	unter fließendem kaltem Wasser abspülen, trockentupfen, mit
2 Eßl. Zitronensaft	beträufeln, etwa 30 Minuten stehenlassen, trockentupfen, mit
Salz Pfeffer	bestreuen das Filet in nicht zu kleine Stücke schneiden, aufrollen, mit Holzstäbchen feststecken, in eine mit
Butter oder Margarine	gefettete Auflaufform legen *für die pikante Soße*
1 Zwiebel	abziehen
50 g durchwachsener Speck	
	beide Zutaten in kleine Würfel schneiden den Speck auslassen, die Zwiebel darin hellbraun dünsten lassen, kalt stellen
2 Essiggurken	in Würfel schneiden, mit dem erkalteten Speck,

2 schwach gehäuften Teel. Senf	verrühren
1 Becher (150 g) Crème fraîche	unterrühren die Soße mit Salz,
Zucker	abschmecken
2 Eßl. Madeira	unter die Soße rühren, über die Fischröllchen gießen den Auflauf mit
30 g geriebenem Käse	bestreuen
Butter	in Flöckchen darauf setzen die Auflaufform auf dem Rost in den vorgeheizten Backofen schieben
Strom:	200 – 225
Gas:	5 – 6
Backzeit:	25 – 35 Minuten.

Schellfisch, gedünstet

1½ kg küchenfertigen Schellfisch	unter fließendem kalten Wasser abspülen, trockentupfen, mit
Zitronensaft oder verdünnter Essig-Essenz (25%)*	beträufeln, mit
Salz	würzen
Butter oder Margarine	in Flöckchen darauf setzen den Fisch mit der Öffnung nach unten auf eine umgedrehte Tasse gestützt auf eine Porzellanplatte setzen, im Backofen gar dünsten lassen den garen Schellfisch mit
Zitronenscheiben Petersiliensträußchen	garnieren
Strom:	175 – 200
Gas:	2 – 3
Dünstzeit:	Etwa 40 Minuten.
Beilage:	Salzkartoffeln, gemischter Salat.

*Auf 1 Teel. Essig-Essenz 4 Teel. Wasser

Seelachsrouladen in Tomatensoße

750 g Seelachsfilet	unter fließendem kaltem Wasser abspülen, trockentupfen, mit
2 Eßl. Zitronensaft	beträufeln, etwa 30 Minuten stehenlassen, trockentupfen, mit
Salz Selleriesalz Paprika edelsüß	bestreuen, in nicht zu kleine Stücke schneiden, mit
1 schwach gehäuften Eßl. Senf	bestreichen, aufrollen, mit Holzstäbchen feststecken *für die Tomatensoße*
1 kleine Zwiebel	abziehen, fein würfeln
375 g Tomaten	waschen, in Stücke schneiden
30 g Butter oder Margarine	zerlassen, Zwiebel und Tomaten darin andünsten, mit
30 g Weizenmehl	bestreuen, kurz miterhitzen
250 ml (¼ l) Wasser	hinzufügen, mit einem Schneebesen durchschlagen, darauf achten, daß keine Klumpen entstehen, die Soße zum Kochen bringen, durch ein Sieb streichen, mit Selleriesalz, Salz, Paprika,
2 gehäuften Eßl. Tomatenmark Zitronensaft Tabascosoße	abschmecken, zum Kochen bringen, den Fisch hineingeben, gar ziehen lassen
Garzeit:	15 – 20 Minuten.
Veränderung:	Je eine kleine Gewürzgurke in die Rouladen einwickeln oder anstelle von Seelachsfilet Rotbarsch- oder Kabeljaufilet verwenden.
Beilage:	Petersilienkartoffeln, Gurkensalat.

Gekochter Heilbutt mit Zitronensahne (Für 6 Personen)

1 küchenfertigen Heilbutt (etwa 2 kg)	unter fließendem kaltem Wasser abspülen
1 l Wasser	mit
6 Eßl. Essig-Essenz (25%)	vermengen, den Fisch etwa 30 Minuten darin ziehen lassen
2 mittelgroße Zwiebeln	abziehen, halbieren, mit
1 Lorbeerblatt	
8 Pfefferkörnern	
Salz	
250 ml (¼ l) Weißwein	in
2 l Wasser	zum Kochen bringen, den Fisch hineingeben, zum Kochen bringen, zugedeckt gar ziehen lassen (der Fisch ist gar, wenn sich die Rückenflossen leicht herausziehen lassen) den garen Heilbutt auf einer vorgewärmten Platte anrichten, mit
75 g zerlassener, heißer Butter	begießen, mit
Zitronenscheiben	
Tomatenachteln	
Petersilie	garnieren
	für die Zitronensahne
1 Becher (150 g) Crème fraîche	mit
3 Eßl. Milch	
3 Eßl. Zitronensaft	
2 Eßl. gehacktem Dill	verrühren, mit Salz,
Zucker	abschmecken
Kochzeit:	25 – 30 Minuten.
Beilage:	Dillkartoffeln, Grüner Salat.

Makrelen in Käsesoße

4 küchenfertige Makrelen (je 250 g)	unter fließendem kaltem Wasser abspülen
750 ml (¾ l) Wasser	mit
1 mittelgroßen Lorbeerblatt	
6 Wacholderbeeren	
einigen Senfkörnern	
1 schwach gehäuften Teel. Salz	
1 Messerspitze Pfeffer	
1 Eßl. Essig-Essenz (25%)	zum Kochen bringen, die Fische hineingeben, zum Kochen bringen, gar ziehen lassen die Fische auf einer vorgewärmten Platte anrichten, warm stellen
	für die Käsesoße die Fischbrühe durch ein Sieb gießen, 375 ml (⅜ l) davon abmessen
30 g Margarine	zerlassen
30 g Weizenmehl	unter Rühren so lange darin erhitzen, bis es hellgelb ist die Fischbrühe hinzugießen, mit einem Schneebesen durchschlagen, darauf achten, daß keine Klumpen entstehen, die Soße zum Kochen bringen, etwa 5 Minuten kochen lassen
50 g geriebenen Schweizer Käse	
4 Eßl. Sahne	unterrühren, die Soße mit
Salz, Pfeffer	
Zucker	abschmecken die Soße über die Makrelen geben oder dazureichen
Garzeit für den Fisch:	Etwa 10 Minuten
Kochzeit für die Soße:	Etwa 5 Minuten.

Heilbutt, gedünstet

4 Heilbuttscheiben (etwa 800 g)	unter fließendem kaltem Wasser abspülen, trockentupfen, mit
2 Eßl. Zitronensaft	beträufeln, etwa 5 Minuten stehenlassen, trockentupfen, mit
Salz, Pfeffer	bestreuen
1 kleine Zwiebel	abziehen, würfeln
1 – 2 Eßl. Butter oder Margarine	zerlassen, die Zwiebel darin glasig dünsten lassen, die Fischscheiben,
2 Eßl. Wasser	
10 Pfefferkörner	

1 kleines Lorbeerblatt
1 Gewürznelke
2 Pimentkörner (Nelkenpfeffer) hinzufügen, gar dünsten lassen
den garen Fisch auf einer vorgewärmten Platte anrichten, mit
ausgestochenen Möhren- und Selleriescheiben
Porree- und Zwiebelringen
Petersilienzweigen garnieren
Dünstzeit: 8 – 10 Minuten.
Beilage: Petersilienkartoffeln, Sauce hollandaise, gemischter Salat.

Fisch „Stroganoff"

(Für 2 Personen)

400 g Fischfilet (z. B. Kabeljau oder Schellfisch) unter fließendem kaltem Wasser abspülen, trockentupfen, mit
Zitronensaft oder verdünnter Essig-Essenz* beträufeln, etwa 15 Minuten stehenlassen
1 große Zwiebel abziehen, fein würfeln, mit
1 Teel. Kapern in
250 ml (¼ l) heiße Instant-Fleischbrühe geben, zum Kochen bringen, etwa 5 Minuten kochen lassen
1 Eßl. Speisestärke mit
2 Eßl. kaltem Wasser anrühren, die Brühe damit binden, mit
Tomatenmark
Senf
Salz
Pfeffer
Paprika edelsüß und Zitronensaft würzen
2 Gewürzgurken in feine Streifen schneiden, in die Soße rühren, die Soße einmal aufkochen lassen
das Fischfilet in Würfel schneiden, in die Soße geben, in 15 – 20 Minuten gar ziehen lassen
den Fisch „Stroganoff" in eine vorgewärmte Schüssel geben, mit
gehackter Petersilie bestreuen
Garzeit: 25 – 30 Minuten.

*Auf 1 Teel. Essig-Essenz 4 Teel. Wasser

Fischfrikassee

750 g Fischfilet unter fließendem kaltem Wasser abspülen, trockentupfen, mit
Zitronensaft oder Essig beträufeln, etwa ½ Stunde stehenlassen, trockentupfen, mit
Salz bestreuen, in nicht zu kleine Stücke schneiden
für die Soße
40 g Margarine zerlassen
50 g Weizenmehl unter Rühren so lange darin erhitzen, bis es hellgelb ist
500 ml (½ l) Instant-Fleischbrühe hinzugießen, mit einem Schneebesen durchschlagen, darauf achten, daß keine Klumpen entstehen, die Soße zum Kochen bringen, den Fisch hineingeben
1 Teel. Kapern hinzufügen, mit Salz,
Weißwein
Zitronensaft
Selleriesalz
Paprika edelsüß würzen, den Fisch gar ziehen lassen
2 Eigelb mit
2 Eßl. kaltem Wasser verschlagen, die Soße damit abziehen, mit Zitronensaft, Salz abschmecken
das Frikassee nach Belieben im Reisring anrichten, mit
Zitronenvierteln
Petersilie
Tomatenachteln garnieren, mit
1 Eßl. gehackter Petersilie bestreuen
Garzeit: 15 – 20 Minuten.

Schellfisch mit Tomatensoße

750 g Schellfisch	unter fließendem kaltem Wasser abspülen, mit
1 l Wasser	
1 kleinen abgezogenen, geviertelten Zwiebel	
6 Pfefferkörnern	
1 kleinen Lorbeerblatt	
einigen Senfkörnern	
1 gehäuften Teel. Salz	
1 Messerspitze Pfeffer	zum Kochen bringen, den Fisch hineingeben, zum Kochen bringen, gar ziehen lassen den Fisch enthäuten, entgräten, warm stellen *für die Tomatensoße* die Fischbrühe durch ein Sieb gießen, 500 ml (½ l) davon abmessen
1 kleine Zwiebel	abziehen, würfeln
40 g Butter oder Margarine	zerlassen, die Zwiebelwürfel darin hellgelb dünsten
40 g Weizenmehl	unter Rühren so lange darin erhitzen, bis es hellgelb ist die Fischbrühe hinzugießen, mit einem Schneebesen durchschlagen, darauf achten, daß keine Klumpen entstehen
2 schwach gehäufte Eßl. Tomatenmark	unterrühren, zum Kochen bringen, die Soße etwa 5 Minuten kochen lassen, mit
Salz	
Pfeffer	
Paprika edelsüß	
Zucker	
Zitronensaft	abschmecken die Fischstücke in die Tomatensoße geben, nach Belieben mit
gehackter Petersilie	bestreuen
Kochzeit für den Fisch:	Etwa 10 Minuten
für die Soße:	Etwa 10 Minuten.
Veränderung:	Gedünstete Zwiebelringe und Paprikaschotenstreifen in die Soße geben.
Beilage:	Reis.

Kabeljau, gedünstet
(Im Backofen)

1¼ kg küchenfertigen Kabeljau (im Stück oder geteilt)	unter fließendem kaltem Wasser abspülen, trockentupfen, mit dem
Saft von 1 Zitrone	beträufeln, trockentupfen, innen und außen mit
Salz	
Pfeffer	bestreuen den Fisch in eine mit
Butter oder Margarine	gefettete feuerfeste Form (Platte) legen, mit
50 g Speckscheiben	bedecken, auf dem Rost in den Backofen schieben
Strom:	175 – 200
Gas:	3 – 4
Dünstzeit:	40 – 45 Minuten.
Veränderung:	Anstelle von Kabeljau folgende Fische verwenden: 1. Schellfisch Dünstzeit: 40 – 45 Minuten 2. Seelachs Dünstzeit: 40 – 45 Minuten 3. Rotbarsch Dünstzeit: 40 – 45 Minuten 4. Blauleng Dünstzeit: 45 – 50 Minuten 5. Zander (geschuppt, ausgenommen, ohne Flossen, mit Kopf) Dünstzeit: 45 – 50 Minuten 6. Hecht (geschuppt, ausgenommen, ohne Flossen, mit Kopf) Dünstzeit: 45 – 50 Minuten 7. Aal (ausgenommen, enthäutet, ohne Kopf, in 5 cm große Stücke geschnitten) Dünstzeit: 25 – 30 Minuten
Beilage:	Kräuterkartoffeln, Grüner Salat.

Kabeljau, gekocht
(Im Kochtopf)

1¼ kg küchenfertigen Kabeljau (im Stück oder geteilt)	unter fließendem kaltem Wasser abspülen, trockentupfen, mit dem
Saft von 1 Zitrone	beträufeln, etwa 30 Minuten stehenlassen, mit
2 l Wasser **1 Päckchen (75 g) tiefgekühltem Suppengrün** **1 Lorbeerblatt** **10 Pfefferkörnern** **3 Gewürznelken** **5 Pimentkörnern (Nelkenpfeffer)** **1 mittelgroßen, abgezogenen Zwiebel** **2 schwach gehäuften Eßl. Salz** **6 Eßl. Essig**	zum Kochen bringen, 5 Minuten kochen lassen, den Fisch hineingeben, zum Kochen bringen, gar ziehen lassen den garen Fisch auf einer vorgewärmten Platte anrichten
Kochzeit:	25 – 30 Minuten.
Veränderung:	Anstelle von Kabeljau folgende Fische verwenden: 1. Schellfisch Kochzeit: 25 – 30 Minuten 2. Seelachs Kochzeit: 25 – 30 Minuten 3. Rotbarsch Kochzeit: 25 – 30 Minuten 4. Blauleng Kochzeit: 30 – 35 Minuten 5. Zander (geschuppt, ausgenommen, ohne Flossen, mit Kopf) Kochzeit: 25 – 40 Minuten 6. Hecht (geschuppt, ausgenommen, ohne Flossen, mit Kopf) Kochzeit: 35 – 40 Minuten.

7. Aal (ausgenommen, enthäutet, ohne Kopf, in 5 cm große Stücke geschnitten)
   Kochzeit: 20 – 25 Minuten.

Beilage: Zerlassene Butter, gedünstetes, gemischtes Gemüse, Petersilienkartoffeln.

Thunfisch in Tomatensoße

2 rote Paprikaschoten halbieren, entstielen, entkernen, die weißen Scheidewände entfernen, die Schoten waschen, in sehr feine Würfel schneiden

3 – 4 Fleischtomaten (etwa 750 g) kurze Zeit in kochendes Wasser legen, in kaltem Wasser abschrecken, enthäuten, vierteln, entkernen, das Tomatenfleisch in kleine Stücke schneiden

1 rote Pfefferschote (aus dem Glas) entstielen, entkernen, in sehr kleine Stücke schneiden

2 Bund glatte Petersilie waschen, trockentupfen, fein hacken

3 Knoblauchzehen
300 g Zwiebeln beide Zutaten abziehen, fein würfeln

4 Eßl. Speiseöl in einer feuerfesten Form erhitzen, Knoblauch- und Zwiebelwürfel darin andünsten
Paprika-, Tomaten-, Pfefferschotenstücke und Petersilie hinzufügen, unter ständigem Rühren etwa 10 Minuten gut durchdünsten lassen, mit

Salz
frisch geschrotetem schwarzem Pfeffer
1 Eß. Paprika edelsüß
2 Teel. Fleischbrühe Instant würzen

4 Scheiben Thunfisch (je etwa 200 g) unter fließendem kaltem Wasser abspülen, trockentupfen, in die Tomatensoße geben
die Form mit dem Deckel oder Alufolie verschließen, auf dem Rost in den Backofen schieben, etwa 30 Minuten garen lassen

250 g Champignons putzen, waschen, in feine Scheiben schneiden, über Fisch und Soße geben

2 Eßl. Speiseöl darüber träufeln, weitere 10 Minuten im Backofen garen lassen

Dünstzeit für das Gemüse: Etwa 15 Minuten
Einstellung für den Backofen
Strom: Etwa 225
Gas: Etwa 4
Garzeit: Etwa 40 Minuten.
Beilage: Butterkartoffeln, Reis oder Stangenweißbrot.

Seezungenfilets mit Senfsahnesoße

12 Seezungenfilets (etwa 600 g)	unter fließendem, kaltem Wasser abspülen, trockentupfen, aufrollen, mit Holzstäbchen feststecken
125 ml (⅛ l) Weißwein	mit
125 ml (⅛ l) Wasser	
6 Pfefferkörnern	
einigen Senfkörnern	
1 Scheibe Zitrone (etwa ½ cm dick)	
1 schwach gehäuften Teel. Salz	
Pfeffer	zum Kochen bringen, die Seezungenröllchen hineingeben, zum Kochen bringen, gar ziehen lassen, aus der Fischbrühe nehmen, auf eine vorgewärmte Platte geben, warm stellen *für die Senfsahnesoße*
35 g Speisestärke	mit 3 Eßl. von
375 ml (⅜ l) kalter Milch	anrühren, die übrige Milch zum Kochen bringen, von der Kochstelle nehmen, die Speisestärke unter Rühren hineingeben, kurz aufkochen lassen
125 ml (⅛ l) Sahne	hinzufügen, die Soße mit
Salz	
Zitronensaft	
Senf	abschmecken, etwas von der Soße über die Fischröllchen gießen, die restliche Soße getrennt dazureichen die Seezungenröllchen nach Belieben mit
Kaviar	bestreuen
Garzeit:	10 – 15 Minuten.
Beilage:	Curry-Kräuter-Reis, junge Erbsen, gedünstete Champignons.

Seezungenröllchen „Nizza“

12 Seezungenfilets (etwa 600 g)	unter fließendem kaltem Wasser abspülen, trockentupfen, aufrollen, mit Holzstäbchen feststecken
125 ml (⅛ l) Weißwein	mit
125 ml (⅛ l) Wasser	
6 Pfefferkörnern	
einigen Senfkörnern	
1 Scheibe Zitrone (etwa ½ cm dick)	
1 schwach gehäuften Teel. Salz	
Pfeffer	zum Kochen bringen, die Seezungenröllchen hineingeben, zum Kochen bringen, gar ziehen lassen, aus der Fischbrühe nehmen, kalt stellen *für die Kräutermayonnaise*
1 Eigelb	mit
1 Eßl. Zitronensaft	
1 Teel. Senf	
1 schwach gehäuften Teel. Zucker	
1 gestrichenen Teel. Salz	zu einer dicklichen Masse schlagen
125 ml (⅛ l) Salatöl	eßlöffelweise unterschlagen
4 Eßl. saure Sahne	
1 Eßl. feingeschnittenen Schnittlauch	
1 Eßl. gehackte Petersilie	unterrühren, mit Salz,
Pfeffer	abschmecken
12 Artischockenböden (aus der Dose)	abtropfen lassen, mit Salz bestreuen
2 – 3 große Tomaten	waschen, abtrocknen, in Scheiben schneiden die Kräutermayonnaise auf einer Platte anrichten auf jeden Artischockenboden eine To-

	matenscheibe legen, darauf ein Seezungenröllchen setzen, mit Holzstäbchen feststecken, in die Mayonnaise setzen
Garzeit:	Etwa 5 Minuten.
Beigabe:	Toast, Butter.

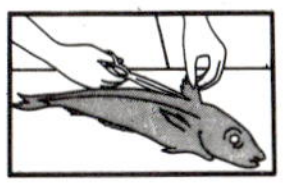

1 Flossen und Schwanz der Fische mit einer Haushaltsschere abschneiden. (Regeln S. 357, Punkt 1).

2 Um Fisch ausnehmen zu können, den Bauch aufschneiden. (Regeln S. 357, Punkt 1).

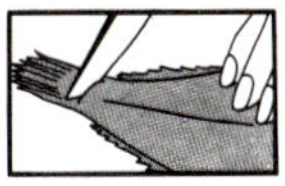

3 Bei Seezungen die Haut am Schwanz lockern...

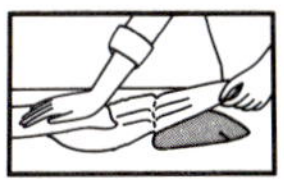

4 ...und zum Kopf hin abziehen. Dabei den Fisch am Schwanz mit einem Küchentuch festhalten. (Regeln S. 357, Punkt 1).

Überbackener Rotbarsch

	Von
500 g garem Rotbarsch	die Haut abziehen, die Gräten auslösen, ihn in eine mit
Butter oder Margarine	gefettete Auflaufform geben
	für die Béchamelsoße
1 kleine Zwiebel	abziehen
20 g roher Schinken	
	beide Zutaten in kleine Würfel schneiden
1 Eßl. Butter oder Margarine	zerlassen, Schinken hinzufügen
1 gehäuften Eßl. Weizenmehl	zusammen mit der Zwiebel unter Rühren so lange darin erhitzen, bis es hellgelb ist
125 ml (⅛ l) Milch	
125 ml (⅛ l) Instant-Fleischbrühe	hinzugießen, mit einem Schneebesen durchschlagen, darauf achten, daß keine Klumpen entstehen, die Soße zum Kochen bringen, etwa 5 Minuten kochen lassen, mit
Salz Pfeffer	abschmecken, über den Fisch geben, mit
30 g geriebenem Käse	bestreuen
Butter	in Flöckchen darauf setzen
	die Auflaufform auf dem Rost in den Backofen schieben
Strom:	225 – 250
Gas:	5 – 6
Backzeit:	30 – 40 Minuten.
Veränderung:	Anstelle von Béchamelsoße Tomaten- oder Käsesoße verwenden.

Kabeljaufilet mit pikantem Belag

800 g tiefgekühlte Kabeljaufilets	mit
2 Eßl. Zitronensaft	beträufeln, etwa 30 Minuten stehenlassen, trockentupfen, in eine mit
Butter oder Margarine	gefettete Auflaufform legen
	für den Belag
50 g Butter oder Margarine	geschmeidig rühren
50 g Semmelmehl	
1 gestrichenen Teel. Speisestärke	mischen
2 Messerspitzen Backpulver Backin	hinzufügen
1 mittelgroße Zwiebel	abziehen, fein würfeln
1 Eßl. gehackte Petersilie	
1 Eßl. feingeschnittener Schnittlauch	
1 gestrichener Teel. Paprika edelsüß	
125 ml (⅛ l) Weißwein	
	die Zutaten unterrühren
	den Belag mit
Salz Pfeffer geriebener Muskatnuß	abschmecken, auf den Fisch streichen die Auflaufform auf dem Rost in den vorgeheizten Backofen schieben
Strom:	200 – 225
Gas:	6 – 7
Bratzeit:	30 – 35 Minuten.

Gefüllter Zander

1 küchenfertigen Zander (etwa 1 kg)	unter fließendem kaltem Wasser abspülen, trockentupfen, mit
Zitronensaft	beträufeln, etwa 15 Minuten stehenlassen
	für die Füllung
½ Brötchen (Semmel)	in kaltem Wasser einweichen, gut ausdrücken
1 Zwiebel	abziehen, fein würfeln
250 g Rinderhack	mit dem Brötchen, den Zwiebelwürfeln,
1 Ei	
1 Teel. Senf	
Salz	
Pfeffer	
½ Päckchen tiefgekühlten, gemischten Kräutern	vermengen den Zander innen und außen mit Salz, Pfeffer bestreuen die Füllung in die Bauchhöhle geben, leicht festdrücken den Zander in eine feuerfeste Form setzen
3 Scheiben durchwachsenen Speck	halbieren, auf den Zander legen die Form ohne Deckel auf dem Rost in den Backofen schieben
230 g Champignons (aus der Dose)	abtropfen lassen (Flüssigkeit auffangen), halbieren, etwa 20 Minuten vor Beendigung der Garzeit zu dem Fisch geben von der Champignonflüssigkeit 125 ml (⅛ l) abmessen, mit
125 ml (⅛ l) Sahne	
½ Päckchen tiefgekühlten, gemischten Kräutern	
2 Teel. Speisestärke	verrühren, mit Salz, Pfeffer würzen, die Flüssigkeit damit binden
Strom:	200 – 225
Gas:	3 – 4
Bratzeit:	Etwa 1 Stunde.

Neapolitanisches Fischfilet

(Im Tontopf)

2 Packungen (je 400 g) tiefgekühltes Rotbarschfilet	bei Zimmertemperatur auftauen lassen, mit
1 – 2 Eßl. Zitronensaft	beträufeln, etwa 15 Minuten stehenlassen
250 g Tomaten	kurze Zeit in kochendes Wasser legen, in kaltem Wasser abschrecken, enthäuten, in Stücke schneiden
250 g gedünstete Champignonstücke	
1 Zwiebel	abziehen, würfeln, mit den Tomaten- und Champignonstücken vermengen, mit
Salz	
Pfeffer	würzen, in den gewässerten Tontopf geben den Fisch trockentupfen, mit Salz, Pfeffer bestreuen, auf das Gemüse legen
75 g geriebenen Schweizer Emmentaler	mit
1 Eßl. gehackter Petersilie	
1 Eßl. feingeschnittenem Schnittlauch	
½ Teel. getrockneten Dillspitzen	vermengen, auf dem Fisch verteilen, den Tontopf mit dem Deckel verschließen, auf dem Rost in den Backofen stellen nach Belieben
1 Teel. Speisestärke, z. B. Gustin	mit
1 Eßl. kaltem Wasser	anrühren, den Bratensatz damit binden
Strom:	200 – 225
Gas:	4 – 5
Garzeit:	Etwa 45 Minuten.

Lachs mit „sauce hollandaise“

4 Scheiben Lachs (Salm, je 200 – 250 g)	unter fließendem kaltem Wasser abspülen, trockentupfen, mit
Zitronensaft	beträufeln, etwa 15 Minuten stehenlassen, mit
Salz, Pfeffer	würzen
4 Stück Alufolie	mit
Butter	bestreichen, je 1 Fischscheibe darin einwickeln, die Folie locker, aber dicht verschließen, auf ein Backblech legen, in den vorgeheizten Backofen schieben die Folienpäckchen aus dem Backofen nehmen, öffnen, den Lachs aus der Folie nehmen, auf eine vorgewärmte Platte geben, warm stellen *für die „sauce hollandaise“*
2 Eigelb	mit
1 Teel. Wein-Essig-Essenz (25%)	
2 Eßl. Wasser	und Salz, Pfeffer im Wasserbad oder auf der Automatikplatte schaumig schlagen, nach und nach
100 g zerlassene, abgekühlte Butter	unterschlagen
1 gehäuften Teel. gehackte Petersilie	dazugeben, mit Salz, Pfeffer,
Zitronensaft	
Worcestersoße	abschmecken die Lachsscheiben mit
Dill	garnieren, die Soße dazureichen
Einstellung für den Backofen	
Strom:	225 – 250
Gas:	6 – 7
Dünstzeit:	25 – 30 Minuten
Zubereitungszeit für die Soße:	5 – 10 Minuten.
Beilage:	Krabbenreis (250 g US-Langkornreis, 150 g frische oder tiefgekühlte Krabben), Grüner Salat.

Südlicher Fischauflauf

750 g Fischfilet	waschen, trockentupfen, mit
2 Eßl. Zitronensaft	beträufeln, etwa 30 Minuten stehenlassen, trockentupfen, in Stücke schneiden
250 g Champignons	putzen, waschen, große Pilze evtl. halbieren
1 – 2 Eßl. Margarine, z. B. Sanella	zerlassen, die Pilze darin andünsten
3 große Zwiebeln	abziehen, halbieren
375 g Zucchini	waschen die beiden Zutaten in Scheiben schneiden, zu den Champignons geben, etwa 20 Minuten dünsten lassen, mit
Salz, Pfeffer	
gerebelten Kräutern der Provence	würzen, das Gemüse in eine flache, mit
Butter	
oder Margarine	gefettete Auflaufform geben die Fischstücke mit Salz, Pfeffer würzen, in
Weizenmehl	wenden
1 – 2 Eßl. Margarine, z. B. Sanella	erhitzen, die Fischstücke darin unter Wenden etwa 10 Minuten braten lassen, auf das Gemüse geben
250 g kleine Tomaten	kurze Zeit in kochendes Wasser legen, in kaltem Wasser abschrecken, enthäuten, auf den Fisch geben
150 g Käse, z. B. Gouda	in Scheiben schneiden, die Scheiben halbieren, die Hälften doppelt auf den Fisch-Gemüse-Topf legen, in den vorgeheizten Backofen schieben
Dünstzeit für das Gemüse:	Etwa 20 Minuten
Einstellung für den Backofen	
Strom:	Etwa 250
Gas:	3 – 6
Überbackzeit:	6 – 8 Minuten.
Beigabe:	Stangenweißbrot.

Speck-Äschen mit Gemüse

2 Äschen (etwa 1 kg)	schuppen, ausnehmen, Flossen und Schwanz entfernen die Äschen unter fließendem kaltem Wasser abspülen, trockentupfen nach Belieben mit
Zitronensaft	beträufeln, etwa 15 Minuten stehensen, trockentupfen, mit
Salz	würzen
125 g durchwachsenen Speck	in Streifen schneiden, die Fische damit spicken, mit dem restlichen Speck eine feuerfeste, gefettete Form auslegen
6 enthäutete Tomaten	in Scheiben schneiden
2 Auberginen (etwa 250 g)	waschen, in Scheiben schneiden
1 Stange Porree (Lauch)	gründlich waschen, in Ringe schneiden, evtl. nochmals waschen
2 Zwiebeln	abziehen, in Scheiben schneiden die 4 Zutaten gleichmäßig auf dem Speck verteilen, den Fisch darauf legen
50 g Butter oder Margarine	in Flöckchen darauf setzen die Form auf dem Rost in den vorgeheizten Backofen stellen die garen Äschen mit dem Gemüse auf einer vorgewärmten Platte anrichten *für die Soße*
1 Eßl. Weizenmehl	mit
250 ml (¼ l) saurer Sahne	anrühren, den Bratensatz damit binden die Soße mit Salz,
Paprika edelsüß	abschmecken
Einstellung für den Backofen	
Strom:	200 – 225
Gas:	4 – 5
Dünstzeit:	35 – 40 Minuten
Kochzeit für die Soße:	Etwa 5 Minuten.
Beilage:	Dampfkartoffeln, Salat.

Gefüllter Fisch

750 g Seelachsfilet	unter fließendem kaltem Wasser abspülen, trockentupfen, mit
2 Eßl. Zitronensaft	beträufeln, etwa 30 Minuten stehenlassen *für die Füllung*
1 Packung (450 g) tiefgekühlten Rahmspinat	nach der Vorschrift auf der Packung zubereiten den Fisch trockentupfen, mit
Salz	
Pfeffer	bestreuen, die Hälfte des Filets in eine mit
Butter oder Margarine	gefettete Auflaufform geben, die Füllung darauf verteilen, mit dem übrigen Fischfilet bedecken *für den Belag*
2 Becher (je 150 g) Crème fraîche	mit
1 Eßl. geriebenem Parmesan-Käse	verrühren, den Fisch damit bestreichen die Auflaufform auf dem Rost in den vorgeheizten Backofen schieben
Strom:	200 – 225
Gas:	6 – 7
Bratzeit:	35 – 40 Minuten.
Veränderung:	Anstelle von Seelachsfilet Rotbarsch- oder Kabeljaufilet verwenden.

Fischstäbchen mit pikanter Soße

	Für die Soße
3 Eßl. Mayonnaise (aus dem Glas)	mit
2 Eßl. Tomaten-Ketchup	
4 Eßl. Sahne	
1 Teel. Johannisbeergelee	verrühren
1 hartgekochtes Ei	pellen, fein hacken
1 Zwiebel	abziehen
1 Gewürzgurke	beide Zutaten würfeln
1 Teel. Kapern	fein hacken die Zutaten mit
1 Eßl. feingehackter Petersilie	unter die Soße rühren, mit
Zitronensaft	
frisch gemahlenem Pfeffer	abschmecken
30 g Butter oder Margarine	zerlassen, den Inhalt von
2 Päckchen (20 Stück) tiefgekühlten Fischstäbchen	hineingeben, von beiden Seiten knusprig braun braten lassen

Bratzeit: 8 – 10 Minuten.
Veränderung: Für ein Fischstäbchen-Fondue die tiefgekühlten Fischstäbchen einmal durchschneiden. Fett in einem Fondue-Topf erhitzen, die Fischstäbchen 5 – 8 Minuten darin backen, mit kalten Soßen, Weißbrot, Cornichons, Senffrüchten, Silberzwiebeln, Oliven usw. verzehren.

Seelachsfrikadellen

1 Brötchen (Semmel) in kaltem Wasser einweichen
500 g Seelachsfilet unter fließendem kaltem Wasser abspülen, trockentupfen, mit
2 Eßl. Zitronensaft beträufeln, etwa 30 Minuten stehenlassen, die Zutaten durch den Fleischwolf drehen
1 mittelgroße Zwiebel abziehen, fein würfeln
1 Eßl. Speiseöl erhitzen, die Zwiebelwürfel darin andünsten
Fisch, Brötchen, Zwiebel mit
1 Ei
1 Eßl. gehackter Petersilie vermengen, mit
Salz
Pfeffer
Zitronensaft
1 schwach gehäuften Eßl. Senf abschmecken
aus der Masse mit nassen Händen flache Klopse formen, in
Semmelmehl wenden
60 g Margarine, z. B. Sanella erhitzen, die Frikadellen von beiden Seiten darin braun braten
Bratzeit: Etwa 10 Minuten.
Beilage: Kartoffelsalat oder Bratkartoffeln und Remouladensoße.

Gebratene Grüne Heringe

1¼ kg küchenfertige Grüne Heringe unter fließendem kaltem Wasser abspülen, trockentupfen
2 Eßl. Weizenmehl mit
Salz
Pfeffer mischen, die Heringe darin wenden
5 Eßl. Speiseöl erhitzen, die Heringe von beiden Seiten darin braten
Bratzeit: 6 – 8 Minuten.
Beilage: Bratkartoffeln oder Kartoffelsalat oder Pellkartoffeln.

Gebratene Schollen

4 küchenfertige Schollen (je 300 g)	unter fließendem kaltem Wasser abspülen, trockentupfen, mit
2 Eßl. Zitronensaft	beträufeln, etwa 30 Minuten stehenlassen, trockentupfen, innen und außen mit
Salz	
Pfeffer	bestreuen die Schollen in
Weizenmehl	wenden
80 g Margarine	erhitzen, die Schollen von beiden Seiten darin goldbraun braten
Bratzeit:	6 – 8 Minuten.
Veränderung:	Anstelle von Schollen folgende Fische verwenden: 1. Forellen, je 300 g Bratzeit: 8 – 10 Minuten 2. Seezungen, je 250 g Bratzeit: 5 – 7 Minuten 3. Heilbutt in Scheiben, je 250 g Bratzeit: 8 – 10 Minuten.
Beigabe:	Kartoffelsalat oder Kräuterreis, Kopfsalat.

Speckschollen

4 küchenfertige Schollen (je 300 g)	unter fließendem kaltem Wasser abspülen, trockentupfen, mit
Zitronensaft	beträufeln, etwa 30 Minuten stehenlassen, trockentupfen, mit
Salz	
Pfeffer	bestreuen, in
Weizenmehl	wenden
2 Eßl. Speiseöl	in einer großen Pfanne erhitzen
etwa 200 g magere, durchwachsene Speckscheiben	darin anbraten, die Fische dazugeben, von beiden Seiten darin braun braten die Schollen auf einer vorgewärmten Platte anrichten, mit dem krossen Speck belegen, mit
Zitronenachteln	
Petersilie	garnieren
Bratzeit:	15 – 20 Minuten.
Beilage:	Salzkartoffeln, Feldsalat.

Seezungenfilets, gebraten

8 Seezungenfilets (etwa 600 g)	unter fließendem kaltem Wasser abspülen, trockentupfen, mit
Zitronensaft	beträufeln, etwa 30 Minuten stehenlassen, trockentupfen, mit
Salz	
Pfeffer	bestreuen, mit
zerlassener Butter	bestreichen, in
fein zerriebenem Zwieback	wenden
2 Eßl. Butter	erhitzen, die Filets von beiden Seiten darin braun braten, mit
abgezogenen, gerösteten Mandeln	anrichten, sofort servieren
Bratzeit:	5 – 10 Minuten.
Beilage:	Kräuterkartoffeln, Grüner Salat.

Gebratenes Rotbarschfilet

750 g Rotbarschfilet	unter fließendem kaltem Wasser abspülen, trockentupfen, in Portionsstücke schneiden, mit
2 Eßl. Zitronensaft	beträufeln, etwa 30 Minuten stehenlassen, trockentupfen, mit
Salz	
Pfeffer	bestreuen
1 Ei	mit
2 Eßl. kaltem Wasser	verschlagen das Filet zunächst in
Weizenmehl	dann in dem verschlagenen Ei, zuletzt in
75 g Semmelmehl	wenden
80 g Margarine	erhitzen, die Filetstücke von beiden Seiten darin goldbraun braten
Bratzeit:	10 – 12 Minuten.
Veränderung:	Anstelle von Rotbarschfilet Seelachs-, Blauleng-, Kabeljaufilet Bratzeit: 10 – 12 Minuten oder Seezungenfilet Bratzeit: Etwa 15 Minuten nehmen.

Hechtfilet, gebraten

4 Hechtfilets (je 150 g)	unter fließendem kaltem Wasser abspülen, trockentupfen, nach Belieben mit
verdünnter Essig-Essenz (25%)*	beträufeln, etwa 30 Minuten stehenlassen, trockentupfen, mit
Salz	bestreuen
50 g fetten Speck	in Würfel schneiden, in
1 Eßl. Speiseöl	auslassen, die Filets von beiden Seiten darin braten, auf einer vorgewärmten Platte anrichten, mit
Petersilie	garnieren
Bratzeit:	Etwa 10 Minuten.
Beilage:	Petersilienkartoffeln.

*Auf 1 Teel. Essig-Essenz 4 Teel. Wasser

Emder Matjes mit Grünen Bohnen und Pellkartoffeln

8 Matjesfilets	evtl. 1 – 2 Stunden wässern, gut abtropfen lassen *für die Pellkartoffeln*
750 g Kartoffeln (möglichst kleine)	waschen, in
2 l Salzwasser	geben
Kümmel	dazugeben, zum Kochen bringen, gar kochen lassen, die Kartoffeln abgießen, noch heiß pellen, in einer vorgewärmten Schüssel anrichten, mit
feingehackter Petersilie	bestreuen, warm stellen *für die Bohnen*
1 Eßl. Butter oder Margarine	zerlassen
125 ml (⅛ l) heiße Fleischbrühe (aus Brühwürfeln)	hinzugießen, mit
Salz	
Pfeffer	würzen
Bohnenkraut	
750 g Grüne Bohnen (vorbereitet gewogen)	waschen, dazugeben, gar dünsten lassen, nach Belieben mit Salz, Pfeffer abschmecken, in einer vorgewärmten Schüssel anrichten
150 g durchwachsenen Speck	in Würfel schneiden, auslassen, über die Bohnen geben, warm stellen die Matjesfilets mit
125 g Zwiebelringen	auf einer Platte anrichten, Pellkartoffeln und Bohnen dazureichen
Kochzeit für die Kartoffeln:	25 – 30 Minuten
Dünstzeit für die Bohnen:	Etwa 15 Minuten.

Matjesfilets „Hausfrauen Art“

6 Matjesfilets	1 – 2 Stunden wässern, gut abropfen lassen, in etwa 2 cm große Stücke schneiden
	für die Sahnesoße
200 g Zwiebeln	abziehen
2 Gewürzgurken	beide Zutaten in Scheiben schneiden
375 ml (⅜ l) Sahne	mit
4 – 5 Eßl. Essig	
1 Eßl. Senfkörnern	
8 Pfefferkörnern	verrühren, Zwiebel- und Gurkenscheiben hinzufügen die Matjesfilets in die Soße legen etwa 24 Stunden darin ziehen lassen.
Veränderung:	Etwa 2 Äpfel schälen, vierteln, entkernen, in Stücke schneiden, in die Soße geben.
Beilage:	Pellkartoffeln.

Eingelegte Bratheringe

1 kg Grüne Heringe	ausnehmen (Köpfe abschneiden), unter fließendem kaltem Wasser abspülen, schuppen, trockentupfen
2 Eßl. Weizenmehl	mit
Salz	mischen, die Heringe darin wenden
6 Eßl. Speiseöl	erhitzen, die Heringe von beiden Seiten darin goldbraun braten
2 mittelgroße Zwiebeln	abziehen, in Scheiben schneiden, mit
1 Eßl. Senfkörnern	
8 Pfefferkörnern	und den Heringen in einen Topf legen
250 ml (¼ l) Essig	
125 ml (⅛ l) Wasser	mischen, darüber gießen die Heringe können nach 4 – 6 Tagen gegessen werden
Bratzeit:	6 – 8 Minuten.
Veränderung:	1 Teel. Zucker mit dem Essig verrühren.

Salzheringe in Sahnesoße „Harzer Art“

4 Salzheringe	etwa 24 Stunden wässern, das Wasser ab und zu erneuern die Heringe ausnehmen, unter fließendem kaltem Wasser abspülen, nach Belieben enthäuten, entgräten
	für die Sahnesoße
4 – 5 Zwiebeln	abziehen
2 mittelgroße Gewürzgurken	beide Zutaten in Scheiben schneiden
375 ml (⅜ l) Sahne	mit
1 – 2 Eßl. Essig-Essenz (25%)	
einigen Senfkörnern	
einigen Pfefferkörnern	verrühren, Gurken- und Zwiebelscheiben hinzufügen die Heringe in die Sahnesoße legen, etwa 24 Stunden darin ziehen lassen
750 g Kartoffeln	waschen, in
2 l Salzwasser	geben, zum Kochen bringen, gar kochen lassen, die Kartoffeln abgießen, noch heiß pellen, in einer vorgewärmten Schüssel anrichten, warm stellen
3 mittelgroße Zwiebeln	abziehen, in Scheiben schneiden
75 g fetten Speck	in kleine Würfel schneiden, auslassen, die Zwiebelscheiben mit dem Speck bräunen lassen die Sahneheringe mit
Tomatenachteln	
Petersilie	garnieren Pellkartoffeln und Speck-Zwiebeln dazureichen
Kochzeit:	25 – 30 Minuten.

Heringe in saurer Sahne

6 eingelegte Heringe	in kleine appetitliche Streifen schneiden
1 kleine Zwiebel	abziehen, reiben, mit
250 g saurer Sahne	
Salz	
Pfeffer	verschlagen, mit
Zitronensaft oder Essig	pikant abschmecken, über die Heringsstückchen verteilen, einige Stunden darin ziehen lassen.
Veränderung:	Einige feingeschnittene oder geraspelte Äpfel dazugeben.

Rollmöpse

6 Salzherige	ausnehmen (Köpfe abschneiden), 12 – 24 Stunden wässern, entgräten, waschen, abtrocknen, die Hälften mit
1 schwach gehäuften Eßl. Senf	bestreichen
2 kleine Gewürzgurken	in kleine Stücke schneiden
2 Zwiebeln	abziehen, fein würfeln, mit
1 Eßl. Kapern	auf die Heringshälften geben, vorsichtig aufrollen, mit Holzstäbchen feststecken, die Rollmöpse mit
8 Pfefferkörnern	
2 kleinen Lorbeerblättern	in einen Steintopf legen
gut 125 ml (gut ⅛ l) Wasser	
gut 125 ml (gut ⅛ l) Essig	mischen, darüber geben die Rollmöpse können nach 4 – 6 Tagen gegessen werden.

Eingelegte Heringe

6 Salzheringe	ausnehmen, 12 – 24 Stunden wässern, danach mehrere Male unter fließendem kaltem Wasser gründlich abspülen, damit sich die Schuppen lösen Kiemen und Kiemendeckel entfernen, die Köpfe abschneiden, die innere schwarze Haut abziehen, die Heringe noch einmal waschen, danach an der Rückenseite der Länge nach aufschneiden, entgräten, enthäuten
3 mittelgroße Zwiebeln	abziehen, in Scheiben schneiden, mit
2 kleinen Lorbeerblättern	
8 Pfefferkörnern	und den Heringen in einen Steintopf legen die
Heringsmilch	durch ein Haarsieb streichen, mit
250 ml (¼ l) Essig	
125 ml (⅛ l) Wasser	zu einer Soße verrühren, über die Heringe verteilen die Heringe können nach 2 – 3 Tagen gegessen werden.
Veränderung:	Einige Eßl. saure Sahne mit der Soße verrühren.

Rollmöpse in Gelee

1 Päckchen Gelatine gemahlen, weiß	mit
250 ml (¼ l) kaltem Wasser	anrühren, 10 Minuten zum Quellen stehenlassen
6 Eßl. Essig (mit Wasser auf 250 ml = ¼ l ergänzt)	mit
4 Pfefferkörnern **2 Pimentkörnern (Nelkenpfeffer)** **1 Gewürznelke** **1 kleinen Lorbeerblatt**	zum Kochen bringen, einmal aufkochen lassen, die Gelatine hinzufügen, rühren, bis sie gelöst ist die Brühe durch ein Sieb gießen, kalt stellen etwas von der Brühe in 4 mit kaltem Wasser ausgespülte Tassen geben, so daß der Boden bedeckt ist, im Kühlschrank erstarren lassen
6 Rollmöpse	in Scheiben schneiden (kleine Rollmöpse halbieren) auf die erstarrte Brühe legen, den Rest der schon etwas dicklichen Brühe darüber gießen, im Kühlschrank erstarren lassen vor dem Servieren die Tassen kurz in heißes Wasser halten, das Gelee mit einem Messer vorsichtig vom Rand der Tassen lösen, auf eine Platte stürzen.

Hering in Gelee

500 ml (½ l) Wasser	mit
1 Teel. Salz **3 Pimentkörnern** **1 Lorbeerblatt** **1 Päckchen (75 g) tiefgekühltem Suppengrün** **1 mittelgroßen, abgezogenen Zwiebel**	zum Kochen bringen, etwa 15 Minuten kochen lassen
500 g Grüne Heringe	ausnehmen (Köpfe abschneiden), unter fließendem kaltem Wasser abspülen in die Brühe geben, zum Kochen bringen, in 10 – 15 Minuten gar ziehen lassen, die Heringe aus der Brühe nehmen, enthäuten, entgräten, kalt stellen die Brühe durch ein Sieb gießen, 375 ml (⅜ l) davon abmessen (evtl. mit Wasser ergänzen)
125 ml (⅛ l) Essig	hinzugießen, mit Salz abschmecken sollte die Brühe stark trübe sein, sie folgendermaßen klären: die erkaltete Brühe entfetten
1 Eierschale	zerdrücken, mit
1 Eiweiß **3 Eßl. kaltem Wasser**	verschlagen, zur Brühe geben, unter ständigem Schlagen bis kurz vor dem Kochen erhitzen, dabei gerinnt das Eiweiß und bindet die in der Brühe enthaltenen trüben Bestandteile die Brühe kalt stellen, so lange ruhig stehenlassen, bis sie klar ist, abschäumen, durch ein sauberes Tuch gießen
1 Päckchen Gelatine gemahlen, weiß	mit
5 Eßl. kaltem Wasser	anrühren, 10 Minuten zum Quellen stehenlassen, die Gelatine in die kochende Brühe geben, rühren, bis sie gelöst ist eine Form mit
Speiseöl	ausstreichen, etwas von der Brühe hineingeben, im Kühlschrank erstarren lassen
1 mittelgroße Tomate	waschen, den Stengelansatz herausschneiden
1 hartgekochtes Ei	pellen
1 Gewürzgurke	
	die Zutaten in Scheiben schneiden, die erstarrte Schicht damit garnieren, einige Eßl. Brühe darüber gießen, wieder im Kühlschrank erstarren lassen die erkalteten Heringe in Würfel schneiden, auf die erstarrte Brühe geben, den Rest der schon etwas dicklichen Brühe darüber gießen, im Kühlschrank erstarren lassen vor dem Servieren die Form kurz in heißes Wasser halten, die Sülze mit einem Messer vorsichtig vom Rand der Form lösen, auf eine Platte stürzen.

Krabben mit Mayonnaise

Für die Mayonnaise

1 Eigelb mit
1 Eßl. Zitronensaft oder Essig
1 Eßl. Tomaten-Ketchup
Salz
1 Teel. Zucker in einer Rührschüssel mit einem Schneebesen zu einer dicklichen Masse schlagen, darunter
125 ml (1/8 l) Salatöl schlagen (bei dieser Zubereitung ist es nicht notwendig, das Öl tropfenweise zuzusetzen, es wird in Mengen von 1 – 2 Eßl. untergeschlagen, die an das Eigelb gegebenen Gewürze verhindern eine Gerinnung)
375 g Krabbenfleisch (frisch oder tiefgekühlt) auf 4 Schälchen verteilen (tiefgekühlte Krabben auftauen lassen)
die Mayonnaise darüber geben
die Krabben nach Belieben mit
Zitronenscheiben
kandierten roten Kirschen
Kräutern garnieren.
Beigabe: Toast.

Krabbenomeletts

(Für 2 Personen)

Für die Füllung

1 Zwiebel abziehen, würfeln
etwa 100 g Champignons (aus der Dose) abtropfen lassen, kleinschneiden
30 g Butter oder Margarine zerlassen, die Zwiebel darin andünsten
100 g Krabbenfleisch (frisch oder aus der Dose) hinzufügen, unter Wenden darin erhitzen, die Champignons hinzugeben, mit
Salz würzen, etwa 5 Minuten dünsten lassen

für die Omeletts

4 Eigelb mit etwas von
8 Eßl. Milch mit einem Schneebesen verrühren
40 g Weizenmehl sieben, mit
Salz unterrühren, die restliche Milch hinzfügen
4 Eiweiß steif schlagen, unterheben
die Hälfte von
40 g Margarine in einer Stielpfanne zerlassen, die Hälfte des Teiges hineingeben (Pfanne mit einem Deckel schließen), langsam gerinnen lassen
die untere Seite der Omeletts muß bräunlich gebacken sein, die obere weich bleiben
jedes Omelett zur Hälfte mit Füllung belegen, die andere Hälfte darüber klappen, auf einer vorgewärmten Platte anrichten

Zubereitungszeit für die Füllung: 15 – 20 Minuten
Backzeit für jedes Omelett: Etwa 6 Minuten.

Krabben-Birne „Sir William"

1 Päckchen (100 g) tiefgekühlte Friesenkrabben auftauen lassen
2 Williams-Christ-Birnen waschen, abtrocknen, längs halbieren, entkernen, mit den Schnittflächen in
Zitronensaft tauchen, auf 4 Glasteller legen, nach Belieben mit
etwas Birnengeist beträufeln, die Krabben darauf verteilen
1 Tomate waschen, vierteln, entkernen, in Streifen schneiden, die Birnenhälften damit garnieren.

Hummer

Der Hummer ist ein Seekrebs, lebend sieht er graubraun bis grünschwarz und gekocht rot aus
lebender Hummer ist sehr empfindlich und muß vor Kälte und Hitze geschützt werden
beim Einkauf sind die Scheren zusammengebunden, damit sich die Tiere nicht gegenseitig verletzen
der Schwanz des lebenden Hummers muß eingezogen und elastisch sein
auf dem Transport gestorbene Tiere nicht mehr verarbeiten

1 Hummer (etwa 2 kg)	am Rücken festhalten, gründlich in kaltem Wasser bürsten
1 – 2 Bund Suppengrün	putzen, waschen, kleinschneiden
2 mittelgroße Zwiebeln	abziehen, vierteln
4 – 5 l Wasser	mit dem Suppengrün, den Zwiebelvierteln,
3 schwach gehäuften Eßl. Salz	zum Kochen bringen damit der Hummer möglichst schnell getötet wird, ihn mit dem Kopf zuerst in das kochende Wasser werfen, zum Kochen bringen, gar kochen lassen den Hummer im Kochwasser abkühlen lassen, herausnehmen, aufschneiden, das Fleisch herauslösen (s. Abbildungen), auf einer Platte anrichten, lauwarm oder kalt reichen
Kochzeit:	Etwa 20 Minuten.
Beigabe:	Toast, Mayonnaise, Butter, Zitronenachtel.

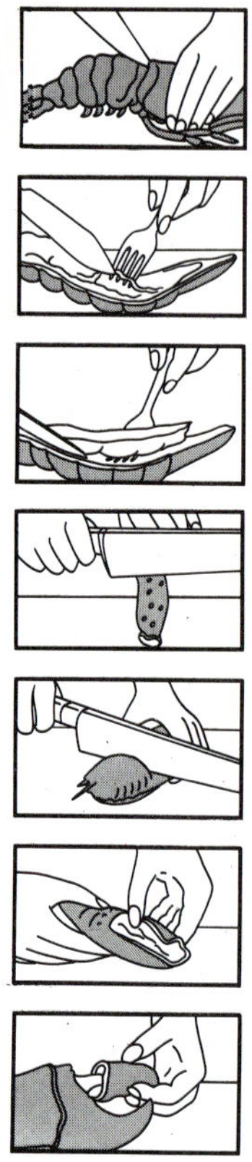

1 Dem Hummer mit einer drehenden Bewegung die Scheren abreißen, dann mit einem starken Messer den Schwanz durchschneiden, diesen festhalten und den Körper zum Kopf hin mit dem Messer teilen...

2 ... aus beiden Körperteilen vorsichtig den Darm herausnehmen ...

3 ... das mit einem Fischbesteck gelöste Fleisch herausnehmen ...

4 ... eine Seite der Schere abschlagen ...

5 ... um das Scherenfleisch nicht zu verletzen, die Schale der Schere mit einem Querschnitt einkerben ...

6 ... die Schalenhälften abbrechen ...

7 ... die Schale des kleinen Greifers vorsichtig abdrehen und das Scherenfleisch herausholen.

Krebse

Beim Einkauf der Krebse darauf achten, daß die Tiere noch leben
der gute Tafelkrebs muß beim Kochen gleichmäßig rot werden, minderwertige Sorten färben sich ungleichmäßig, meist nur undeutlich an der Oberfläche
der Schwanz des frischen Krebses rollt sich beim Kochen nach innen ein, ein gestreckter Schwanz deutet auf ein gestorbenes Tier hin
lebende Krebse an einem kühlen, trockenen Ort aufbewahren

24 Krebse	gründlich in kaltem Wasser bürsten
5 l Wasser	mit
Salz	
Pfeffer	
½ Teel. Kümmel	zum Kochen bringen damit die Krebse möglichst schnell getötet werden, sie mit dem Kopf zuerst einen nach dem anderen in das stark kochende Wasser werfen, wieder zum Kochen bringen, die Krebse noch etwa 5 Minuten ziehen lassen die Krebse mit
Kochbrühe, Butter gehackter Petersilie	in eine Terrine geben
Kochzeit:	Etwa 5 Minuten.
Beigabe:	Toast, Butter oder Mayonnaise.

Languste

Die Languste ist ein Seekrebs und wird auch Stachelhummer genannt, da sie am ganzen Rücken mit langen Dornen versehen ist
sie hat keine Scheren, aber einen größeren Schwanz als der Hummer und zwei lange, starke Fühler, die nach Möglichkeit nicht abgebrochen werden dürfen
die Languste ist von rötlich-violetter Farbe, wird bis zu ½ m lang und bis 6 kg schwer
Languste zubereiten wie Hummer.

Gedünstete Muscheln

1½ kg Muscheln (36 – 48 Stück) in reichlich kaltes Wasser geben, einige Stunden darin liegen lassen, das Wasser ab und zu erneuern, die Muscheln anschließend gründlich bürsten, Bartbüschel entfernen, so lange abspülen, bis das Wasser vollkommen klar bleibt
Muscheln, die sich beim Wässern und anschließendem Bürsten öffnen, sind ungenießbar, nur Muscheln, die geschlossen bleiben, sind verwendbar

1 Zwiebel abziehen, würfeln

40 g Butter oder Margarine zerlassen, die Zwiebelwürfel darin andünsten, die Muscheln hinzugeben

Salz
Pfeffer
gehackte Petersilie hinzufügen, etwa 1 cm hoch
Weißwein darüber gießen
die Muscheln unter häufigem Umrühren so lange erhitzen, bis sie sich öffnen (nach etwa 5 Minuten – Muscheln, die sich nach dem Garen nicht öffnen, sind ungenießbar)
die Muscheln in einer vorgewärmten Schüssel anrichten
die Brühe mit Salz, Pfeffer abschmekken, zu den Muscheln reichen

Zubereitungszeit: Etwa 10 Minuten.
Veränderung: Kleingeschnittenes Suppengrün mitdünsten lassen.
Beigabe: Weißbrot.

1 Die Muscheln gründlich bürsten und dabei die Bartbüschel entfernen.

2 Das Muschelfleisch läßt sich am besten mit einer bereits leeren Muschelschale herausholen und zum Mund führen.

Austern

Austern müssen beim Einkauf geschlossen sein, offene Austern sind zu entfernen, da sie meist tot und gesundheitsschädlich sind
Austern kühl lagern und möglichst frisch verzehren

5 – 6 Austern pro Person

Austern gründlich waschen, mit dem sogenannten Austernbrecher öffnen, die Austern dazu in die linke Hand nehmen (stark gewölbte Schale nach unten), den Austernbrecher zwischen die Schalen stecken, leicht auf und ab bewegen
die geöffnete, noch nicht gelöste Auster in leicht
gesalzenem Wasser abspülen, damit die beim Öffnen unvermeidlichen Austernsplitter entfernt werden
die Austern anschließend auf eine mit kleinen
Eisstücken belegte Platte oder in eine flache, mit Eis belegte Porzellanschüssel setzen, mit
Zitronenscheiben garnieren
beim Genuß den Bart der Austern entfernen, die Austern aus der Schale lösen, mit
Zitronensaft beträufeln, im ganzen schlürfen.
Beigabe: Weißbrot oder kleine mit Butter bestrichene Schwarzbrotscheiben.

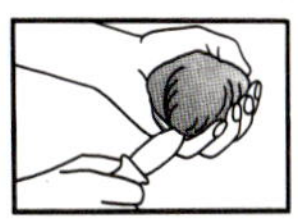

1 Die Auster mit der stark gewölbten Schale nach unten in die linke Hand nehmen, den Austernbrecher zwischen die Schalen stecken, leicht auf und ab bewegen, bis sich die obere Schale löst...

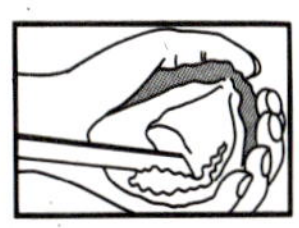

2 ...den Austernbart entfernen.

Kaviar

Kaviar ist der gesalzene Rogen (Fischeier) von Störarten, vor allem vom Sterlet und Hausen
die Oberfläche des Kaviars muß trocken sein, Geruch und Geschmack müssen mild, fischartig (austernartig) sein
seine Farbe ist grau, er wird im genußfertigen Zustand gekauft
da Kaviar leicht verdirbt, ihn kühl aufbewahren, am besten auf Eis legen

Kaviar (1 Eßl. Kaviar pro Person) in einem Schälchen oder in der Kaviardose auf
Wassereis geben, mit
Zitronenscheiben garnieren, mit Toast, Butter servieren.

Artischocken mit „sauce vinaigrette"

4 vorbereitete Artischocken	kurze Zeit in
Salzwasser	legen, abtropfen lassen, in
3–4 l kochendes Salzwasser	geben
3–4 Eßl. Essig	hinzufügen, zum Kochen bringen, gar kochen lassen (die Artischocken sind gar, wenn sich die Blätter leicht herauszupfen lassen) die Artischocken mit den Blättern nach unten abtropfen lassen
Kochzeit:	30–40 Minuten
	für die sauce vinaigrette
8 Eßl. Speiseöl	mit
3 Eßl. Essig	
1 Teel. Senf	verschlagen
1 Eßl. gehackte Petersilie	
1 Eßl. feingeschnittenen Schnittlauch	
1 Messerspitze gerebelten Kerbel	
1 Messerspitze gerebeltes Basilikum	unterrühren, mit
Salz	
Pfeffer	abschmecken jede Artischocke auf einen Dessertteller setzen, von unten beginnend die Blätter abzupfen, jedes Blatt mit dem unteren Ende in die Soße tauchen, das Fleisch mit den Zähnen vom Blatt streifen, die Blattreste weglegen wenn alle Blätter entfernt sind, den ungenießbaren Flaum (Heu) vom Artischockenboden mit einem Messer abtrennen, den Artischockenboden in Würfel schneiden, mit der restlichen Soße verzehren.

Stangenspargel

	Spargel muß zartweiß aussehen, sich leicht brechen lassen und an den Bruchstellen saftig sein
1 kg Spargel	von oben nach unten schälen, darauf achten, daß die Schale vollständig entfernt, die Köpfe aber nicht verletzt werden die unteren Enden gerade und alle Stangen möglichst gleich lang schneiden (holzige Stellen vollkommen wegschneiden) den Spargel waschen, zu je 8 Stück mit Küchengarn zusammenbinden
375 ml (⅜ l) Wasser (bei Strom 250 ml = ¼ l)	
1 Teel. Salz	
Zucker	zum Kochen bringen, den Spargel hineingeben, zum Kochen bringen, gar kochen lassen den garen Spargel mit einem Schaumlöffel vorsichtig herausnehmen, auf eine vorgewärmte Platte legen, die Fäden entfernen nach Belieben
60 g Butter	zerlassen, bräunen
1 Eßl. Semmelmehl	darin rösten, zu dem Spargel reichen
Kochzeit:	Etwa 30 Minuten.
Veränderung:	Crème-fraîche-Soße oder Sauce hollandaise zu dem Spargel reichen, ihn dann nur mit gehackten Kräutern bestreuen.
Beilage:	Roher Schinken und Rührei, Kalbsschnitzel oder Kotelett.

Porree
Lauch

1¼ kg Porree	putzen, waschen, in fingerlange Stücke schneiden
40 g Butter oder Margarine	zerlassen, den Porree darin andünsten
125 ml (⅛ l) Wasser Salz geriebene Muskatnuß	hinzufügen, gar dünsten lassen
2 Teel. Speisestärke, z. B. Gustin	mit
1 Eßl. kaltem Wasser	anrühren, den Porree damit binden, mit Salz, Muskatnuß abschmecken, mit
1 Eßl. gehackter Petersilie	bestreuen
Dünstzeit:	Etwa 30 Minuten.

Pikante Porreerollen

4 kleine Stangen Porree (400 g)	putzen, gründlich waschen, so schneiden, daß sie die Länge der Schinkenscheiben haben die Porreestangen in
500 ml (½ l) kochendes Salzwasser	geben, zum Kochen bringen, gar kochen, abtropfen lassen
4 Scheiben gekochter Schinken	
	je 1 Porreestange (evtl. noch etwas salzen) in eine Scheibe Schinken einwickeln die Rollen nebeneinander in eine schmale, längliche gefettete Auflaufform legen
125 ml (⅛ l) Sahne	mit
Salz geriebener Muskatnuß Suppenwürze	abschmecken, über die Rollen gießen die Auflaufform mit einem Deckel oder Alufolie verschließen, auf dem Rost in den vorgeheizten Backofen schieben die garen Porreerollen auf einer vorgewärmten Platte anrichten
1 Teel. Weizenmehl	mit
1 Eßl. kaltem Wasser	anrühren, die Soße damit binden, zu den Porreerollen reichen
Kochzeit für den Porree:	Etwa 10 Minuten
Einstellung für den Backofen	
Strom:	225 – 250
Gas:	5 – 6
Backzeit:	Etwa 20 Minuten.

Junges Möhrengemüse

1 kg junge Möhren	putzen, schrappen, waschen, nach Belieben in Stücke schneiden
1 Zwiebel	abziehen, würfeln
2 – 3 Eßl. Margarine, z. B. Sanella	zerlassen, Zwiebelwürfel und Möhren darin andünsten
knapp 250 ml (¼ l) Fleischbrühe (aus Brühwürfeln)	hinzugießen, das Gemüse in etwa 15 Minuten gar dünsten, abtropfen lassen, die Gemüseflüssigkeit auffangen, mit
Wasser	auf 375 ml (⅜ l) auffüllen *für die Soße*
30 g Margarine, z. B. Sanella	zerlassen
30 g Weizenmehl	darin hellgelb dünsten lassen
375 ml (⅜ l) Gemüseflüssigkeit	hinzugießen, mit einem Schneebesen durchschlagen, darauf achten, daß keine Klumpen entstehen, die Soße zum Kochen bringen, etwa 5 Minuten kochen lassen
2 Eßl. Crème fraîche	unterrühren
1 – 2 Eßl. Kapern	hinzufügen, die Soße mit
Salz **Pfeffer** **Zucker** **Zitronensaft**	abschmecken
2 Eßl. gehackte Kräuter	unterrühren, die Möhren in die Soße geben, miterhitzen
1 hartgekochtes Ei	pellen, kleinhacken, über das Gemüse geben
Dünstzeit für das Gemüse:	Etwa 25 Minuten
Kochzeit für die Soße:	Etwa 5 Minuten.
Beilage:	Roher Schinken, Kräuterkartoffeln.

Tomaten

750 g mittelgroße, feste Tomaten	kurze Zeit in kochendes Wasser legen, in kaltem Wasser abschrecken, enthäuten
50 g Butter oder Margarine	zerlassen, die Tomaten nebeneinander hineinstellen, mit
Salz **Pfeffer**	bestreuen, gar dünsten lassen, mit
1 Eßl. gehackter Petersilie	bestreuen
Dünstzeit:	Etwa 15 Minuten.

Erbsen und Möhren

500 g Möhren	putzen, schrappen, waschen, wenn sie noch jung und zart sind, ganz lassen, andernfalls in Scheiben oder Stifte schneiden
250 g ausgepalte Erbsen (750 g mit Hülsen)	waschen
40 g Butter oder Margarine	zerlassen, das Gemüse darin andünsten
125 ml (⅛ l) Wasser **Salz** **Zucker**	hinzufügen, gar dünsten lassen nach Belieben
1 Eßl. Weizenmehl	mit
2 Eßl. kaltem Wasser	anrühren, das Gemüse damit binden, mit Salz abschmecken, mit
gehackter Petersilie	bestreuen
Dünstzeit:	20 – 30 Minuten.

Junge Erbsen

1 kg ausgepalte Erbsen (2½ kg mit Hülsen)	waschen
40 g Butter oder Margarine	zerlassen, die Erbsen darin andünsten
125 ml (⅛ l) Wasser Salz Zucker	hinzufügen, gar dünsten lassen die Erbsen mit Salz, Zucker abschmecken, mit
1 Eßl. gehackter Petersilie	bestreuen
Dünstzeit:	15 – 25 Minuten.

Erbsen in Schinkensoße

(Für 2 Personen)

1 Packung (300 g) tiefgekühlte junge Erbsen	mit
125 ml (⅛ l) heißem Wasser	übergießen, mit
Salz	würzen, zum Kochen bringen, gar kochen lassen die Erbsen abgießen (das Gemüsewasser auffangen)
1 kleine Zwiebel	abziehen
50 g gekochter Schinken	beide Zutaten würfeln
25 g Butter oder Margarine	zerlassen, Zwiebel- und Schinkenwürfel darin anbraten
½ Päckchen Helle Soße	mit
4 Eßl. Sahne	verrühren, dazugeben, das Gemüsewasser hinzugießen, mit einem Schneebesen durchschlagen, aufkochen lassen die Soße mit
Pfeffer geriebener Muskatnuß	abschmecken, über die Erbsen gießen
Kochzeit für die Erbsen:	Etwa 8 Minuten
für die Soße:	Etwa 5 Minuten.
Beilage:	Gegrillte Hähnchenkeulen, Pommes frites.

Schwarzwurzeln in Specksoße

1 kg Schwarzwurzeln	unter fließendem kaltem Wasser bürsten, schrappen, waschen damit die Stangen weiß bleiben,
1 l kaltes Wasser **2 gestrichene Eßl. Weizenmehl** **2 Eßl. Essig**	verrühren, die Schwarzwurzeln einige Zeit hineinlegen, abtropfen lassen, in Stücke schneiden
375 ml (⅜ l) Wasser	mit
1 Teel. Salz **2 Eßl. Essig**	zum Kochen bringen, die Schwarzwurzeln hineingeben, zum Kochen bringen, gar kochen lassen die Schwarzwurzeln in eine vorgewärmte Schüssel geben, warm stellen von dem Kochwasser 375 ml (⅜ l) abmessen (evtl. mit Wasser auffüllen) *für die Soße*
30 g Butter oder Margarine	zerlassen
35 g Weizenmehl	unter Rühren so lange darin erhitzen, bis es hellgelb ist
375 ml (⅜ l) Kochwasser von den Schwarzwurzeln **125 ml (⅛ l) Milch**	hinzugießen, mit einem Schneebesen durchschlagen, darauf achten, daß keine Klumpen entstehen, die Soße zum Kochen bringen, etwa 5 Minuten kochen lassen
50 g durchwachsenen Speck	in feine Würfel schneiden, auslassen, in die Soße geben
1 Eigelb	mit
2 Eßl. kaltem Wasser	verschlagen, die Soße damit abziehen (nicht mehr kochen lassen), evtl. mit Salz abschmecken
1–2 Eßl. feingehackte Petersilie	unterrühren die Schwarzwurzeln in der Soße anrichten
Kochzeit für die Schwarzwurzeln:	50–65 Minuten
für die Soße:	Etwa 5 Minuten.
Beilage:	Kotelett, Kartoffelklöße.

Steckrüben

Kohlrüben, Wruken

1 Steckrübe (1 kg)	schälen, waschen, in kleinfingerdicke Stücke von 3–4 cm Länge schneiden
60 g Margarine	zerlassen
1 Teel. Zucker	darin bräunen, die Steckrüben darin andünsten
125 ml (⅛ l) Wasser **Salz, Pfeffer**	hinzufügen, gar dünsten lassen
1 Teel. Weizenmehl	mit
1 Eßl. kaltem Wasser	anrühren, die Steckrüben damit binden, mit Salz abschmecken, mit
1 Eßl. gehackter Petersilie	bestreuen
Dünstzeit:	30–60 Minuten.

Sauerkraut mit Eisbein

1 kg Eisbein	waschen, in
500 ml (½ l) Wasser	geben, zum Kochen bringen, etwa 1½ Stunden kochen lassen
1 mittelgroße Zwiebel	abziehen, mit
750 g Sauerkraut **1 Lorbeerblatt** **3 Nelken**	in die Kochbrühe unter das Eisbein geben, zum Kochen bringen, noch etwa 1 Stunde kochen lassen
1 mittelgroße Kartoffel	schälen, waschen, reiben, zu dem Sauerkraut geben, kurz aufkochen lassen, damit es sämig wird das Sauerkraut mit
Salz, Pfeffer **Zucker**	abschmecken
Kochzeit:	Etwa 2½ Stunden.
Beilage:	Erbsenbrei und Kartoffelbrei.

Fenchel in weißer Soße

750 g Fenchelknollen (die Stengel vor dem Wiegen bis zur Knolle abschneiden)	waschen, braune Stellen abschneiden, die Knollen in Scheiben schneiden, in

500 ml (½ l) kochendes Salzwasser	geben, zum Kochen bringen, gar kochen, abtropfen lassen von dem Kochwasser 250 ml (¼ l) abmessen
	für die Soße das abgemessene Kochwasser,
250 ml (¼ l) Fleischbrühe (aus Brühwürfeln)	zum Kochen bringen
3 gestrichene Eßl. Speisestärke, z. B. Gustin	mit
4 Eßl. kalter Milch	anrühren, unter Rühren in die von der Kochstelle genommene Brühe geben, kurz aufkochen lassen
2 Eßl. Mayonnaise	unterrühren, die Soße mit
Salz	abschmecken die Fenchelscheiben unter die Soße heben, kurz durchziehen lassen
Kochzeit:	Etwa 20 Minuten.

Fenchel

	Von
1 kg Fenchelknollen	die Stiele dicht oberhalb der Knollen abschneiden, braune Stellen und Blätter entfernen, die Wurzelenden gerade schneiden, die Knollen waschen, in
250 ml (¼ l) kochendes Salzwasser	geben, zum Kochen bringen, gar kochen lassen die Knollen in Viertel schneiden, auf eine vorgewärmte Platte legen, warm stellen
75 g Butter	zerlassen, bräunen lassen, mit
Salz	abschmecken, über die Fenchelviertel gießen
Kochzeit:	Etwa 40 Minuten.

Staudensellerie

	Von
1 kg Staudensellerie	die Wurzelansätze abschneiden, bei den äußeren kräftigen Stengeln evtl. die gröbsten Fasern abziehen, braune Stellen entfernen, die Stengel in etwa 5 cm lange Stücke schneiden, in
500 ml (½ l) kochendes Salzwasser	geben, zum Kochen bringen, gar kochen lassen die Staudensellerie in eine vorgewärmte Schüssel geben, warm stellen das Kochwasser mit Wasser auf 500 ml (½ l) auffüllen
	für die helle Soße
30 g Butter oder Margarine	zerlassen
35 g Weizenmehl	unter Rühren so lange darin erhitzen, bis es hellgelb ist
500 ml (½ l) Gemüseflüssigkeit	hinzugießen, mit einem Schneebesen durchschlagen, darauf achten, daß keine Klumpen entstehen, die Soße zum Kochen bringen, etwa 5 Minuten kochen lassen
1 Eigelb	mit
3 Eßl. Weißwein	verschlagen, die Soße damit abziehen, mit
Salz geriebener Muskatnuß	abschmecken die Staudensellerie in der Soße anrichten
Kochzeit für die Staudensellerie:	Etwa 25 Minuten
für die Soße:	Etwa 5 Minuten.

Chinakohl mit Käse überbacken

1 Kopf (1 kg) Chinakohl	putzen, halbieren, vierteln, waschen (er darf nicht auseinanderfallen), abtropfen lassen
1 l Fleischbrühe (aus Brühwürfeln)	zum Kochen bringen, den Kohl hineingeben, zum Kochen bringen, gar kochen, abtropfen lassen den Kohl mit
1 – 3 Eßl. Butter	und der Hälfte von
50 g geriebenem Käse	in eine gefettete Auflaufform schichten *für die Soße*
1 Becher (125 g) saure Sahne	mit
1 Eßl. gehackter Petersilie	
1 kleinen abgezogenen, feingewürfelten Zwiebel	
Salz, Pfeffer	zu einer dicklichen Soße verrühren, über den Kohl geben, mit dem restlichen Käse bestreuen die Auflaufform auf dem Rost in den vorgeheizten Backofen schieben
Kochzeit:	Etwa 20 Minuten
Einstellung für den Backofen	
Strom:	200 – 225
Gas:	5 – 6
Backzeit:	Etwa 15 Minuten.

Chicorée

500 g Chicorée	von schlechten Blättern befreien, halbieren, die festen kleinen Keile herausschneiden, weil sie bitter schmecken den Chicorée waschen, gut abtropfen lassen
50 g Butter oder Margarine	zerlassen, den Chicorée darin andünsten
125 ml (⅛ l) Fleischbrühe (aus Brühwürfeln)	
Salz	
Pfeffer	hinzufügen, gar dünsten lassen
2 Teel. Speisestärke	mit
2 Eßl. Sahne	anrühren, den Chicorée damit binden, mit Salz, Pfeffer abschmecken, mit
2 Eßl. gehackter Petersilie	bestreuen
Dünstzeit:	Etwa 15 Minuten.

Buntes Paprikagemüse

2 – 3 Zwiebeln	abziehen, halbieren
50 g durchwachsener Speck	beide Zutaten in Scheiben schneiden
2 Eßl. Speiseöl, z. B. Biskin	erhitzen, Zwiebel- und Speckscheiben darin andünsten
3 – 4 Paprikaschoten (rot, grün, gelb – etwa 750 g)	entstielen, entkernen, achteln, die weißen Scheidewände entfernen, die Schoten waschen, mitdünsten lassen, mit
Salz	
Knoblauchpulver	würzen
3 Eßl. Weißwein	hinzufügen, die Paprikaschoten gar dünsten lassen, evtl. mit Salz, Knoblauchpulver abschmecken
Dünstzeit:	10 – 15 Minuten.

Zucchini-Zwiebel-Tomatengemüse

250 g Gemüse-zwiebeln	abziehen, halbieren
250 g Zucchini	waschen, halbieren die beiden Zutaten in Scheiben schneiden
250 g Tomaten	waschen, in Achtel schneiden
3 Eßl. Speiseöl	erhitzen, die Zwiebeln darin andünsten, die Zucchini hinzufügen, etwa 5 Minuten mitdünsten lassen, die Tomaten,
Salz **Pfeffer** **Zucker**	hinzufügen, alles gar dünsten lassen das Gemüse mit Salz, Pfeffer, Zucker,
gerebeltem Oregano **gerebeltem Basilikum**	abschmecken
Dünstzeit:	Etwa 15 Minuten.

Blumenkohl

1 mittelgroßer Kopf Blumenkohl (750 g)	von Blättern, schlechten Stellen und dem Strunk befreien, unter fließendem Wasser waschen, einige Zeit in
kaltes Salzwasser	legen, um Raupen und Insekten zu entfernen den Blumenkohl mit dem Strunk nach unten in
500 ml (½ l) kochendes Salzwasser	geben, zum Kochen bringen, gar kochen lassen den Blumenkohl in eine vorgewärmte Schüssel geben, warm stellen von dem Kochwasser 250 ml (¼ l) abmessen (evtl. mit Wasser auffüllen) *für die Holländische Soße*
20 g Butter oder Margarine	zerlassen
20 g Weizenmehl	unter Rühren so lange darin erhitzen, bis es hellgelb ist
250 ml (¼ l) Kochwasser von dem Blumenkohl	hinzugießen, mit einem Schneebesen durchschlagen, darauf achten, daß keine Klumpen entstehen, die Soße zum Kochen bringen, etwa 5 Minuten kochen lassen
1 Eigelb	mit
2 Eßl. kaltem Wasser	verschlagen, die Soße damit abziehen, mit
Salz **½ – 1 Eßl. Zitronensaft**	abschmecken die Soße über den Blumenkohl geben
Kochzeit für den Blumenkohl:	25 – 30 Minuten
für die Holländische Soße:	Etwa 5 Minuten.
Veränderung:	Anstelle der Holländischen Soße 60 g Butter zerlassen, nach Belieben bräunen, 1 Eßl. Semmelmehl darin rösten, über den Blumenkohl geben.

Große Bohnen

750 g ausgepalte Große Bohnen (2½ – 3 kg mit Hülsen)
1 Stengel Bohnenkraut beide Zutaten waschen
100 g Speck in Würfel schneiden, auslassen
2 – 3 Zwiebeln abziehen, halbieren, in Scheiben schneiden, in dem Speck goldgelb dünsten lassen
die Bohnen hinzufügen, mitdünsten lassen
Bohnenkraut,
gut 125 ml (⅛ l) Wasser
Salz dazugeben, gar dünsten lassen
nach Belieben
1 gut gehäuften Teel. Speisestärke, z. B. Gustin mit
1 Eßl. kaltem Wasser anrühren, die Bohnen damit binden, mit Salz abschmecken, mit
1 Eßl. feingeschnittenem Schnittlauch bestreuen
Dünstzeit: Etwa 40 Minuten.
Beilage: Durchwachsener Speck in Scheiben geschnitten und braun gebraten.

Grünkohl mit Kasseler und frischer Mettwurst

(Im Tontopf)

1 kg Grünkohl (vorbereitet gewogen) waschen, in
kochendes Wasser geben, kurz aufkochen, abtropfen lassen, den Grünkohl hacken
2 Zwiebeln abziehen, würfeln, mit dem Kohl abwechselnd in den gewässerten Tontopf schichten, jede Schicht mit
Salz bestreuen
zunächst 250 ml (¼ l) von
375 ml (⅜ l) Wasser hinzugießen, den Tontopf mit dem Deckel verschließen, auf dem Rost in den Backofen stellen
nach 1 Stunde Garzeit
2 frische Mettwürste
4 Kasseler Koteletts auf den Kohl legen, mit etwas Kohl bedecken, nach Bedarf noch etwas Wasser hinzugießen, garen lassen
den garen Kohl mit Salz abschmecken
Strom: 200 – 225
Gas: 4 – 5
Garzeit: 2 – 2¼ Stunden.
Beilage: Geröstete Pellkartoffeln.

Grüne Bohnen mit Käse

750 g Grüne Bohnen (vorbereitet gewogen)	waschen, mit
Bohnenkraut (frisch oder gerebelt)	in
kochendes Salzwasser	geben, gar dünsten, abtropfen lassen, in 4 Portionen auf eine vorgewärmte Platte geben, warm stellen
2 Ecken Schmelzkäse	mit
4 – 5 Eßl. Wasser	im Wasserbad oder auf der Automatikplatte unter Rühren erhitzen, schmelzen lassen
knapp 1 Eßl. Margarine, z. B. Sanella	erhitzen
4 Scheiben gekochten Schinken	darin kurz anbraten, über die Bohnen-Portionen legen, den geschmolzenen Käse darüber geben
Dünstzeit für die Bohnen:	Etwa 30 Minuten
Schmelzzeit für den Käse:	Etwa 15 Minuten
Bratzeit für den Schinken:	Etwa 5 Minuten.
Beilage:	Gegrillte Tomaten, Röstkartoffeln.

Grüne Bohnen

Schnitt- oder Brechbohnen

	Für Schnittbohnen eine flache, breite Sorte, am besten Stangenbohnen, nehmen
	für Brechbohnen die runden, fleischigen, sogenannten Speckbohnen nehmen
1 kg Grüne Bohnen	abfädeln, waschen, schneiden oder brechen
1 mittelgroße Zwiebel	abziehen, würfeln
40 g Butter oder Margarine	zerlassen, die Zwiebel darin hellgelb dünsten
	die Bohnen dazugeben, andünsten
etwa 125 ml (⅛ l) Wasser Salz Pfeffer	hinzufügen, gar dünsten lassen
	die Bohnen mit Salz, Pfeffer abschmekken, mit
1 Eßl. gehackter Petersilie	bestreuen
Dünstzeit:	25 – 45 Minuten.
Veränderung:	250 g in Stücke geschnittene Tomaten 10 Minuten mitdünsten.

Grüne Bohnen in Specksoße
(Für 2 Personen)

1 Packung (300 g) tiefgekühlte junge Brechbohnen	mit
1 Zweig frischem oder ¼ Teel. getrocknetem Bohnenkraut	
Salz	nach der Vorschrift auf der Packung zubereiten, die garen Bohnen abgießen das Gemüsewasser auffangen, 250 ml (¼ l) davon abmessen
40 g fetten Speck	in Würfel schneiden, auslassen
1 kleine Zwiebel	abziehen, würfeln, in dem Speck goldgelb dünsten lassen
1-2 Eßl. Weizenmehl	darüber stäuben, unter Rühren mit einem Schneebesen das Gemüsewasser hinzugießen, aufkochen lassen, die Soße mit Salz,
Pfeffer	abschmecken, über die Bohnen gießen
Kochzeit für die Bohnen:	Etwa 20 Minuten
für die Soße:	Etwa 5 Minuten.
Beilage:	Schweineschnitzel, Salzkartoffeln.

Weißkohl

	Von
1 kg Weißkohl	die schlechten äußeren Blätter ablösen, den Kopf achteln, den Strunk herausschneiden, den Kohl waschen, sehr fein schneiden oder hobeln
1 mittelgroße Zwiebel	abziehen, würfeln
75 g Margarine	zerlassen, die Zwiebel darin hellgelb dünsten, den Kohl,
1 Teel. Kümmel	dazugeben, andünsten
125 ml (⅛ l) Wasser	
Salz	hinzufügen, gar dünsten lassen
1 Teel. Speisestärke, z. B. Gustin	mit
1 Eßl. kaltem Wasser	anrühren, den Weißkohl damit binden, mit Salz abschmecken
Dünstzeit für jungen Weißkohl:	50 – 60 Minuten
für älteren Weißkohl:	60 – 90 Minuten.

Wirsing

	Von
1 kg Wirsing	die schlechten äußeren Blätter entfernen, den Kohl achteln, den Strunk herausschneiden, den Kohl waschen, in Streifen schneiden
1 Zwiebel	abziehen, würfeln
60 g Margarine oder Schweineschmalz	zerlassen, die Zwiebel darin hellgelb dünsten, den Kohl dazugeben, andünsten
etwa 125 ml (⅛ l) Wasser	
Salz	hinzufügen, gar dünsten lassen
1 – 2 Teel. Speisestärke, z. B. Gustin	mit
1 Eßl. kaltem Wasser	anrühren, den Wirsing damit binden, mit Salz abschmecken, mit
1 Eßl. gehackter Petersilie	bestreuen
Dünstzeit für jungen Wirsing:	Etwa 45 Minuten
für älteren Wirsing:	50 – 90 Minuten.

Rosenkohl

	Von
1 kg Rosenkohl	die beschädigten und fleckigen äußeren Blättchen entfernen, etwas vom Strunk abschneiden, die Rosenkohlröschen kreuzförmig einschneiden den Rosenkohl waschen
40 g Butter oder Margarine	zerlassen, den Rosenkohl darin andünsten
125 ml (⅛ l) Wasser	
Salz	
geriebene Muskatnuß	hinzufügen, gar dünsten lassen den Rosenkohl mit Salz, Muskatnuß abschmecken
Dünstzeit:	20 – 30 Minuten.
Veränderung:	Den Rosenkohl dämpfen oder in Salzwasser gar kochen, vor dem Anrichten vorsichtig in zerlassener Butter schwenken.

Eßkastanien mit Rosenkohl

375 g Eßkastanien (Maronen)	kreuzweise aufschneiden, auf einem Backblech so lange im warmen Backofen lassen, bis die Schalen springen und sich lösen lassen, die Kastanien mit kochendem Wasser abbrühen, die gelbe Haut entfernen, solange die Früchte noch heiß sind, die Kastanien in
250 ml (¼ l) kochendes Salzwasser	geben, zum Kochen bringen, gar kochen, abtropfen lassen
40 g Butter oder Margarine	zerlassen, die Kastanien darin goldgelb rösten von
500 g Rosenkohl	die beschädigten und fleckigen äußeren Blättchen entfernen, etwas vom Strunk abschneiden, die Rosenkohlröschen kreuzförmig einschneiden, waschen, in
250 ml (¼ l) kochendes Salzwasser	geben, zum Kochen bringen, gar kochen lassen, den Rosenkohl abtropfen lassen, auf eine vorgewärmte Platte geben die Eßkastanien mit dem Fett darüber verteilen, sofort servieren
Kochzeit für die Eßkastanien:	40 – 60 Minuten
für den Rosenkohl:	20 – 30 Minuten.

Sauerkraut

2 Zwiebeln	abziehen, würfeln
60 g Schweineschmalz	zerlassen, die Zwiebeln darin hellgelb dünsten
750 g Sauerkraut	hinzufügen, andünsten
250 ml (¼ l) Wasser	hinzugießen, gar dünsten lassen
1 rohe Kartoffel	schälen, waschen, reiben, zu dem Sauerkraut geben, kurz aufkochen lassen, damit es sämig wird das Sauerkraut mit
Salz Zucker	abschmecken
Dünstzeit:	40 – 60 Minuten.
Veränderung:	2 Äpfel oder statt des Wassers halb Weißwein und halb Wasser an das Sauerkraut geben.

Rotkohl

	Von
1 kg Rotkohl	die groben äußeren Blätter entfernen, den Kohl vierteln, den Strunk entfernen, den Kohl waschen, sehr fein schneiden oder hobeln
1 große Zwiebel	abziehen, würfeln
3 saure Äpfel	schälen, vierteln, entkernen, kleinschneiden
60 g Schmalz oder Gänsefett	zerlassen, die Zwiebel darin hellgelb dünsten, den Kohl dazugeben, andünsten, Äpfel,
1 Lorbeerblatt einige Gewürznelken Salz Zucker 2 Eßl. Essig 125 ml (⅛ l) Wasser	hinzufügen, gar dünsten lassen
1 Eßl. Weizenmehl	mit
2 Eßl. kaltem Wasser	anrühren, den Rotkohl damit binden, mit Salz, Zucker, Essig abschmecken
Dünstzeit:	Etwa 2 Stunden.
Veränderung:	Anstelle von Wasser Weiß- oder Rotwein nehmen; evtl. auch 1 Eßl. Johannisbeergelee mitkochen.

Mangold

1 kg Mangold	verlesen, die Stengel abziehen, die Blätter gründlich waschen, ohne Wasser zum Kochen bringen, dann grob oder fein schneiden oder durch den Fleischwolf drehen
1 kleine Zwiebel	abziehen, würfeln
40 g Butter oder Margarine	zerlassen, die Zwiebel darin hellgelb dünsten, den Mangold dazugeben, mit
Salz	würzen, gar dünsten lassen nach Belieben
1 Eßl. Weizenmehl	mit
2 Eßl. kaltem Wasser	anrühren, den Mangold damit binden, mit Salz,
2 Eßl. Dosenmilch	abschmecken die Mangoldstengel wie Spargel dämpfen oder in
Salzwasser	weich kochen, abtropfen lassen, sie mit
1 – 2 Eßl. zerlassener Butter	anrichten
Dünstzeit:	Etwa 10 Minuten.
Veränderung:	Die Mangoldstengel in einer Holländischen Soße, die mit 1 Eßl. geriebenem Käse verrührt wurde, anrichten.

Leipziger Allerlei

125 g ausgepalte Erbsen (375 g mit Hülsen)	
125 g Karotten	putzen, schrappen
125 g Spargel	schälen, in Stücke schneiden
1 Kohlrabi	schälen, in Scheiben schneiden
1 kleinen Kopf Blumenkohl	putzen, in Röschen teilen das Gemüse waschen, abtropfen lassen
40 g Butter oder Margarine	zerlassen, das Gemüse darin andünsten
125 ml (⅛ l) Wasser Salz Zucker	hinzufügen, gar dünsten lassen, mit Salz, Zucker abschmecken, mit
1 Eßl. gehackter Petersilie	bestreuen
Dünstzeit:	Etwa 30 Minuten.
Veränderung:	Ansehnlicher bleibt das Gemüse, wenn es einzeln gedämpft und dann zusammen in zerlassener Butter geschwenkt wird.

Broccoli

	Von
1 kg Broccoli	die Blätter entfernen, die Stengel am Strunk schälen, bis kurz vor den Röschen kreuzweise einschneiden, waschen
500 ml (½ l) Wasser	mit
Salz geriebener Muskatnuß	zum Kochen bringen, den Broccoli hineingeben, zum Kochen bringen, gar kochen lassen den garen Broccoli mit einem Schaumlöffel vorsichtig herausnehmen, in eine vorgewärmte Schüssel geben, warm stellen
75 g Butter	zerlassen, darüber geben, nach Belieben
2 hartgekochte Eier	pellen, kleinhacken, über den Broccoli verteilen
Kochzeit:	15 – 20 Minuten.

Kohlrabi in Käsesoße

1½ kg Kohlrabi	schälen, waschen, halbieren, in Stücke schneiden (die kleinen Herzblätter waschen, in feine Streifen schneiden)
2 Eßl. Margarine, z. B. Sanella	zerlassen, die Kohlrabi darin andünsten
250 ml (¼ l) Instant-Fleischbrühe	hinzufügen, in etwa 20 Minuten gar dünsten, abtropfen lassen, die Gemüseflüssigkeit auffangen, mit Wasser auf 375 ml (⅜ l) auffüllen *für die Soße*
30 g Margarine, z. B. Sanella	zerlassen
35 g Weizenmehl	darin hellgelb dünsten lassen
375 ml (⅜ l) Gemüseflüssigkeit	hinzugießen, mit einem Schneebesen durchschlagen, darauf achten, daß keine Klumpen entstehen, die Soße zum Kochen bringen, etwa 5 Minuten kochen lassen
2 Ecken Schmelzkäse	hinzufügen, die Soße erhitzen, gut verrühren, bis der Käse geschmolzen ist, die Kohlrabi in die Soße geben, miterhitzen
1 Eßl. gehackte Kräuter	mit den feingeschnittenen Kohlrabiblättern hinzufügen
Dünstzeit für den Kohlrabi:	Etwa 20 Minuten
Garzeit für die Käsesoße:	Etwa 10 Minuten.
Beilage:	Gekochter Schinken, Butterkartoffeln.

Pilze

	Von
1 kg Pilzen (z. B. Champignons, Maronen)	die Stiele abschaben, dunkle und madige Stellen entfernen, die Pilze waschen
2 mittelgroße Zwiebeln	abziehen
40 g durchwachsener Speck	
	beide Zutaten in Würfel schneiden den Speck auslassen
30 g Margarine	hinzufügen, zerlassen, die Zwiebeln darin hellgelb dünsten, die Pilze dazugeben, mit
Salz Pfeffer	würzen, gar dünsten lassen die Pilze mit Salz, Pfeffer abschmecken, mit
1 Eßl. gehackter Petersilie	bestreuen
Dünstzeit:	20 – 30 Minuten.
Beilage:	Rührei, Pellkartoffeln oder Bauernbrot.

Italienisches Gemüse
(Für 2 Personen)

1 große grüne Paprikaschote	entstielen, halbieren, entkernen, die weißen Scheidewände entfernen, die Schote waschen, in große Würfel schneiden
2 kleine Tomaten	kurze Zeit in kochendes Wasser legen, in kaltem Wasser abschrecken, enthäuten, halbieren, entkernen, in Achtel schneiden
60 g gedünstete Pfifferlinge	je nach Größe halbieren
1 große Zwiebel	abziehen, in Würfel schneiden, in
1 Eßl. zerlassener Margarine	goldgelb dünsten, die Paprikawürfel, die Pfifferlinge hinzufügen, kurz durchdünsten lassen
etwas Instant-Fleischbrühe	hinzufügen, gar dünsten lassen die Tomatenachtel dazugeben
1 schwach gehäuften Eßl. Speisestärke	mit
2 – 3 Eßl. kaltem Wasser	anrühren, das Gemüse damit binden, mit
1 Eßl. Tomatenmark Pfeffer Knoblauchpulver Salz	abschmecken, mit
1 Eßl. Sahne	verfeinern, mit
etwas gehackter Petersilie	bestreut servieren
Dünstzeit:	Etwa 15 Minuten.

Gurken

2 mittelgroße Salatgurken (etwa 1 kg)	schälen, halbieren, die Gurken in 2 cm breite Stücke schneiden
2 mittelgroße Tomaten	kurze Zeit in kochendes Wasser legen, in kaltem Wasser abschrecken, enthäuten, in kleine Stücke schneiden
2 mittelgroße Zwiebeln	abziehen, würfeln
50 g Margarine	zerlassen, die Zwiebeln darin andünsten Gurken,
125 ml (⅛ l) Wasser Salz Pfeffer	hinzufügen, dünsten lassen 10 Minuten vor Beendigung der Dünstzeit die Tomaten hinzufügen, gar dünsten lassen
1 schwach gehäuften Eßl. Crème fraîche	unterrühren das Gemüse mit Salz, Pfeffer abschmecken, mit
1 Eßl. gehacktem Dill	bestreuen
Dünstzeit:	Etwa 30 Minuten.

Zwiebeln

750 g Gemüsezwiebeln (vorbereitet gewogen)	halbieren, in Scheiben schneiden
50 g Butter oder Margarine	zerlassen, die Zwiebeln darin hellgelb andünsten
125 ml (⅛ l) Instant-Fleischbrühe 125 ml (⅛ l) Weißwein	hinzugießen, gar dünsten lassen die Zwiebeln mit
Salz Zucker	abschmecken
2 Eßl. Crème fraîche	unterrühren, mit
1 Eßl. gehackter Petersilie	bestreuen
Dünstzeit:	30 – 40 Minuten.

Spinat

1 kg Spinat	verlesen, 5 – 6 mal gründlich waschen, ihn ohne Wasser zum Kochen bringen, dann grob oder fein schneiden oder durch den Fleischwolf drehen
1 kleine Zwiebel	abziehen, fein würfeln
40 g Butter oder Margarine	zerlassen, die Zwiebel darin hellgelb dünsten, den Spinat dazugeben, mit
Salz Pfeffer geriebener Muskatnuß	würzen, gar dünsten lassen nach Belieben
1 Teel. Speisestärke, z. B. Gustin	mit
1 Eßl. kaltem Wasser	anrühren, den Spinat damit binden, mit Salz abschmecken
2 Eßl. Sahne	unterrühren
Dünstzeit:	Etwa 10 Minuten.
Veränderung:	Falls der Spinat etwas bitter ist, den entstandenen Saft weggießen, so viel Milch dazugeben, wie der Spinat aufnimmt.
Beilage:	Spiegeleier, Salzkartoffeln.

Gefüllte Paprikaschoten

4 Paprikaschoten (etwa 600 g)	längs halbieren, dabei den Stiel mit durchschneiden, die weißen Scheidewände entfernen (den Stiel stehenlassen), die Schoten waschen, abtrocknen, innen mit
Salz Pfeffer	bestreuen
	für die Füllung
500 g Hühnerbrust (ohne Knochen)	waschen, abtrocknen, das Fleisch mit dem Schneidstab eines elektrischen Handrührgerätes pürieren
2 Scheiben gekochten Schinken	in Würfel schneiden
2 große Tomaten	waschen, halbieren, entkernen (das Tomateninnere aufheben), die Tomaten in Würfel schneiden Schinken, Tomaten,
3 Eßl. gehackte Petersilie	
1 Ei	mit dem Hühnerfleisch vermengen, mit Salz, Pfeffer,
1 Messerspitze Cayennepfeffer	
2 Spritzern Worcestersoße	würzen, die Masse in die Paprikahälften füllen
2 Eßl. Semmelmehl	darüber verteilen
Butter	in Flöckchen darauf setzen eine oder zwei feuerfeste Formen mit
Butter oder Margarine	fetten, die Paprikaschoten hineinsetzen
3 – 4 Tomaten	kurze Zeit in kochendes Wasser legen, in kaltem Wasser abschrecken, enthäuten, in Viertel schneiden, mit dem zurückgelassenen Tomateninneren um die Paprikaschoten geben
125 ml (⅛ l) Sahne	mit
Salz, Pfeffer Paprika edelsüß Zitronensaft	würzen, zu den Paprikaschoten gießen, die Form (Formen) ohne Deckel auf dem Rost in den Backofen stellen
Strom:	200 – 225
Gas:	3 – 4
Backzeit:	25 – 30 Minuten.
Tip:	Die Paprikaschoten sind nach etwa 25 Minuten Dünstzeit noch knackig. Sollten die Schoten weicher gewünscht werden, ist es empfehlenswert, sie vor dem Füllen einige Minuten in Salzwasser zu kochen.

Gefüllte Auberginen

2 – 4 Auberginen (etwa 750 g)	waschen, abtrocknen, längs halbieren, mit
Salz	bestreuen, etwa 30 Minuten ziehen lassen, abtropfen lassen das Fruchtfleisch bis auf einen etwa 1 cm breiten Rand herausschneiden, fein hacken
1 Zwiebel	abziehen, würfeln das Auberginenfleisch mit der Zwiebel,
250 g Gehacktem (halb Rind-, halb Schweinefleisch) **1 Ei** **1 eingeweichten, gut ausgedrückten Brötchen**	vermengen, mit
Salz, Pfeffer	würzen die Masse in die Auberginenhälften füllen
50 g Margarine, z. B. Sanella	in einer Auflaufform zerlassen, die Auberginen darin anbraten
3 – 4 Tomaten	kurze Zeit in kochendes Wasser legen, in kaltem Wasser abschrecken, enthäuten, kleinschneiden, mit
250 ml (¼ l) Sahne	hinzufügen, die Auberginen gar schmoren lassen, aus der Flüssigkeit nehmen
2 – 3 gestrichene Eßl. Weizenmehl	mit
125 ml (⅛ l) kaltem Wasser	anrühren, die Flüssigkeit damit binden, die Soße mit Salz abschmecken
1 Eßl. feingehackte Petersilie **1 Eßl. feingeschnittenen Schnittlauch**	unterrühren, die Auberginenhälften wieder in die Soße geben, mit
100 g geriebenem Emmentaler Käse	bestreuen, die Auflaufform auf dem Rost in den vorgeheizten Backofen schieben
Schmorzeit:	Etwa 40 Minuten
Einstellung für den Backofen	
Strom:	200 – 225
Gas:	4 – 5
Backzeit:	8 – 10 Minuten.

Gefüllte Zwiebeln

4 mittelgroße Gemüsezwiebeln (etwa 1 kg)	abziehen, von den Zwiebeln einen Deckel abschneiden, die Zwiebeln (ohne Deckel) in
kochendes Salzwasser	legen, so lange kochen lassen, bis sich die drei äußeren Schichten auf einmal lösen lassen die Zwiebelreste für die Füllung und evtl. für eine Zwiebelsuppe verwenden *für die Füllung*
1 Brötchen (Semmel)	in kaltem Wasser einweichen
100 g Zwiebelreste	würfeln
½ rote Paprikaschote	entstielen, entkernen, die weißen Scheidewände entfernen, das Stück Schote waschen, in kleine Würfel schneiden
3 Eßl. Speiseöl	erhitzen, Zwiebeln, Paprika darin andünsten, erkalten lassen
375 g Gehacktes (halb Rind-, halb Schweinefleisch)	mit dem gut ausgedrückten Brötchen, der Zwiebel-Paprikamasse,

1 Ei	
1 schwach gehäuften Teel. Senf	vermengen, mit
Salz	
Pfeffer	
gerebeltem Majoran	abschmecken die Füllung in die Zwiebeln geben
50 g Butter oder Margarine	zerlassen, die Zwiebeln nebeneinander hineinstellen, andünsten
125 ml (⅛ l) Weißwein	
125 ml (⅛ l) Instant-Fleischbrühe	hinzugießen, die Zwiebeln gar dünsten lassen, auf einer vorgewärmten Platte anrichten nach Belieben
1 gestrichenen Eßl. Speisestärke	mit
2 Eßl. kaltem Wasser	anrühren, die Soße damit binden, mit Salz, Pfeffer abschmecken die Zwiebeln mit der Soße servieren
Dünstzeit:	Etwa 45 Minuten.

Gefüllte Zwiebeln, Rezept S. 154, Gefüllte Tomaten

Gefüllte Tomaten

8 mittelgroße feste Tomaten (etwa 500 g)	waschen, abtrocknen, mit einem scharfen Messer Deckel abschneiden, das Innere aushöhlen, durch ein Sieb streichen, mit Wasser auf 500 ml (½ l) auffüllen, zurückstellen die Tomaten innen mit
Salz	bestreuen *für die Füllung*
250 g Champignons	putzen, waschen, fein hacken
1 kleine Zwiebel	abziehen, fein würfeln
1 – 2 Eßl. Butter oder Margarine	zerlassen, Pilze und Zwiebel darin andünsten
1 Ei	
60 g Semmelmehl	unterrühren, die Masse mit
Salz	
Pfeffer	abschmecken
1 Eßl. gehackte Petersilie	unterrühren die Füllung in die Tomaten geben, die Deckel wieder darauf legen
60 g Butter oder Margarine	zerlassen, die Tomaten nebeneinander hineinstellen, gar dünsten lassen die Tomaten auf einer vorgewärmten Platte anrichten, warm stellen
35 g Weizenmehl	in dem Fett unter Rühren so lange erhitzen, bis es hellgelb ist, die aufgefüllte Tomatenflüssigkeit hinzugießen, mit einem Schneebesen durchschlagen, darauf achten, daß keine Klumpen entstehen, die Soße zum Kochen bringen, etwa 5 Minuten kochen lassen, mit Salz, Pfeffer,
1 schwach gehäuften Eßl. Tomatenmark	
Zucker	abschmecken die Tomaten mit der Soße servieren
Dünstzeit:	Etwa 20 Minuten.

Gefüllte Kohlrabi

8 mittelgroße Kohlrabi (etwa 1,2 kg)	schälen, waschen, einen Deckel abschneiden, das Innere vorsichtig aushöhlen (2 Eßl. zur Füllung und den Rest nach Belieben für eine Suppe verwenden)
	für die Füllung
½ Brötchen	in kaltem Wasser einweichen, gut ausdrücken
1 mittelgroße Zwiebel	abziehen, würfeln
1 mittelgroße Tomate	kurze Zeit in kochendes Wasser legen, in kaltem Wasser abschrecken, enthäuten, in Würfel schneiden
125 g Pfifferlinge (aus der Dose)	abtropfen lassen, kleinschneiden
1 hartgekochtes Ei	pellen, in Würfel schneiden
100 g Fleischwurst (im Stück)	enthäuten, in feine Streifen schneiden
	die Zutaten und das Kohlrabifleisch mit
125 g Gehacktem (halb Rind-, halb Schweinefleisch)	vermengen, mit
Salz	
Pfeffer	
geriebener Muskatnuß	abschmecken
	die Füllung in die Kohlrabi geben, Deckel wieder darauf legen (evtl. festbinden)
50 g Butter oder Margarine	zerlassen, die Kohlrabi nebeneinander hineinstellen, leicht anbräunen
250 ml (¼ l) heiße Instant-Fleischbrühe	hinzugießen, gar schmoren lassen
	die Kohlrabi in einer vorgewärmten Schüssel anrichten, warm stellen
2 schwach gehäufte Teel. Speisestärke	mit
1 Becher (150 g) saurer Sahne	anrühren, die Schmorflüssigkeit damit binden, die Soße mit Salz abschmecken, über die Kohlrabi verteilen
feingeschnittenen Schnittlauch	darüber streuen
Schmorzeit:	45 – 60 Minuten.

Kohlrouladen

	Von
1 Kopf Weißkohl oder Wirsing	den Strunk herausschneiden, den Kopf kurze Zeit in
kochendes Salzwasser	legen, bis sich die äußeren Blätter lösen, diesen Vorgang wiederholen, bis die Blätter alle gelöst sind, abtropfen lassen
	die dicken Rippen flachschneiden
	für die Füllung
1 Brötchen (Semmel)	in kaltem Wasser einweichen, gut ausdrücken
1 mittelgroße Zwiebel	abziehen, würfeln
1 Ei	
	die Zutaten mit
400 g Gehacktem (halb Rind-, halb Schweinefleisch)	vermengen, mit
Salz	
Pfeffer	abschmecken
	2 – 3 große Kohlblätter übereinanderlegen, einen Teil der Füllung darauf geben, die Blätter aufrollen
	die Rouladen mit Küchengarn umwickeln oder mit Rouladennadeln zusammenhalten
75 g Margarine	erhitzen, die Rouladen von allen Seiten gut darin bräunen
	etwas von

250 – 500 ml (¼ – ½ l) heißem Wasser	hinzugießen, die Rouladen schmoren lassen, von Zeit zu Zeit wenden, verdampfte Flüssigkeit nach und nach ersetzen wenn die Rouladen gar sind, die Bratennadeln (Küchengarn) entfernen, die Rouladen auf einer vorgewärmten Platte anrichten
1 – 2 Eßl. Weizenmehl	mit
etwa 3 Eßl. kaltem Wasser	anrühren, die Flüssigkeit damit binden, die Soße mit Salz abschmecken
Schmorzeit:	Etwa 45 Minuten.

Gefüllter Kohlkopf

	Von
1 Kopf Weißkohl oder Wirsing	die Kohlblätter vom Strunk lösen (feste Köpfe evtl. einige Male in heißes Wasser legen), die dicken Rippen flachschneiden, die Blätter in
kochendes Salzwasser	geben, zum Kochen bringen, halbweich werden lassen eine Wasserbadform mit
Fett	ausstreichen, mit den großen äußeren Blättern auslegen *für die Füllung*
1 Brötchen (Semmel)	in kaltem Wasser einweichen, gut ausdrücken
1 kleine Zwiebel	abziehen, würfeln
1 Ei	die Zutaten mit
250 g gehacktem Schweinefleisch	vermengen, mit
Salz **Pfeffer**	abschmecken die Füllung abwechselnd mit den Kohlblättern in die Form geben, die oberste Schicht soll aus Kohl bestehen die Form mit dem Deckel verschließen, in einen Topf mit kochendem Wasser setzen statt der Form evtl. eine Serviette nehmen, diese in der Mitte einfetten, die Kohlblätter der Größe nach abwechselnd mit der Füllung einschichten die Serviette kreuzweise verknoten, an einen über den Topf gelegten Holzlöffel hängen, den Kohl im Wasserdampf kochen lassen
Kochzeit:	Etwa 1 Stunde.
Veränderung:	Den Kohlkopf mit enthäuteten, gedünsteten Tomatenstücken umlegen.
Beigabe:	Kapern- oder Tomatensoße.

Saures Linsengemüse

375 g Linsen **750 ml (¾ l) Wasser**	waschen, 12 – 24 Stunden in einweichen
1 Bund Suppengrün	putzen, waschen, kleinschneiden, mit den Linsen,
Salz	in dem Einweichwasser zum Kochen bringen, gar kochen lassen
1 Zwiebel	abziehen, würfeln
50 g Speckwürfel oder Schmalz	zerlassen (Speck auslassen), die Zwiebel unter Rühren so lange darin erhitzen, bis sie leicht gebräunt ist, zu den Linsen geben, durchkochen lassen, das Gericht mit Salz,
2 – 3 Eßl. Essig **Zucker**	abschmecken
Kochzeit:	Etwa 25 Minuten.
Beilage:	Gebackene Blutwurst oder Brühwürstchen.

Erbsenbrei

375 g Erbsen **750 ml (¾ l) Wasser**	waschen, 12 – 24 Stunden in einweichen, in dem Einweichwasser zum Kochen bringen, gar kochen lassen
1 Bund Suppengrün	putzen, waschen, kleinschneiden, nach 1½ Stunden Kochzeit zu den Erbsen geben, gar kochen lassen die Erbsen durch ein Sieb streichen, erhitzen, schaumig rühren, mit
Salz **Pfeffer**	abschmecken
1 Zwiebel	abziehen, in Scheiben schneiden, in
40 g Butter, Margarine oder 50 g ausgelassenen Speckwürfeln	bräunen, den Erbsenbrei damit anrichten
Kochzeit:	2 – 2½ Stunden.
Beilage:	Sauerkraut, Schweinerippchen oder Pökelfleisch.

Kopfsalat

	Von
2 Köpfen Salat	die welken Blätter entfernen, die anderen vom Strunk lösen, die großen Blätter teilen, die Herzblätter ganz lassen den Salat in reichlich Wasser gründlich waschen, aber nicht drücken, ihn dann auf einem Durchschlag abtropfen lassen oder in einem Tuch oder Drahtkorb ausschwenken *für die Salatsoße*
3 Eßl. Salatöl	mit
1 – 2 Eßl. Essig oder Zitronensaft	
Salz	verschlagen
1 – 2 Eßl. gehackte Kräuter	unterrühren
oder	
1 Eßl. Salatöl	mit
2 – 3 Eßl. Essig	
Salz	
Zucker	
4 Eßl. saurer Sahne	verschlagen
1 kleine gewürfelte Zwiebel	
1 – 2 Eßl. gehackte Kräuter	unterrühren den Salat kurz vor dem Anrichten mit einer der angegebenen Soßen mischen.
Veränderung:	Kopfsalat auch mit Sahnesoße oder Mayonnaise anrichten.

Feldsalat
Rapunzeln

	Von
200 g Feldsalat	die Wurzelenden abschneiden, fehlerhafte Blätter entfernen, größere Blätter evtl. einmal durchschneiden den Salat gründlich waschen, abtropfen lassen *für die Salatsoße*
3 Eßl. Salatöl	mit
2 Eßl. Essig	
Salz	
Zucker	verschlagen
1 Eßl. gehackte Kräuter	unterrühren
oder	
2 Eßl. Salatöl	mit
2 Eßl. Essig	
Salz	
Zucker	
2 Eßl. saurer Sahne	verschlagen
1 kleine gewürfelte Zwiebel	
1 Eßl. gehackte Kräuter	unterrühren den Salat kurz vor dem Anrichten mit einer der angegebenen Soßen mischen.
Veränderung:	Den Feldsalat mit Zwiebelringen und hartgekochtem, gehacktem Ei garnieren.

Chicoréesalat

500 g Chicorée (vorbereitet gewogen)	von schlechten Blättern befreien, halbieren, den festen kleinen Keil herausschneiden, weil er bitter schmeckt, den Chicorée in etwa ½ cm breite Streifen schneiden
150 g gekochten Schinken	in feine Streifen schneiden *für die Salatsoße*
1 Becher (150 g) Crème fraîche	mit
2 Eßl. Tomaten-Ketchup	verrühren, mit
Salz	
Zucker	
Pfeffer	abschmecken Chicorée und Schinken mit der Soße vermengen.

Kressesalat

200 g Kresse	sorgfältig verlesen, in reichlich Wasser gründlich waschen, aber nicht drücken, abtropfen lassen
	für die Salatsoße
2 – 3 Eßl. Salatöl	mit
1 – 2 Eßl. Essig	
Salz	
Zucker	verschlagen
1 Eßl. gehackte Kräuter	unterrühren
	die Kresse mit der Soße mischen.

Eisbergsalat

	Von
1 Kopf Eisbergsalat	die äußeren Blätter entfernen, den Salatkopf halbieren oder vierteln, zerpflükken, waschen, auf einem Durchschlag abtropfen lassen oder in einem Tuch oder Drahtkorb ausschwenken
1 Apfelsine	schälen, filieren, in kleine Stücke schneiden
	für die Salatsoße
1 Becher (150 g) Joghurt	mit
1 Teel. Salatöl	
1 Eßl. Essig	verrühren, mit
Salz	
Zucker	abschmecken
	Eisbergsalat und Apfelsine mit der Soße vermengen.

Spinatsalat mit Apfelsinen

250 g Spinat	verlesen, sorgfältig waschen, abtropfen lassen
	für die Salatsoße
½ Apfelsine (ungespritzt)	sehr dünn schälen, die Schale in feine Streifen schneiden, in
etwas Wasser	geben, zum Kochen bringen, etwa 3 Minuten kochen lassen, herausnehmen, erkalten lassen
2 Eßl. Zitronensaft	mit
2 Eßl. Salatöl	
Salz	
Pfeffer, Zucker	verschlagen
gerebelten Thymian	unterrühren
	das Fruchtfleisch der ½ Apfelsine von der weißen Haut befreien, in kleine Würfel schneiden, mit der feingeschnittenen Apfelsinenschale in die Soße geben, den Spinat unterheben, sofort servieren.

Endiviensalat

	Von
1 mittelgroßen Kopf Endivie	Wurzel und äußere Blätter abschneiden, die übrigen Blätter übereinanderlegen, in nudelartige Streifen schneiden, sorgfältig waschen, sollte die Endivie bitter sein, sie ½ Stunde in lauwarmes Wasser legen
	für die Salatsoße
3 Eßl. Salatöl	mit
2 Eßl. Essig	
Salz	
Zucker	
Pfeffer	verschlagen
1 Eßl. gehackte Kräuter	unterrühren
	den Salat mit der Soße vermengen.

Radicchiosalat

	Von
250 g Radicchio	die welken Blätter entfernen, die anderen auseinanderpflücken (große Blätter teilen), waschen, gut abtropfen lassen *für die Salatsoße*
3 Eß. Salatöl	mit
2 Eßl. Essig	
Salz	
Zucker	
Pfeffer	verschlagen
2 mittelgroße Zwiebeln	abziehen, fein würfeln
3 Eßl. gehackte Kräuter	
	die Zutaten unterrühren den Salat kurz vor dem Anrichten mit der Soße vermengen.
Veränderung:	Den Radicchiosalat mit Gurkenscheiben mischen.

Chinakohlsalat

	Von
1 kg Chinakohl	die welken Blätter entfernen, den Kopf halbieren, in schmale Streifen schneiden, waschen, gut abtropfen lassen *für die Salatsoße*
4 Eßl. Sahne	mit
Essig	
Salz	
Zucker	
Pfeffer	abschmecken
2 Eßl. gehackte Kräuter	unterrühren den Salat mit der Soße vermengen, etwas durchziehen lassen.

Chicorée-Apfelsalat

375 g Chicorée (vorbereitet gewogen)	von schlechten Blättern befreien, halbieren, den Strunk keilförmig herausschneiden den Chicorée waschen, abtropfen lassen, in etwa ½ cm breite Streifen schneiden
250 g Äpfel	schälen, vierteln, entkernen, in Streifen schneiden *für die Salatsoße*
4 Eßl. Salatöl	mit
2 – 3 Eßl. Essig oder Zitronensaft	
Salz, Zucker	verschlagen die geschnittenen Zutaten mit der Soße vermengen, den Salat mit Zitronensaft, Salz, Zucker abschmecken da Chicorée viel Flüssigkeit zieht, den Salat erst kurz vor dem Verzehr mischen.
Veränderung:	Statt der Äpfel Apfelsinen verwenden.

Frische Champignons, mariniert

	Von
250 g frischen Champignons	Lamellen und Haut entfernen, kleinere Pilze nur abschaben, die Pilze waschen, gut abtropfen lassen, in dünne Scheiben schneiden, dann in 4 Portionen teilen, mit dem
Saft von 1 – 2 Zitronen	
3 – 4 Eßl. Olivenöl	beträufeln, mit
frisch gemahlenem Pfeffer	
1 Eßl. gehackter Petersilie	bestreuen, sofort servieren.

Champignon-Radieschen-Feldsalat

250 g Champignons putzen, waschen, in Scheiben schneiden
für die Marinade
3 Eßl. Essig mit
1 Eßl. Salatöl
Salz
Zucker
Pfeffer verschlagen
die Champignons mit der Marinade vermengen
von
1 Bund Radieschen
(250 g mit Grün) Wurzeln und Blätter abschneiden, die Radieschen waschen, in Scheiben schneiden
von
100 g Feldsalat
(Rapunzeln) die Wurzelenden abschneiden, fehlerhafte Blätter entfernen, größere Blätter evtl. einmal durchschneiden
den Salat gründlich waschen, gut abtropfen lassen
für die Salatsoße
1 ½ Becher (225 g)
Crème fraîche mit
1 Eßl. Tomaten-Ketchup
1 Eßl. Milch verrühren, mit
Salz
Zucker
Pfeffer abschmecken
2 Eßl. gehackte
Kräuter unterrühren
Radieschen, Feldsalat und Champignons in eine Salatschüssel schichten, die Soße darüber verteilen.

Kohlrabisalat

750 g Kohlrabi
(vorbereitet
gewogen) schälen, waschen, raspeln
für die Salatsoße
2 Eßl. Crème fraîche mit
3 Eßl. Zitronensaft verrühren, mit
Zucker
Salz abschmecken
2 Eßl. gehackte
Kräuter unterrühren
die Kohlrabi mit der Soße vermengen.

Gurkensalat

1 mittelgroße
Salatgurke
(etwa 750 g) waschen, abtrocknen, in feine Scheiben schneiden oder hobeln
für die Salatsoße
3 Eßl. Salatöl mit
2 Eßl. Essig
Salz
Zucker
Pfeffer verschlagen
1 mittelgroße
Zwiebel abziehen, fein würfeln, mit
2 Eßl. gehackten
Kräutern unterrühren
die Gurkenscheiben kurz vor dem Anrichten mit der Soße vermengen.

Bunter Salat

	Von
½ Kopf Salat	die welken Blätter entfernen, die anderen vom Strunk lösen, die großen Blätter teilen, die Herzblätter ganz lassen den Salat in reichlich Wasser gründlich waschen, aber nicht drücken, abtropfen lassen
2 mittelgroße Tomaten	waschen, abtrocknen, in Scheiben schneiden
½ grüne und ½ rote Paprikaschote	halbieren, entstielen, entkernen, die weißen Scheidewände entfernen, die Schoten vierteln, waschen, in Streifen schneiden
½ Gemüsezwiebel	abziehen, in dünne Scheiben schneiden von
½ Bund Radieschen	Wurzeln und Blätter abschneiden, die Radieschen waschen, in Scheiben schneiden
1 Stück Salatgurke	waschen, abtrocknen, in dicke Scheiben schneiden, halbieren *für die Salatsoße*
1 Becher (150 g) Crème fraîche	mit
1 Becher (150 g) saurer Sahne **5 Eßl. Milch** **2 gestrichenen Eßl. Tomaten-Ketchup**	verrühren, mit
Salz **Paprika edelsüß** **Zucker**	abschmecken, nach Belieben
3 Eßl. gehackte Kräuter	unterrühren die Salatzutaten in eine Schüssel geben, die Soße darüber verteilen oder extra dazureichen, den Salat mit
Eischeiben	garnieren.

Griechischer Tomatensalat

500 g Tomaten	waschen, abtrocknen, in dünne Scheiben schneiden, mit
etwa 15 Oliven **150 g zerbröckeltem Schafskäse**	in einer Schüssel anrichten *für die Salatsoße*
3 Eßl. Salatöl	mit
2 Eßl. Zitronensaft **Salz** **gemahlenem schwarzem Pfeffer**	verschlagen
1 Zwiebel	abziehen, würfeln
3 gehackte Minzblätter **oder** **1 Eßl. gehackte Kräuter**	hinzufügen die Soße über die Salatzutaten geben den Salat kurze Zeit durchziehen lassen.

Herzhafter Rotkohlsalat

500 g Rotkohl (vorbereitet gewogen)	putzen, waschen, gut abtropfen lassen, in sehr feine Streifen schneiden
1 mittelgroße Zwiebel	abziehen, in dünne Ringe schneiden *für die Salatsoße*
1 Eßl. Sirup	mit
1 Eßl. Essig-Essenz (25%) **4 Eßl. Wasser** **1 gestrichenen Teel. Senf**	verschlagen, mit
Salz **Pfeffer**	abschmecken, mit den Salatzutaten vermengen, sofort servieren.

Spanischer Salat

(Für 6 – 8 Personen)

5 Tomaten
½ Salatgurke – beide Zutaten waschen, abtrocknen, in Scheiben schneiden
3 Paprikaschoten – halbieren, entstielen, entkernen, die weißen Scheidewände entfernen, die Schoten waschen, in Streifen schneiden
2 – 3 rote Zwiebeln – abziehen, in Ringe schneiden
1 Kopf Salat – von den welken Blättern befreien, die anderen vom Strunk lösen, die großen Blätter teilen, den Salat waschen, abtropfen lassen
für die Salatsoße
3 Eßl. Olivenöl – mit
4 Eßl. Essig
1 Eßl. Wasser – verschlagen
gehackte Petersilie
feingeschnittenen Schnittlauch – unterrühren, mit
Salz
Zucker
Pfeffer – abschmecken, mit den Salatzutaten vermengen, kurz durchziehen lassen, den Salat evtl. mit Salz, Pfeffer, Zucker abschmecken, mit
Eischeiben
spanischen Oliven
roten Paprikaschoten-Streifen – garnieren.

Bunte Salatplatte

Von
1 Kopf Salat – die welken Blätter entfernen, die anderen vom Strunk lösen, die großen Blätter teilen, die Herzblätter ganz lassen, den Salat in reichlich Wasser gründlich waschen, auf einem Durchschlag gut abtropfen lassen oder in einem Tuch oder Drahtkorb ausschwenken
4 mittelgroße Tomaten – waschen, abtrocknen, in Scheiben schneiden
von
1 Bund Radieschen – Wurzeln und Blätter abschneiden, die Radieschen waschen, in Scheiben schneiden
½ Salatgurke – waschen, abtrocknen, ungeschält in dünne Scheiben schneiden
3 rote Zwiebeln – abziehen, in dünne Scheiben schneiden
die Blättchen von
1 Kästchen Kresse – abschneiden, waschen, abtropfen lassen
4 Artischockenherzen (aus der Dose) – abtropfen lassen
10 – 15 spanische Oliven, mit Paprika gefüllt – mit den vorbereiteten Zutaten auf einer Salatplatte anrichten
für die Salatsoße
1 Becher (150 g) Crème fraîche – mit
1 Eßl. Essig – verrühren
1 Eßl. gehackte Kräuter – unterrühren, mit
Salz
Zucker
Pfeffer – abschmecken, über den angerichteten Salat geben.

Tomatensalat

500 g feste Tomaten	waschen, abtrocknen, mit einem Tomatenmesser in Scheiben schneiden, in eine Salatschüssel geben, dabei jede Schicht mit
Salz	
Pfeffer	
Zwiebelwürfeln	bestreuen
3 Eßl. Salatöl	mit
1 – 2 Eßl. Essig	verschlagen, über die Tomaten geben den Salat mit
1 Eßl. gehackten Kräutern	bestreuen.

Erfrischende Zucchini

4 Zucchini (etwa 600 g)	schälen, halbieren, entkernen, in feine Scheiben schneiden
1 Eßl. Zucker	mit
3 Eßl. Zitronensaft	gut verrühren, über die Zucchini geben, kalt stellen
60 g Frischkäse	mit
5 Eßl. Sahne	verrühren
	4 Glasteller mit
Salatblättern	auslegen, die Zucchini darauf geben, die Käsecreme darüber verteilen, mit
Paprika edelsüß	bestreuen.

Zucchini-Tomaten-Salat

3 Zucchini (etwa 500 g)	schälen, längs halbieren, in sehr dünne Scheiben schneiden
4 mittelgroße Tomaten	kurze Zeit in kochendes Wasser legen, in kaltem Wasser abschrecken, enthäuten, in dünne Scheiben schneiden
	die Blättchen von
1 Kästchen Kresse	abschneiden, waschen, abtropfen lassen
	für die Salatsoße
3 schwach gehäufte Eßl. Joghurt	mit
4 Eßl. Sahne	
1 Teel. Essig-Essenz (25%)	verrühren
1 mittelgroße, abgezogene, geriebene Zwiebel	unterrühren, mit
Salz	
geschrotetem schwarzem Pfeffer (aus der Mühle)	
Ingwerpulver	abschmecken, mit den Salatzutaten vermengen, auf
gewaschenen Salatblättern	anrichten, sofort servieren.

Andalusischer Salat

2 Paprikaschoten	entstielen, halbieren, entkernen, die weißen Scheidewände entfernen, die Schoten waschen, in dünne Streifen schneiden
4 Tomaten	waschen, in Scheiben schneiden
1 Kopf Salat	von den welken Blättern befreien, die anderen vom Strunk lösen, die großen Blätter teilen, die Herzblätter ganz lassen, den Salat waschen, gut abtropfen lassen
9 grüne spanische Oliven, mit Paprika gefüllt	in Scheiben schneiden
1 große Zwiebel	abziehen, in dünne Ringe schneiden
	für die Salatsoße
4 Eßl. Salatöl	mit
3 Eßl. Estragonessig	
½ Teel. Salz	
grob gemahlenem Pfeffer	
1 Messerspitze Knoblauchpulver	
gerebeltem Oregano	
1 Eßl. Weinbrand	verschlagen, nach Belieben
einige Eßl. Joghurt	unterrühren
	die Salatzutaten mit der Soße vermengen
3 hartgekochte Eier	pellen, in Scheiben schneiden, vorsichtig unter den Salat heben, nach Belieben mit
gehackter Petersilie	bestreuen.

Tip:

Zur Geschmackskrönung Salatsoßen und Dips mit Crème fraîche verfeinern.

Rote Bete-Salat
Rote Rüben

400 g Rote Bete	gründlich unter fließendem kaltem Wasser bürsten, schälen
1 mittelgroßen säuerlichen Apfel	schälen beide Zutaten raspeln *für die Salatsoße*
3 Eßl. Salatöl	mit
2 Eßl. Zitronensaft oder Essig	
Salz	
Zucker	verschlagen
1 mittelgroße Zwiebel	abziehen, fein würfeln, mit
2 Eßl. Sahne	
1 Eßl. gehackten Kräutern	unterrühren Rote Bete und Apfel mit der Soße vermengen.

Kohlrabi-Radieschen-Salat

4 kleine Kohlrabi	schälen, waschen, grob raspeln
2 – 3 Bund Radieschen	putzen, waschen, in dünne Scheiben schneiden *für die Salatsoße*
3 Eßl. Salatöl	mit
4 Eßl. Essig	verschlagen
1 Eßl. gehackte Kräuter	unterrühren, mit
Salz	
Zucker	
Pfeffer	abschmecken, mit den Salatzutaten vermengen, kurz durchziehen lassen, den Salat evtl. mit Salz, Pfeffer, Zucker abschmecken.

Serbischer Salat
(Für 2 Personen)

1 große Zwiebel	abziehen, in Ringe schneiden
1 grüne Paprikaschote	halbieren, entstielen, entkernen, die weißen Scheidewände entfernen, die Schote waschen, in Streifen schneiden
2 Tomaten	waschen, in Scheiben schneiden die 3 Zutaten abwechselnd in ein hohes Glas füllen *für die Salatsoße*
2 Eßl. Salatöl	mit
1 Eßl. Essig	
Salz	
Pfeffer	verrühren, über die Salatzutaten gießen.

Selleriesalat

1 Sellerieknolle (etwa 750 g)	gründlich unter fließendem kaltem Wasser bürsten, schälen, raspeln
	für die Salatsoße
3 Eßl. Salatöl	mit
2 Eßl. Zitronensaft oder Essig	
Salz	
Zucker	verschlagen
1 mittelgroße Zwiebel	abziehen, fein würfeln, mit
2 Eßl. Sahne	
1 Eßl. gehackten Kräutern	unterrühren
	die Sellerie mit der Soße vermengen.
Veränderung:	Sellerei mit feingeraspelten Äpfeln mischen.
	Statt der angegebenen Soße eine Sahnesoße zubereiten, den Salat mit feingeschnittenen Salatblättern und Lachsschinken-Streifen garnieren.

Fenchelsalat

2 Fenchelknollen	putzen, waschen, in feine Streifen schneiden
2 – 3 feste Tomaten	kurze Zeit in kochendes Wasser legen, in kaltem Wasser abschrecken, enthäuten, vierteln
	für die Salatsoße
1 Knoblauchzehe	abziehen, zerdrücken
1 Zwiebel	abziehen, fein würfeln
	beide Zutaten mit dem
Saft von 1 Zitrone	
3 Eßl. Salatöl	verrühren, mit
Salz, Pfeffer	
Zucker	abschmecken, mit den Fenchelstreifen und den Tomatenvierteln vermengen, mit
gewaschener Kresse (½ Kästchen)	
1 Eßl. gehackten Walnußkernen	bestreuen.

Rettichsalat

3 mittelgroße Rettiche (750 g)	schälen, waschen, grob raspeln
	für die Salatsoße
3 Eßl. Salatöl	mit
2 Eßl. Essig oder Zitronensaft	
Salz	
Zucker	verschlagen
1 mittelgroße Zwiebel	abziehen, fein würfeln, mit
2 Eßl. saurer Sahne	
1 Eßl. gehackten Kräutern	unterrühren
	die Rettiche mit der Soße vermengen
	den Salat etwa 1 Stunde durchziehen lassen.

Weißkohlsalat

	Von
500 g Weißkohl	die groben äußeren Blätter entfernen, den Kohl in Hälften oder Viertel schneiden, den Strunk herausschneiden, den Kohl waschen, sehr fein schneiden oder hobeln
1 Eßl. Speiseöl	erhitzen, den Kohl kurze Zeit darin andünsten
etwas Salzwasser	hinzugießen, halbweich dünsten, abtropfen lassen
150 g durchwachsenen Speck	in Würfel schneiden, auslassen, unter den Kohl geben
	für die Salatsoße
1 Eßl. Salatöl	mit
2 Eßl. Essig	
Salz	
Zucker	
Pfeffer	verschlagen
1 kleine Zwiebel	abziehen, fein würfeln, mit
1 Eßl. gehackten Kräutern	unterrühren
	den noch warmen Weißkohl mit der Soße vermengen
	den Salat gut durchziehen lassen
Dünstzeit:	15 – 20 Minuten.
Veränderung:	Nach Belieben gefüllte spanische Oliven in Scheiben schneiden, unter den Salat heben.

Kartoffelsalat

750 g Salatkartoffeln	waschen, mit Wasser zum Kochen bringen, gar kochen lassen, abgießen, heiß pellen, lauwarm in feine Scheiben schneiden, mit
250 ml (¼ l) kochendheißem Salzwasser oder Instant-Fleischbrühe	übergießen, nach kurzer Zeit mit einem Schaumlöffel herausnehmen
1 kleine Zwiebel	abziehen, würfeln, zu den Kartoffeln geben, mit
Pfeffer	bestreuen
	für die Salatsoße
3 Eßl. Salatöl	mit
etwa 4 Eßl. Essig	
Salz	verschlagen
1 Teel. gehackte Kräuter	unterrühren
	die Kartoffeln mit der Soße mischen, 1 – 2 Stunden durchziehen lassen
	den Salat evtl. mit
Petersilie grünem Salat oder Gurkenscheiben	garnieren
Kochzeit:	25 – 30 Minuten.
Veränderung:	Den Kartoffelsalat mit Mayonnaise mischen.

Bohnensalat

500 g Grüne Bohnen oder Wachsbohnen	abfädeln, waschen, in etwa 4 cm lange Stücke brechen oder schneiden, in
125 ml (⅛ l) kochendes Salzwasser	geben, gar kochen, abtropfen lassen
	für die Salatsoße
3 Eßl. Salatöl	mit
1 – 2 Eßl. Essig	
Salz	verschlagen
1 Eßl. gehackte Kräuter	
1 gewürfelte Zwiebel	
saure Sahne (nach Belieben)	unterrühren
	die noch warmen Bohnen mit der Soße vermengen
	den Salat gut durchziehen lassen, evtl. nochmals mit Salz abschmecken
Kochzeit:	Etwa 30 Minuten.

Eingelegte Rote Bete

1 kg Rote Bete (Rote Rüben)	putzen, unter fließendem kaltem Wasser sorgfältig bürsten, in
kochendes Salzwasser	legen, zum Kochen bringen, gar kochen lassen, aus dem Kochwasser nehmen, mit kaltem Wasser übergießen, damit sich die Schalen besser abziehen lassen die abgezogenen Knollen in Scheiben schneiden
5 Zwiebeln	abziehen, in Scheiben schneiden, Rote Bete, Zwiebelscheiben,
1 Lorbeerblatt	in eine Schüssel schichten *für die Essig-Zuckerlösung*
500 ml (½ l) Wasser	mit
75 g Zucker	zum Kochen bringen
250 ml (¼ l) Weinessig (5%ig)	hinzugießen, die Flüssigkeit über die Rote Beete geben, einige Tage gut durchziehen lassen
Kochzeit:	1 – 1½ Stunden.

Blumenkohlsalat

1 Kopf Blumenkohl	von Blättern, schlechten Stellen befreien, den Strunk herausschneiden den Blumenkohl unter fließendem kaltem Wasser waschen, einige Zeit in
kaltes Salzwasser	legen, um Raupen und Insekten zu entfernen den Blumenkohl mit dem Strunk nach unten in
250 – 500 ml (¼ – ½ l) kochendes Salzwasser	legen, zum Kochen bringen, gar kochen lassen, in Röschen teilen *für die Remouladensoße*
2 hartgekochte Eier	pellen, das Eigelb durch ein Sieb streichen, mit
1 rohen Eigelb Salz	verrühren, dann tropfenweise unter Schlagen die Hälfte von
125 ml (⅛ l) Salatöl	hinzufügen, ist die Masse steif genug,
2 Eßl. Essig oder Zitronensaft 1 Teel. Senf	hinzufügen, dann erst den Rest des Öls hinzugeben das hartgekochte Eiweiß in kleine Würfel schneiden, mit
2 Eßl. gehackten Kräutern	unter die Mayonnaise rühren, mit
Salz Zucker	abschmecken die Blumenkohlröschen vorsichtig mit der Soße vermengen den Salat gut durchziehen lassen, evtl. mit Salz, Zucker abschmecken
Kochzeit:	25 – 30 Minuten.

Spargelsalat

750 g Spargel	von oben nach unten schälen, darauf achten, daß die Schalen und holzigen Stücke völlig entfernt, die Köpfe aber nicht verletzt werden den Spargel waschen, in 4 – 5 cm lange Stücke schneiden, in
375 ml (⅜ l) kochendes Salzwasser	geben, zum Kochen bringen, gar kochen, abtropfen lassen *für die Salatsoße*
3 Eßl. Salatöl	mit
1 – 2 Eßl. Essig Salz Zucker	verschlagen
1 Teel. gehackte Kräuter	unterrühren den noch warmen Spargel mit der Soße vermengen den Salat gut durchziehen lassen, nach Belieben mit
Eischeiben Tomatenscheiben	garnieren
Kochzeit:	Etwa 30 Minuten.
Veränderung:	Den Salat vor dem Anrichten mit Mayonnaise in ausgehöhlte Tomaten füllen.

Salade mode du Chef

Salat nach Art des Hauses

1 Kopf Salat	von den welken Blättern befreien, die anderen vom Strunk lösen, die großen Blätter teilen, die Herzblätter ganz lassen, den Salat waschen, gut abtropfen lassen
1 Bund Radieschen	putzen, waschen
4 mittelgroße Tomaten	waschen
	beide Zutaten in Scheiben schneiden
100 g gekochten Schinken	
etwa 150 g gebratenes Hähnchenfleisch	kleinschneiden
	die Zutaten abwechselnd lagenweise in eine Salatschüssel füllen
1 Zwiebel	abziehen, in Ringe schneiden, auf den Salat geben
	für die Salatsoße
	eine kleine Schüssel mit
1 abgezogenen Knoblauchzehe	ausreiben
1 Becher (150 g) Crème fraîche	hineingeben, mit
1 Eßl. feingeschnittenem Schnittlauch	verrühren, mit
Salz	
Pfeffer	abschmecken
	die Soße über den Salat geben, vorsichtig unterheben.
Beigabe:	Toast.

Texassalat

2 Paprikaschoten	halbieren, entstielen, entkernen, die weißen Scheidewände entfernen, die Schoten waschen, in Streifen schneiden
3 Zwiebeln	abziehen, in Ringe schneiden, mit den Paprikastreifen in
500 ml (½ l) kochendes Salzwasser	geben, zum Kochen bringen
2 Eßl. Essig Zucker	hinzufügen, das Gemüse etwa 5 Minuten kochen, abtropfen lassen
375 g gebratenes oder gekochtes Rindfleisch	in Streifen schneiden
etwa 300 g Maiskörner (aus der Dose) etwa 115 g gedünstete Champignons	
	beide Zutaten abtropfen lassen, die Champignons vierteln
	für die Salatsoße
3 Eßl. Salatöl	mit
2–3 Eßl. Essig 2–3 Eßl. Tomaten-Ketchup	verschlagen, mit
Salz, Pfeffer Paprika edelsüß	abschmecken, mit den Salatzutaten vermengen, den Salat durchziehen lassen.

Paprikasalat mit Gurken und Tomaten

375 g Paprikaschoten (etwa 3 Stück)	halbieren, entstielen, entkernen, die weißen Scheidewände entfernen, die Schoten waschen, in feine Streifen schneiden
1 kleine Salatgurke	von der Spitze zum Stiel hin schälen und probieren, ob sie bitter ist, sollte das der Fall sein, so viel abschneiden, bis der Geschmack einwandfrei ist
	die Gurke in feine Scheiben schneiden oder hobeln
375 g feste Tomaten	waschen, abtrocknen, in Scheiben schneiden
	für die Salatsoße
4 Eßl. Salatöl	mit
etwa 4 Eßl. Essig Salz Zucker	verschlagen
gehackten Dill	unterrühren
	die geschnittenen Zutaten mit der Soße vermengen, den Salat mit Essig, Zucker, Salz abschmecken, gut durchziehen lassen.
Veränderung:	1 mittelgroße, abgezogene Zwiebel in Ringe schneiden, 125 g Weißkohl fein hobeln, unter den Salat geben.

Spargelsalat mit Shrimps

500 g gekochte Spargelstücke	abtropfen lassen
250 g tiefgekühlte Shrimps	bei Zimmertemperatur auftauen lassen, mit den Spargelstücken vermengen *für die Salatsoße*
5 Eßl. Mayonnaise	mit
2 Eßl. Sahne	
1 Eßl. Sherry	verrühren, mit
Zitronensaft	abschmecken, mit den Salatzutaten vermengen den Spargelsalat auf
gewaschenen Salatblättern	anrichten.
Veränderung:	1 Apfelsine schälen, in Spalten teilen, die Haut abziehen, die Filets in kleine Stücke schneiden, unter den Salat geben. Den Spargelsalat in vier ausgehöhlten Apfelsinen anrichten, als Vorspeise reichen.
Beigabe:	Toast.

Tomaten-Zwiebelsalat

250 g Zwiebeln	abziehen, in Scheiben schneiden
500 ml (½ l) Wasser	mit
1 Eßl. Essig	
1 Teel. Salz	zum Kochen bringen, die Zwiebeln darin glasig kochen, abtropfen lassen
500 g Tomaten	waschen, abtrocknen, die Stengelansätze herausschneiden
3 hartgekochte Eier	pellen die beiden Zutaten in Scheiben schneiden, abwechselnd lagenweise mit den Zwiebelscheiben,
1 Eßl. gehackter Petersilie	in eine Salatschüssel schichten, dabei die Ei- und Tomatenscheiben mit
Salz	bestreuen *für die Mayonnaise*
1 Eigelb	mit
1 Eßl. Essig	
1 schwach gehäuften Teel. Senf	
Salz, Zucker, Pfeffer	
125 ml (⅛ l) Salatöl	in einer Rührschüssel mit einem Schneebesen oder mit einem elektrischen Handrührgerät mit Rührbesen zu einer dicklichen Masse schlagen, darunter schlagen (bei dieser Zubereitung ist es nicht notwendig, das Öl tropfenweise zuzusetzen, es wird in Mengen von 1 – 2 Eßl. untergeschlagen, die an das Eigelb gegebenen Gewürze verhindern eine Gerinnung)
2 schwach gehäufte Eßl. Joghurt	
1 Eßl. gehackte Kräuter	unterrühren die Mayonnaise über die Salatzutaten gießen, den Salat kalt stellen.

Waldorfsalat

500 g Äpfel	schälen, vierteln, entkernen
200 g Sellerie	waschen, schälen beide Zutaten in feine Streifen schneiden von
100 g frischen Walnußkernen	die Häutchen abziehen, die Kerne grob mahlen oder sehr fein hacken *für die Mayonnaise*
1 Eigelb	mit
Salz	
Zucker	
Pfeffer	in einer Rührschüssel mit einem Schneebesen oder mit einem elektrischen Handrührgerät mit Rührbesen zu einer dicklichen Masse schlagen
125 ml (⅛ l) Salatöl	hinzufügen, zunächst nur die Hälfte der vorgeschriebenen Ölmenge nehmen, ist die Masse steif, erst
1 Teel. Zitronensaft	hinzufügen, dann den Rest des Öls hinzugeben die Salatzutaten mit der Mayonnaise vermengen den Salat gut durchziehen lassen.

Gefüllte Reis-Tomaten

8 mittelgroße, feste Tomaten	waschen, abtrocknen, mit einem scharfen Messer einen Deckel abschneiden, das Innere mit einem Teelöffel aushöhlen, die Tomaten innen mit
Salz	bestreuen, die Tomaten zum Abtropfen umgekehrt auf Haushaltspapier stellen
400 g Thunfisch (aus der Dose)	abtropfen lassen, zerpflücken, mit
125 g US-Langkornreis, gekocht (= 40 g roher Reis)	
1 – 2 Eßl. gehackter Petersilie	
3 Eßl. Salatmayonnaise	
abgeriebener Schale von 1 Zitrone (ungespritzt)	
Pfeffer	
gerebeltem Basilikum	vermengen, die Tomaten mit der Masse füllen, die restliche Masse dazureichen, die Deckel wieder auf die Tomaten setzen, auf
Salatblättern	anrichten.

Orangen-Fenchel-Salat

	Für die Salatsoße
2 Eßl. Salatöl	mit
2 Teel. Essig-Essenz (25%)	
5 Eßl. Wasser	
3 Eßl. Gin	
1 Eßl. Zucker	verschlagen, mit
Salz	
weißem Pfeffer	
Knoblauchsalz	abschmecken
500 g Fenchelknollen	waschen, die braunen Stellen abschneiden, die Knollen in dünne Streifen schneiden, mit Salatsoße beträufeln, etwas ziehen lassen
3 Orangen	schälen, in dünne Scheiben schneiden, vierteln, abwechselnd mit dem Fenchel in eine Salatschüssel schichten, die Soße darüber geben.

Gemischter Reissalat

125 g Brühreis (Langkorn)	in
500 ml (½ l) kochendes Salzwasser	geben, zum Kochen bringen, ausquellen lassen (er muß noch körnig sein) den garen Reis auf ein Sieb geben, mit kaltem Wasser übergießen, gut abtropfen und erkalten lassen
175 g gedünstete Champignonscheiben	
6 Scheiben 300 g Ananas (aus der Dose)	
170 g Mandarinenspalten (aus der Dose)	die Zutaten abtropfen lassen
150 g gekochter Schinken	Ananas und Schinken in Streifen schneiden *für die Mayonnaise*
3 schwach gehäufte Eßl. Salatmayonnaise	mit
2 schwach gehäuften Eßl. saurer Sahne	verrühren, mit
Salz, Currypulver	abschmecken die Salatzutaten mit der Mayonnaise vermengen den Salat gut durchziehen lassen, mit Salz,
evtl. Ananassaft	abschmecken
Kochzeit:	20 – 30 Minuten.

Döbel-Salat „Clarissa“

2 – 3 Döbel (etwa 1 kg)	schuppen, ausnehmen, unter fließendem kaltem Wasser abspülen, nach Belieben mit
Zitronensaft	beträufeln, etwa 15 Minuten stehenlassen
2 – 3 Zwiebeln	abziehen, vierteln
etwa 2 l Salzwasser	zum Kochen bringen, den Fisch mit den Zwiebelvierteln,
4 Lorbeerblättern	
5 – 6 Pfefferkörnern	
einigen Wacholderbeeren	hineingeben, zum Kochen bringen, gar ziehen lassen den Fisch aus der Fischbrühe nehmen, abkühlen lassen, enthäuten, sorgfältig entgräten, in mundgerechte Stücke teilen
1 kleinen Kopf Eisbergsalat	putzen, waschen, zerpflücken
1 – 2 rote Paprikaschoten	halbieren, entstielen, entkernen, die weißen Scheidewände entfernen, die Schoten waschen, in Streifen schneiden
3 enthäutete Tomaten	in Achtel schneiden
2 rote Zwiebeln	abziehen, in sehr dünne Ringe schneiden *für die Salatsoße*
6 Eßl. Salatöl	mit
1 Eßl. Essig-Essenz (25%)	
6 Eßl. Weißwein	
½ zerdrückten Knoblauchzehe	
geschrotetem, schwarzem Pfeffer	verschlagen, mit
Salz, Zucker	abschmecken die Soße mit den Salatzutaten,
1 Bund gehackten Kräutern	vermengen, gut durchziehen lassen
Garzeit:	Etwa 20 Minuten.
Beigabe:	Stangenweißbrot.

Schweizer Wurstsalat

400 g Fleischwurst	enthäuten, in dünne Scheiben schneiden
125 g Emmentaler Käse	in feine Streifen schneiden
2 Tomaten	waschen, halbieren, entkernen, in Streifen schneiden aus
1 Kopf Salat	das Salatherz herauslösen, waschen, zerpflücken, in Streifen schneiden den übrigen Salat waschen, abtropfen lassen, auf eine Platte legen *für die Salatsoße*
1 Zwiebel	abziehen, reiben, mit
4 Eßl. Salatöl	
2 – 3 Eßl. Essig	
½ Teel. Senf	verschlagen, mit
Salz	
Pfeffer	abschmecken
gehackten Dill	
gerebelten Majoran	unterrühren, mit den Salatzutaten vermengen, die Salatblätterstreifen vorsichtig unterheben, gut durchziehen lassen den Salat evtl. mit Salz, Pfeffer abschmecken, in den Salatkopf füllen.

Fischsalat, spanisch

500 g Fischfilet	unter fließendem kaltem Wasser abspülen, trockentupfen, mit
2 Eßl. Zitronensaft	beträufeln, etwa 30 Minuten stehenlassen, wieder trockentupfen, mit
Salz	
Pfeffer	bestreuen
1 Eßl. Butter oder Margarine	zerlassen, das Fischfilet,
2 Eßl. Wasser	hinzufügen, gar dünsten, nach dem Erkalten in kleine Stücke zerpflücken
2 Apfelsinen	schälen, in dünne Scheiben schneiden, vierteln
1 Banane	schälen, in Scheiben schneiden
1 Apfel	schälen, vierteln, entkernen, in Würfel schneiden
	für die Salatsoße
15 grüne spanische Oliven, mit Paprika gefüllt	in feine Streifen schneiden, mit dem
Saft von 1 Zitrone	
125 g (4 Eßl.) Salatmayonnaise	verrühren, mit
Salz	
Zucker	
Pfeffer	abschmecken
	die Soße vorsichtig mit dem Obst und dem Fisch vermengen
	den Salat mit
gefüllten spanischen Oliven	garnieren
Dünstzeit:	15 – 20 Minuten.

Heringssalat

3 Heringe	wässern, abtrocknen, enthäuten, entgräten
2 mittelgroße Äpfel	schälen, vierteln, entkernen
1 gekochte Rote Bete oder 250 g Rote Bete (aus dem Glas)	abziehen
2 Pellkartoffeln	pellen
250 g gebratenes Rindfleisch	
2 Essiggurken	
	die Zutaten in kleine Würfel schneiden
50 g Hasel- oder Walnußkerne	hacken
1 schwach gehäufter Eßl. Preiselbeerkompott	
einige Eßl. heiße Fleischbrühe	
1 Eßl. gehackte Kräuter	
	für die Mayonnaise
1 Eigelb	mit
1 Eßl. Essig	
1 schwach gehäuften Teel. Senf	
Salz	
Zucker	
Pfeffer	in einer Rührschüssel mit einem Schneebesen oder mit einem elektrischen Handrührgerät mit Rührbesen zu einer dicklichen Masse schlagen, darunter
125 ml (⅛ l) Salatöl	schlagen (bei dieser Zubereitung ist es nicht notwendig, das Öl tropfenweise zuzusetzen, es wird in Mengen von 1 – 2 Eßl. untergeschlagen, die an das Eigelb gegebenen Gewürze verhindern eine Gerinnung)
1 Eßl. gehackte Kräuter	unterrühren
	die Salatzutaten mit der Mayonnaise vermengen
	den Salat gut durchziehen lassen, mit Salz, Pfeffer abschmecken, nach Belieben mit
Ei- und Gurkenscheiben	
Kapern	
Rote Beten	garnieren.

Feiner Heringssalat

4 Matjesfilets	evtl. 1 Stunde wässern, trockentupfen
250 g Pellkartoffeln	
2 hartgekochte Eier	
	beide Zutaten pellen
200 g Jagdwurst	enthäuten
1 Apfel	schälen, vierteln, entkernen
1 Gewürzgurke	
	alle Zutaten in Würfel schneiden
	für die Mayonnaise
1 Eigelb	mit
1–2 Teel. Senf	
Salz	
Pfeffer	
1 Teel. Zucker	
1 Eßl. Essig	in einer Rührschüssel mit einem Schneebesen oder mit einem elektrischen Handrührgerät mit Rührbesen zu einer dicklichen Masse schlagen, nach und nach eßlöffelweise
125 ml (⅛ l) Salatöl	unterschlagen
3 Eßl. Joghurt	unterrühren, mit den Salatzutaten vermengen, gut durchziehen lassen, den Salat evtl. mit Salz, Pfeffer, Zucker abschmecken.

Krabbensalat „Tiffany"

Etwa 250 g Krabbenfleisch (frisch oder aus der Dose)	mit
Zitronensaft	beträufeln
etwa 280 g gekochter Spargel	abtropfen lassen, in etwa 3 cm lange Stücke schneiden
	für die Salatsoße
2–4 Eßl. Tomaten-Ketchup	mit
2 Messerspitzen Paprika edelsüß	
gehackter Petersilie	
gehacktem Dill	verrühren, mit
Salz	
Worcestersoße	abschmecken, mit den Salatzutaten vermengen
1–2 Eßl. Weinbrand	unterrühren
3 Salatherzen	waschen, in Streifen schneiden, unter den Salat heben.
Beigabe:	Toast.

Japanischer Salat

60 g Brühreis (Langkorn)	waschen, in
250 ml (¼ l) kochendes Salzwasser	geben, zum Kochen bringen, in etwa 20 Minuten ausquellen lassen den garen Reis auf ein Sieb geben, mit kaltem Wasser übergießen, gut abtropfen lassen
2 Apfelsinen	schälen
250 g gebratenes oder gekochtes Rindfleisch	
	beide Zutaten in kleine Würfel schneiden *für die Mayonnaise*
1 Eigelb	mit
1 Eßl. Essig **1 Teel. Senf** **Salz, Zucker**	in einer Rührschüssel mit einem Schneebesen oder mit einem elektrischen Handrührgerät mit Rührbesen zu einer dicklichen Masse schlagen, darunter
125 ml (⅛ l) Salatöl	schlagen
Saft von 1 Apfelsine	mit
Wasser	auf 125 ml (⅛ l) auffüllen
1 schwach gehäuften Eßl. Speisestärke	damit anrühren, unter ständigem Rühren zum Kochen bringen, den heißen Brei unter die Mayonnaise schlagen die Salatzutaten mit der Mayonnaise vermengen, den Salat mit Salz, Zucker,
Zitronensaft **Currypulver**	abschmecken.

Italienischer Salat

125 g Pellkartoffeln	pellen
125 g Äpfel	schälen, vierteln, entkernen
125 g Fleischreste oder gekochter Schinken **125 g Essiggurke**	
	die Zutaten in feine Streifen schneiden
2 gewässerte Sardellen	hacken
1 Zwiebel	abziehen, würfeln
100 g gekochte Karotten **1 Teel. gehackte Kräuter**	
	für die Mayonnaise
1 Eigelb	mit
1 Eßl. Essig **1 Teel. Senf** **Salz** **Zucker**	in einer Rührschüssel mit einem Schneebesen oder mit einem elektrischen Handrührgerät mit Rührbesen zu einer dicklichen Masse schlagen, darunter
125 ml (⅛ l) Salatöl	schlagen (bei dieser Zubereitung ist es nicht notwendig, das Öl tropfenweise zuzusetzen, es wird in Mengen von 1 – 2 Eßl. untergeschlagen, die an das Eigelb gegebenen Gewürze verhindern eine Gerinnung)
2 schwach gehäufte Eßl. Joghurt	unterrühren die Mayonnaise mit den Salatzutaten vermengen den Salat mit Salz,
Essig	abschmecken, nach Belieben mit
Ei-, Gurken-, Tomatenscheiben	garnieren.

Geflügelsalat

375 g gebratenes Geflügelfleisch in Streifen schneiden
225 g Mandarinenspalten (aus der Dose)
175 g Champignonscheiben (aus der Dose)
175 g Spargelstücke (aus der Dose)
die drei Zutaten abtropfen lassen, die Spargelstücke in 3 cm lange Stücke schneiden
für die Mayonnaise
1 Eigelb mit
1 Eßl. Essig
1 schwach gehäuften Teel. Senf
Salz
Zucker
Pfeffer in einer Rührschüssel mit einem Schneebesen oder mit einem elektrischen Handrührgerät mit Rührbesen zu einer dicklichen Masse schlagen, darunter
125 ml (⅛ l) Salatöl schlagen (bei dieser Zubereitung ist es nicht notwendig, das Öl tropfenweise zuzusetzen, es wird in Mengen von 1 – 2 Eßl. untergeschlagen, die an das Eigelb gegebenen Gewürze verhindern eine Gerinnung)
die Salatzutaten mit der Mayonnaise vorsichtig vermengen
den Salat gut durchziehen lassen.

Radicchio mit Thunfisch

Von
250 g Radicchio die Blätter abzupfen, die geschälten Wurzeln in Scheiben schneiden, den Radicchio waschen, gut abtropfen lassen
etwa 200 g Thunfisch (aus der Dose) abtropfen lassen, zerpflücken
3 hartgekochte Eier pellen, in Scheiben schneiden
für die Salatsoße
3 Eßl. Salatöl mit
2 – 3 Eßl. Essig
Salz
Zucker
Pfeffer verschlagen
Radicchio, Thunfisch und Eier mit der Soße vermengen
den Salat mit Essig, Salz, Zucker abschmecken.

Reis-Thunfisch-Salat

250 g US-Langkornreis	in
1 l kochendes Salzwasser	geben, zum Kochen bringen, in etwa 20 Minuten ausquellen lassen
	den garen Reis auf ein Sieb geben, mit kaltem Wasser übergießen, gut abtropfen lassen
3 Tomaten	kurze Zeit in kochendes Wasser legen, in kaltem Wasser abschrecken, enthäuten, in kleine Stücke schneiden, die Tomatenstücke mit dem Reis vermengen
	für die Salatsoße
3 Eßl. Salatöl	mit
2 Eßl. Weinessig	
1 Teel. Senf	
Salz	
Pfeffer	verschlagen
2 Eßl. gehackte Petersilie	
2 Eßl. feingeschnittenen Schnittlauch	unterrühren
etwa 400 g Thunfisch (aus der Dose)	abtropfen lassen, zerpflücken, in die Soße geben, mit dem Reis vermengen, den Salat evtl. nochmals mit Salz, Pfeffer abschmecken
etwa 50 g Sardellenfilets (aus dem Glas)	kurze Zeit wässern, abtropfen lassen
2 große Tomaten	waschen, abtrocknen, in Scheiben schneiden
	den Salat mit den Sardellenfilets und den Tomatenscheiben garnieren
Kochzeit:	Etwa 20 Minuten.

Emmentaler Käsesalat

150 g Schweizer Emmentaler	
150 g Greyerzer Käse	
2 Gewürzgurken	
	die drei Zutaten in feine Streifen schneiden
1 Bund Radieschen	putzen, waschen, in Scheiben schneiden
	für die Salatsoße
5 – 6 Eßl. Salatöl	mit
4 Eßl. Essig	verschlagen
1 – 2 Teel. geriebenen Meerrettich (aus dem Glas)	
1 gestrichenen Eßl. feingeschnittenen Dill	
Salz	
Zucker	
Pfeffer	unterrühren
	die Zutaten mit der Soße vermengen, gut durchziehen lassen, evtl. mit Salz, Pfeffer, Zucker abschmecken, auf
gewaschenen Salatblättern	anrichten
2 – 3 Tomaten	waschen, in Scheiben schneiden
2 hartgekochte Eier	pellen, in Sechstel schneiden
	den Salat mit den Tomatenscheiben, den Eiersechsteln,
Petersilie	garnieren.

Italienischer Nudelsalat

125 g Nudeln (z. B. Gabelspaghetti)	in
1 l kochendes Salzwasser	geben, zum Kochen bringen, kurz umrühren, gar kochen lassen die garen Nudeln auf ein Sieb geben, mit kaltem Wasser übergießen, abtropfen lassen
2 mittelgroße Äpfel	schälen, vierteln, entkernen
3 Essiggurken (aus dem Glas)	
200 g garer Schweinebraten (als Aufschnitt)	
	die drei Zutaten in Streifen schneiden, mit den Nudeln vermengen *für die Salatsoße*
1 Becher (150 g) Crème fraîche	mit
1 schwach gehäuften Eßl. Tomaten-Ketchup	
1 Eßl. Milch	
2 Eßl. Gurkenwasser	verschlagen
2 Eßl. gehackte Kräuter	unterrühren die Salatzutaten mit der Soße vermengen den Salat gut durchziehen lassen, evtl. mit
Salz	abschmecken
Kochzeit:	Etwa 20 Minuten.

Paprikasalat mit Schafskäse

3 grüne Paprikaschoten	halbieren, entstielen, entkernen, die weißen Scheidewände entfernen, die Schoten waschen, in große Würfel schneiden
375 g Weintrauben	waschen, halbieren, entkernen
125 g Schafskäse	in kleine Stücke schneiden *für die Salatsoße*
4 Eßl. Salatöl	mit
3 Eßl. Weinessig	verschlagen, mit
Salz	
Zucker	
Pfeffer aus der Mühle	abschmecken, mit den Salatzutaten vermengen, gut durchziehen lassen kurz vor dem Servieren noch etwas Pfeffer aus der Mühle über den Salat geben.

Fleischwurstsalat

400 g Fleischwurst (im Stück)	enthäuten, in Streifen schneiden
1 große Zwiebel	abziehen, halbieren, in Scheiben schneiden
½ Stange Porree	putzen, waschen, in Ringe schneiden, evtl. nochmals waschen
2 große säuerliche Äpfel	waschen, nach Belieben schälen, vierteln, entkernen, in kleine Stücke schneiden
	für die Salatsoße
4 Eßl. Salatöl	mit
3 Eßl. Essig	
Salz	
Pfeffer	verschlagen, mit
geriebenem Meerrettich (aus dem Glas)	abschmecken, die Soße mit den Salatzutaten vermengen
1 Eßl. feingeschnittenen Schnittlauch	unterrühren, den Salat gut durchziehen lassen, evtl. nochmals mit Salz, Pfeffer, geriebenem Meerrettich abschmecken, auf
gewaschenen Salatblättern	anrichten, mit
Tomatenachteln	
Petersilie	garnieren.

Linsensalat

250 g Linsen	waschen, über Nacht in
750 ml (¾ l) Wasser	einweichen, im Einweichwasser mit
1 Lorbeerblatt	zum Kochen bringen, mit
Salz	
Pfeffer	würzen, etwa 15 Minuten kochen lassen
2 Eßl. Essig	unterrühren, die Linsen erkalten lassen
3 Zwiebeln	abziehen, in Ringe schneiden
1 – 2 Tomaten	waschen, abtrocknen, halbieren, entkernen, in Streifen schneiden
1 Eßl. feingeschnittener Schnittlauch	
	Linsen, Zwiebeln, Tomaten, Schnittlauch vermengen, mit Salz, Pfeffer abschmecken, gut durchziehen lassen, nochmals mit Salz, Pfeffer abschmecken den Salat mit
Petersilie	garnieren.
Beilage:	Heiße Würstchen.

Eiersalat

5 hartgekochte Eier	pellen
4 Tomaten	waschen
275 g garer Sellerie	
	die Zutaten in Scheiben schneiden, lagenweise abwechselnd in eine Schüssel schichten, dabei die Schichten mit
Salz	bestreuen
	für die Salatsoße
4 Eßl. Salatöl	mit
2 Eßl. Essig	
1 Teel. Senf	verschlagen, mit
Salz	
Zucker	abschmecken
1 Eßl. geschnittenen Schnittlauch	unterrühren
	die Soße über die Salatzutaten gießen.

Kartoffelsalat, pikant
(Für 4 – 6 Personen)

1 kg Salatkartoffeln	waschen, mit Wasser zum Kochen bringen, gar kochen lassen, pellen, in Scheiben schneiden, erkalten lassen
125 ml (⅛ l) Wasser	mit
125 ml (⅛ l) Essig	
Salz	
Pfeffer	
1 Eßl. Zucker	
2 abgezogenen, gewürfelten Zwiebeln	zum Kochen bringen, kurz aufkochen lassen, über die Kartoffelscheiben gießen, gut durchziehen lassen
1 – 2 Gewürzgurken	längs halbieren, in Scheiben schneiden
2 – 3 Äpfel	waschen, vierteln, entkernen, in kleine Scheiben schneiden
2 hartgekochte Eier	pellen, in Scheiben schneiden
8 Eßl. Salatöl	mit den drei Zutaten zu den Kartoffeln geben
1 – 2 Eßl. feingeschnittenen Schnittlauch	hinzufügen, die Zutaten miteinander vermengen, durchziehen lassen, evtl. nochmals mit Salz, Pfeffer abschmecken.

Rindfleischsalat

500 g gekochte Rinderbrust	in feine Streifen schneiden
1 grüne Paprikaschote	halbieren, entstielen, entkernen, die weißen Scheidewände entfernen, die Schote waschen, in Streifen schneiden
1 Zwiebel	abziehen, in Ringe schneiden
2 mittelgroße Tomaten	waschen, abtrocknen, in Achtel schneiden
2 Gewürzgurken	in Scheiben schneiden *für die Salatsoße*
2 Eßl. Tomaten-Ketchup	mit
2 Eßl. Joghurt	
1 Eßl. Kräuteressig	
1 Eßl. feingeschnittenem Schnittlauch	
Salz	
Pfeffer	
Paprika edelsüß	
1 Spritzer Tabascosoße	verrühren die Soße mit den Salatzutaten vermengen, etwa 30 Minuten im Kühlschrank durchziehen lassen, evtl. nochmals mit den Gewürzen abschmecken, mit
1 Eßl. feingeschnittenem Schnittlauch	bestreut servieren.

Grundrezept

375 g Rindfleisch	waschen, in
750 ml (¾ l) kochendes Salzwasser	geben, zum Kochen bringen, fast weich kochen lassen
200 g Rosenkohl	putzen
200 g Blumenkohl	putzen, in Röschen teilen
150 g Möhren	putzen, schrappen
150 g Kohlrabi	schälen
500 g Kartoffeln	schälen
	Gemüse und Kartoffeln waschen, Möhren, Kohlrabi, Kartoffeln in Würfel schneiden
	das Gemüse, je nach Kochdauer, zusammen mit den Kartoffeln,
300 g tiefgekühlten Erbsen	zu dem Fleisch geben, zum Kochen bringen, gar kochen lassen
	das Fleisch in Würfel schneiden
2 Zwiebeln	abziehen, fein würfeln
20 g Margarine	zerlassen, die Zwiebeln,
1 Eßl. Weizenmehl	darin erhitzen, zu dem Eintopf geben, 10 Minuten mitkochen lassen
	das Fleisch wieder in den Eintopf geben
Kochzeit:	Etwa 2 Stunden.

Folgende Zusammenstellungen sind sehr beliebt:

1.	Rindfleisch	Möhren	Kartoffeln	Petersilie
2.	Rindfleisch	Kohlrabi	Kartoffeln	Petersilie
3.	Rindfleisch	Grüne Bohnen	Kartoffeln	Bohnenkraut
4.	Rindfleisch	Wirsing	Kartoffeln	Pfeffer
5.	Schweinebauch	Möhren	Kartoffeln	Petersilie
6.	Schweinebauch	Steckrüben	Kartoffeln	
7.	Schweinebauch	Sauerkraut	Kartoffeln	Kümmel
8.	Pökelfleisch	Sauerkraut	Kartoffeln	ohne Salz
9.	Speck	Große Bohnen	Kartoffeln	Bohnenkraut
10.	Mettwurst	Grünkohl	Kartoffeln	40g Haferfl.
11.	Mettwurst	Faßbohnen	Kartoffeln	ohne Salz
12.	Hammelfleisch	Große Bohnen	Kartoffeln	Bohnenkraut
13.	Hammelfleisch	Weißkohl	Kartoffeln	Kümmel
14.	Hammelfleisch	Steckrüben	Kartoffeln.	

Kartoffelsuppe

2 mittelgroße Zwiebeln	abziehen, in Scheiben schneiden
2 Bund Suppengrün	putzen, waschen, kleinschneiden
80 g Margarine	zerlassen, Zwiebeln und Suppengrün darin andünsten
1½ l Wasser	hinzugießen
1½ kg Kartoffeln	schälen, waschen, in Würfel schneiden
500 g geräucherte Mettwurst	
Salz	
Pfeffer	
gerebelter Thymian	
gerebeltes Liebstöckel	
1 Brühwürfel (für 500 ml = ½ l)	
	die Zutaten in das Gemüsewasser geben, zum Kochen bringen, gar kochen lassen (damit die Suppe sämig wird, einen Teil der Kartoffeln zerdrücken oder zerstampfen)
	die Suppe mit Salz, Pfeffer abschmekken, mit
2 Eßl. gehackter Petersilie	bestreuen
Kochzeit:	Etwa 30 Minuten.

Bohnensuppe mit Mettwurst

375 g Weiße Bohnen waschen, in
2 l Wasser 12 – 24 Stunden einweichen
250 g geräucherte Mettwurst
250 g geräucherte Schweinerippchen
beide Zutaten waschen
Bohnen, Mettwurst und Schweinerippchen in dem Einweichwasser zum Kochen bringen, die Bohnen fast weich kochen lassen, die gare Mettwurst, Schweinerippchen herausnehmen
500 g Kartoffeln schälen, waschen, in Würfel schneiden
1 Bund Suppengrün putzen, waschen, kleinschneiden
Bohnenkraut
Salz
Pfeffer
die Zutaten zu den Bohnen geben, zum Kochen bringen, gar kochen lassen
die Suppe mit Salz, Pfeffer abschmecken
Mettwurst und Schweinerippchen kleinschneiden, wieder in die Suppe geben, mit
2 Eßl. gehackter Petersilie bestreuen
Kochzeit: Etwa 2 Stunden.

Hühnersuppe mit Reis

1 küchenfertiges Suppenhuhn (1 kg) waschen, zusammen mit
Herz
aufgeschnittenem Magen, Hals
Geflügel-Gewürz
gerebeltem Liebstöckel
1 Teel. Suppenwürze in
2 l kochendes Salzwasser geben, zum Kochen bringen, gar kochen lassen
das Huhn aus der Brühe nehmen
500 g Kartoffeln schälen, waschen, in Würfel schneiden
1 Bund Suppengrün putzen, waschen, kleinschneiden
150 g Brühreis (Langkorn)
die 3 Zutaten in die kochende Brühe geben, zum Kochen bringen, gar kochen lassen
kurz vor Beendigung der Kochzeit die
Leber hinzufügen
das Hühnerfleisch von den Knochen lösen, die Haut entfernen, das Fleisch kleinschneiden
kurz vor dem Anrichten in die Suppe geben, mit
Salz
Pfeffer
geriebener Muskatnuß abschmecken, mit
1 Eßl. gehackter Petersilie bestreuen
Kochzeit: Etwa 2 Stunden.

Linsensuppe mit Schweinerippchen

350 g Linsen waschen, in
1½ l Wasser 12 – 24 Stunden einweichen
500 g geräucherte Schweinerippchen waschen
Linsen und Schweinerippchen in dem Einweichwasser zum Kochen bringen, fast weich kochen lassen
500 g Kartoffeln schälen, waschen, in Würfel schneiden
Bund Suppengrün putzen, waschen, kleinschneiden
Salz, Pfeffer
gerebelter Thymian
1 Brühwürfel (für 500 ml = ½ l)
die Zutaten zu den Linsen geben, gar kochen lassen, die Suppe mit Salz, Pfeffer abschmecken
(damit die Suppe sämig wird, einen Teil der Kartoffeln zerdrücken oder zerstampfen)
die Schweinerippchen für sich reichen oder kleingeschnitten in die Suppe geben
die Suppe mit
2 Eßl. gehackter Petersilie bestreuen
Kochzeit: Etwa 1½ Stunden.

Gemüseeintopf

375 g Schweinenacken waschen, in
2 l kochendes Salzwasser geben, zum Kochen bringen, fast weich kochen lassen
500 g Kartoffeln schälen, waschen, in Würfel schneiden
2 Päckchen (900 g) tiefgekühltes Suppengemüse
Salz
Pfeffer
1 Brühwürfel (für 500 ml = ½ l)
die Zutaten zu dem Fleisch geben, zum Kochen bringen, gar kochen lassen
die Suppe mit
2 Eßl. gehackter Petersilie bestreuen
Kochzeit: Etwa 1½ Stunden.

Westfälisches Blindhuhn

1 l Wasser zum Kochen bringen
375 g durchwachsenen Speck hinzufügen, zum Kochen bringen, kochen lassen
500 g Grüne Bohnen abfädeln, waschen, in kleine Stücke brechen oder schnippeln
250 g Möhren putzen, schrappen
750 g Kartoffeln schälen
beide Zutaten waschen, in kleine Würfel schneiden
2 Äpfel
2 Birnen
beide Zutaten schälen, vierteln, entkernen, in Scheiben schneiden
nach 30 Minuten Kochzeit des Specks Gemüse, Obst,
Salz hinzufügen, zum Kochen bringen, gar kochen lassen
den Eintopf mit Salz abschmecken
den Speck nach Belieben schneiden
Kochzeit; 1 – 1½ Stunden.
Veränderung: 200 g gewaschene Bohnen (getrocknet) in Wasser 12 – 24 Stunden einweichen, danach mit dem Einweichwasser zum Kochen bringen, 30 Minuten kochen lassen, den Speck hinzugeben
in diesem Fall nur 250 g Grüne Bohnen nehmen, sie nach Belieben aber auch ganz weglassen (längere Kochzeit beachten).

Erbsensuppe mit Schweinenacken

375 g Erbsen waschen, in
2 l Wasser 12 – 24 Stunden einweichen
375 g Schweinenacken waschen
Erbsen und Schweinenacken in dem Einweichwasser zum Kochen bringen, fast weich kochen lassen
500 g Kartoffeln schälen, waschen, in Würfel schneiden
1 Bund Suppengrün putzen, waschen, kleinschneiden
Salz, Pfeffer
1 Brühwürfel (für 500 ml = ½ l)
die Zutaten zu den Erbsen geben, gar kochen lassen
die Suppe mit Salz, nach Belieben mit
gerebeltem Majoran abschmecken
das Fleisch in Würfel schneiden, wieder in die Suppe geben
2 mittelgroße Zwiebeln abziehen
75 g durchwachsener Speck
beide Zutaten in kleine Würfel schneiden, den Speck auslassen, die Zwiebeln darin goldgelb rösten, in die Suppe geben
Kochzeit: Etwa 2 Stunden.

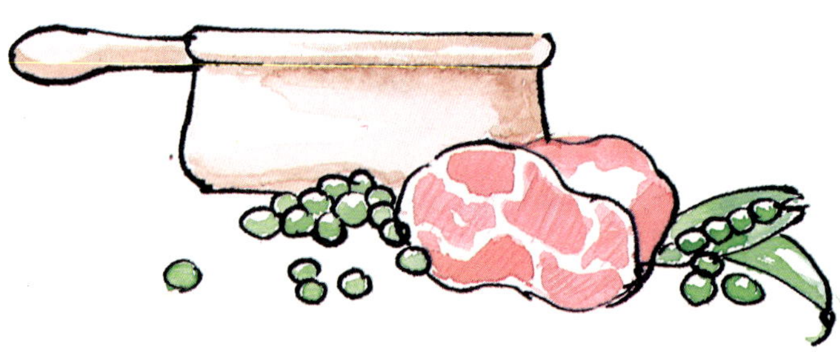

Erbsensuppe mit Schinkenklößchen

250 g Schweinerippchen waschen, in
1 l Salzwasser geben, zum Kochen bringen, 20 Minuten kochen lassen
1 Bund Suppengrün putzen, waschen, in feine Streifen schneiden
500 g ausgepalte Erbsen
das Gemüse in die Fleischbrühe geben, zum Kochen bringen, 20 Minuten kochen lassen
die Suppe mit
Salz, Pfeffer
gerebeltem Thymian abschmecken
für die Schinkenklößchen
200 g Schinkenspeck in sehr feine Würfel schneiden
6 Zwiebäcke zwischen zwei Küchentüchern mit einem Nudelholz zerdrücken
Schinkenspeckwürfel, Zwiebackbrösel mit
2 Eiern vermengen
aus der Masse Klößchen formen, in der Erbsensuppe 10 Minuten ziehen lassen
Garzeit: Etwa 50 Minuten.

Erbsensuppe mit Pökelfleisch

375 g Erbsen waschen, in
2 l Wasser 12 – 24 Stunden einweichen
1 kg gepökeltes Schweinefleisch (Ohr, Schnauze, Schwanz) waschen
Erbsen und Pökelfleisch in dem Einweichwasser zum Kochen bringen, fast weich kochen lassen
500 g Kartoffeln schälen, waschen, in Würfel schneiden
1 Bund Suppengrün putzen, waschen, kleinschneiden
Salz, Pfeffer
1 Brühwürfel (für 500 ml = ½ l)
die Zutaten zu den Erbsen geben, gar kochen lassen
die Suppe mit Salz und nach Belieben mit
gerebeltem Majoran abschmecken
das Fleisch kleingeschnitten in die Suppe geben
nach Belieben
4 Brühwürstchen in die Suppe geben, miterhitzen
geröstete Weißbrotwürfel kurz vor dem Servieren auf die Suppe geben
Kochzeit: Etwa 2 Stunden.
Veränderung: Anstelle von Pökelfleisch 250 g durchwachsenen Speck nehmen.

Maistopf

500 g Gulaschfleisch (halb Rind-, halb Schweinefleisch)	
40 g Margarine	erhitzen, das Fleisch gut darin anbraten
1 Zwiebel	abziehen, würfeln
1 rote und 1 grüne Paprikaschote	halbieren, entstielen, entkernen, die weißen Scheidewände entfernen, die Schoten waschen, in feine Streifen schneiden, Zwiebelwürfel und Paprikastreifen zu dem Fleisch geben, mitschmoren lassen, mit
Salz Pfeffer Cayennepfeffer	würzen
250 ml (¼ l) Wasser	hinzugießen, gar schmoren lassen
250 g gekochte Erbsen etwa 275 g Mais (aus der Dose)	beide Zutaten mit der Flüssigkeit kurz vor Beendigung der Garzeit zu dem Fleisch geben, miterhitzen den Maistopf mit Salz, Pfeffer abschmecken, mit
2 Eßl. gehackter Petersilie	bestreuen
Garzeit:	1 – 1½ Stunden.

Serbisches Reisfleisch

500 g Schweinefleisch	waschen, abtrocknen, in kleine Würfel schneiden
500 g Tomaten	kurze Zeit in kochendes Wasser legen, in kaltem Wasser abschrecken, enthäuten, vierteln
250 g Zwiebeln	abziehen, in Scheiben schneiden
60 g durchwachsenen Speck	in kleine Würfel schneiden, auslassen
1 Eßl. Margarine	hinzufügen, zerlassen, das Fleisch unter Wenden darin bräunen, mit
Salz Pfeffer Cayennepfeffer 1 Brühwürfel (für 250 ml = ¼ l)	würzen, die Zwiebeln hinzufügen, leicht bräunen lassen Tomaten,
750 ml (¾ l) Wasser	hinzufügen, zum Kochen bringen, kochen lassen
250 g Brühreis (Langkorn)	nach 25 Minuten Kochzeit zu dem Fleisch geben, gar kochen lassen das Gericht mit Salz, Pfeffer,
Paprika extrascharf	abschmecken
Garzeit:	Etwa 45 Minuten.

Möhren-Bohnen-Eintopf

100 g Weiße Bohnen	waschen, in
750 ml (¾ l) Wasser	12 – 24 Stunden einweichen, in dem Einweichwasser zum Kochen bringen, in etwa 1 Stunde gar kochen lassen
375 g Schweinebauch (ohne Knochen)	waschen, abtrocknen, in kleine Würfel schneiden
1 kg Möhren	putzen, schrappen
500 g Kartoffeln	schälen beide Zutaten waschen, in kleine Würfel schneiden
250 g Äpfel	schälen, vierteln, entkernen, in Scheiben schneiden
40 g Margarine	erhitzen, das Fleisch unter Wenden schwach darin bräunen
2 mittelgroße Zwiebeln	abziehen, würfeln kurz bevor das Fleisch genügend gebräunt ist, die Zwiebeln hinzufügen, kurz miterhitzen das Fleisch mit
Salz	würzen, Möhren, Kartoffeln, Äpfel,
375 ml (⅜ l) Wasser	hinzufügen, in 45 – 60 Minuten gar schmoren lassen die Bohnen (ohne Flüssigkeit) unter den Möhren-Eintopf geben, mit
2 Eßl. gehackter Petersilie	bestreuen
Schmorzeit:	Etwa 2 Stunden.
Veränderung:	Anstelle des Schweinebauchs Rindfleisch verwenden.

Porree-Topf mit Tomaten

150 g durchwachsenen Speck	in Würfel schneiden
1 große Zwiebel	abziehen, würfeln
1 Eßl. Margarine	zerlassen, Speck- und Zwiebelwürfel darin glasig dünsten lassen
1 kg Porree (vorbereitet gewogen)	gründlich waschen, dicke Stangen halbieren, in etwa 5 cm lange Stücke schneiden, nochmals waschen, abtropfen lassen, zu dem Speck geben
375 – 500 ml (⅜ – ½ l) heiße Instant-Fleischbrühe	hinzugießen, zum Kochen bringen, fast gar kochen lassen
4 enthäutete Tomaten	vierteln, zu dem Porree geben, mit
½ Teel. Currypulver	
Salz	
1 Messerspitze Paprika edelsüß	würzen, gar kochen lassen
Kochzeit:	Etwa 30 Minuten.
Beilage:	Salzkartoffeln oder Reis, Brühwürstchen.

Provençalischer Eintopf

¾ – 1 kg Rindfleisch	waschen, abtrocknen, in 5 – 6 cm große Stücke schneiden, mit
2 Lorbeerblättern	
4 abgezogenen Knoblauchzehen	
gerebeltem Thymian	in eine Schüssel geben, mit
Salz	
Pfeffer	würzen
500 ml (½ l)	
Weißwein	mit
2 Eßl. Weinbrand	
3 Eßl. Olivenöl	verrühren, über das Fleisch gießen, etwa 12 Stunden zugedeckt an einem kühlen Ort stehenlassen
125 g Speck	
250 g Bauchfleisch	
	beide Zutaten in Scheiben schneiden
4 Möhren	putzen, schrappen, waschen
2 Zwiebeln	abziehen
250 g Tomaten	kurze Zeit in kochendes Wasser legen, in kaltem Wasser abschrecken, enthäuten die 3 Zutaten in Scheiben schneiden
100 g schwarze Oliven	entkernen das Fleisch aus der Marinade nehmen, mit den übrigen Zutaten,
1 Eßl. feingeschnittenem Schnittlauch	

1 Eßl. gehackter Petersilie	in eine Auflaufform schichten, dabei jede Schicht mit Salz, Pfeffer,
gerebeltem Rosmarin	
gerebeltem Majoran	bestreuen, die Marinade darüber gießen, die Auflaufform verschließen, auf dem Rost in den Backofen schieben das fertige Gericht mit
gehackter Petersilie	bestreuen
Strom:	175 – 200
Gas:	3 – 4
Garzeit:	Etwa 2½ Stunden.
Beilage:	Salzkartoffeln oder Nudeln, Paprikasalat.

Gemüsetopf
(Für 4 – 6 Personen)

750 g Rindfleisch (Querrippe)	waschen, abtrocknen, von Haut und Sehnen befreien, in
1 l kochendes Salzwasser	geben, zum Kochen bringen, etwa 1 Stunde kochen lassen
1 kg Chinakohl	von den welken Blättern befreien, den Strunk entfernen, die Stauden längs halbieren, in schmale Streifen schneiden, waschen, abtropfen lassen
4 Möhren	putzen, schrappen
2 Stangen Porree (Lauch)	putzen
1 Stück Sellerie	schälen
500 g Kartoffeln	schälen Gemüse und Kartoffeln waschen, kleinschneiden, mit den Chinakohlstreifen zu dem Fleisch geben, mit
Salz, Pfeffer gerebeltem Thymian	würzen, weitere 45 Minuten kochen lassen das Fleisch herausnehmen, in Würfel schneiden, wieder in den Eintopf geben, mit
2 Eßl. Tomatenmark	unterrühren
1 Bund Petersilie 1 Bund Dill	waschen, hacken, hinzufügen
Kochzeit:	Etwa 1¾ Stunden.

Rindfleischtopf mit Champignons

500 g Rindfleisch (Querrippe)	waschen, abtrocknen, von Haut und Sehnen befreien, in Würfel schneiden
100 g durchwachsenen Speck	in Würfel schneiden, auslassen das Fleisch von allen Seiten gut darin anbraten, mit
Salz Pfeffer Kräutern der Provence	würzen, von
750 ml (¾ l) Weißwein	zunächst 250 ml (¼ l) Wein hinzugießen, etwa 1 Stunde im geschlossenen Topf schmoren lassen
250 g kleine Zwiebeln	abziehen
500 g kleine, runde Kartoffeln	schälen, waschen, trockentupfen
1 Eßl. Butterschmalz	zerlassen, beide Zutaten unter Wenden darin anbraten
250 g Champignons	putzen, waschen, vierteln, dazugeben, durchdünsten
1 Eßl. Zucker	unterrühren das Gemüse zu dem Fleisch geben
4 – 5 Eßl. Weinbrand	darüber gießen, anzünden den restlichen Wein (500 ml = ½ l) hinzugießen
1 Teel. Fleischextrakt	unterrühren, nochmals mit Salz, Pfeffer abschmecken den Rindfleischtopf weitere 25 – 35 Minuten schmoren lassen
1 Bund Petersilie	waschen, fein hacken, über den Eintopf streuen
Schmorzeit:	Etwa 1½ Stunden.
Veränderung:	½ – 1 Becher Crème fraîche unter den Eintopf rühren.

Hessischer Suppentopf

(Für 2 Personen)

300 g Rindfleisch	waschen, abtrocknen, in dünne Scheiben schneiden, in
2 Eßl. erhitztem Speiseöl	kräftig anbraten
150 g geputzten Porree	waschen, in Ringe schneiden, mit
1 zerdrückten Knoblauchzehe	zu dem Fleisch geben, durchdünsten lassen, mit
Salz Pfeffer	würzen
375 ml (3/8 l) Wasser	hinzugießen, etwa 35 Minuten schmoren lassen
300 g Brechbohnen	abfädeln, waschen, einmal durchbrechen, mit
Bohnenkraut	hinzufügen, weitere 20 Minuten schmoren lassen
250 g abgezogene Tomaten	in den Eintopf geben, etwa 5 Minuten mitschmoren lassen
60 g gekochte Nudeln	mit
1 Eßl. gehackter Petersilie	vorsichtig unterrühren, den Suppentopf evtl. nochmals mit Salz, Pfeffer,
Suppenwürze	abschmecken
Schmorzeit:	Etwa 1¼ Stunden.

Pichelsteiner

200 g Hammelfleisch 200 g Schweinefleisch	
	das Fleich waschen, abtrocknen, in nicht zu kleine Würfel schneiden
250 g Möhren	putzen, schrappen
200 g Sellerie	schälen
500 g Kartoffeln	schälen
	die drei Zutaten waschen, in Würfel schneiden
250 g Porree	putzen, in Scheiben schneiden, waschen
250 g Weißkohl (vorbereitet gewogen)	waschen, kleinschneiden
40 g Margarine	erhitzen, das Fleisch unter Wenden schwach darin bräunen
2 mittelgroße Zwiebeln	abziehen, fein würfeln
	kurz bevor das Fleisch genügend gebräunt ist, die Zwiebeln hinzufügen, kurz miterhitzen
	das Fleisch mit
Salz, Pfeffer	würzen, Gemüse, Kartoffeln,
500 ml (½ l) Instant-Fleischbrühe	hinzufügen, gar schmoren lassen
	den Eintopf mit Salz, Pfeffer abschmecken
Schmorzeit:	Etwa 1 Stunde.

Steckrüben-Eintopf

375 g Schweinebauch (ohne Knochen)	waschen, abtrocknen, in kleine Würfel schneiden
1 kg Steckrüben	schälen, waschen, in Stifte schneiden
750 g Kartoffeln	schälen, waschen, in Würfel schneiden
40 g Margarine	erhitzen, das Fleisch unter Wenden schwach darin bräunen
2 mittelgroße Zwiebeln	abziehen, würfeln
	kurz bevor das Fleisch genügend gebräunt ist, die Zwiebeln hinzufügen, kurz miterhitzen
	das Fleisch mit
Salz Pfeffer	würzen, Steckrüben, Kartoffeln,
500 ml (½ l) Wasser	hinzufügen, gar schmoren lassen
	den Eintopf mit Salz, Pfeffer abschmecken, mit
1 Eßl. gehackter Petersilie	bestreuen
Schmorzeit:	Etwa 1 Stunde.

Bunter Reistopf

500 g Kalbsschulter (ohne Knochen)	waschen, abtrocknen, in kleine Würfel schneiden
4 Eßl. Speiseöl	erhitzen, das Fleisch darin unter Wenden etwa 10 Minuten bräunen lassen
1 mittelgroße Zwiebel	abziehen, würfeln, hinzufügen, glasig dünsten lassen
200 g Brühreis	mit
1 l Instant-Fleischbrühe	hinzufügen, zum Kochen bringen, in etwa 20 Minuten gar kochen lassen, dabei ab und zu umrühren
1 gelbe und 1 rote Paprikaschote	halbieren, entstielen, entkernen, die weißen Scheidewände entfernen, die Schoten waschen, in Streifen schneiden
1 große Zucchini	schälen, in Scheiben schneiden
2 Eßl. Butter oder Margarine	zerlassen, das Gemüse darin etwa 15 Minuten dünsten lassen
etwa 20 grüne spanische Oliven, mit Paprika gefüllt	in Scheiben schneiden, zu dem Gemüse geben, miterhitzen das Gemüse in den garen Reistopf geben, unterrühren, mit
Salz Paprika edelsüß gerebeltem Basilikum gerebeltem Thymian	würzen, sofort servieren
Garzeit:	Etwa 45 Minuten.

Spitzkohleintopf mit Tomaten

1 kg Spitzkohl (vorbereitet gewogen)	waschen, in feine Streifen schneiden
750 g Kartoffeln	schälen, waschen, in Würfel schneiden
500 g Tomaten	kurze Zeit in kochendes Wasser legen, in kaltem Wasser abschrecken, enthäuten, in Würfel schneiden
60 g Margarine oder Schweineschmalz	zerlassen, Spitzkohl, Kartoffeln,
375 ml (⅜ l) heißes Wasser	hinzufügen, mit
Salz	
Pfeffer	würzen, zum Kochen bringen, gar kochen lassen
	für die Fleischklößchen
1 Brötchen (Semmel)	in kaltem Wasser einweichen, gut ausdrücken
1 kleine Zwiebel	abziehen, würfeln
250 g Gehacktes (halb Rind-, halb Schweinefleisch)	mit dem Brötchen, der Zwiebel,
1 Ei	vermengen, mit Salz, Pfeffer abschmecken, aus der Masse etwa 20 Klößchen formen, mit den Tomaten 20 Minuten vor Beendigung der Kochzeit zu dem Spitzkohl geben den garen Eintopf mit Salz abschmecken, nach Belieben noch etwas Wasser hinzufügen
Kochzeit:	Etwa 1 Stunde.

Streifrüben-Eintopf

Stielmus

375 g Schweinefleisch	waschen, abtrocknen, in kleine Würfel schneiden
750 g vorbereitete Streifrüben	waschen, kleinschneiden
750 g Kartoffeln	schälen, waschen, in Würfel schneiden
40 g Margarine	erhitzen, das Fleisch unter Wenden schwach darin bräunen, mit
Salz	würzen, Streifrüben, Kartoffeln,
250 ml (¼ l) Wasser	hinzufügen, gar schmoren lassen den Eintopf mit Salz abschmecken
Schmorzeit:	Etwa 1¾ Stunden.

Schnittbohnen-Eintopf „westfälisch“

1 Zwiebel	abziehen
125 g durchwachsener Speck	
	beide Zutaten in feine Würfel schneiden
2 – 3 Eßl. Speiseöl	erhitzen, Zwiebel und Speck darin andünsten
1 Birne	schälen, vierteln, entkernen
1 Packung tiefgekühlter Landeintopf Grüne Bohnen	
	die beiden Zutaten zu der Speck-Zwiebel-Mischung geben, mitdünsten lassen
1 l Wasser	hinzugießen, zum Kochen bringen, unter öfterem Umrühren gar kochen lassen den Eintopf nach Belieben mit
Essig	abschmecken
Garzeit:	Etwa 20 Minuten.

Große Bohnen-Eintopf

375 g Hammelfleisch	waschen, abtrocknen, in kleine Würfel schneiden
750 g Kartoffeln	schälen, waschen, in Würfel schneiden
750 g ausgepalte Große Bohnen (2½ – 3 kg mit Hülsen)	
Bohnenkraut	
	beide Zutaten waschen
40 g Margarine	erhitzen, das Fleisch unter Wenden schwach darin bräunen, mit
Salz	
Pfeffer	würzen, Kartoffeln, Bohnen, Bohnenkraut,
375 ml (⅜ l) Wasser	hinzufügen, gar schmoren lassen den Eintopf mit Salz abschmecken
Schmorzeit:	Etwa 1½ Stunden.

Grüne Bohnen-Eintopf

375 g Rindfleisch	waschen, abtrocknen, in kleine Würfel schneiden
1 kg Grüne Bohnen	abfädeln, waschen, in kleine Stücke brechen oder schneiden
750 g Kartoffeln	schälen, waschen, kleinschneiden
40 g Margarine	erhitzen, das Fleisch unter Wenden schwach darin bräunen
1 Bund Suppengrün	putzen, waschen, kleinschneiden
1 mittelgroße Zwiebel	abziehen, würfeln kurz bevor das Fleisch genügend gebräunt ist, die Zwiebel und das Suppengrün hinzufügen, kurz miterhitzen das Fleisch mit
Pfeffer	
Salz	
Bohnenkraut	würzen, Bohnen, Kartoffeln,
500 ml (½ l) Wasser	hinzufügen, gar schmoren lassen den Eintopf mit Salz abschmecken
Schmorzeit:	Etwa 80 Minuten.
Veränderung:	250 g gewaschene, kleingeschnittene Tomaten mit dem Fleisch und der Zwiebel in dem Fett erhitzen, dann aber nur 250 ml (¼ l) Wasser an den Eintopf geben.

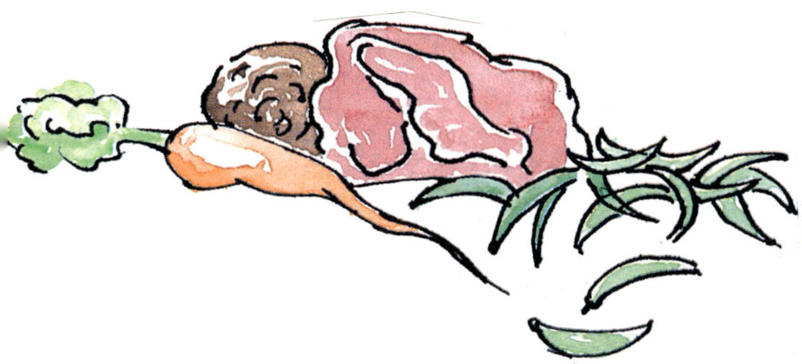

Grüne Bohnen-Eintopf mit Tomaten

375 g Hammelfleisch	waschen, abtrocknen, in kleine Würfel schneiden
250 g Tomaten	kurze Zeit in kochendes Wasser legen, in kaltem Wasser abschrecken, enthäuten, in Stücke schneiden
750 g Grüne Bohnen	abfädeln, waschen, in kleine Stücke brechen oder schneiden
500 g Kartoffeln	schälen, waschen, in Würfel schneiden
40 g Margarine	erhitzen, das Fleisch unter Wenden schwach darin bräunen
2 mittelgroße Zwiebeln	abziehen, würfeln kurz bevor das Fleisch genügend gebräunt ist, Zwiebeln, Tomaten hinzufügen, kurz miterhitzen das Fleisch mit
Salz	
Pfeffer	würzen, Bohnen, Kartoffeln,
250 ml (¼ l) Wasser	hinzufügen, gar schmoren lassen das Gericht mit Salz abschmecken
Schmorzeit:	Etwa 1¼ Stunden.

Paprika-Sahnesuppe

375 g Paprikaschoten (etwa 2 Stück)	putzen, waschen, in Streifen schneiden
200 g Zwiebeln	abziehen, fein würfeln
200 g Sauerkraut	lockerzupfen, fein schneiden
2 Eßl. Speiseöl	erhitzen, die Zwiebeln so lange darin dünsten, bis sie hellgelb sind Paprika und Sauerkraut hinzufügen, kurze Zeit miterhitzen
1 l heiße Instant-Fleischbrühe	hinzugießen, zum Kochen bringen, gar kochen lassen
1 gestrichenen Eßl. Speisestärke	mit
1 Eßl. kaltem Wasser	anrühren, die Suppe damit binden, mit
Salz	
1 – 2 Eßl. Weißwein	abschmecken
etwa 125 ml (⅛ l) Sahne	unterrühren
Kochzeit:	Etwa 50 Minuten.

Spanisch Frikko

250 g Schweinefleisch	
250 g Rindfleisch	
125 g Kalbfleisch	
	das Fleisch waschen, abtrocknen, in kleine Würfel schneiden
3 große Zwiebeln	abziehen, würfeln
1½ kg Kartoffeln	schälen, waschen, in Würfel schneiden
40 g Margarine	erhitzen, das Fleisch unter Wenden schwach darin bräunen kurz bevor das Fleisch genügend gebräunt ist, die Zwiebeln hinzufügen, kurze Zeit miterhitzen Kartoffeln,
Salz	
Pfeffer	
Paprika edelsüß	
½ Teel. Kümmel	
375 ml (⅜ l) Wasser	hinzufügen, gar schmoren lassen (ab und zu umrühren) 10 Minuten vor Beendigung der Schmorzeit
2 schwach gehäufte Eßl. Crème fraîche	unterrühren, das Gericht mit
2 Eßl. gehackter Petersilie	bestreuen
Schmorzeit:	Etwa 1½ Stunden.

Vegetarischer Eintopf

250 g Möhren	putzen, schrappen
500 g Kartoffeln	schälen beide Zutaten waschen, in Würfel schneiden
250 g Grüne Bohnen	abfädeln, waschen, in Stücke brechen oder schneiden
250 g Tomaten	kurze Zeit in kochendes Wasser legen, in kaltem Wasser abschrecken, enthäuten, vierteln
250 g Blumenkohl	putzen, waschen, in Röschen teilen von
250 g Rosenkohl	die beschädigten und fleckigen äußeren Blättchen entfernen, etwas vom Strunk abschneiden, die Rosenkohlröschen kreuzförmig einschneiden, den Rosenkohl waschen
2 mittelgroße Zwiebeln	abziehen, würfeln
50 g Margarine	zerlassen, Zwiebeln, Möhren, Kartoffeln, Rosenkohl etwa 5 Minuten unter Wenden darin andünsten, mit
Salz, Pfeffer	würzen
375 ml (⅜ l) Instant-Fleischbrühe	hinzugießen, dünsten lassen nach etwa 20 Minuten Dünstzeit Bohnen, Tomaten, Blumenkohl hinzufügen, gar dünsten lassen den Eintopf mit Salz, Pfeffer abschmecken, mit
2 Eßl. gehackter Petersilie	bestreuen
Dünstzeit:	Etwa 50 Minuten.

Weißkohl-Eintopf

500 g Rindfleisch	waschen, abtrocknen, in kleine Würfel schneiden
1 kg Weißkohl (vorbereitet gewogen)	waschen, kleinschneiden
500 g Kartoffeln	schälen, waschen, in Würfel schneiden
250 g Möhren	putzen, schrappen, waschen, in Stifte schneiden
40 g Margarine	erhitzen, das Fleisch unter Wenden schwach darin bräunen
2 mittelgroße Zwiebeln	abziehen, würfeln kurz bevor das Fleisch genügend gebräunt ist, die Zwiebeln hinzufügen, kurz miterhitzen das Fleisch mit
Salz	
Pfeffer	würzen, Weißkohl, Kartoffeln, Möhren,
1 Teel. Kümmel	
500 ml (½ l) Wasser	hinzufügen, gar schmoren lassen den Eintopf mit Salz abschmecken
Schmorzeit:	1 – 1½ Stunden.

Möhren-Zwiebel-Eintopf

(Im Tontopf)

500 g Zwiebeln	abziehen
500 g Möhren	putzen, schrappen, waschen
500 g Kartoffeln	schälen, waschen die 3 Zutaten in Scheiben schneiden
375 g Gehacktes (halb Rind-, halb Schweinefleisch)	mit
Salz, Pfeffer	würzen, mit dem Gemüse abwechselnd in den gewässerten Tontopf schichten, die Gemüseschichten mit Salz bestreuen
500 ml (½ l) Instant-Fleischbrühe	hinzugießen, den Tontopf mit dem Deckel verschließen, auf dem Rost in den Backofen stellen den garen Eintopf mit
gehackter Petersilie	bestreuen
Strom:	200 – 225
Gas:	4 – 5
Garzeit:	Etwa 1¼ Stunden.

Labskaus

600 g gepökeltes schieres Rindfleisch	in
500 ml (½ l) kochendes Wasser	geben, zum Kochen bringen, gar kochen lassen, von der Brühe 375 ml (⅜ l) abmessen
5 große Zwiebeln	abziehen beide Zutaten grob zerkleinern, durch den Fleischwolf drehen
75 g Margarine	zerlassen, die Fleisch-Zwiebelmasse unter Rühren 5 Minuten darin erhitzen
1 kg gekochte Kartoffeln	noch heiß durch die Kartoffelpresse geben, mit
6 Eßl. Flüssigkeit von eingelegten Essiggurken	
375 ml (⅜ l) Rindfleischbrühe	unter die Fleischmasse rühren, unter Rühren durchkochen lassen das Gericht mit
Salz geriebener Muskatnuß	abschmecken
Kochzeit:	Etwa 2 Stunden.
Veränderung:	Anstelle von Rindfleisch Corned Beef verwenden.
Beilage:	Spiegeleier, Bismarckheringe und Rote Bete.

Szegediner Gulasch

250 g Zwiebeln	abziehen, in Scheiben schneiden
250 g Schweinefleisch	
250 g Rindfleisch	das Fleisch waschen, abtrocknen, in 2 cm große Würfel schneiden
50 g Schweineschmalz oder 100 g durchwachsener Speck	Schmalz zerlassen oder Speck in Würfel schneiden, auslassen, Zwiebeln etwa 5 Minuten darin andünsten
1 Teel. Paprika extrascharf	
1 gehäuften Eßl. Tomatenmark	unterrühren, das Fleisch hinzufügen, mit
Salz, Pfeffer	bestreuen
500 g Sauerkraut	auf das Fleisch geben
500 ml (½ l) Instant-Fleischbrühe	hinzugießen, umrühren, garen lassen unter das gare Gulasch
1 Becher (150 g) Crème fraîche	rühren
2 Teel. Speisestärke	mit
2 Eßl. kaltem Wasser	anrühren, das Gulasch damit binden, mit Salz, Pfeffer abschmecken
Garzeit:	Etwa 1½ Stunden.

Rote Linsen mit Kasseler
(Im Tontopf)

500 g Rote Linsen	waschen, 12 Stunden in
750 ml (¾ l) kaltem Wasser	einweichen, mit
250 ml (¼ l) Instant-Fleischbrühe	
4 Eßl. Tomatenmark	in den gewässerten Tontopf geben, verrühren
750 g Kasseler ohne Knochen	auf die Linsen legen, den Tontopf mit dem Deckel verschließen, auf dem Rost in den Backofen stellen die Linsen während des Garens einmal durchrühren die garen Linsen nach Belieben mit
Tabascosoße oder kleingeschnittene Peperoni (aus dem Glas)	abschmecken unterrühren
Strom:	200 – 225
Gas:	4 – 5
Garzeit:	Etwa 45 Minuten.
Beilage:	Salzkartoffeln.

Wirsing mit Bauernmettwurst

750 g Wirsing (vorbereitet gewogen)	waschen, in feine Streifen schneiden
375 g Kartoffeln	schälen, waschen, in Würfel schneiden
1 mittelgroße Zwiebel	abziehen, in kleine Würfel schneiden
50 g Schweineschmalz	zerlassen, die Zwiebel so lange darin erhitzen, bis sie hellgelb ist, den Wirsing hinzufügen, kurze Zeit miterhitzen, mit
Salz, Pfeffer	würzen, die Kartoffeln hinzufügen
etwa 300 g Bauernmettwurst	waschen, mit
250 ml (¼ l) Wasser	hinzufügen, gar dünsten lassen, mit Salz, Pfeffer abschmecken die Wurst in Scheiben schneiden, wieder in den Wirsing geben
Dünstzeit:	Etwa 45 Minuten.

Kasseler-Birnen-Topf

100 g durchwachsenen Speck	in Würfel schneiden, in einer Auflaufform oder einem länglichen Bratentopf auslassen
2 Zwiebeln	abziehen, in Ringe schneiden, in dem Speckfett andünsten
750 g Möhren	putzen, schrappen, waschen
750 g Kartoffeln	schälen, waschen
750 g Birnen	schälen, halbieren, entkernen die 3 Zutaten in Scheiben schneiden, abwechselnd lagenweise auf die Zwiebeln schichten jede Schicht nach Belieben mit
Pfeffer	
Zucker	nach Belieben mit
Salz	bestreuen
375 – 500 ml (⅜ – ½ l) heiße Fleischbrühe	hinzugießen, zugedeckt garen lassen etwa 20 Minuten vor Beendigung der Garzeit
4 Scheiben Kasseler (je etwa 150 g)	auf das Gemüse legen, die Form (Bratentopf) mit dem Deckel verschließen, zugedeckt garen lassen den Kasseler-Birnen-Topf mit
gehackter Petersilie	bestreuen
Garzeit:	Etwa 50 Minuten.

Gemüse-Fisch-Eintopf

500 g Kabeljaufilet	unter fließendem kaltem Wasser abspülen, trockentupfen, mit
Zitronensaft	beträufeln, etwas stehenlassen, trockentupfen, mit
Salz	bestreuen, in nicht zu kleine Stücke schneiden
250 g Champignons	putzen, waschen, in Scheiben schneiden
250 g Grüne Bohnen	abfädeln, waschen, in Stücke brechen oder schneiden
375 g Kartoffeln	schälen, waschen, in Würfel schneiden
2 große Zwiebeln	abziehen, in Scheiben schneiden
50 g Margarine	zerlassen, die Zwiebeln darin andünsten Champignons, Bohnen, Kartoffeln hinzufügen, kurze Zeit mitdünsten lassen, mit
Salz	
Pfeffer	würzen
250 ml (¼ l) Wasser	hinzugießen, dünsten lassen nach etwa 25 Minuten Dünstzeit den Fisch,
125 ml (⅛ l)	
Weißwein	hinzufügen, gar dünsten lassen den Eintopf mit Salz, Pfeffer,
Suppenwürze	
Fisch-Gewürz	abschmecken, mit
2 Eßl.	
gehackter Petersilie	bestreuen
Dünstzeit:	Etwa 40 Minuten.

Orientalischer Fleischtopf
(Für 4 – 6 Personen)

750 g Rindfleisch (aus der Keule)	waschen, abtrocknen, in feine Streifen schneiden
30 g Butter oder Margarine	in einem Bratentopf erhitzen, die Fleischstreifen darin anbraten
3 Zwiebeln	abziehen, würfeln
1 Knoblauchzehe	abziehen, zerdrücken
1 Möhre	putzen, schrappen, waschen, in Würfel schneiden die drei Zutaten zu dem Fleisch geben, mitschmoren lassen
200 g Brühreis (Langkorn)	hinzufügen, kurz durchschmoren lassen
500 g Wirsing oder Spitzkohl (vorbereitet gewogen)	waschen, in feine Streifen schneiden, mit
50 g Cashew-Nüssen **50 g Rosinen**	in den Fleisch-Gemüse-Topf geben, etwa 5 Minuten miterhitzen, mit
Salz **Pfeffer** **Currypulver**	kräftig würzen
1 Eßl. Mango-Chutney (aus dem Glas)	unterrühren
750 ml (¾ l) heiße Instant-Hühnerbrühe	hinzufügen, den Eintopf umrühren, auf dem Rost in den Backofen schieben, in etwa 1 Stunde garen lassen, ab und zu umrühren
Strom:	Etwa 200
Gas:	Etwa 3
Garzeit:	Etwa 1½ Stunden.

Hammelpilaw

375 – 500 g Hammelfleisch	waschen, abtrocknen, in kleine Würfel schneiden
2 mittelgroße Zwiebeln	abziehen, würfeln
250 g Sellerie	putzen, waschen, kleinschneiden
250 g Tomaten	kurze Zeit in kochendes Wasser legen, in kaltem Wasser abschrecken, enthäuten, in Stücke schneiden
2 Eßl. Margarine	zerlassen, das Fleisch unter Wenden schwach darin bräunen kurz bevor das Fleisch genügend gebräunt ist, Zwiebeln, Sellerie, Tomaten hinzufügen, kurz miterhitzen, mit
Salz **Pfeffer** **Paprika edelsüß**	würzen
750 ml (¾ l) Wasser	hinzugießen, zum Kochen bringen
150 g Brühreis (Langkorn)	nach 20 Minuten Kochzeit zu dem Fleisch geben, gar kochen lassen das Gericht mit Salz abschmecken, mit
1 Eßl. gehackter Petersilie	bestreuen
Garzeit:	Etwa 1 Stunde.

Schal- oder Pellkartoffeln

1 kg gleich große Kartoffeln einer Sorte	in kaltem Wasser gründlich bürsten, waschen, evtl. mit
1 Teel. Kümmel	in
Salzwasser	zum Kochen bringen, gar kochen lassen, abgießen, die Kartoffeln im offenen Topf unter öfterem Schütteln abdämpfen lassen
Kochzeit:	25 – 30 Minuten.

Salzkartoffeln

1 kg Kartoffeln	waschen, dünn schälen, Augen entfernen, nochmals waschen, größere Kartoffeln ein- oder zweimal durchschneiden, in
Salzwasser	zum Kochen bringen, gar kochen lassen, abgießen, die Kartoffeln im offenen Topf unter öfterem Schütteln abdämpfen lassen
Kochzeit:	20 – 25 Minuten.

Brühkartoffeln

1 kg Kartoffeln	schälen, waschen, in Würfel schneiden, in
500 ml (½ l) Instant-Fleischbrühe	zum Kochen bringen, gar kochen lassen die Kartoffeln mit
Salz	abschmecken
1 Eßl. Butter 1 Eßl. gehackte Petersilie	hinzufügen
Kochzeit:	20 – 25 Minuten Brühkartoffeln zu Fisch, rohem Schinken oder gekochtem Fleisch reichen.
Veränderung:	In Streifen geschnittene Möhren mitkochen.

Petersilienkartoffeln

1 kg möglichst kleine, gleich große Kartoffeln	waschen, im Wasser zum Kochen bringen, gar kochen lassen, abgießen, sofort pellen
40 g Butter oder Margarine	zerlassen, die Kartoffeln,
Salz 2 Eßl. gehackte Petersilie	hinzufügen, gut durchschwenken (neue Kartoffeln eignen sich besonders gut)
Kochzeit:	20 – 30 Minuten.

Schnittlauchkartoffeln

1 kg Kartoffeln	waschen, in Wasser zum Kochen bringen, in 20 – 30 Minuten gar kochen lassen, abgießen, sofort pellen, erkalten lassen, in Scheiben schneiden *für die Schnittlauchsoße*
30 g Butter oder Margarine	zerlassen
30 g Weizenmehl	unter Rühren so lange darin erhitzen, bis es hellgelb ist
250 ml (¼ l) Milch 250 ml (¼ l) Wasser 1 Brühwürfel (für 250 ml = ¼ l)	hinzufügen, mit einem Schneebesen durchschlagen, darauf achten, daß keine Klumpen entstehen, die Soße zum Kochen bringen, etwa 5 Minuten kochen lassen, mit
Salz	abschmecken, die Kartoffeln,
2 Eßl. feingeschnittenen Schnittlauch	hinzufügen, etwa 10 Minuten darin ziehen lassen, mit Salz abschmecken
Garzeit:	Etwa 30 Minuten.

Béchamelkartoffeln

1 kg Kartoffeln	waschen, in Wasser zum Kochen bringen, in 20 – 30 Minuten gar kochen lassen, abgießen, sofort pellen, erkalten lassen, in Scheiben schneiden *für die Béchamelsoße*
2 kleine Zwiebeln	abziehen
40 g roher Schinken	beide Zutaten in kleine Würfel schneiden
30 g Butter oder Margarine	zerlassen, den Schinken darin andünsten
30 g Weizenmehl	mit den Zwiebeln unter Rühren so lange darin erhitzen, bis es hellgelb ist
250 ml (¼ l) Milch 250 ml (¼ l) Wasser 1 Brühwürfel (für 250 ml = ¼ l)	hinzufügen, mit einem Schneebesen durchschlagen, darauf achten, daß keine Klumpen entstehen, die Soße zum Kochen bringen, etwa 5 Minuten kochen lassen, die Soße nach Belieben durch ein Sieb streichen, die Kartoffeln hinzufügen, zum Kochen bringen, mit
Salz Pfeffer geriebener Muskatnuß	abschmecken, mit
2 Eßl. gehackter Petersilie	bestreuen
Garzeit:	Etwa 30 Minuten.

Bayerische Zwetschenknödel

Gut 1¼ kg Kartoffeln	waschen, mit Wasser zum Kochen bringen, gar kochen lassen, abgießen, pellen, heiß durch die Presse geben, bis zum nächsten Tag kalt stellen 1 kg von den durchgepreßten Kartoffeln abwiegen, durch ein Sieb streichen, nach und nach
2 Eier **Salz** **60 g Grieß** **80 g Weizenmehl**	hinzufügen, zu einem glatten Teig verkneten aus dem Teig mit bemehlten Händen runde Klöße formen
16 – 20 Zwetschen	waschen, entsteinen, je 1 Zwetsche in jeden Kloß drücken, die Klöße in
kochendes Salzwasser	geben, zum Kochen bringen, gar ziehen lassen (Wasser muß sich leicht bewegen)
etwa 100 g Butter	zerlassen
Zwiebackkrumen (etwa 75 g)	darin bräunen, über die Klöße geben nach Belieben
Zucker und Zimt	dazureichen
Kochzeit für die Kartoffeln:	25 – 30 Minuten
Garzeit für die Klöße:	10 – 15 Minuten.

Herzogin-Kartoffeln

Pommes Duchesse

750 g Kartoffeln	schälen, waschen, in Hälften schneiden, in
Salzwasser	zum Kochen bringen, in 20 – 30 Minuten gar kochen lassen, abgießen, sofort durch die Kartoffelpresse geben oder mit einem elektrischen Handrührgerät zerkleinern, erkalten lassen die Kartoffeln mit
1 Eiweiß **1 gestrichenen Eßl. Speisestärke**	verrühren, mit
Salz **geriebener Muskatnuß**	abschmecken die Masse in einen Spritzbeutel mit großer Sterntülle füllen, auf ein gefettetes Backblech spritzen
1 Eigelb	mit
1 Teel. Milch	verschlagen, den Kartoffelbrei damit bestreichen, in den Backofen schieben
Strom:	200 – 225
Gas:	4 – 5
Backzeit:	10 – 12 Minuten.

Kartoffelpudding

750 g Kartoffeln	schälen, waschen, halbieren, in
Salzwasser	zum Kochen bringen, gar kochen lassen, abgießen, heiß durch die Presse geben, kalt stellen
60 g Butter oder Margarine	schaumig rühren, nach und nach Kartoffeln,
2 – 3 Eigelb **100 g geriebenen Käse** **Salz** **geriebene Muskatnuß**	hinzufügen
2 – 3 Eiweiß	steif schlagen, unterheben die Masse in eine mit
Butter oder Margarine	gefettete, mit
Semmelmehl	ausgestreute Puddingform füllen (diese darf höchstens ¾ gefüllt sein) die Form mit dem Deckel verschließen, in einen Topf mit kochendem Wasser setzen den garen Pudding auf eine vorgewärmte Platte stürzen, mit
2 – 3 Eßl. gebräunter Butter	übergießen
Kochzeit:	Etwa 1¼ Stunden.
Veränderung:	Die Masse mit geriebenem Käse bestreuen, mit Butterflöckchen belegen, in einer Auflaufform im Ofen backen.
Beigabe:	Tomatensoße, Grüner Salat.

Kartoffelbrei

1 kg Kartoffeln	schälen, waschen, in Stücke schneiden, in
Salzwasser	zum Kochen bringen, gar kochen lassen, abgießen, sofort durch die Presse geben oder mit einem elektrischen Handrührgerät zerkleinern
50 g Butter oder Margarine	mit
etwa 250 ml (¼ l) heißer Milch	hinzufügen den Topf auf die Kochstelle setzen, den Brei so lange schlagen, bis er weiß und schaumig ist, mit
Salz, geriebener Muskatnuß	abschmecken
Kochzeit:	Etwa 20 Minuten.
Veränderung:	Den Kartoffelbrei mit in Fett gebräunten Zwiebelringen oder geröstetem Semmelmehl anrichten.

Kartoffelpüfferchen

500 g Weizenmehl	in eine Schüssel sieben, mit
1 Päckchen Dr. Oetker Hefe	sorgfältig vermischen
1 kg Kartoffeln	schälen, waschen, auf einer feinen Reibe reiben, mit
2 Eiern **2 gestrichenen Teel. Salz** **125 ml (⅛ l) lauwarmer Milch**	zu dem Mehl geben, alles mit einem elektrischen Handrührgerät mit Rührbesen zuerst auf der niedrigsten, dann auf der höchsten Stufe zu einem Teig verarbeiten
250 g Rosinen	verlesen, zuletzt unter den Teig heben den Teig an einem warmen Ort so lange stehenlassen, bis er etwa doppelt so hoch ist, ihn dann auf der höchsten Stufe gut durchschlagen etwas von
200 ml (⅕ l) Speiseöl	erhitzen, den Teig eßlöffelweise hineingeben, etwas flachdrücken, von beiden Seiten goldbraun backen.
Beigabe:	Butter, Sirup, Bohnenkaffee.

Klöße von gekochten und rohen Kartoffeln

750 g Kartoffeln	waschen, mit Wasser zum Kochen bringen, gar kochen lassen, abgießen, pellen, heiß durch die Presse geben, bis zum nächsten Tag kalt stellen
500 g geschälte rohe Kartoffeln	in eine Schüssel mit Wasser reiben, in einem Tuch fest auspressen, zu den gekochten Kartoffeln geben
65 g Weizenmehl **1 Ei, 1 Teel. Salz**	unterkneten aus dem Teig mit bemehlten Händen etwa faustgroße Klöße formen, in
kochendes Salzwasser	geben, zum Kochen bringen, gar ziehen lassen (Wasser muß sich leicht bewegen) die garen Klöße gut abtropfen lassen
Kochzeit für die Kartoffeln:	25 – 30 Minuten
Garzeit für die Klöße:	15 – 20 Minuten.

Kartoffelklöße

mit Semmelmehl

1 kg Kartoffeln	waschen, mit Wasser zum Kochen bringen, gar kochen lassen, abgießen, pellen, heiß durch die Presse geben
75 g Semmelmehl **2 Eßl. Weizenmehl**	mit
2 Eiern	unterkneten, den Teig mit
Salz, geriebener Muskatnuß	abschmecken, aus dem Teig mit nassen Händen Klöße formen, in
kochendes Salzwasser	geben, zum Kochen bringen, gar ziehen lassen (Wasser muß sich leicht bewegen) die garen Klöße gut abtropfen lassen
Kochzeit für die Kartoffeln:	25 – 30 Minuten
Garzeit für die Klöße:	20 – 25 Minuten.

Kartoffelpfannkuchen

Puffer oder Reibeplätzchen

2 kg Kartoffeln	schälen
2 kleine Zwiebeln	abziehen beide Zutaten waschen, reiben, mit
2 – 3 gestrichenen Teel. Salz **4 Eiern** **40 – 60 g Weizenmehl oder Semmelmehl**	verrühren etwas von
250 ml (¼ l) Speiseöl oder etwa 250 g Schweineschmalz	erhitzen, den Teig eßlöffelweise hineingeben, flachdrücken, von beiden Seiten braun und knusprig backen.
Beigabe:	Kompott, Apfelmus, Kümmelquark.

Kartoffelklöße, Kartoffelpfannkuchen, Rezept S. 210, Pommes frites, Kartoffelkroketten

Pommes frites

1 kg Kartoffeln schälen, waschen, in gleichlange, bleistiftdicke Streifen schneiden, in einem Küchentuch gut abtrocknen, schwimmend in siedendem
Pflanzenfett halbgar backen
nicht zuviel Kartoffeln auf einmal in das Fett geben, da sie sich in dem Fettbad nicht berühren dürfen, außerdem kühlt das Fett zu stark ab
sobald sich die Spitzen der Kartoffelstreifen gelb färben, diese mit einem Schaumlöffel herausnehmen, auf einem Durchschlag abtropfen lassen
wenn die Streifen abgekühlt sind, sie noch einmal in das heiße Fett geben, braun und knusprig werden lassen
die Pommes frites mit
feinem Salz bestreuen, sofort servieren
Backzeit: Zuerst etwa 2 Minuten, dann 4 – 5 Minuten.

Kartoffelklöße

750 g Kartoffeln waschen, mit Wasser zum Kochen bringen, gar kochen lassen, abgießen, pellen, heiß durch die Presse geben
1 Ei
Salz
geriebene Muskatnuß
100 g Weizenmehl unterkneten
1 Scheibe Weißbrot in Würfel schneiden, in
1 Eßl. Butter rösten
aus dem Teig mit nassen Händen Klöße formen, dabei in jeden Kloß einige Brotwürfel drücken
die Klöße in
kochendes Salzwasser geben, zum Kochen bringen, gar ziehen lassen (Wasser muß sich leicht bewegen)
die garen Klöße gut abtropfen lassen
Kochzeit für die Kartoffeln: 25 – 30 Minuten
Garzeit für die Klöße: Etwa 15 Minuten.

Kartoffelkroketten

750 g Kartoffeln schälen, waschen, in
Salzwasser zum Kochen bringen, gar kochen lassen, abgießen, sofort durch die Kartoffelpresse geben, erkalten lassen
die Kartoffeln mit
2 Eigelb
1 gut gehäuften Teel. Speisestärke verrühren, mit
Salz
geriebener Muskatnuß abschmecken
aus dem Teig knapp 2 cm dicke und 5 cm lange Röllchen formen
die Röllchen zunächst in
1 verschlagenen Ei dann in
50 g Semmelmehl wenden, schwimmend in siedendem
Pflanzenfett goldbraun backen
Kochzeit: 20 – 25 Minuten
Backzeit: 2 – 3 Minuten.
Veränderung: Anstelle der Röllchen Kugeln formen, für Mandel-Kroketten anstelle von Semmelmehl (etwa 100 g) abgezogene, gehobelte Mandeln verwenden.

Buttermilchkartoffeln

1¼ kg Kartoffeln	schälen, waschen, in kleine Stücke schneiden, in
kochendes Salzwasser	geben, zum Kochen bringen, gar kochen lassen
500 ml (½ l) Buttermilch	mit
125 ml (¼ l) Milch	langsam unter Rühren zum Kochen bringen (Buttermilch darf nicht zu sehr ausflocken), etwa ⅔ der garen Kartoffeln pürieren, mit den restlichen Kartoffelstücken in die kochende Milch geben, zum Kochen bringen, gut aufkochen lassen
45 g Weizenmehl	mit
Wasser	anrühren, den Kartoffelbrei damit binden, mit
Zucker	abschmecken
125 g durchwachsenen Speck	in Würfel schneiden, auslassen
3 mittelgroße Zwiebeln	abziehen,würfeln, zu dem Speck geben, bräunen lassen, über die Buttermilchkartoffeln geben
Garzeit:	Etwa 40 Minuten.
Beilage:	Gebratene Blutwurst, Grüner Salat.

Lappenpickert

1½ kg Kartoffeln	schälen, waschen, auf einer feinen Reibe reiben, mit
Salz	
4 Eiern	
250 g Weizenmehl	
125 ml (⅛ l) Milch	verrühren (Teig muß dickflüssig sein) Lappenpickert auf einer besonderen Eisenplatte, die mit
Speckschwarte	gefettet ist, backen den Teig so auf der Platte verteilen, daß entweder ein großes, dünnes, zusammenhängendes Gebäck entsteht oder mehrere kleine Plätzchen sobald der Pickert auf der unteren Seite gebräunt ist, ihn mit einem möglichst breiten Messer wenden, auf der anderen Seite bräunen, den Pickert, frisch oder aufgewärmt servieren.
Beigabe:	Butter, Sirup, Bohnenkaffee.

Kümmelkartoffeln

(Für 6 Personen)

750 g kleine neue Kartoffeln	gründlich waschen, nicht schälen, nach Belieben halbieren, die Schnittflächen oder die ganzen Kartoffeln mit
etwa 1 Eßl. Speiseöl	bestreichen, in
Salz	
Kümmel	tauchen, die Kartoffeln auf ein genügend großes Stück
Bratfolie	setzen, die Folie verschließen, auf dem Rost in die Mitte des vorgeheizten Backofens schieben
Strom:	200
Gas:	Etwa 3½
Garzeit:	Etwa 30 Minuten.
Beigabe:	Kräuterquark.

Bratkartoffeln I

1 kg Kartoffeln waschen, mit Wasser zum Kochen bringen, gar kochen lassen, abgießen, heiß pellen, erkalten lassen, in Scheiben schneiden
1 Zwiebel abziehen, würfeln
75 g Fett zerlassen, Kartoffelscheiben, Zwiebelwürfel hineingeben, mit
Salz bestreuen, braun braten (übriggebliebene Salzkartoffeln ebenso braten)

Kochzeit: 25 – 30 Minuten
Bratzeit: Etwa 10 Minuten.
Veränderung: Einige zerteilte säuerliche Äpfel oder in Scheiben geschnittene Tomaten dazugeben oder 2 – 3 Eßl. saure Sahne oder geriebenen Käse unterziehen.
In Scheiben geschnittene Wiener Würstchen und gewürfelte saure Gurken mitbraten.
Beilage: Spiegeleier, Rote-Bete-Salat.

Bratkartoffeln II

Dampfkartoffeln

1 kg Kartoffeln schälen, waschen, in Scheiben oder Stifte schneiden
75 g durchwachsenen Speck in Würfel schneiden, auslassen, die Kartoffeln hineingeben, mit
Salz bestreuen, zunächst zugedeckt, dann in der offenen Pfanne hellbraun braten

Bratzeit: 20 – 30 Minuten.
Veränderung: 1 abgezogene, in Scheiben geschnittene Zwiebel und 3 – 4 gewürfelte Gewürzgurken mitbraten.

Bauernfrühstück

750 g Salatkartoffeln	waschen, in Wasser zum Kochen bringen, gar kochen lassen, abgießen, heiß pellen, erkalten lassen, in Scheiben schneiden
4 kleine Zwiebeln	abziehen, würfeln
75 g durchwachsenen Speck	in Würfel schneiden, auslassen
30 g Margarine	hinzufügen, zerlassen, die Zwiebeln darin glasig dünsten, die Kartoffeln hinzufügen, braun braten
3 Eier	mit
3 Eßl. Milch	
Salz	
Paprika edelsüß	
geriebener Muskatnuß	
Pfeffer	verschlagen
125 g Schinkenspeck	in Würfel schneiden
2 Eßl. feingeschnittener Schnittlauch	
	die Zutaten zu der Eiermilch geben, über die Kartoffeln gießen, stocken lassen die Kartoffeln einige Male wenden
Kochzeit:	20 – 25 Minuten
Bratzeit:	Etwa 10 Minuten.
Beigabe:	Kopfsalat, Tomatensalat oder Essiggurken.

Folienkartoffeln

8 mittelgroße Kartoffeln	waschen, abtrocknen, einzeln in
Alufolie	einwickeln die Folienpakete auf dem Backblech in den vorgeheizten Backofen schieben die garen Folienkartoffeln über Kreuz einschneiden, die Einschnitte auseinanderdrücken, die Öffnung etwas aushöhlen
Butter	hineingeben
Strom:	200 – 225
Gas:	4 – 5
Garzeit:	40 – 60 Minuten.
Beigabe:	Kräuter- und Tomatenquark, Kohlrabi-Radieschen-Salat.

Röstkartoffeln

1 kg möglichst kleine Kartoffeln	waschen, mit Wasser zum Kochen bringen, gar kochen lassen, abgießen, heiß pellen
50 g Butter, Margarine oder Kokosfett	erhitzen, die Kartoffeln hineingeben, mit
Salz	bestreuen, goldgelb braten
Kochzeit:	Etwa 20 Minuten
Bratzeit:	Etwa 10 Minuten.

Kartoffelomelette

500 g Kartoffeln	waschen, in Wasser zum Kochen bringen, gar kochen lassen, abgießen, heiß pellen, erkalten lassen, in Scheiben schneiden
2 kleine Zwiebeln	abziehen, würfeln
75 g fetten Speck	in Würfel schneiden, auslassen Kartoffeln, Zwiebeln hineingeben, mit
Salz	bestreuen, braun braten
125 ml ($\frac{1}{8}$ l) Milch	mit
3 Eiern	und Salz verschlagen
1 Eßl. gehackte Petersilie oder feingeschnittenen Schnittlauch	hinzufügen die Eiermilch über die Kartoffeln gießen, stocken lassen, ohne die Kartoffeln zu wenden wenn die obere Seite des Omelettes fest geworden und die untere gebräunt ist, das Omelette auf eine vorgewärmte Platte gleiten lassen
Kochzeit:	20 – 25 Minuten
Bratzeit:	10 – 15 Minuten.
Beigabe:	Kopfsalat, Kürbis, Senfgurken oder Rote Bete.

Försterpfanne

(Für 2 Personen)

250 g gekochte Kartoffeln
50 g fetter Speck — beide Zutaten in Würfel schneiden, den Speck auslassen
1 Zwiebel — abziehen, in Scheiben schneiden, in dem Fett glasig dünsten lassen
die Kartoffeln,
100 g gedünstete Champignonscheiben — hinzufügen, braun braten
3 Eier — mit
125 ml (⅛ l) Milch — verschlagen, mit
Salz — abschmecken
1 Eßl. feingeschnittenen Schnittlauch — hinzufügen, die Eiermilch über die Kartoffeln geben, stocken lassen, evtl.
etwas Butter — in die Pfanne geben (die Eiermasse darf nicht trocken werden)
wenn die untere Seite leicht gebräunt ist, das Gericht auf einen vorgewärmten Teller gleiten lassen.

Kartoffelauflauf mit Schinken

1 kg Kartoffeln — waschen, mit Wasser zum Kochen bringen, gar kochen lassen, abgießen, heiß pellen, erkalten lassen, in Scheiben schneiden
75 g rohen Schinken
75 g gekochten Schinken — in kleine Würfel schneiden
Kartoffeln und Schinken abwechselnd lagenweise in eine mit
Margarine — gefettete Auflaufform schichten, die oberste Schicht soll aus Kartoffeln bestehen

für die Soße
30 g Margarine — zerlassen
35 g Weizenmehl — unter Rühren so lange darin erhitzen, bis es hellgelb ist
250 ml (¼ l) heiße Instant-Fleischbrühe
250 ml (¼ l) Milch — hinzugießen, mit einem Schneebesen durchschlagen, darauf achten, daß keine Klumpen entstehen, die Soße zum Kochen bringen, etwa 5 Minuten kochen lassen, mit
Salz — abschmecken
die Soße über die Kartoffeln gießen, den Auflauf mit
2 Eßl. Semmelmehl — bestreuen
Butter — in Flöckchen darauf setzen
die Auflaufform in den Backofen schieben

Kochzeit für die Kartoffeln: 20 – 30 Minuten
Einstellung für den Backofen
Strom: 200 – 225
Gas: 4 – 5
Backzeit: 30 – 40 Minuten.
Veränderung: Anstelle von heller Soße 250 ml (¼ l) saure Sahne, 250 ml (¼ l) Fleischbrühe, 1 gestrichenen Eßl. Speisestärke, 2 Eier verschlagen, über den Auflauf geben. Den Kartoffelauflauf statt mit Semmelmehl mit geriebenem Käse bestreuen.

Bunter Kartoffelauflauf

1 kg Kartoffeln waschen, in Wasser zum Kochen bringen, in 20 – 30 Minuten gar kochen lassen, sofort pellen, erkalten lassen
4 hartgekochte Eier pellen
2 Rauchenden
die Zutaten in Scheiben schneiden, abwechselnd lagenweise in eine mit
Butter
oder Margarine gefettete Auflaufform füllen, dabei Kartoffel- und Eierscheiben jeweils mit
Salz bestreuen
die oberste Schicht soll aus Kartoffeln bestehen
2 Becher
(je 150 g) saure Sahne über die Kartoffeln gießen, den Auflauf mit
3 gestrichenen Eßl.
Semmelmehl bestreuen
Butter in Flöckchen darauf setzen
die Auflaufform auf dem Rost in den vorgeheizten Backofen schieben
Strom: 225 – 250
Gas: 5 – 6
Backzeit: 30 – 40 Minuten.

Kartoffelauflauf mit Eiern

1 kg Kartoffeln waschen, in Wasser zum Kochen bringen, in 20 – 30 Minuten gar kochen lassen, abgießen, sofort pellen, erkalten lassen
4 hartgekochte Eier pellen
beide Zutaten in Scheiben schneiden, abwechselnd lagenweise in eine mit
Butter
oder Margarine gefettete Auflaufform füllen, die oberste Schicht soll aus Kartoffeln bestehen
für die Soße
30 g Butter
oder Margarine zerlassen
35 g Weizenmehl unter Rühren so lange darin erhitzen, bis es hellgelb ist
250 ml (¼ l) Milch
250 ml (¼ l) Wasser
1 Brühwürfel
(für 250 ml = ¼ l) hinzufügen, mit einem Schneebesen durchschlagen, darauf achten, daß keine Klumpen entstehen, die Soße zum Kochen bringen, etwa 5 Minuten kochen lassen, mit
Salz abschmecken, über die Kartoffeln gießen
den Auflauf mit
1 Eßl.
feingeschnittenem
Schnittlauch
50 g geriebenem Käse bestreuen
die Auflaufform auf dem Rost in den Backofen schieben
Strom: 225 – 250
Gas: 5 – 6
Backzeit: 30 – 40 Minuten.

Kaiserschmarren

100 g Weizenmehl	in eine Schüssel sieben, in die Mitte eine Vertiefung eindrücken
4 Eigelb	mit
Salz	
2 Tropfen	
Backöl Zitrone	
250 ml (¼ l) Milch	verschlagen, etwas davon in die Vertiefung geben, von der Mitte aus Flüssigkeit und Mehl verrühren, nach und nach die übrige Flüssigkeit dazugeben, darauf achten, daß keine Klumpen entstehen
75 g Mandeln	abziehen, mahlen
4 Eiweiß	steif schlagen
75 g Korinthen	
	die 3 Zutaten zuletzt unter den Teig heben
	etwas von
60 g Fett	zerlassen, den Teig jeweils 1 cm dick hineingeben, auf der Unterseite hellgelb backen
	den Eierkuchen dann mit 2 Gabeln in kleine Stücke zerreißen, diese unter häufigem Wenden gut bräunen, mit Zucker bestreuen
Backzeit:	8 – 10 Minuten.
Veränderung:	Anstelle von Milch Sahne verwenden.
Beigabe:	Kompott.

Mehlschmarren

Süddeutsche Mehlspeise

250 g Weizenmehl	in eine Schüssel sieben, in die Mitte eine Vertiefung eindrücken
5 Eigelb	mit
Salz	
1 Eßl. Zucker	

1 Päckchen Vanillin-Zucker	
500 ml (½ l) Milch	verschlagen, etwas davon in die Vertiefung geben, von der Mitte aus Eigelbmilch und Mehl verrühren, nach und nach die übrige Eigelbmilch dazugeben, darauf achten, daß keine Klumpen entstehen
5 Eiweiß	steif schlagen, zuletzt unter den Teig heben etwas von
100 g Fett	zerlassen, den Teig jeweils knapp 1 cm dick hineingeben, auf der Unterseite hellgelb backen den Eierkuchen dann mit 2 Gabeln in kleine Stücke zerreißen, diese unter häufigem Wenden gut bräunen, mit
Zucker	bestreuen
Backzeit:	Etwa 5 Minuten.

Mehlpüfferchen

40 g Zucker	mit
2 Eiern	schaumig rühren
2 – 3 Tropfen Backöl Zitrone	hinzufügen
250 g Weizenmehl	
9 g (3 gestrichene Teel.) Backpulver Backin	mischen, sieben, abwechselnd mit
250 ml (¼ l) Milch	unterrühren
50 g Rosinen	zuletzt unter den Teig heben etwas von
6 Eßl. Speiseöl	erhitzen, den Teig eßlöffelweise hineingeben, flachstreichen, von beiden Seiten backen.
Beigabe:	Zucker, Kompott.

Grießschnitten

500 ml (½ l) Milch	mit
1 Eßl. Butter oder Margarine	
Salz	
2 Eßl. Zucker	
2 Tropfen Backöl Bittermandel	zum Kochen bringen, von der Kochstelle nehmen
150 g Grieß	unter Rühren hineinstreuen, zum Kochen bringen, ausquellen lassen
2 Eier	unterrühren, den Brei etwa 1½ cm dick auf ein mit Wasser abgespültes Backblech streichen, kalt stellen den erkalteten Grießbrei in Scheiben schneiden, in
40 g Semmelmehl	wenden etwas von
5 Eßl. Speiseöl	erhitzen, die Schnitten von beiden Seiten darin backen
Kochzeit:	Etwa 10 Minuten.
Beigabe:	Kompott.

Haferflockenbrei

1 l Milch	mit
Salz	
75 g Zucker	
Zitronenschale (ungespritzt)	
1 Eßl. Butter oder Margarine	zum Kochen bringen
125 g Haferflocken	hineinstreuen, unter häufigem Umrühren ausquellen lassen
Kochzeit:	Etwa 5 Minuten.
Beigabe:	Sahne, Fruchtsaft oder Kompott.

Grieß- oder Sagobrei

1 l Milch	mit
1 Eßl. Butter oder Margarine	
Salz	
Zitronenschale (ungespritzt)	zum Kochen bringen
125 g Grieß oder Sago	hineinstreuen, unter häufigem Umrühren ausquellen lassen, nach Belieben mit
Zucker	abschmecken
Kochzeit:	10 – 15 Minuten.
Beigabe:	Saft oder Kompott.

Apfelreis

500 g Äpfel	schälen, vierteln, entkernen, in Scheiben schneiden
1 l Wasser	mit
Salz	
50 g Zucker	
2 Tropfen Backöl Zitrone	zum Kochen bringen, die Äpfel,
200 g Milchreis (Rundkorn)	hineingeben, zum Kochen bringen, ausquellen lassen, mit
Zucker	abschmecken, den Apfelreis mit
Zucker und Zimt	bestreuen
Kochzeit:	Etwa 40 Minuten.
Veränderung:	Reis und Äpfel für sich kochen, schichtweise in eine Schüssel füllen. Anstelle von Reis Hirse oder Graupen nehmen.

Jamaika-Reis

750 ml (¾ l) Milch	mit
Salz	
75 g Zucker	
1 Päckchen Vanillin-Zucker	zum Kochen bringen
125 g Milchreis (Rundkorn)	hineingeben, in etwa 30 Minuten ausquellen lassen
1 Päckchen Gelatine gemahlen, weiß	mit
5 Eßl. kaltem Wasser	anrühren, 10 Minuten zum Quellen stehenlassen den garen Milchreis mit
3 verschlagenen Eigelb	abziehen die gequollene Gelatine in den heißen Reis geben, so lange rühren, bis sie gelöst ist
6 Eßl. Rum	hinzufügen, den Reis erkalten lassen
3 Eiweiß	steif schlagen, unter den halbfesten Reis heben den Rand einer Springform (Durchmesser etwa 22 cm) auf einen flachen Teller oder eine Platte stellen, etwas von der Reismasse hineingeben
etwa 75 g Löffelbiskuits	halbieren, innen um den Springformrand in den Reis stellen, den restlichen Reis einfüllen, kalt stellen, damit er fest wird den Springformrand entfernen
etwa 375 g Sauerkirschen	waschen, abtropfen lassen, entstielen, entsteinen oder
etwa 375 g Sauerkirschen (aus dem Glas)	abtropfen lassen
125 ml (⅛ l) Sahne	steif schlagen den Reis mit den Sauerkirschen und der Schlagsahne garnieren.

Reiscreme mit Erdbeersoße

750 ml (¾ l) Milch	mit
Salz	
75 g Zucker	
1 Päckchen Vanillin-Zucker	zum Kochen bringen
150 g Milchreis (Rundkorn)	hineingeben, zum Kochen bringen, ausquellen lassen (er muß noch körnig sein)
1 gut gehäuften Teel. Gelatine gemahlen, weiß	mit
2 Eßl. kaltem Wasser	anrühren, 10 Minuten zum Quellen stehenlassen, zu dem heißen Reisbrei geben, so lange rühren, bis die Gelatine vollkommen gelöst ist, den Reisbrei kalt stellen
250 ml (¼ l) Sahne	steif schlagen, unter den erkalteten Reisbrei heben die Creme in eine Glasschale füllen, bis zum Verzehr kalt stellen *für die Erdbeersoße*
500 g Erdbeeren	waschen, gut abtropfen lassen, entstielen, im Mixer so lange schlagen lassen, bis eine dickflüssige Soße mit teilweise noch vorhandenen Fruchtstückchen entstanden ist die Soße mit
1 Päckchen Vanillin-Zucker	verrühren, mit
Zucker	abschmecken
Kochzeit:	Etwa 20 Minuten.

Reispudding mit heißen Kirschen

500 ml (½ l) Milch	mit
Salz	
1 Päckchen Vanillin-Zucker	
1 Stück Stangenzimt	zum Kochen bringen
150 g Milchreis	hineingeben, zum Kochen bringen, in 15 – 20 Minuten ausquellen, erkalten lassen
3 Eigelb	schaumig schlagen, nach und nach
75 g Zucker	
abgeriebene Schale von ½ Zitrone (ungespritzt)	
2 Eßl. Zitronensaft	hinzufügen, so lange schlagen, bis eine cremeartige Masse entstanden ist den Reis,
75 g abgezogene, gehackte oder gemahlene Mandeln	unterrühren
3 Eiweiß	steif schlagen, unter die Reismasse heben, in eine dick gefettete, mit

Semmelmehl	ausgestreute Puddingform füllen die Form mit dem Deckel verschließen, in einen Topf mit kochendem Wasser setzen
Kochzeit:	Etwa 1 Stunde den erkalteten Pudding auf einen Teller stürzen
etwa 450 g entsteinte Kirschen (aus dem Glas)	abtropfen lassen, den Saft auffangen, die Kirschen etwas zerkleinern
2 schwach gehäufte Eßl. Speisestärke, z. B. Gustin	mit etwas Kirschsaft anrühren, den restlichen Saft zum Kochen bringen, mit der angerührten Speisestärke binden, die Kirschen hinzufügen, kurze Zeit miterhitzen, heiß zu dem Pudding reichen.

Spinatreis

250 g US-Langkornreis	in
Salzwasser	geben, zum Kochen bringen, in etwa 20 Minuten ausquellen lassen, auf ein Sieb geben, mit kaltem Wasser übergießen, abtropfen lassen
2 Zwiebeln	abziehen, würfeln
50 g Butter oder Margarine	zerlassen, die Zwiebelwürfel darin andünsten
400 g tiefgekühlten Spinat	unaufgetaut mit
etwas Wasser	hinzufügen, gar dünsten lassen, mit
Salz, Pfeffer geriebener Muskatnuß	würzen den gut abgetropften Reis mit dem Spinat vermengen, miterhitzen
Kochzeit für den Reis:	Etwa 20 Minuten
Dünstzeit für den Spinat:	Etwa 20 Minuten.
Beilage:	Spiegeleier.

Brühreis

1 Zwiebel	abziehen, würfeln, mit
2 l Instant-Fleischbrühe	
Salz	zum Kochen bringen
250 g Brühreis (Langkorn)	hineingeben, zum Kochen bringen, ausquellen lassen den garen Reis auf ein Sieb geben, mit kaltem Wasser übergießen, gut abtropfen lassen, in
Butter	erhitzen, nach Belieben mit
Currypulver	abschmecken
Kochzeit:	Etwa 20 Minuten.

Risotto

1 kleine Zwiebel	abziehen, würfeln
1 – 2 Eßl. Butter oder Margarine	zerlassen, Zwiebel,
250 g Brühreis (Langkorn)	hinzufügen, hellgelb rösten
500 ml (½ l) kochende Instant-Fleischbrühe	hinzugießen, zum Kochen bringen, ausquellen lassen (Reis nicht umrühren, da er sonst breiig wird) den garen Reis in eine vorgewärmte Schüssel füllen, mit
1 Eßl. gehackten Kräutern oder geriebenem Käse	bestreuen
Kochzeit:	Etwa 25 Minuten.
Veränderung:	150 g Erbsen und Möhren (aus der Dose) abtropfen lassen, unter den garen Reis rühren, miterhitzen.

Reisring

1 Zwiebel	abziehen, würfeln
1 Eßl. Butter oder Margarine	zerlassen, die Zwiebel darin andünsten
250 g Brühreis (Langkorn)	hinzufügen, miterhitzen
500 ml (½ l) Instant-Fleischbrühe Salz	hinzugeben, umrühren, zum Kochen bringen, ausquellen lassen den garen Reis in eine mit
1 Eßl. Speiseöl	ausgestrichene Ringform füllen, fest andrücken, auf eine vorgewärmte Platte stürzen
Kochzeit:	Etwa 20 Minuten.

Leber-Risotto

2 Zwiebeln	abziehen, würfeln
50 g Margarine	zerlassen, die Zwiebelwürfel darin glasig dünsten lassen
250 g US-Langkornreis	hinzufügen, unter Rühren etwa 5 Minuten darin erhitzen von
250 g Chinakohl	die welken Blätter entfernen, die Staude längs halbieren, in dünne Streifen schneiden, waschen, gut abtropfen lassen, zu dem Reis geben, durchdünsten lassen, mit
500 ml (½ l) heißer Instant-Fleischbrühe	auffüllen, zum Kochen bringen, zugedeckt etwa 15 Minuten garen lassen
½ – 1 Teel. Kümmel	unterrühren
500 g Schweine- oder Rinderleber	waschen, trockentupfen, in Streifen schneiden, in
Weizenmehl	wenden
1 – 2 Eßl. Butter oder Margarine	erhitzen, die Leberstreifen darin etwa 6 Minuten unter Rühren bräunen lassen, mit
Salz Pfeffer	würzen die Leberstreifen mit dem Reis-Gemüse vermengen, evtl. nochmals mit Salz, Pfeffer abschmecken

2 Eßl. gehackte Petersilie	unterrühren das Leber-Risotto nach Belieben mit
geriebenem Käse	bestreuen, sofort servieren
Garzeit:	Etwa 30 Minuten.

Makkaroni oder Spaghetti

1½ l Wasser, Salz	zum Kochen bringen
200 g Makkaroni oder Spaghetti	in fingerlange Stücke brechen, in das Wasser geben, zum Kochen bringen, gar kochen lassen die garen Nudeln auf ein Sieb geben, mit kaltem Wasser übergießen, abtropfen lassen
2 Eßl. Butter	zerlassen, die Nudeln darin schwenken
geriebenen Käse	mit
Pfeffer oder Paprika	mischen, die Nudeln damit bestreuen
Kochzeit:	15 – 20 Minuten.

Tortelloni „Cinderella"

(Für 2 Personen)

1 l Instant-Fleischbrühe	zum Kochen bringen
125 g Tortelloni (Trockenprodukt)	hineingeben, zum Kochen bringen, gar kochen, abtropfen lassen
1 Knoblauchzehe	abziehen, einen Topf damit ausreiben
1 Becher (150 g) Crème fraîche	
2 – 3 Eßl. Milch	hineingeben, verrühren, aufkochen lassen die Tortelloni hinzufügen, mit
Salz Pfeffer geriebener Muskatnuß Speisewürze	würzen, einige Minuten schwach kochen lassen
100 g gekochten Schinken (Scheiben)	in Streifen schneiden
1 Bund Schnittlauch	waschen, fein schneiden, mit den Schinkenstreifen zu den Tortelloni geben, unterrühren, sofort servieren
Kochzeit:	20 – 30 Minuten.
Beigabe:	Toast oder Stangenweißbrot.

Bunte Nudelpfanne

250 g Spaghetti	nach Belieben in fingerlange Stücke brechen, in
1½ l kochendes Salzwasser	geben, zum Kochen bringen, ab und zu umrühren, gar kochen lassen, die garen Spaghetti auf ein Sieb geben, mit kaltem Wasser abspülen, abtropfen lassen
450 g tiefgekühltes Sommergemüse	bei Zimmertemperatur auftauen lassen
280 g Mais (aus der Dose)	abtropfen lassen
3 Eßl. Margarine, z. B. Sanella	zerlassen
50 g durchwachsenen Speck	in Würfel schneiden, mit
1 abgezogenen, zerdrückten Knoblauchzehe	in dem Fett anbraten
500 g Hähnchenbrustfilet	waschen, abtrocknen, in Streifen schneiden
1 große Zwiebel	abziehen, würfeln, mit dem Hähnchenfleisch in dem Speckfett etwa 10 Minuten braten lassen, herausnehmen, warm stellen das aufgetaute Suppengemüse in dem Bratfett etwa 10 Minuten dünsten lassen Hähnchenfleisch und Nudeln zu dem Gemüse geben, mit
Salz, Pfeffer gemahlenem Koriander	würzen, noch etwa 10 Minuten erhitzen
2 Eßl. gehackte Petersilie	unterrühren
Kochzeit für die Spaghetti:	Etwa 20 Minuten
Garzeit für die Nudelpfanne:	Etwa 35 Minuten.
Veränderung:	1 rote und 1 grüne in Streifen geschnittene Paprikaschote mitdünsten lassen.

Spätzle

400 g Weizenmehl in eine Schüssel sieben, in die Mitte eine Vertiefung eindrücken
4 Eier mit
1 gestrichenen Teel. Salz
12 Eßl. Wasser verschlagen, etwas davon in die Vertiefung geben, von der Mitte aus mit dem Mehl verrühren, nach und nach die übrige Flüssigkeit hinzugießen, darauf achten, daß keine Klumpen entstehen den Teig so lange mit einem Rührlöffel schlagen, bis er Blasen wirft, den Teig entweder durch einen Spatzenseiher oder durch ein groblöcheriges Sieb (Gemüsedämpfer) in
kochendes Salzwasser geben, gar werden lassen (den Teig evtl. aber auch auf ein Holzbrett streichen, mit einem Messer kleine Stücke in kochendes Salzwasser schaben)
die garen Spätzle in kaltem Wasser abschrecken
50 g Butter bräunen, die Spätzle darin schwenken
Kochzeit: 3 – 5 Minuten.
Veränderung: 200 g feingehackten, gedünsteten Spinat oder 150 g geriebenen Käse in den Teig geben.

Makkaroni-Auflauf mit Schinken

250 g Makkaroni in fingerlange Stücke brechen, in
1½ l kochendes Salzwasser geben, zum Kochen bringen, gar kochen lassen, auf ein Sieb geben, mit kaltem Wasser übergießen, abtropfen lassen
200 g gekochten Schinken in kleine Würfel schneiden
60 g Käse reiben
Makkaroni, Schinken und Käse abwechselnd lagenweise in eine mit
Butter oder Margarine gefettete Auflaufform füllen, die oberste Schicht soll aus Makkaroni bestehen
2 Eier mit
250 ml (¼ l) Milch
Salz
geriebener Muskatnuß
Pfeffer verschlagen, über die Makkaroni gießen den Auflauf mit
2 Eßl. Semmelmehl bestreuen
Butter in Flöckchen darauf setzen, die Auflaufform auf dem Rost in den Backofen schieben
Kochzeit: Etwa 15 Minuten

Einstellung für den Backofen
Strom: 225 – 250
Gas: 5 – 6
Backzeit: Etwa 40 Minuten.
Veränderung: Anstelle des gekochten Schinkens halbgar gedünstete Pilze oder rohe Tomatenscheiben einschichten, statt der verschlagenen Eier eine Tomatensoße verwenden.
Anstelle von Milch saure Sahne verwenden; den Auflauf statt mit Semmelmehl mit geriebenem Käse bestreuen.
Beigabe: Grüner Salat.

Ungarischer Sauerkrautauflauf

50 g Schweineschmalz zerlassen
750 g Sauerkraut lockerzupfen, kurze Zeit darin miterhitzen
250 ml (¼ l) Wasser
2 kleine Lorbeerblätter
Salz
Zucker
Pfeffer hinzufügen, das Sauerkraut gar dünsten lassen (es darf keine Brühe mehr im Sauerkraut sein)

	das Sauerkraut evtl. mit Salz, Zucker, Pfeffer abschmecken
1 l Salzwasser	zum Kochen bringen
125 g Brühreis (Langkorn)	hineingeben, zum Kochen bringen, 12 – 15 Minuten quellen lassen (es muß ständig Dampf aus dem Topf entweichen) den Reis auf ein Sieb geben, mit kaltem Wasser übergießen
1 mittelgroße Zwiebel	abziehen, fein würfeln, so lange in
5 Eßl. Wasser	erhitzen, bis das Wasser verdampft ist
2 Eßl. Schweineschmalz	hinzufügen, zerlassen
375 g Hackfleisch (halb Rind-, halb Schweinefleisch)	mit Salz, Pfeffer würzen, in dem Schmalz anbraten, dann den Reis unterheben
2 Rauchenden (etwa 200 g)	waschen, in Scheiben schneiden Sauerkraut, Fleisch, Rauchenden abwechselnd lagenweise in eine mit
Butter oder Margarine	gefettete Auflaufform füllen, die oberste Schicht muß aus Sauerkraut und Wurstscheiben bestehen den Auflauf mit
375 ml (⅜ l) saurer Sahne	übergießen die Auflaufform auf dem Rost in den Backofen schieben
Dünstzeit für das Sauerkraut:	Etwa 50 Minuten
Einstellung für den Backofen	
Strom:	225 – 250
Gas:	5 – 6
Backzeit:	20 – 40 Minuten.

Reisauflauf

1 l Milch	mit
Salz	zum Kochen bringen
200 g Milchreis (Rundkorn)	hineingeben, zum Kochen bringen, ausquellen lassen (er muß noch körnig sein), kalt stellen
50 g Butter oder Margarine	schaumig rühren, nach und nach
75 g Zucker, 1 Päckchen Vanillin-Zucker, 3 Eier, 2 Tropfen Backöl Bittermandel, 4 Tropfen Backöl Zitrone	und den Reis hinzufügen
1 Päckchen Pudding-Pulver Vanille-Geschmack, 6 g (2 gestrichene Teel.) Backpulver Backin	mischen, sieben, unterrühren
1 Eßl. abgezogene, gemahlene Mandeln, 1 Eßl. Rosinen	zuletzt unter die Masse rühren, sie in eine mit
Butter oder Margarine	gefettete Auflaufform füllen den Auflauf mit
Semmelmehl	bestreuen
Butter	in Flöckchen darauf setzen, die Auflaufform auf dem Rost in den Backofen schieben
Kochzeit:	Etwa 30 Minuten
Einstellung für den Backofen	
Strom:	200 – 225
Gas:	3 – 4
Backzeit:	40 – 50 Minuten.
Veränderung:	300 g geschälte, in Scheiben geschnittene Äpfel mit 1 – 2 Eßl. Zucker mischen, mit den Mandeln und Rosinen unter die Masse heben, den Reis dann aber nur mit 750 ml (¾ l) Milch quellen lassen.

Grießauflauf

500 ml (½ l) Milch	mit
Salz	zum Kochen bringen, von der Kochstelle nehmen
125 g Grieß	hineinstreuen, unter häufigem Umrühren ausquellen lassen
75 g Butter oder Margarine	schaumig rühren, nach und nach
60 g Zucker 1 Päckchen Vanillin-Zucker 3 Eier 4 Tropfen Backöl Zitrone	hinzufügen
1 Päckchen Pudding-Pulver Vanille-Geschmack	mit
3 Eßl. kalter Milch	anrühren, mit dem Grießbrei,
3 g (1 gestrichener Teel.) Backpulver Backin	unterrühren
2 – 3 Eßl. Rosinen oder Korinthen	zuletzt unter die Masse heben, in eine mit
Butter oder Margarine	gefettete Auflaufform füllen, glattstreichen
Butter	in Flöckchen darauf setzen, die Auflaufform auf dem Rost in den Backofen schieben
Strom:	200 – 225
Gas:	3 – 4
Backzeit:	35 – 45 Minuten.

Hefeklöße

300 g Weizenmehl	in eine Schüssel sieben, mit
1 Päckchen Dr. Oetker Hefe	sorgfältig vermischen
50 g Zucker 1 Päckchen Vanillin-Zucker 1 gestrichenen Teel. Salz 50 g zerlassener, lauwarmer Margarine oder Butter 1 Ei 125 ml (⅛ l) lauwarmer Milch	mit hinzugeben, mit einem elektrischen Handrührgerät mit Knethaken zuerst auf der niedrigsten, dann auf der höchsten Stufe in etwa 5 Minuten zu einem Teig verarbeiten den Teig an einem warmen Ort so lange stehenlassen, bis er doppelt so hoch ist, ihn dann gut durchkneten den Teig zu einer Rolle formen, diese in 8 gleichmäßige Stücke schneiden, zu Klößen formen, auf ein mit
Weizenmehl	bestäubtes Backbrett legen die Klöße an einem warmen Ort so lange gehen lassen, bis sie etwa doppelt so hoch sind ein Tuch recht straff über einen möglichst breiten Topf mit kochendem Wasser spannen, es an den Topfgriffen festbinden, mit Weizenmehl bestreuen die Klöße darauf legen, eine Schüssel darüber decken, gar werden lassen (Garprobe mit einem Holzstäbchen) die garen Hefeklöße auf eine vorgewärmte Platte geben
Garzeit:	15 – 20 Minuten.
Veränderung:	Als „Dicker Michel“ den ganzen Hefeteig auf kochendes Backobst legen, gar werden lassen.
Beigabe:	Zerlassene, gebräunte Butter, gebräunte abgezogene, gehobelte Mandeln, Zucker und Zimt, Kompott.

Semmelklöße

Semmelknödel

300 g (etwa 8) 2 Tage alte Semmeln (Brötchen)	in knapp 2 mm dicke Blättchen schneiden, mit
50 g heißer Butter oder Margarine 500 ml (½ l) kochendheißer Milch	übergießen, 1 Stunde stehenlassen
2 Eier 3 g (1 gestrichener Teel.) Backpulver Backin	unterrühren, die Masse mit
Salz	abschmecken, mit nassen Händen Klöße daraus formen, in
kochendes Salzwasser	geben, zum Kochen bringen, gar ziehen lassen (Wasser muß sich leicht bewegen)
Garzeit:	Etwa 20 Minuten.
Beigabe:	Zerlassene, gebräunte Butter.

Rohrnudeln
(Im Brattopf)

350 g Weizenmehl	in eine Schüssel sieben, mit
1 Päckchen	
Dr. Oetker Hefe	sorgfältig vermischen
50 g Zucker	mit
1 Päckchen	
Vanillin-Zucker	
Salz	
50 g zerlassener,	
lauwarmer Butter	
oder Margarine	
1 Ei	
150 ml	
lauwarmer Milch	hinzugeben, mit einem elektrischen Handrührgerät mit Knethaken zuerst auf der niedrigsten, dann auf der höchsten Stufe in etwa 5 Minuten zu einem Teig verarbeiten
	den Teig an einem warmen Ort so lange stehenlassen, bis er etwa doppelt so hoch ist, ihn dann gut durchkneten
250 ml (¼ l) Milch	mit
1 Eßl. Butter	in einen Brattopf geben
	den Teig zu einer Rolle formen, diese in 8 gleichmäßige Stücke schneiden, zu Klößen formen, nebeneinander – nicht zu dicht – in die Milch setzen
	die Dampfnudeln an einem warmen Ort so lange gehen lassen, bis sie etwa doppelt so hoch sind
	den Topf auf dem Rost in den Backofen stellen
Strom:	175 – 200
Gas:	3 – 4
Backzeit:	Etwa 30 Minuten.
Beigabe:	Zerlassene, gebräunte Butter, gedünstetes Obst oder Pflaumensoße.

Mehlklöße

40 g Butter	
oder Margarine	schaumig rühren, nach und nach
3 Eier	
Salz	
400 g Weizenmehl	
6 g (2 gestrichene	
Teel.) Backpulver	
Backin	mischen, sieben, abwechselnd mit
125 ml (⅛ l) Milch	unterrühren
	den Teig mit einem Rührlöffel so lange schlagen, bis er Blasen wirft
	mit einem in heißes Wasser getauchten Eßlöffel Klöße abstechen, in
kochendes	
Salzwasser	geben, zum Kochen bringen, gar ziehen lassen (Wasser muß sich leicht bewegen)
2 Eßl. Semmelmehl	in
30 g Butter	rösten, die Klöße damit anrichten
Garzeit:	Etwa 10 Minuten.
Beilage:	Backobst, Fleisch.

Großer Mehlkloß mit Backobst

250 g gemischtes	
Backobst	12 – 24 Stunden in
750 ml (¾ l) Wasser	einweichen, mit dem Einweichwasser,
60 g Zucker	zum Kochen bringen
50 g Butter	
oder Margarine	schaumig rühren, nach und nach
50 g Zucker	
2 Eier	
Salz	
1 Tropfen	
Backöl Zitrone	hinzufügen
250 g Weizenmehl	mit
6 g (2 gestrichene	
Teel.) Backpulver	
Backin	mischen, sieben, abwechselnd mit
6 Eßl. Milch	unterrühren
	aus dem Teig einen Kloß formen, auf das kochende Backobst legen, ¾ Stunden im zugedeckten Topf, dann noch ¼ Stunde im offenen Topf kochen lassen
Kochzeit:	Etwa 1 Stunde.

Gekochte Eier

Eier-	müssen frisch und sauber sein
Wassermenge	muß reichlich bemessen sein, damit sie nicht zu sehr abkühlt, sehr kalte Eier in lauwarmem Wasser vorwärmen, damit die Schalen beim Einlegen in das kochende Wasser nicht platzen
	die fertigen Eier kurze Zeit in kaltes Wasser legen, damit sie nicht nachhärten und sich später besser pellen lassen
Kochzeit:	Weiche Eier 3 – 4 Minuten, pflaumenweiche 4 – 5 Minuten, harte Eier 8 – 10 Minuten.

Soleier

Frische Eier	hart kochen, ringsherum die Schale leicht anknicken
	die Eier mindestens 24 Stunden in so stark
gesalzenes Wasser	legen, daß sie darin schwimmen
	die Eier können 6 – 8 Tage darin aufgehoben werden
Kochzeit:	10 Minuten.

Verlorene Eier

1 l Wasser	mit
2 Eßl. Essig	zum Kochen bringen
6 Eier	einzeln in einer Kelle aufschlagen, vorsichtig in das kochende Wasser geben (bei Gas die Flamme klein stellen, bei Strom die Kochplatte auf Stufe 0 schalten)
	die garen Eier mit einem Schaumlöffel herausnehmen, kurz in kaltes Wasser halten, ringsherum zu einer hübschen Form beschneiden
Kochzeit:	3 – 4 Minuten.
Tip:	Verlorene Eier als Einlage für Suppen, auf gerösteten Brotscheiben als Vorspeise, mit verschiedenen Soßen als selbständiges Gericht reichen.

Gefüllte Eier

4 hartgekochte Eier	pellen, halbieren, Eigelb zerdrücken, mit
1 – 2 Packungen Kräuter-Frischkäse (200 g)	gut verrühren
1 – 2 Eßl. Kapern (aus dem Glas)	abtropfen lassen, kleinhacken, mit
etwas Dosenmilch	unter den Frischkäse rühren, mit
Salz, Pfeffer	abschmecken
	die Masse mit einem Spritzbeutel in die ausgehöhlten Eihälften füllen
	für die evtl. übrigbleibende Füllung
1 – 2 Tomaten	waschen, abtrocknen, über Kreuz einschneiden, das Innere der Tomaten aushöhlen, die Käsemasse hineingeben, die Tomaten mit den Eiern auf
gewaschenen Salatblättern	anrichten, nach Belieben mit
Kapern	
Dillzweigen	garnieren.
Beigabe:	Vollkornbrot.

Eier in warmer Soße

6 Eier = 500 ml (½ l) Béchamelsoße
6 Eier = 500 ml (½ l) Tomatensoße
6 Eier = 500 ml (½ l) Champignonsoße
6 Eier = 500 ml (½ l) Senfsoße

Zu den vorstehenden Gerichten nach Belieben sowohl gekochte als auch verlorene Eier verwenden
verlorene Eier ganz lassen, gekochte in Hälften oder Viertel schneiden, die Eier in eine flache Schüssel legen, mit der warmen Soße übergießen, garnieren.

Eierfrikassee

Für die Soße

30 g Butter oder Margarine zerlassen
35 g Weizenmehl unter Rühren so lange darin erhitzen, bis es hellgelb ist
500 ml (½ l) Instant-Fleischbrühe hinzugießen, mit einem Schneebesen durchschlagen, darauf achten, daß keine Klumpen entstehen, die Soße zum Kochen bringen, etwa 5 Minuten kochen lassen
8 hartgekochte Eier pellen
200 g gekochte Champignons abtropfen lassen
beide Zutaten in Scheiben schneiden
175 g gekochte Spargelstücke abtropfen lassen
1 Teel. Kapern
die Zutaten in die Soße geben, etwa 10 Minuten darin ziehen lassen
1 Eigelb mit
3 Eßl. Weißwein verschlagen, das Frikassee damit abziehen, mit
Salz
Zitronensaft abschmecken.
Veränderung: Semmelklößchen zuletzt in das Frikassee geben.

Spiegeleier

1 – 2 Eßl. Butter oder Margarine	zerlassen
6 Eier	vorsichtig aufschlagen, nebeneinander in das Fett gleiten lassen, mit
Salz	bestreuen, so lange erhitzen, bis sie fest sind
Bratzeit:	Etwa 5 Minuten.
Veränderung:	Die Eier auf einen Teller schlagen, auf Wasserdampf gerinnen lassen.
Beilage:	Graubrot, gebratener Fleischkäse, gemischter Salat.

Spiegeleier auf Schinkenspeck

40 g Schinkenspeck-scheiben	ausbraten
6 Eier	nebeneinander darauf schlagen, mit
Salz	bestreuen, so lange erhitzen, bis sie fest sind
Bratzeit:	Etwa 5 Minuten.

Rührei mit Schinkenspeck

6 Eier	mit
6 Eßl. Milch	
Salz	verschlagen
75 g Schinkenspeck	in kleine Würfel schneiden, auslassen, wenn er hellgelb ist, die Eiermilch dazugeben sobald die Masse zu stocken beginnt, sie mit einem Löffel strichweise vom Boden der Pfanne losrühren, so lange weiter erhitzen, bis keine Flüssigkeit mehr vorhanden ist Rührei muß weich und großflockig, aber nicht trocken sein
Gerinnungszeit:	Etwa 5 Minuten.

Gestürzte Eier

60 g gekochten Schinken	fein schneiden, mit
40 g geriebenem Käse	mischen 4 Tassen oder Förmchen gut mit
Butter oder Margarine	ausstreichen
4 Eier	aufschlagen, in jede Tasse 1 Ei geben, die Schinken-Käsemasse darauf füllen die Förmchen mit Alufolie abdecken, in heißes, aber nicht kochendes Wasser stellen, stocken lassen
gewaschene Salatblätter	auf einer Platte anrichten, die Eier darauf stürzen
Gerinnungsszeit:	Etwa 30 Minuten.

Rührei mit Schnittlauch

6 Eier	mit
4 Eßl. Milch	
Salz	verschlagen
1 Eßl. feingeschnittenen Schnittlauch	dazugeben
2 Eßl. Butter oder Margarine	zerlassen, die Eiermilch hineingeben sobald die Masse zu stocken beginnt, sie mit einem Löffel strichweise vom Boden der Pfanne losrühren, so lange weiter erhitzen, bis keine Flüssigkeit mehr vorhanden ist Rührei muß weich und großflockig, aber nicht trocken sein
Gerinnungszeit:	Etwa 5 Minuten.

Eierkuchen, goldgelb

250 g Weizenmehl	mit
6 g (2 gestrichene Teel.) Backpulver Backin	mischen, in eine Schüssel sieben, in die Mitte eine Vertiefung eindrücken
3 Eier	mit
Zucker	
Salz	
500 ml (½ l) Milch	verschlagen, etwas davon in die Vertiefung geben, von der Mitte aus Eiermilch und Mehl verrühren, nach und nach die übrige Eiermilch dazugeben, darauf achten, daß keine Klumpen entstehen etwas von
6 Eßl. Speiseöl	in einer Stielpfanne erhitzen, eine dünne Teiglage hineingeben, von beiden Seiten goldgelb backen bevor der Eierkuchen gewendet wird, etwas Speiseöl in die Pfanne geben nach Belieben die Eierkuchen mit
Erdbeer-Konfitüre	füllen, mit
angeschlagener Sahne	übergießen.

Eierauflauf

Omelette soufflée

4 Eigelb	
3 Eßl. heißes Wasser	mit einem Schneebesen schaumig schlagen, nach und nach ⅔ von
100 g Zucker	hinzugeben, so lange schlagen, bis eine cremeartige Masse entstanden ist
4 Eiweiß	steif schlagen, nach und nach den Rest des Zuckers unterschlagen, den Schnee auf die Eigelbcreme geben
2 Eßl. (20 g) Speisestärke	darauf sieben, alles vorsichtig unter die Eigelbcreme ziehen (nicht rühren), die Masse in eine mit
Butter oder Margarine	gefettete feuerfeste Form geben, auf dem Rost in den Backofen schieben
Strom:	175 – 200
Gas:	2 – 3
Backzeit:	20 – 25 Minuten den Auflauf nach dem Backen mit
Puderzucker	bestäuben, sofort servieren.

Aprikosenauflauf

500 g Aprikosen	waschen, halbieren, entsteinen, durch ein Sieb streichen oder im Mixer pürieren
4 Eigelb	mit
3 Eßl. heißem Wasser	schaumig schlagen, nach und nach ⅔ von
100 g Zucker	hinzugeben, so lange schlagen, bis eine cremeartige Masse entstanden ist
2 Eßl. (20 g) Speisestärke	mit den Aprikosen unter die Eigelbcreme rühren
4 Eiweiß	steif schlagen, nach und nach den Rest des Zuckers unterziehen (nicht rühren) die Masse bergförmig auf eine mit
Butter oder Margarine	gefettete feuerfeste Platte geben, auf dem Rost in den Backofen schieben
Strom:	175 – 200
Gas:	2 – 3
Backzeit:	25 – 35 Minuten den Auflauf nach dem Backen mit
Puderzucker	bestäuben, sofort servieren.

Eierkuchen mit Äpfeln

1 kg mürbe Äpfel	schälen, vierteln, entkernen, in Scheiben schneiden *für den Teig*
250 g Weizenmehl	mit
6 g (2 gestrichene Teel.) Backpulver Backin	mischen, in eine Schüssel sieben, in die Mitte eine Vertiefung eindrücken
3 Eier	mit
Salz	
Zucker	
500 ml (½ l) Milch	verschlagen, etwas davon in die Vertiefung geben, von der Mitte aus Eiermilch und Mehl verrühren, nach und nach die übrige Eiermilch dazugeben, darauf achten, daß keine Klumpen entstehen etwas von
6 Eßl. Speiseöl	in einer Stielpfanne erhitzen, eine dünne Teiglage hineingeben, einen Teil der Äpfel darauf legen, den Eierkuchen von beiden Seiten goldgelb backen bevor der Eierkuchen gewendet wird, etwas Speiseöl in die Pfanne geben die fertigen Eierkuchen mit
Zucker	bestreuen.
Veränderung:	Anstelle der Äpfel Pflaumen oder Heidelbeeren verwenden.

Schaumomelett

3 Eigelb	mit
abgeriebener Schale von ½ Zitrone (ungespritzt)	
1½ Eßl. Zitronensaft	
30 g Zucker	schaumig schlagen
3 Eiweiß	steif schlagen, auf die Eigelbcreme geben
1 gehäuften Teel. Speisestärke	darüber sieben, beides unter die Eigelbcreme heben
Butter oder Margarine	in einer nicht zu kleinen Stielpfanne erhitzen, den Teig hineingeben (evtl. 2 Omeletts backen), Pfanne mit einem Deckel schließen, den Teig von unten goldgelb backen das Omelett zur Hälfte übereinanderklappen oder es vorher mit
Preiselbeerkompott oder Konfitüre	füllen, mit
Puderzucker	bestäuben
Backzeit:	Etwa 10 Minuten.
Veränderung:	Etwa 1 Eßl. Weinbrand unter das Preiselbeerkompott oder die Konfitüre rühren.

Crêpes „Suzette“

(Für 6 Personen)

100 g Weizenmehl	mit
30 g Zucker	mischen, nach und nach mit
2 Eiern	
250 ml (¼ l) Milch	verrühren
1 Eßl. Butter	zerlassen, unterrühren
60 g Butter	in einem Töpfchen zerlassen eine Stielpfanne (Durchmesser 16 – 18 cm) erhitzen, mit etwas von der Butter auspinseln, eine dünne Teiglage hineingeben, von beiden Seiten goldgelb backen, aufrollen (aus dem restlichen Teig dünne Crêpes auf die gleiche Weise zubereiten)
2 ungespritzte Apfelsinen	waschen, abtrocknen, mit den Ecken von
10 Stück Würfelzucker	die Apfelsinenschale abreiben
60 g Butter	in einer Stielpfanne (Flambierpfanne) erhitzen den Würfelzucker,
50 g Zucker	darin auflösen, bräunen lassen
2 Eßl. Zitronensaft	
125 ml (⅛ l) Apfelsinensaft (von etwa 5 Apfelsinen)	hinzufügen, erhitzen die aufgerollten Crêpes hineinlegen, ebenfalls erhitzen, ab und zu mit der Flüssigkeit begießen, mit
3 Eßl. Grand Marnier	flambieren, mit
gehobelten, gerösteten Mandeln	bestreuen.

Pfannkuchenauflauf

	Für die Füllung
3 Zwiebeln	abziehen, würfeln
2 – 3 Eßl. Margarine, z. B. Sanella	zerlassen, die Zwiebelwürfel darin andünsten
500 g Zucchini	waschen, evtl. schälen, in Scheiben schneiden, evtl. halbieren, zu den Zwiebeln geben, mitdünsten lassen
340 g Maiskörner (aus der Dose)	abtropfen lassen, hinzufügen
850 g Tomaten (aus der Dose)	mit der Gemüseflüssigkeit hinzufügen
2 Teel. Tomatenmark	unterrühren, das Gemüse zum Kochen bringen
2 Eßl. Speisestärke	mit
1 Eßl. kaltem Wasser	anrühren, das Gemüse damit binden, mit

Salz, Pfeffer abschmecken

für den Teig

100 g Weizenmehl mit
gut 250 ml (¼ l) Milch
Salz verrühren, etwa 30 Minuten zum Quellen stehenlassen

150 g gekochten Schinken in Streifen schneiden, mit
2 Eiern unter den Teig rühren, gut verrühren

Margarine, z. B. Sanella in einer Stielpfanne erhitzen, eine dünne Teiglage hineingeben, von beiden Seiten goldgelb backen, warm stellen
aus dem restlichen Teig vier weitere Pfannkuchen backen
eine hohe, runde Auflaufform mit

Margarine, z. B. Sanella einfetten, einen Pfannkuchen hineingeben, einen Teil der Gemüsefüllung darauf verteilen, mit einem Pfannkuchen bedecken
Gemüse und Pfannkuchen weiter abwechselnd einschichten, die letzte Schicht sollte aus einem Pfannkuchen bestehen

2 Ecken Schmelzkäse mit
4 Eßl. Wasser erhitzen, gut verrühren, bis der Käse geschmolzen ist, über den Auflauf gießen
die Form auf dem Rost in den Backofen schieben, backen lassen, sofort servieren (die Portionen wie Tortenstücke schneiden)

Dünstzeit für das Gemüse: Etwa 20 Minuten
Backzeit für einen Pfannkuchen: Etwa 5 Minuten
Einstellung für den Backofen
Strom: Etwa 200
Gas: Etwa 3
Backzeit: Etwa 20 Minuten.
Beigabe: Tomatensalat.

Eierkuchen mit Schinkenspeck

250 g Weizenmehl mit
3 g (1 gestrichener Teel.) Backpulver Backin mischen, in eine Schüssel sieben, in die Mitte eine Vertiefung eindrücken

3 Eier mit
Salz
500 ml (½ l) Milch verschlagen, etwas davon in die Vertiefung geben, von der Mitte aus Eiermilch und Mehl verrühren, nach und nach die übrige Eiermilch dazugeben, darauf achten, daß keine Klumpen entstehen
etwas von

6 Eßl. Speiseöl in einer Stielpfanne erhitzen, etwas von
200 g Schinkenspeckscheiben darin bräunlich braten, eine dünne Lage Eierkuchenteig darauf geben, von beiden Seiten goldgelb backen
bevor der Eierkuchen gewendet wird, etwas Speiseöl in die Pfanne geben, die fertigen Eierkuchen einen nach dem anderen, auf eine vorgewärmte runde Platte gleiten lassen.

Beigabe: Grüner Salat.

Omelett mit Champignonfüllung

	Für die Füllung
500 g Champignons	putzen, waschen, in Scheiben schneiden
100 g durchwachsenen Speck	in Würfel schneiden, zusammen mit
1 Eßl. Margarine	auslassen, die Champignons darin andünsten, mit
Salz	
Pfeffer	würzen, gar dünsten lassen
2 gestrichene Teel. Speisestärke	mit
1 Eßl. kaltem Wasser	anrühren, die Champignons damit binden, mit Salz, Pfeffer abschmecken
2 Eßl. gehackte Petersilie	unterrühren, warm stellen
	für das Omelett
3 Eier	mit Salz,
2 Eßl. Milch	verschlagen
Butter oder Margarine	in einer Stielpfanne zerlassen, die Eiermasse hineingeben (Pfanne mit einem Deckel schließen), langsam gerinnen lassen, die untere Seite muß bräunlich gebacken sein, die obere weich bleiben das Omelett mit den Champignons füllen, auf eine längliche vorgewärmte Platte gleiten lassen das Omelett erst kurz vor dem Anrichten zubereiten
Backzeit:	Etwa 5 Minuten.

Spargel-Schinken-Omelett

100 g gekochten Brechspargel	abtropfen lassen, in etwa 3 cm lange Stücke schneiden
50 g gekochten Schinken	in Würfel schneiden
etwas Butter oder Margarine	zerlassen, Spargel und Schinken darin erhitzen
4 Eier	mit
4 Eßl. Milch	
Salz	verschlagen
Butter oder Margarine	in einer Stielpfanne erhitzen, die Eier hineingeben (Pfanne mit einem Deckel schließen), die Eiermasse langsam gerinnen lassen, wenn die untere Seite des Omeletts bräunlich gebacken ist (die obere muß weich bleiben), die Spargel-Schinkenmasse auf eine Hälfte des Omeletts geben, die andere Hälfte darüber schlagen das Omelett auf eine vorgewärmte Platte gleiten lassen, mit
gehackter Petersilie	bestreuen
Backzeit:	Etwa 15 Minuten.

Gefüllte Omeletts

	Für die Füllung
50 g Margarine,	
z. B. Sanella	zerlassen
1 Zwiebel	abziehen, fein würfeln, darin andünsten
½ Teel. Currypulver	unterrühren
etwa 300 g ausgepalte frische oder tiefgekühlte Erbsen	hinzufügen, mitdünsten lassen
etwa 300 g gekochten Brechspargel	abtropfen lassen (Spargelflüssigkeit auffangen), zu den Erbsen geben, miterhitzen
2 Ecken Schmelzkäse	mit 2 Eßl. Spargelflüssigkeit erhitzen, gut verrühren, in das Gemüse geben
125 g Krabben	hinzufügen, miterhitzen, mit
Salz	
Currypulver	abschmecken, warm stellen

	für die Omeletts
12 Eier	mit 8 Eßl. Spargelflüssigkeit,
Salz	verschlagen
Margarine,	
z. B. Sanella	in einer Pfanne zerlassen, ¼ der Eiermasse hineingeben (die Pfanne mit einem Deckel schließen), die Eiermasse bei schwacher Hitze langsam gerinnen lassen, das Omelett herausnehmen, auf eine vorgewärmte Platte geben, warm stellen aus der restlichen Eiermasse drei weitere Omeletts bereiten, die Füllung auf den Omeletts verteilen, die Omeletts zusammenklappen, sofort servieren
Dünstzeit für das Gemüse:	Etwa 20 Minuten
Backzeit für jedes Omelett:	Etwa 10 Minuten.
Beigabe:	Stangenweißbrot.

Quarkcreme
(gekocht)

1 Päckchen Soßen-Pulver Vanille-Geschmack	
2 Eßl. Speisestärke	
2 Eigelb	mit 6 Eßl. von
375 ml (⅜ l) Milch	
2 Eßl. Butter oder Margarine	
Salz	zum Kochen bringen, in die von der Kochstelle genommene Milch das Soßen-Pulver rühren, zum Kochen bringen, kurz aufkochen lassen, kalt stellen, ab und zu durchrühren
250 g Speisequark	mit
50 g Zucker	schaumig rühren, die erkaltete Creme eßlöffelweise unterrühren, mit
Zitronensaft	
Zucker	abschmecken, kurz vor dem Verzehr
2 Eiweiß	steif schlagen, zuletzt unter die Quarkcreme heben die Speise in eine Glasschale füllen, mit
geraspelter Schokolade	bestreuen.

Quarkcremeauflauf

2 Päckchen Pudding-Pulver Vanille-Geschmack	mit ⅔ von
200 g Zucker	mischen
2½ Eigelb	hinzufügen, mit 125 ml (⅛ l) von
500 ml (½ l) Milch	anrühren, die übrige Milch zum Kochen bringen das Pudding-Pulver in die von der Kochstelle genommene Milch rühren, zum Kochen bringen, kurz aufkochen lassen den Topf von der Kochstelle nehmen
½ Fläschchen Backöl Zitrone	
750 g Speisequark	hinzufügen, unter Rühren einmal aufkochen lassen die heiße Masse in eine Schüssel füllen
50 g Rosinen	verlesen, unterrühren
3 Eiweiß	steif schlagen, den restlichen Zucker eßlöffelweise unterschlagen, zuletzt unter die Quarkmasse heben, in eine mit
Butter oder Margarine	gefettete Auflaufform füllen, glattstreichen
½ Eigelb	mit
1 Eßl. Milch	verschlagen, den Auflauf damit bestreichen, die Auflaufform auf dem Rost in den Backofen schieben
Strom:	175 – 200
Gas:	3 – 4
Backzeit:	60 – 70 Minuten.

Stippmilch oder Makai

250 g Speisequark	mit
40 g Zucker	
1 Päckchen Vanillin-Zucker	
125 ml (⅛ l) Milch	verrühren
125 ml (⅛ l) Sahne	steif schlagen, unter den Quark heben.
Veränderung:	500 g Himbeeren verlesen, waschen, abtropfen lassen, leicht zerdrücken (einige zum Garnieren zurücklassen), unter die Stippmilch heben. Die Stippmilch mit zerbröckeltem Schwarzbrot bestreuen, mit den zurückgelassenen Himbeeren garnieren.

Quark-Sahnecreme

2 gestrichene Teel. Gelatine gemahlen, weiß	mit
4 Eßl. kaltem Wasser	anrühren, 10 Minuten zum Quellen stehenlassen, unter Rühren erwärmen, bis sie gelöst ist
250 g Speisequark	nach und nach mit
125 ml (⅛ l) Milch	
100 g Zucker	
abgeriebener Zitronenschale (unbehandelt)	
Saft von ½ Zitrone	verrühren, zunächst 3 Eßl. davon mit der Gelatinelösung verrühren, unter die übrige Speise schlagen
125 ml (⅛ l) Sahne	steif schlagen, mit
1 Päckchen Vanillin-Zucker	süßen, unter die Quarkmasse heben die Creme in eine Glasschale füllen, kalt stellen, damit sie fest wird, mit
roten Kirschen	garnieren.
Veränderung:	Die Creme über 500 g beliebiges, gezuckertes weiches Obst geben.

Quarkcreme
mit Gelatine

3 gestrichene Teel. Gelatine gemahlen, weiß	mit
3 Eßl. kaltem Wasser	anrühren, 10 Minuten zum Quellen stehenlassen, unter Rühren erwärmen, bis sie gelöst ist
3 Eigelb	nach und nach mit
75 g Zucker	
250 g Speisequark	schaumig schlagen
Saft von 1 Zitrone	hinzufügen, zunächst 3 Eßl. davon mit der Gelatinelösung verrühren, unter die übrige Speise schlagen, kalt stellen
3 Eiweiß	steif schlagen, unter die dickliche Speise heben.

Erdbeerquark

250 g Erdbeeren	waschen, abtropfen lassen, entstielen, mit
250 g Speisequark	im Mixer pürieren (einige Erdbeeren zum Garnieren zurücklassen), mit
50 g Zucker	
Zitronensaft oder 1 Päckchen Vanillin-Zucker	abschmecken die Speise in eine Glasschale füllen, mit den zurückgelassenen Erdbeeren garnieren.
Veränderung:	Statt der Erdbeeren Himbeeren, Brombeeren oder Preiselbeeren verwenden.

Quarkeierkuchen

2 Eigelb	mit
1 Eßl. Zucker	
1 Teel. Salz	
250 g Speisequark	verrühren
250 g Weizenmehl	sieben, abwechselnd eßlöffelweise mit
500 ml (½ l) Milch	verrühren
2 Eiweiß	steif schlagen, zuletzt unter den Teig heben, etwas von
5 Eßl. Speiseöl	in einer Stielpfanne erhitzen, eine dünne Teiglage hineingeben, von beiden Seiten goldgelb backen bevor der Eierkuchen gewendet wird, etwas Speiseöl in die Pfanne geben die fertigen Eierkuchen, einen nach dem anderen, auf eine vorgewärmte Platte gleiten lassen.
Beigabe:	Obst, Salat oder Gemüse.

Quarkklöße

100 g Butter oder Margarine	geschmeidig rühren, nach und nach
50 g Zucker	
3 Eier	
1 gestrichenen Teel. Salz	
500 g Speisequark	
75 g Grieß	hinzufügen
1 Päckchen Käsekuchen-Hilfe	gut unterrühren aus der Masse mit nassen Händen Klöße formen (etwa 8 Stück), sie in
kochendes Salzwasser	geben, zum Kochen bringen, gar ziehen lassen (Wasser muß sich leicht bewegen)
Garzeit:	20 – 30 Minuten.
Beigabe:	Zerlassene, gebräunte Butter, Zucker und Zimt, Aprikosenkompott.

Quarkpüfferchen

40 g Butter	
oder Margarine	schaumig rühren, nach und nach
60 g Zucker	
2 Eier	
einige Tropfen Backöl Bittermandel oder Zitrone	
1 Teel. Salz	
500 g Speisequark	hinzufügen
250 g Weizenmehl	
9 g (3 gestrichene Teel.) Backpulver Backin	mischen, sieben, eßlöffelweise unterrühren
125 g Korinthen	verlesen, zuletzt unter den Teig rühren etwas von
75 g Butter	
oder Margarine	in einer Stielpfanne erhitzen, den Teig eßlöffelweise in die Pfanne geben, flachdrücken die Püfferchen von beiden Seiten braun braten
Backzeit:	Etwa 6 Minuten.
Beigabe:	Zucker.

Pellkartoffeln mit Quark

1 kg Kartoffeln	waschen, mit Wasser zum Kochen bringen, gar kochen lassen, abgießen, pellen *für den Quark*
500 g Speisequark	mit
gut 125 ml (⅛ l) Milch	
oder Sahne	verrühren, mit
Salz	
Pfeffer	abschmecken, schaumig rühren, nach Belieben mit
Tomaten	
Radieschen	anrichten.

Quarkbutter

125 g Speisequark	mit
3 Eßl. Milch	verrühren
1 kleine Zwiebel	abziehen, sehr fein würfeln
125 g Butter	
oder Margarine	schaumig rühren
1 Teel. feingeschnittener Schnittlauch	
	die Zutaten verrühren, mit
Salz	abschmecken.
Veränderung:	Mit Quarkbutter bestrichene Brote mit Gurken-, Tomaten-, Rettich- oder Radieschenscheiben belegen.

Kräuterquark, Tomatenquark, Kümmelquark

Kräuterquark

250 g Speisequark	mit
2 Eßl. Milch	
3 schwach gehäuften	
Eßl. Creme fraîche	verrühren, mit
Salz	abschmecken, schaumig rühren
2 Eßl.	
feingeschnittenen	
Schnittlauch	
oder 2 Eßl.	
gemischte Kräuter	unterrühren.

Kümmelquark

250 g Speisequark	mit
4 Eßl. Sahne	
1 gehäuften Teel.	
Kümmel	verrühren, mit
Salz	abschmecken, schaumig rühren.
Veränderung:	Anstelle von Kümmel nach Geschmack geriebene Zwiebel, geriebene Rote Bete, gehackte Krabben, feingewiegten Räucherfisch oder feingehackte Schinkenreste verwenden.

Tomatenquark

250 g Speisequark	mit
4 Eßl. Milch	
2 schwach gehäuften	
Eßl. Tomatenmark	verrühren, mit
Salz	
Zucker	abschmecken, schaumig rühren
1 kleine Zwiebel	abziehen, sehr fein würfeln, hinzufügen.
Veränderung:	2 Eßl. gehackte Kräuter (Petersilie, Schnittlauch, Pimpinelle, Estragon, Kresse, Zitronenmelisse) unterrühren.

Liptauer Käse

50 g Margarine	schaumig rühren
250 g Speisequark	unterrühren
1 kleine Zwiebel	abziehen, reiben, mit
1 Teel. Senf	zu der Quarkmasse geben, mit
Salz	
Paprika edelsüß	abschmecken
	aus der Masse Bällchen formen oder den Quark mit 2 Teelöffeln auf
Salatblätter	setzen, mit Paprika bestreuen.
Veränderung:	Geriebenen Schweizer Käse, feingehackte Essiggurken oder feingewiegten Hering (Sardelle) unter den Quark rühren.

Fruchtsalat

	Fruchtsalate sind besonders wohlschmeckend, wenn man verschiedene Obstsorten mischt
Apfelsinen	schälen, von allen weißen Häuten, Kernen befreien
Feigen **Korinthen** **Rosinen**	waschen, einweichen die Früchte kleinschneiden, mit
Zucker	abwechselnd in eine Glasschale schichten, sie nach Belieben mit
Zitronensaft **Wein oder** **unvergorenem** **Fruchtsaft**	übergießen, mit
Mandeln **Nußkernen** **Rosinen**	garnieren besonders erfrischend sind folgende Zusammenstellungen:

1. Äpfel, Apfelsinen, Zucker, Zitronensaft, Nüsse
2. Äpfel, Apelsinen, Bananen, Zucker, Zitronensaft, Nüsse
3. Äpfel, Feigen, Zucker, Zitronensaft
4. Äpfel, Apfelsinen, Bananen, Ananas, Zucker, Wein
5. Äpfel, Apfelsinen, Birnen, Ananas, Bananen, Zucker, Saft
6. Apfelsinen, Bananen, Zucker, Zitronensaft
7. Pflaumen, Birnen, Pfirsiche, Zucker, Zitronensaft.

Tip: Crème fraîche etwas süßen und zur sahnigen Abrundung als Beigabe zu Obstsalaten reichen.

Beerensalat

750 g Beeren (vorbereitet gewogen, Erdbeeren Johannisbeeren Stachelbeeren Himbeeren Brombeeren Heidelbeeren)	mit
etwa 50 g Zucker **3 – 4 Eßl. Himbeergeist**	vermengen, gut durchziehen lassen, den Beerensalat in vier Glasschälchen geben
250 ml (¼ l) Sahne	steif schlagen, in einen Spritzbeutel mit gezackter Tülle füllen, auf jede Portion einen großen Sahnetuff spritzen.

Obstsalat

2 Äpfel	schälen, vierteln, entkernen
1 Mango	schälen, halbieren, entkernen
1 Nektarine	
1 Pfirsich	
	beide Zutaten waschen, abtrocknen, halbieren, entkernen
1 Kiwi	
1 Banane	
	beide Zutaten schälen
	das Obst in kleine Stücke (Banane in Scheiben) schneiden
100 g Sauerkirschen	waschen, gut abtropfen lassen, entstielen, entsteinen
100 g Erdbeeren	waschen, gut abtropfen lassen, entstielen, in Stücke schneiden
100 g Himbeeren	sorgfältig verlesen, das Obst mit
3 Eßl. Zitronensaft	
2 Eßl. Zucker	vermengen.
Beigabe:	Schlagsahne.

Erdbeermüsli

500 g Erdbeeren	waschen, gut abtropfen lassen, entstielen, halbieren
75 g Zucker	
1 Päckchen	
Vanillin-Zucker	mischen, über die Erdbeeren geben, die Früchte auf Portionsschälchen oder auf tiefe Teller verteilen
	von
4 Eßl. Hafer-	
Vollkornflocken	je 1 Eßl. auf die Erdbeeren geben
2 Becher (je 150 g)	
Joghurt	
(gut gekühlt)	darüber verteilen, mit
Hafer-	
Vollkornflocken	bestreuen.

Obstsalat mit Cream Sherry

3 Scheiben Ananas (aus der Dose)	abtropfen lassen, in Stücke schneiden
4 Pfirsichhälften	in Spalten schneiden
3 Kiwis	schälen
1 Banane	schälen, beide Zutaten in Scheiben schneiden
200 g Erdbeeren	waschen, gut abtropfen lassen, entstielen
200 g grüne Weintrauben	waschen, abtrocknen, beide Zutaten halbieren, die Weintrauben entkernen die Früchte in eine Schale oder in ein großes Glas geben, vermengen, mit
1 Eßl. Zucker	bestreuen
4 Eßl. Cream Sherry	darüber geben, etwa ½ Stunde bei Zimmertemperatur stehenlassen kurz vor dem Servieren
1 Eßl. gehackte Pistazienkerne	über den Obstsalat streuen.

Obstsalatgelee

1 mittelgroßer Apfel **1 mittelgroße Apfelsine** **1 Banane**	das Obst schälen, den Apfel vierteln, entkernen, das Obst in feine Scheiben schneiden, mit
1–2 Eßl. Zucker **1 Eßl. Kirschwasser**	vermengen, auf 6 Schälchen verteilen aus
1 Päckchen Götterspeise Zitrone-Geschmack **250 ml (¼ l) Wasser** **100 g Zucker**	nach der Vorschrift auf dem Päckchen (aber nur mit 250 ml = ¼ l Wasser) eine Götterspeise zubereiten, kalt stellen
250 ml (¼ l) Weißwein	zu der erkalteten, noch flüssigen Götterspeise geben, über das Obst gießen die Speise mehrere Stunden, am besten über Nacht, kalt stellen damit sie fest wird.
Beigabe:	Soße, zubereitet mit Soßen-Pulver ohne Kochen Vanille-Geschmack.

Rhabarberkompott

500 g Rhabarber	waschen, in etwa 2 cm lange Stücke schneiden (nicht abziehen), mit
100 g Zucker	bestreuen sobald der Rhabarber Saft gezogen hat,
1 Päckchen Vanillin-Zucker	hinzufügen, den Rhabarber weich dünsten, das Kompott erkalten lassen, evtl. mit
Zucker	abschmecken.

Stachelbeerkompott

500 g halbreife Stachelbeeren	mit einer Schere von Stiel und Blüte befreien, waschen
125 ml (⅛ l) Wasser	mit
100 g Zucker	zum Kochen bringen, die Stachelbeeren hineingeben, zum Kochen bringen, weich kochen lassen (nicht durchrühren) das Kompott erkalten lassen, evtl. mit
Zucker	abschmecken.

Apfelmus

750 g Äpfel	waschen, von Stiel und Blüte befreien, in kleine Stücke schneiden, mit
5 Eßl. Wasser	zum Kochen bringen, weich kochen lassen, durch ein Sieb streichen, mit
etwa 50 g Zucker	abschmecken.

Apfelkompott

500 g Äpfel	schälen, vierteln oder achteln, entkernen
250 ml (¼ l) Wasser	mit
50 g Zucker	zum Kochen bringen, die Äpfel hineingeben, zum Kochen bringen, unter öfterem Schütteln weich (glasig) kochen lassen das Kompott erkalten lassen, mit
Zitronensaft	
Zucker	abschmecken.

Pflaumenkompott

500 g Pflaumen	waschen, halbieren, entsteinen
125 ml (⅛ l) Wasser	mit
50 g Zucker	zum Kochen bringen, Pflaumen,
1 Stück Stangenzimt	
3 Gewürznelken	hineingeben, zum Kochen bringen, weich kochen lassen das Kompott erkalten lassen, evtl. mit
Zucker	abschmecken.

Mirabellenkompott

500 g Mirabellen	waschen, entstielen
125 ml (⅛ l) Wasser	mit
75 g Zucker	zum Kochen bringen, die Mirabellen hineingeben, zum Kochen bringen, weich kochen lassen das Kompott erkalten lassen, evtl. mit
Zucker	abschmecken.

Birnenkompott

500 g Birnen	schälen, halbieren, entkernen
125 ml (⅛ l) Wasser	mit
50 g Zucker	
1 Päckchen Vanillin-Zucker	zum Kochen bringen, die Birnen hineingeben, zum Kochen bringen, weich kochen lassen, das Kompott erkalten lassen, evtl. mit
Zucker	abschmecken
Kochzeit:	20 – 30 Minuten.

Fruchtgelee mit eingemachtem Obst

500 g eingemachtes Obst (aus dem Glas)	abtropfen lassen, von dem Saft 500 ml (½ l) abmessen (evtl. mit Wasser ergänzen), mit
Vanillin-Zucker	
Zucker	abschmecken mit knapp der Hälfte des Saftes
1 Päckchen Gelatine gemahlen, weiß oder rot	anrühren, 10 Minuten zum Quellen stehenlassen, unter Rühren erwärmen, bis sie gelöst ist, unter den restlichen Fruchtsaft rühren, kalt stellen wenn der Saft dicklich ist, die Früchte unterheben (große Früchte zerkleinern) die Speise kalt stellen, damit sie fest wird.
Beigabe:	Soße, zubereitet mit Soßen-Pulver ohne Kochen, Vanille-Geschmack.

Bananen mit Sahne

2 Eßl. Butter	bräunen, abkühlen lassen
4 Bananen	schälen, mit der Butter bestreichen, zunächst in
40 g Zucker	dann in
40 g abgezogenen, gehobelten Mandeln	wenden (evtl. etwas andrücken) ein genügend großes Stück
Bratfolie	auf ein Backblech legen, die Bananen nebeneinander darauf geben, die Folie verschließen, das Backblech in die Mitte des Backofens schieben
Strom:	200
Gas:	Etwa 3½
Garzeit:	Etwa 15 Minuten
125 ml (⅛ l) Sahne	½ Minute schlagen
½ Päckch. Sahnesteif	mit
1 gestrichenen Eßl. Zucker	mischen, einstreuen, die Sahne steif schlagen, zu den heißen Bananen reichen.

Puttäpfel

Bratäpfel

8 Äpfel	waschen, nicht schälen, von der Blütenseite her ausbohren, aber nicht durchstechen die Äpfel in eine flache, gefettete Auflaufform oder auf kleine Teller setzen, mit
1 – 2 Eßl. Butter	
1 – 2 Eßl. Zucker	
1 Päckchen Vanillin-Zucker	füllen, auf dem Rost in den Backofen schieben, weich backen die Äpfel nach Belieben mit
Weißwein	begießen
Strom:	200 – 225
Gas:	3 – 4
Backzeit:	30 – 45 Minuten.

Ausgebackene Apfelscheiben

(Für 6 Personen)

750 g saure Äpfel	schälen, mit einem Apfelbohrer das Kerngehäuse ausstechen, die Äpfel in 1 cm dicke Ringe schneiden *für den Teig*
250 g Weizenmehl	mit
9 g (3 gestrichene Teel.) Backpulver Backin	mischen, in eine Schüssel sieben, in die Mitte eine Vertiefung eindrücken
1 Ei	mit
1 – 2 Eßl. Zucker	
250 ml (¼ l) Milch	verschlagen, etwas davon in die Vertiefung geben, von der Mitte aus Eimilch mit einem Teil des Mehls verrühren, die übrige Eimilch dazugeben, darauf achten, daß keine Klumpen entstehen die Apfelscheiben in den Teig tauchen, in siedendem
Pflanzenfett	goldgelb backen, auf einem Kuchenrost abtropfen lassen, mit
Zucker und Zimt	bestreuen, warm servieren
Backzeit:	1 – 2 Minuten.
Veränderung:	Statt der Apfelscheiben Aprikosen- oder Pfirsichhälften oder Ananasscheiben nehmen.

Apfelauflauf

500 g Äpfel	schälen, vierteln, entkernen, in Scheiben schneiden
2 Eier	mit
125 g Zucker	schaumig schlagen
1 Eßl. Zitronensaft	hinzufügen
125 g Weizenmehl	
6 g (2 gestrichene Teel.) Backpulver Backin	mischen, sieben, unterrühren den Teig abwechselnd lagenweise mit den Äpfeln in eine mit
Butter oder Margarine	gefettete Auflaufform schichten, die oberste Schicht soll aus Teig bestehen die Auflaufform auf dem Rost in den Backofen schieben
Strom:	175 – 200
Gas:	2 – 3
Backzeit:	Etwa 30 Minuten.
Veränderung:	Anstelle von Äpfeln Heidelbeeren, entsteinte Kirschen oder Zwetschen nehmen.
Beigabe:	Soße, zubereitet mit Soßen-Pulver ohne Kochen, Vanille-Geschmack.

Kompottauflauf mit Schneehaube

250 ml (¼ l) heiße Milch	mit
5 Tropfen Rum-Aroma	mischen
100 g (etwa 9) Zwiebäcke	darin einweichen
200 g Pflaumenkompott	
150 g Birnenkompott	
150 g Apfelkompott	abtropfen lassen, in eine mit
Butter oder Margarine	gefettete Auflaufform geben, die durchweichten Zwiebäcke dicht nebeneinander darauf legen einen Vanillepudding nach der Vorschrift auf dem Päckchen zubereiten aus
500 ml (½ l) Milch	
1 Päckchen Pudding-Pulver Vanille-Geschmack	
50 g Zucker	
1 Eigelb	
6 Eßl. kalter Milch oder Wasser	den Pudding auf die Zwiebäcke geben
1 Eiweiß	steif schlagen, mit
1 Teel. Zucker	süßen, gleichmäßig auf den Pudding streichen die Auflaufform auf dem Rost in den Backofen schieben
Strom:	175 – 200
Gas:	3 – 4
Backzeit:	15 – 20 Minuten.

Rhabarberauflauf

1 kg Rhabarber	waschen, in etwa 2 cm lange Stücke schneiden (nicht abziehen), mit
5 gut gehäuften Eßl. Zucker	bestreuen
	sobald der Rhabarber Saft gezogen hat,
abgeriebene Schale von 1 Zitrone (unbehandelt)	hinzufügen, den Rhabarber weich dünsten lassen
3 Eßl. Margarine, z. B. Sanella	zerlassen
etwa 200 g zerbröckelten Zwieback	darin anbräunen
3 gut gehäuften Eßl. Zucker	mit
2 Päckchen Vanillin-Zucker	mischen, hinzufügen, unter Rühren mitbräunen lassen
	Zwieback und Rhabarberkompott abwechselnd lagenweise in eine mit
Margarine	gefettete flache Auflaufform schichten
2 Eiweiß	steif schlagen, mit
2 gut gehäuften Eßl. Zucker	süßen, gleichmäßig auf den Rhabarberauflauf streichen
	die Auflaufform auf dem Rost in den Backofen schieben, den Eierschnee goldgelb backen
Dünstzeit für den Rhabarber:	5 – 10 Minuten
Einstellung für den Backofen	
Strom:	Etwa 250
Gas:	Etwa 8
Backzeit:	3 – 5 Minuten.

Quarkauflauf

50 g Butter oder Margarine	geschmeidig rühren, nach und nach
125 g Zucker	
1 Päckchen Vanillin-Zucker	
2 Eier	
1 Tropfen Backöl Zitrone	
Salz	
500 g Speisequark	hinzufügen
125 g Grieß	
1 Päckchen Pudding-Pulver Vanille-Geschmack	
9 g (3 gestrichene Teel.) Backpulver Backin	mischen, nach und nach unterrühren
500 g Äpfel	schälen, vierteln, entkernen, in kleine Würfel schneiden
30 g Rosinen	verlesen
	beide Zutaten zuletzt unter den Teig heben, ihn in eine mit
Butter oder Margarine	gefettete Auflaufform füllen
Butter	in Flöckchen darauf setzen
	die Auflaufform auf dem Rost in den Backofen schieben
Strom:	175 – 200
Gas:	3 – 4
Backzeit:	60 – 70 Minuten.
Veränderung:	Sollte der Teig etwas fest sein, 4 – 5 Eßl. Milch hinzufügen.

Aprikosenauflauf mit Reis

500 ml (½ l) Milch	mit
½ Teel. Salz	
1 Stück Zitronenschale (unbehandelt)	zum Kochen bringen
150 g Milchreis (Rundkorn)	hineingeben, zum Kochen bringen, in etwa 40 Minuten ausquellen lassen
60 g weiche Butter oder Margarine	mit
2 schwach gehäuften Eßl. Zucker	
2 Eigelb	
abgeriebener Zitronenschale (unbehandelt)	in eine Rührschüssel geben, gut verrühren, den Reisbrei unterrühren
2 Eiweiß	steif schlagen, unterheben
etwa 500 g gedünstete Aprikosenhälften	abtropfen lassen eine runde, feuerfeste Form mit
Butter oder Margarine	fetten, die Hälfte der Reismasse einfüllen, die Aprikosen darauf geben, mit der restlichen Reismasse bedecken
Butter	in Flöckchen darauf setzen die Form auf dem Rost in den Backofen stellen
Strom:	175 – 200
Gas:	3 – 4
Backzeit:	Etwa 40 Minuten.

Rote Grütze mit Himbeeren

300 g tiefgekühlte Himbeeren	bei Zimmertemperatur auftauen lassen aus
1 Päckchen Rote Grütze Himbeer-Geschmack	
100 g Zucker	
500 ml (½ l) Wasser	nach der Vorschrift auf dem Päckchen eine Speise zubereiten, die Himbeeren unterheben die Speise in eine Glasschale oder in Portionsschälchen füllen, erkalten lassen die Rote Grütze gekühlt servieren.
Beigabe:	Vanillesoße oder angeschlagene Crème fraîche.

Apfelgrütze

500 g Äpfel	schälen, vierteln, entkernen, in Scheiben schneiden
375 ml (⅜ l) Wasser	mit
100 g Zucker	zum Kochen bringen, die Äpfel hineingeben, zum Kochen bringen, fast weich kochen lassen, mit einem Schaumlöffel herausnehmen, den Saft wieder zum Kochen bringen
1 Päckchen Rote Grütze Himbeer-Geschmack	mit
125 ml (⅛ l) Weißwein	anrühren, unter Rühren in den von der Kochstelle genommenen Saft geben, kurz aufkochen lassen, die Äpfel unterrühren die Grütze in mit kaltem Wasser ausgespülte Tassen oder in Portionsschälchen füllen, kalt stellen, stürzen.
Beigabe:	Soße, zubereitet mit Soßen-Pulver ohne Kochen, Vanille-Geschmack.

Vanillepudding

gestürzt

	Aus
1 Päckchen Pudding-Pulver Vanille-Geschmack	
40 g Zucker	
6 Eßl. kalter Milch zum Anrühren	
500 ml (½ l) Milch	einen Pudding nach der Vorschrift auf dem Päckchen zubereiten, in eine kalt ausgespülte Puddingform füllen, einige Stunden kalt stellen, auf einen Teller stürzen.
Beigabe:	Gemischtes Obst.

Tuttifrutti

500 g gezuckertes rohes oder gezuckertes gedünstetes Obst	in eine Glasschale oder in Portionsschälchen geben, mit
75 g Butterkeksen	bedecken
500 ml (½ l) Milch	zum Kochen bringen
1 Päckchen Pudding-Pulver Vanille- oder Mandel-Geschmack	mit
40 g Zucker	mischen, mit
6 Eßl. kalter Milch	anrühren, unter Rühren in die von der Kochstelle genommene Milch geben, kurz aufkochen lassen, auf die Kekse geben, kalt stellen.

Stachelbeergrütze mit feiner Vanillesoße

	Für die Grütze
500 g Stachelbeeren	von Stiel und Blüte befreien, waschen, gut abtropfen lassen, mit
125 ml (⅛ l) Wasser	
175 g Zucker	zum Kochen bringen, weich kochen lassen
60 g Speisestärke	mit
125 ml (⅛ l) kaltem Wasser	anrühren, unter Rühren in die kochenden, von der Kochstelle genommenen Stachelbeeren geben, kurz aufkochen lassen die Stachelbeergrütze in eine kalt ausgespülte Sturzform oder in eine kalt ausgespülte Glasschale füllen, einige Stunden kalt stellen *für die Soße*
1 Päckchen Soßen-Pulver Vanille-Geschmack	
40 g Zucker	
1 Ei	nach und nach mit
500 ml (½ l) kalter Milch	in einem Topf verschlagen die Flüssigkeit unter Rühren zum Kochen bringen, kurz aufkochen lassen, kalt stellen, ab und zu durchrühren, damit sich keine Haut bildet die erkaltete Stachelbeergrütze auf einen Teller stürzen, mit der Soße servieren.

Grießpudding

500 ml (½ l) Milch	zum Kochen bringen
1 Päckchen Soßen-Pulver Vanille-Geschmack	mit
30 g Grieß	
50 g Zucker	
2 Eigelb	mischen, mit
6 Eßl. kalter Milch	anrühren, unter Rühren in die von der Kochstelle genommene Milch geben, kurz aufkochen lassen
2 Eiweiß	steif schlagen, unter die kochendheiße Speise heben, in eine Glasschale oder in eine mit kaltem Wasser ausgespülte Sturzform füllen, kalt stellen, evtl. stürzen.
Beigabe:	Gedünstetes Obst oder Fruchtsaft.

Schokoladengelee

1 Päckchen Gelatine gemahlen, weiß	mit
3 Eßl. kaltem Wasser	anrühren, 10 Minuten zum Quellen stehenlassen
500 ml (½ l) Milch	zum Kochen bringen, von der Kochstelle nehmen
100 g Blockschokolade oder bittere Schokolade	in Stücke brechen, mit
1 – 2 Eßl. Zucker	und der Gelatine in die Milch geben, so lange rühren, bis alles gelöst ist, in eine Glasschale füllen, kalt stellen.
Veränderung:	Unter die dickliche Speise 125 ml (⅛ l) steifgeschlagene Sahne heben.

Waldmeister-Götterspeise

	Aus
1 Päckchen Götterspeise Waldmeister-Geschmack	
500 ml (½ l) Wasser	
100 g Zucker	nach der Vorschrift auf dem Päckchen eine Geleespeise zubereiten, in eine mit kaltem Wasser ausgespülte kleine Napfkuchenform füllen, kalt stellen die festgewordene Götterspeise auf einen flachen Teller stürzen.
Beigabe:	Vanille-Soße.

Joghurtgelee

1 Päckchen Gelatine gemahlen, weiß	mit
5 Eßl. kaltem Wasser	anrühren, 10 Minuten zum Quellen stehenlassen, unter Rühren erwärmen, bis sie gelöst ist
2 Becher (je 150 g) Joghurt	mit
125 ml (⅛ l) Milch	
75 g Zucker	
1 Päckchen Vanillin-Zucker	
abgeriebener Schale und Saft von ½ Zitrone (unbehandelt)	verschlagen, zunächst 3 Eßl. davon mit der Gelatinelösung verrühren, unter die übrige Speise schlagen die Flüssigkeit in eine Glasschale oder in Schälchen füllen, kalt stellen, damit sie fest wird das erstarrte Gelee mit
Schokoladenstreuseln	garnieren.

Himbeergelee

300 g tiefgekühlte Himbeeren	bei Zimmertemperatur auftauen lassen, den Saft auffangen, mit
Himbeersirup	auf 250 ml (¼ l) auffüllen
6 Blatt rote Gelatine	in
kaltem Wasser	einweichen, 5 Minuten zum Quellen stehenlassen den Himbeersaft mit
250 ml (¼ l) Wasser	zum Kochen bringen, von der Kochstelle nehmen, die gequollene, gut ausgedrückte Gelatine hineingeben, so lange rühren, bis sie gelöst ist die Flüssigkeit mit
2 Eßl. Zitronensaft	verrühren, 125 ml (⅛ l) davon in eine mit kaltem Wasser ausgespülte Puddingform gießen, kalt stellen sobald die Geleeschicht erstarrt ist, die Himbeeren hineingeben (einige Himbeeren zum Garnieren zurücklassen), so viel von dem Fruchtsaft darüber gießen, daß die Himbeeren bedeckt sind, kalt stellen sobald diese Schicht erstarrt ist, die restliche Flüssigkeit darüber geben, kalt stellen, damit die Speise fest wird das Himbeergelee auf einen Teller stürzen, nach Belieben mit
Schlagsahne	verzieren, mit den zurückgelassenen Himbeeren garnieren.
Beigabe:	Vanillesoße.

Fruttina-Rhabarberspeise

500 g Rhabarber	waschen, in Stücke schneiden (nicht abziehen), mit
100 g Zucker	in
375 ml (⅜ l) Wasser	geben, zum Kochen bringen, gar kochen lassen
1 Päckchen Pudding-Pulver Kirsch-Geschmack, z. B. Fruttina	mit
4 Eßl. kaltem Wasser	anrühren, die von der Kochstelle genommene Flüssigkeit damit binden die Rhabarberspeise etwas abkühlen lassen, mit
1 Eßl. Zucker	abschmecken, in eine Glasschale geben, gut gekühlt servieren.

Johannisbeersülze

250 g Johannisbeeren	waschen, die Beeren mit einer Gabel von den Stielen streifen aus
1 Päckchen Götterspeise Himbeer-Geschmack	
500 ml (½ l) Wasser	
150 g Zucker	nach der Vorschrift auf dem Päckchen (aber nur mit 150 g Zucker) eine Götterspeise zubereiten, kalt stellen sobald die Speise anfängt dicklich zu werden, die Beeren darunter geben die Speise in Portionsgläser füllen, kalt stellen, damit sie fest wird.
Beigabe:	Vanillesoße.

Galetta-Sahnecreme mit Erdbeeren

300 g Erdbeeren	waschen, gut abtropfen lassen, entstielen, evtl. halbieren (4 Erdbeeren zum Garnieren zurücklassen), die Erdbeeren mit
2 schwach gehäuften Eßl. Zucker	mischen, in Portionsschälchen geben, nach Belieben mit
Keksen	bedecken aus
1 Päckchen Pudding-Cremepulver Vanille-Geschmack, z. B. Galetta	
500 ml (½ l) Milch von Zimmertemperatur	nach der Vorschrift auf dem Päckchen eine Creme zubereiten
250 ml (¼ l) Sahne	½ Minute schlagen
1 Päckchen Sahnesteif	mit
1 Päckchen Vanillin-Zucker	mischen, unter ständigem Schlagen einstreuen, die Sahne steif schlagen, unter die Creme heben, die Creme auf die Erdbeeren füllen, etwa 20 Minuten kalt stellen, damit sie fester wird, mit den zurückgelassenen Erdbeeren garnieren.

Paradies-Pampelmusen

2 Pampelmusen waschen, gut abtrocknen, quer halbieren, mit einem spitzen, scharfen Messer das Fruchtfleisch vorsichtig aus der Schale lösen (die weiße Haut entfernen), in Stücke schneiden, abtropfen lassen aus

1 Päckchen Paradies-Creme Zitrone-Geschmack nach der Vorschrift auf dem Päckchen (aber nur mit 250 ml = ¼ l Milch) eine Creme zubereiten

das Pampelmusenfleisch unterheben, die Speise in die Pampelmusenschalen geben, nach Belieben mit

Zitronenscheiben (unbehandelt) garnieren.

Mangocreme

1 Päckchen Gelatine gemahlen, weiß mit

5 Eßl. kaltem Wasser anrühren, 10 Minuten zum Quellen stehenlassen

1 Mango (etwa 400 g) schälen, entkernen, das Fruchtfleisch im Mixer pürieren, mit

250 ml (¼ l) Sekt
2 Teel. Zitronensaft
75 g Zucker verrühren

die gequollene Gelatine unter Rühren erhitzen, bis sie gelöst ist, zunächst 3 Eßl. der Mangomasse hinzufügen, verrühren, dann unter die übrige Mangomasse schlagen, kalt stellen

250 ml (¼ l) Sahne steif schlagen

wenn die Masse anfängt dicklich zu werden, die Schlagsahne unterheben

die Creme in eine Glasschale oder in Portionsgläser füllen, kalt stellen.

Melonencreme

Den Inhalt der beiden Beutel aus

1 Päckchen Marimba Zitrone-Geschmack in ein Schüsselchen geben, mit

100 g Zucker mischen, mit 6 Eßl. von

500 ml (½ l) Flüssigkeit (350 ml Wasser, 150 ml Weißwein) anrühren

die übrige Flüssigkeit zum Kochen bringen, von der Kochstelle nehmen, die angerührte Mischung unter Rühren hineingeben, kurz aufkochen lassen (erst jetzt gibt die Kapsel das Zitronenaroma frei und löst sich ohne Rückstand auf)

die Speise kalt stellen

von

1 Honigmelone (etwa 800 g) einen Deckel abschneiden, das Fruchtfleisch mit einem Löffel aus der Melone herausnehmen, in kleine Würfel schneiden, abtropfen lassen

125 ml (⅛ l) Sahne steif schlagen, unter die erkaltete Speise ziehen, zuletzt die Melonenwürfel unterheben

die Creme in die ausgehöhlte Melone füllen, kalt stellen.

Paradies-Creme mit Kaffee-Likör

Aus

1 Päckchen Paradies-Creme Sahne-Karamel-Geschmack
300 ml kalter Milch eine Creme nach der Vorschrift auf dem Päckchen zubereiten

50 g helle Mokkabohnen in kleine Stücke schneiden

8 – 12 Teel. Kaffee-Likör

die Creme abwechselnd mit dem Likör und den Mokkabohnenstückchen in vier Portionsschälchen oder Gläser schichten.

Paradies-Creme mit Kaffee-Likör

Quarkfein-Vanille mit Johannisbeeren

375 g tiefgekühlte oder frische vorbereitete Johannisbeeren	mit
100 g Zucker	bestreuen, gut durchziehen lassen (tiefgekühlte Johannisbeeren antauen lassen) aus
1 Päckchen Quarkfein Vanille-Geschmack	
250 g Speisequark	
250 ml (¼ l) Milch	nach der Vorschrift auf dem Päckchen eine Quarkspeise zubereiten, abwechselnd mit den Johannisbeeren in Portionsschälchen füllen, die Speise nach Belieben mit
gezuckerten Johannisbeertrauben	garnieren.

Welfenspeise

	Für die Creme
30 g Speisestärke	
50 g Zucker	
1 Päckchen Vanillin-Zucker	mit 6 Eßl. von
500 ml (½ l) kalter Milch	anrühren, die übrige Milch zum Kochen bringen, von der Kochstelle nehmen, die Speisestärke unter Rühren hineingeben, kurz aufkochen lassen
2 Eiweiß	steif schlagen, unterheben die Speise in eine Glasschale füllen (darf nur halb gefüllt sein)
	für die Weinschaumsoße
1 Ei	mit
2 Eigelb	
1 gestrichenen Eßl. Speisestärke	
50 g Zucker	
250 ml (¼ l) Weiß- oder Apfelwein	
abgeriebener Schale von ½ Zitrone (unbehandelt)	
1 Eßl. Zitronensaft	in einen kleinen Kochtopf geben, gut verschlagen, im Wasserbad oder auf der Automatikplatte so lange mit einem Schneebesen durchschlagen, bis eine dicke Kochblase aufsteigt (nicht kochen lassen)
Erhitzungszeit:	Etwa 20 Minuten die erkaltete Weinschaumsoße auf die weiße Creme füllen, die Speise am Rand mit
Schokoladen-streuseln	garnieren.

Rotweincreme

250 ml (¼ l) Wasser	zum Kochen bringen
1 Päckchen Rote Grütze Himbeer-Geschmack	mit
125 g Zucker	mischen, mit
250 ml (¼ l) Rotwein	anrühren, unter Rühren in das von der Kochstelle genommene Wasser geben, kurz aufkochen lassen, kalt stellen, ab und zu durchrühren
250 ml (¼ l) Sahne	steif schlagen, unter den abgekühlten Pudding heben die Creme in eine Glasschale oder in Portionsgläser füllen, kalt stellen, damit sie fester wird.

Ananas-Gustincreme

(Für 6 Personen)

200 g (3 – 6 Scheiben) Ananas (aus der Dose)	abtropfen lassen, von dem Saft 250 ml (¼ l) abmessen, mit Wasser auf 500 ml (½ l) auffüllen
50 g Speisestärke **75 g Zucker** **1 Päckchen Vanillin-Zucker**	mit 6 Eßl. von dem Ananassaft anrühren, den übrigen Saft zum Kochen bringen, von der Kochstelle nehmen, die Speisestärke unter Rühren hineingeben, kurz aufkochen lassen, kalt stellen, ab und zu durchrühren
2 Eßl. Zitronensaft	unter die lauwarme, noch nicht festgewordene Gustincreme rühren
250 ml (¼ l) Sahne	steif schlagen die Ananasscheiben in Stücke schneiden gut die Hälfte der Schlagsahne und die Ananasstücke unter die Creme heben, in eine Glasschale oder in Gläser füllen, kalt stellen, damit sie fester wird die Creme nach Belieben mit
Ananasstücken	garnieren, mit der restlichen Schlagsahne verzieren.

Kaffeecreme

1 Päckchen Gelatine gemahlen, weiß	mit
3 Eßl. kaltem Wasser	anrühren, 10 Minuten zum Quellen stehenlassen
500 ml (½ l) Milch	zum Kochen bringen, von der Kochstelle nehmen, die gequollene Gelatine hineingeben, so lange rühren, bis sie gelöst ist
1 – 2 Teel. Kaffee-Extraktpulver	mit
75 g Zucker **1 Päckchen Vanillin-Zucker**	unter die Milch rühren, evtl. kalt stellen
40 g zartbittere Schokolade	raspeln
125 ml (⅛ l) Sahne	steif schlagen wenn die Speise anfängt dicklich zu werden, beide Zutaten unterheben die Creme in eine Glasschale oder in Portionsgläser füllen, kalt stellen, damit sie fest wird.

Galetta-Schokolade mit Rumsahne

Aus
500 ml (½ l) Milch von Zimmertemperatur
1 Päckchen Schokoladen-Pudding-Pulver, z. B. Galetta nach der Vorschrift auf dem Päckchen eine Creme zubereiten
250 ml (¼ l) Sahne ½ Minute schlagen
1 Päckchen Sahnesteif mit
1 Päckchen Vanillin-Zucker mischen, unter ständigem Schlagen einstreuen, die Sahne steif schlagen
3 Eßl. Rum unterrühren
die Schlagsahne (etwas zum Verzieren zurücklassen) abwechselnd mit der Schokoladencreme in eine Glasschale oder in Portionsschälchen füllen (evtl. die Schlagsahne spritzen)
die Speise etwa 20 Minuten stehenlassen, damit sie fester wird, mit der restlichen Schlagsahne verzieren,
mit
geraspelter Schokolade bestreuen.

Crème Caramel

Für die Soße
aus
1 Päckchen Pudding-Pulver Flana Echt Karamel den Inhalt des Sirupbeutels mit
1 Eßl. Zucker
1 Eßl. heißem Wasser verrühren, die Soße gleichmäßig auf 4 kleine Porzellanförmchen (Tassen) verteilen, durch Neigen und Drehen der Förmchen die Seitenwände etwa 1 cm breit mit der Karamelsoße benetzen, die Soße erkalten lassen
den Pudding aus dem Pudding-Pulver,
500 ml (½ l) Milch
40 g Zucker nach der Vorschrift auf dem Päckchen zubereiten, unter wiederholtem Umrühren abkühlen lassen, den noch flüssigen Pudding vorsichtig und langsam in die Förmchen auf den Karamelguß gießen (Guß und Pudding sollten sich möglichst nicht vermischen)
die Crème Caramel erkalten lassen, auf kleine Teller stürzen.

Erdbeer-Bavarois

(Für 6 Personen)

600 g tiefgekühlte Erdbeeren in eine Schüssel geben, bei Zimmertemperatur auftauen lassen

1 Päckchen und 2 gestrichene Teel. Gelatine gemahlen, rot mit

4 Eßl. kaltem Wasser anrühren, 10 Minuten zum Quellen stehenlassen, unter Rühren erwärmen, bis sie gelöst ist

die Erdbeeren (einige zum Garnieren zurücklassen) durch ein Sieb streichen, mit

125 g Zucker
2 Päckchen Vanillin-Zucker
Saft von 1 Zitrone verrühren, zunächst 3 Eßl. davon mit der Gelatinelösung verrühren, unter die restliche Erdbeerpülpe schlagen, kühl stellen

250 ml (¼ l) Sahne steif schlagen, unter die dicklich gewordene Erdbeerpülpe rühren

2 Eiweiß steif schlagen, unterheben

die Speise in eine dünn mit **Speiseöl** ausgepinselte Puddingform füllen, kalt stellen

die vollkommen steife Speise auf eine Platte stürzen, nach Belieben mit **Schlagsahne** verzieren, mit den zurückgelassenen Erdbeeren garnieren.

Galetta-Apfelsinencreme

250 ml (¼ l) Apfelsinensaft (von etwa 5 Apfelsinen)	mit
6 Eßl. Wasser	in eine Schüssel gießen
1 Päckchen Pudding-Cremepulver Vanille-Geschmack, z. B. Galetta	auf einmal zu der Flüssigkeit geben, so lange mit einem Schneebesen schnell durchrühren, bis eine gleichmäßige Creme entstanden ist (nach etwa 1 Minute)
125 ml (⅛ l) Sahne	steif schlagen, unterheben die Creme in eine Glasschale füllen, etwa 20 Minuten stehenlassen, damit sie fester wird, nach Belieben mit
Apfelsinenspalten	garnieren. Galetta schmeckt frisch am besten und sollte möglichst bald verzehrt werden.

Aranca mit Wein

	Aus
100 ml Weißwein 100 ml Wasser 1 Eiweiß 1 Päckchen Cremespeise-Pulver Zitrone-Geschmack, z. B. Aranca	nach der Vorschrift auf dem Päckchen eine Creme zubereiten
125 ml (⅛ l) Sahne	steif schlagen, zuletzt unterrühren die Speise in eine Glasschale oder in Gläser füllen, etwa 30 Minuten kalt stellen.

Paradies-Creme mit Kompott

	Aus
1 Päckchen Paradies-Creme Vanille-Geschmack 300 ml kalter Milch	nach der Vorschrift auf dem Päckchen eine Creme zubereiten, über
500 g beliebiges Kompott	geben.

Galetta-Apfelsinencreme, Aranca mit Wein, Paradies-Creme mit Kompott

Sahne-Flana

	Den Inhalt von
1 Päckchen Flana Mokka-Dessert oder Flana Vanille-Geschmack	mit
1 gut gehäuften Teel. Speisestärke	
40 g Zucker	in einer Tasse mischen, zunächst mit 2 Eßl. von
375 ml (3/8 l) kalter Milch	anrühren, dann noch 3 Eßl. Milch hinzugeben die übrige Milch zum Kochen bringen, von der Kochstelle nehmen, das Pudding-Pulver unter Rühren hineingeben, 1 Minute kochen lassen, kalt stellen, ab und zu durchrühren den erkalteten Flana mit einem Schneebesen kurz durchschlagen
125 ml (1/8 l) Sahne	steif schlagen, unterheben, die Creme in eine Glasschale oder in Gläser füllen.
Veränderung:	Anstelle von Flana-Mokka-Dessert oder Flana-Vanille Flana-Schokoladen-Dessert verwenden.

Joghurt-Sahnecreme

1 Päckchen Gelatine gemahlen, weiß	mit
3 Eßl. kaltem Wasser	anrühren, 10 Minuten zum Quellen stehenlassen, unter Rühren erwärmen, bis sie gelöst ist
1 Becher (150 g) Joghurt	mit
125 ml (1/8 l) Milch 1 Päckchen Vanillin-Zucker Saft von 1 Zitrone 75 g Zucker	verrühren, zunächst 3 Eßl. davon mit der Gelatinelösung verrühren, unter die restliche Speise schlagen, kalt stellen
125 ml (1/8 l) Sahne	steif schlagen, unter die dickliche Speise heben, in eine Glasschale oder in Gläser füllen, mit
Schokoladenstreuseln	garnieren.

Weincreme

1 Päckchen Gelatine gemahlen, weiß	mit
6 Eßl. kaltem Wasser	anrühren, 10 Minuten zum Quellen stehenlassen
1 Päckchen Pudding-Pulver Zitrone-Geschmack, z. B. Fruttina	mit
125 g Zucker	mischen, mit 4 Eßl. von
250 ml (¼ l) kaltem Wasser	anrühren, das übrige Wasser zum Kochen bringen, von der Kochstelle nehmen, die angerührte Mischung unter Rühren hineingeben, kurz aufkochen lassen, die gequollene Gelatine hinzufügen, so lange rühren, bis sie gelöst ist
250 ml (¼ l) Weißwein	
1 Eßl. Zitronensaft	hinzufügen, die Flüssigkeit kalt stellen
125 – 250 ml (⅛ – ¼ l) Sahne	steif schlagen, unter die dickliche Speise heben
	die Weincreme in eine Glasschale oder in Portionsgläser füllen, nach Belieben mit
Fruchtstückchen	garnieren.

Vanille-Quarkcreme

500 ml (½ l) Milch	zum Kochen bringen
1 Päckchen Pudding-Pulver Vanille-Geschmack	
50 g Zucker	mit
6 Eßl. kalter Milch	anrühren, unter Rühren in die von der Kochstelle genommene Milch geben, kurz aufkochen lassen, kalt stellen, ab und zu durchrühren, eßlöffelweise mit
50 g Zucker	
1 Päckchen Vanillin-Zucker	unter
250 g Speisequark	rühren
	die Creme in eine Glasschale füllen da Quark leicht säuert, die Creme möglichst frisch essen.
Veränderung:	Die Creme über 500 g beliebiges gezuckertes weiches Obst geben.

Feigen-Zitronencreme

	Aus
1 Päckchen Paradies-Creme Zitrone-Geschmack	
300 ml Milch	nach der Vorschrift auf dem Päckchen eine Creme zubereiten
etwa 340 g Feigen (aus dem Glas)	abtropfen lassen, die Feigen in vier Portionsgläser geben (vier Feigen zum Garnieren zurücklassen), die Creme in die Gläser geben, mit den restlichen Feigen garnieren.

Aranca-Kirschspeise

Etwa 250 g entsteinte, gedünstete Sauerkirschen	abtropfen lassen, von dem Saft 100 ml abmessen die Kirschen gleichmäßig auf Portionsgläser verteilen aus dem abgemessenen Kirschsaft,
100 ml Rotwein 1 Eiweiß 1 Päckchen Cremespeise-Pulver Kirsch-Geschmack, z. B. Aranca	nach der Vorschrift auf dem Päckchen eine Creme zubereiten
1 Becher (150 g) Joghurt	gleichmäßig unterrühren die Speise auf die Kirschen geben, etwa 30 Minuten kalt stellen (Kühlschrank) die Aranca-Kirschspeise mit
geraspelter Schokolade	garnieren.

Mousse au chocolat

150 g zartbittere Schokolade	in kleine Stücke brechen, in einem kleinen Topf im Wasserbad oder auf der Automatikplatte zu einer geschmeidigen Masse verrühren
3 Eigelb	mit
1 Ei 50 g Zucker 2 Eßl. Kaffeelikör 1 Teel. Instant Kaffeepulver	in eine Schüssel geben, mit einem elektrischen Handrührgerät mit Rührbesen über Wasserdampf in 5 – 7 Minuten schaumig schlagen die Schüssel aus dem Wasserbad nehmen, die Masse in etwa 5 Minuten kalt schlagen
3 Eiweiß	steif schlagen, mit der flüssigen Schokolade,
1 Becher (150 g) Crème fraîche	unter die Eigelbmasse rühren die Speise in Portionsgläser füllen, gut gekühlt servieren.

Zitronenzauber

1 Päckchen Frost-Dessert Zitrone-Geschmack	mit
400 ml kaltem Wasser	nach der Vorschrift auf dem Päckchen zubereiten, in eine Schüssel geben, gefrieren lassen, (etwa 1½ Stunden) während der Gefrierzeit die Masse etwa alle 15 Minuten mit einem Schneebesen durchrühren, damit sich am Schüsselrand keine Eisschicht bildet vorgekühlte Sektgläser etwa zur Hälfte mit
gekühltem Sekt	füllen, jeweils 1 – 2 Eßl. von dem Frost-Dessert hineingeben nach Belieben mit
Zitronenscheiben	garnieren die einzelnen Portionen mit Trinkhalm und Löffel servieren.

Pfirsich „Melba“

300 g tiefgekühlte Himbeeren	auftauen lassen, mit einem elektrischen Handrührgerät zerkleinern
4 gedünstete Pfirsichhälften	abtropfen lassen, fächerartig einschneiden
1 Haushaltspackung Vanille-Eis	in Würfel schneiden, in 4 Gläser füllen, je 1 Pfirsichhälfte darauf geben, die Himbeersoße darüber verteilen die Portionen mit
Schlagsahne	verzieren, sofort servieren.

Eierlikör-Bombe

10 Löffelbiskuits	in etwa 2 cm lange Stücke schneiden
120 g Vollmilch-schokolade	in kleine Stücke brechen, in einem kleinen Kochtopf im Wasserbad oder auf der Automatikplatte zu einer geschmeidigen Masse verrühren die Biskuitstücke darin wenden, mit einer Gabel herausnehmen, auf Pergamentpapier legen, den Guß fest werden lassen aus
1 Päckchen Frost-Dessert Vanille-Geschmack 200 ml (⅕ l) kalter Milch	nach der Vorschrift auf dem Päckchen eine Creme zubereiten
4 Eßl. Eierlikör	unterheben die Creme abwechselnd lagenweise mit den Schokoladenbiskuits in eine geölte Sturzform füllen, bis zur gewünschten Festigkeit gefrieren lassen

	das gefrorene Dessert erst kurz vor dem Servieren aus dem Gefrierfach nehmen die Form kurz in heißes Wasser halten, die Speise auf einen Teller stürzen
Gefrierzeit:	Etwa 3 Stunden.

Himbeerbombe mit Baiserhaube

	Aus
1 Päckchen Frost-Dessert Himbeer-Geschmack 200 ml (⅕ l) kalter Milch	nach der Vorschrift auf dem Päckchen eine Creme zubereiten
2 Eßl. Maraschino 1 Eßl. Zitronensaft	unterrühren
2 Eßl. Puderzucker	sieben
300 g Himbeeren	verlesen, mit dem Puderzucker unterheben (einige Himbeeren zum Garnieren zurücklassen) die Speise in eine dünn mit
Speiseöl	ausgestrichene Porzellan- oder Glasschale (Durchmesser etwa 15 cm) füllen, gefrieren lassen *für das Baiser*
1 Eiweiß	steif schlagen, es muß so fest sein, daß ein Messerschnitt sichtbar bleibt
50 g Zucker	unterschlagen, in einen Spritzbeutel mit gezackter Tülle füllen das gefrorene Dessert auf einen Teller stürzen, mit der Baisermasse verzieren, unter den vorgeheizten Grill schieben
Strom:	2 – 3 Minuten
Gas:	Etwa 3 Minuten die Himbeerbombe mit den zurückgelassenen Himbeeren,
Eiswaffeln	garnieren
Gefrierzeit:	3 – 4 Stunden.

Eiskaffee

750 ml (¾ l) starken Kaffee	kalt stellen Gläser zu ⅔ mit dem erkalteten Kaffee füllen
1 Haushaltspackung Vanille-Eis	in Würfel schneiden, in die Gläser geben
125 ml (⅛ l) Sahne Zucker	mit süßen, steif schlagen, auf das Eis spritzen, nach Belieben mit
geraspelter Schokolade	bestreuen.

„Williams-Eis"

„Williams-Eis“

1 Haushaltspackung Vanille-Eis	auf eine längliche Platte geben
6 gedünstete Birnenhälften	abtropfen lassen, auf das Eis legen, mit
3 Eßl. Birnenschnaps	beträufeln
125 ml (⅛ l) Sahne	steif schlagen
30 g zartbittere Schokolade	in einem kleinen Topf im Wasserbad oder auf der Automatikplatte zu einer geschmeidigen Masse verrühren, vorsichtig unter die Schlagsahne heben, das Eis damit verzieren, sofort servieren.

Erdbeer-Schlemmereis

1 Päckchen Soßen-Pulver Vanille-Geschmack	nach der Vorschrift auf dem Päckchen zubereiten, erkalten lassen, in 4 Gläser füllen
10 – 15 frische Erdbeeren	waschen, abtropfen lassen, entstielen
oder	
10 – 15 tiefgekühlte Erdbeeren	auftauen lassen
1 Haushaltspackung Eis Fürst-Pückler-Art	in dreieckige Stücke schneiden, aufrechtstehend in die Gläser geben, mit den Erdbeeren garnieren, sofort servieren.

Eis „Suzette“

2 ungespritzte Apfelsinen	waschen, abtrocknen, mit den Ecken von
10 Stück Würfelzucker	abreiben
1 Eßl. Butter	in einer kleinen Stielpfanne (Flambierpfanne) zerlassen, den Würfelzucker darin auflösen, bräunen lassen
8 Eßl. Apfelsinensaft	
2 Eßl. Zitronensaft	hinzufügen, etwas einkochen lassen
4 Eßl. Grand Marnier	dazugeben oder damit flambieren
1 Haushaltspackung Vanille-Eis	in Würfel schneiden, in 4 Gläser füllen, die heiße Apfelsinensoße darüber geben, sofort servieren.

Eiscoup „Alexandra“

1 Packung „Das Feine“ Walnußeis	in Würfel schneiden oder zu Kugeln formen, in 4 gut gekühlte Gläser geben
8 Eßl. Eierlikör	in die Gläser um das Eis geben
125 ml (⅛ l) Sahne	steif schlagen, das Eis damit verzieren, mit
etwa 12 Walnußkernhälften	garnieren, mit
1 Teel. gehackten Pistazienkernen	bestreuen die Gläser mit
4 Orangenscheiben	garnieren.

Eisbecher „Marie-Claude“

(Abb. s. oben)

100 g tiefgekühlte rote Johannisbeeren	unaufgetaut auf 4 Sektgläser verteilen
1 Packung „Das Feine“ Cassis-Sorbet	in Würfel schneiden oder zu Kugeln formen, darauf verteilen, die Gläser mit
½ Flasche Sekt	auffüllen, sofort servieren.

Genießer-Dessert „Karolin"

	Für die Erdbeersoße
250 g Erdbeeren	waschen, gut abtropfen lassen, entstielen, mit einem elektrischen Handrührgerät oder im Mixer pürieren
1 gut gehäuften Eßl. Zucker	
1 – 2 Eßl. Weinbrand	unterrühren, mit
Zitronensaft	abschmecken
1 Teel. Butter	zerlassen
1 gut gehäuften Eßl. Zucker	unter Rühren so lange darin erhitzen, bis er hellbraun ist
einige Walnußkernhälften	darin karamelisieren lassen, einzeln auf einen Teller oder eine Platte legen, erkalten lassen den Inhalt aus
1 Hausbecher Genießer-Dessert – Erdbeer –	auf einen Teller stürzen, mit
Schlagsahne	verzieren, mit den Walnußhälften garnieren die Erdbeersoße dazureichen.

Südsee-Coup „Coconut"

300 g tiefgekühlte Himbeeren	bei Zimmertemperatur auftauen lassen *für die Kokoscreme*
knapp 2 Eßl. Butter	zerlassen
2 Eßl. Zucker	mit
2 Eßl. Kokosraspeln	hinzufügen, verrühren, erhitzen, (nicht bräunen lassen)
3 Eßl. Sahne	unterrühren
2 Becher Eiskrönung Vanille	in Würfel schneiden oder zu Kugeln formen, auf 4 Schälchen verteilen, zuerst die Himbeeren, dann die heiße Kokoscreme darübergeben, mit
1 – 2 Eßl. Krokantsplittern	bestreuen, sofort servieren.

Genießer-Dessert „Karolin"

Schoko-Marrakesch

1 Eßl. Butter	in einer kleinen Stielpfanne (Flambierpfanne) zerlassen
40 g Zucker	mit
2 Eßl. Kokosraspeln	darin bräunen lassen, mit
4 Eßl. Mandarinensaft	loskochen
etwa 200 g Mandarinenspalten (aus der Dose)	abtropfen lassen, hinzufügen, aufkochen lassen
4 Eßl. Weinbrand	unterrühren oder die Früchte damit flambieren
1 Haushaltspackung Schokoladeneis	in Würfel schneiden, in 4 Gläser füllen, die heißen Kokos-Mandarinen darüber geben, sofort servieren.

Frost-Dessert Vanille mit Schokohaube

6 Teel. Schokosoße für Eis und Pudding	auf 4 Förmchen verteilen, im Gefrierfach gefrieren lassen aus
1 Päckchen Frost-Dessert Vanille-Geschmack 200 ml (1/5 l) kalter Milch	nach der Vorschrift auf dem Päckchen eine Creme zubereiten
40 g Schokoraspeln	unterheben, die Creme auf die gefrorene Schoko-Soße füllen, bis zur gewünschten Festigkeit gefrieren lassen vor dem Servieren die Förmchen kurz in heißes Wasser halten, die Speise auf kleine Teller stürzen
Gefrierzeit:	Etwa 3 Stunden.

Eisschokolade

100 g Schokolade	in kleine Stücke brechen, mit
125 ml (⅛ l) Wasser	in einen kleinen Topf geben, unter ständigem Rühren so lange erhitzen, bis die Schokolade vollkommen gelöst ist, nach und nach
500 ml (½ l) Milch	
125 ml (⅛ l) Sahne	hinzugießen, bis fast zum Kochen erhitzen, abkühlen lassen die lauwarme Flüssigkeit zum Erkalten in den Kühlschrank stellen
1 Haushaltspackung Vanille-Eis	in Würfel schneiden, gleichmäßig auf die Gläser verteilen, mit der erkalteten Schokolade auffüllen
125 – 250 ml (⅛ – ¼ l) Sahne	steif schlagen, auf das Eis spritzen.

Schokoladenpudding

50 g Butter oder Margarine	geschmeidig rühren, nach und nach
150 g Zucker 1 Päckchen Vanillin-Zucker 3 Eier 4 Tropfen Rum-Aroma Salz 1 Teel. Instant Kaffeepulver	hinzufügen
40 g Speisestärke	mit
2 – 3 gestrichenen Eßl. Kakao 3 g (1 gestrichener Teel.) Backpulver Backin	mischen, sieben
100 g Zwieback- oder Semmelmehl	die Zutaten abwechselnd mit
4 Eßl. Milch	unterrühren
30 g gemahlene Mandeln	unter die Schokoladenmasse heben die Masse in eine gefettete, mit
Zwieback- oder Semmelmehl	ausgestreute Puddingform füllen, die Form mit dem Deckel verschließen, in einen Topf mit kochendem Wasser setzen
Kochzeit:	Etwa 1¼ Stunden.
Beigabe:	Weinschaumsoße oder Vanillesoße.

Zwiebackpudding

125 g Zwieback	in kleine Stücke brechen, mit
250 ml (¼ l) heißer Milch	übergießen, so lange stehenlassen, bis der Zwieback weich ist
50 g Butter oder Margarine	geschmeidig rühren, nach und nach
2 gestrichene Eßl. Zucker 1 Päckchen Vanillin-Zucker 2 Eier 2 Tropfen Backöl Bittermandel 4 Tropfen Backöl Zitrone Salz	hinzufügen
1 Päckchen Pudding-Pulver Vanille-Geschmack	mit
6 g (2 gestrichene Teel.) Backpulver Backin	mischen, mit dem eingeweichten Zwieback,

3 Eßl. Milch	unterrühren
30 g Zitronat (Sukkade)	in kleine Würfel schneiden
30 g Rosinen	
30 g abgezogene, gemahlene Mandeln	
	die drei Zutaten zuletzt unter die Masse heben, sie in eine gefettete, mit
Zwieback- oder Semmelmehl	ausgestreute Puddingform füllen, die Form mit dem Deckel verschließen, in einen Topf mit kochendem Wasser setzen
Kochzeit:	Etwa 1 Stunde.
Beigabe:	Vanillesoße, zubereitet mit Soßen-Pulver ohne Kochen, Obstsaft oder eingemachtes Obst.

Grießpudding

375 ml (⅜ l) Milch	
Salz	zum Kochen bringen, von der Kochstelle nehmen
100 g Grieß	unter Rühren hineinstreuen, quellen lassen
75 g Butter oder Margarine	geschmeidig rühren, nach und nach
60 g Zucker	
1 Päckchen Vanillin-Zucker	
3 Eier	
4 Tropfen Backöl Zitrone	und den Grießbrei hinzufügen
1 Päckchen Pudding-Pulver Vanille-Geschmack	mit
3 Eßl. kalter Milch	anrühren
3 g (1 gestrichener Teel.) Backpulver Backin	
1 – 2 Eßl. Rosinen	
	die drei Zutaten zuletzt unter die Grießmasse rühren
	die Masse in eine gefettete, mit
Semmelmehl	ausgestreute Puddingform füllen, die Form mit dem Deckel verschließen, in einen Topf mit kochendem Wasser setzen
Kochzeit:	Etwa 1¼ Stunden.
Beigabe:	Eingemachtes Obst oder Obstsaft.

Mandel- oder Haselnußpudding

100 g Butter oder Margarine	geschmeidig rühren, nach und nach
100 g Zucker	
1 Päckchen Vanillin-Zucker	
3 Eier	
Salz	
2 Tropfen Backöl Bittermandel	
50 g gemahlene Mandeln oder Haselnußkerne	hinzufügen
150 g Weizenmehl	mit
50 g Speisestärke	
6 g (2 gestrichene Teel.) Backpulver Backin	mischen, sieben, abwechselnd mit
3 Eßl. Milch	unterrühren
	die Masse in eine gefettete, mit
Semmelmehl	ausgestreute Puddingform füllen, die Form mit dem Deckel verschließen, in einen Topf mit kochendem Wasser setzen
Kochzeit:	Etwa 1 Stunde.
Beigabe:	Weinschaumsoße oder Schokoladensoße.

Sandpudding

100 g Butter oder Margarine	geschmeidig rühren, nach und nach
100 g Zucker	
1 Päckchen Vanillin-Zucker	
3 Eier	
Salz	
4 Tropfen Backöl Zitrone	hinzufügen
250 g Weizenmehl	mit
6 g (2 gestrichene Teel.) Backpulver Backin	mischen, sieben, abwechselnd mit
2 Eßl. Milch	unterrühren
50 g Korinthen	unterheben
	die Masse in eine gefettete Puddingform füllen, die Form mit dem Deckel verschließen, in einen Topf mit kochendem Wasser setzen
Kochzeit:	Etwa 1 Stunde.
Beigabe:	Vanillesoße, zubereitet mit Soßen-Pulver ohne Kochen.

Pfeffersteaks

4 Rinderfiletsteaks (je etwa 125 g, etwa 2½ cm dick) leicht flachklopfen, so daß sie noch etwa 2 cm dick sind
4 gestrichene Teel. schwarze Pfefferkörner zwischen Pergamentpapier legen und mit einem Teigroller zerdrücken, die Steaks damit einreiben, auf den heißen Grillrost legen, unter den vorgeheizten Grill schieben, zunächst von der einen, dann von der anderen Seite grillen, während des Grillens die Steaks ab und zu mit
etwas Speiseöl bestreichen
Grillzeit
Strom: Jede Seite etwa 7 Minuten
Gas: Jede Seite etwa 4 Minuten
die Pfeffersteaks nach Belieben mit gegrilltem Obst servieren.

Roastbeef mit Quark-Remoulade

Für die Quark-Remoulade
2 gehäufte Eßl. Mayonnaise mit
125 g Speisequark
4 – 5 Eßl. Sahne verrühren
1 kleine Zwiebel abziehen
1 hartgekochtes Ei pellen
1 kleinen Apfel schälen, vierteln, entkernen
die 3 Zutaten mit
1 kleinen Gewürzgurke in kleine Würfel schneiden, unter den Quark rühren
½ Eßl. Kapern
1 Eßl. gehackte Petersilie unterrühren, die Quark-Remoulade mit
Salz
Pfeffer
Zucker
Zitronensaft abschmecken
500 g Roastbeef (gut abgehangen) von Haut und Fett befreien, waschen, abtrocknen, mit
Paprika edelsüß einreiben, auf den Drehspieß schieben, mit den Haltegabeln befestigen, unter den vorgeheizten Grill hängen
1 Eßl. Speiseöl mit Pfeffer,
½ gestrichenen Teel. Salz verühren, das Roastbeef während des Grillens ab und zu damit bestreichen
das gare Roastbeef stehenlassen, bis es kalt ist, in dünne Scheiben schneiden, auf einer Platte anrichten, mit
Tomatenachteln
gefächerten Gurken
Petersilie garnieren, mit der Quark-Remoulade servieren
Grillzeit
Strom: Je nach Dicke des Roastbeefs 25 – 35 Minuten
Gas: Je nach Dicke des Roastbeefs 35 – 40 Minuten.
Beigabe: Stangenweißbrot, Chicorée-Salat.

Rumpsteaks mit Meerrettichsahne

Für die Meerrettichsahne
125 ml (⅛ l) Sahne steif schlagen
1 Eßl. geriebenen Meerrettich unterrühren, mit
Salz abschmecken
4 Scheiben Roastbeef (je etwa 150 g, 2½ cm dick) leich zusammendrücken, auf den heißen Grillrost legen, möglichst hoch unter die Glühstäbe des vorgeheizten Grills schieben, zunächst von der einen, dann von der anderen Seite grillen
die Fleischscheiben jeweils nach 1 Minute mit
Speiseöl bestreichen
Salz
Pfeffer
Paprika edelsüß mischen, die garen Rumpsteaks damit bestreuen, die Steaks mit der Meerrettichsahne servieren
Grillzeit
Strom: Jede Seite etwa 5 Minuten
Gas: 1. Seite etwa 3 Minuten, 2. Seite etwa 2 Minuten.
Beilage: Röstkartoffeln, Feldsalat.

Schweinefilet

2 Schweinefilets (etwa 500 g, gut abgehangen) evtl. von Haut und Fett befreien, waschen, abtrocknen, dünn mit
mittelscharfem Senf bestreichen
das Fleisch auf den heißen Grillrost legen, unter den vorgeheizten Grill schieben, zunächst von der einen, dann von der anderen Seite grillen
1 Eßl. Speiseöl mit
½ Teel. Paprika edelsüß verrühren, das Fleisch nach 1 Minute Grillzeit ab und zu damit bestreichen
die garen Filets mit
Salz bestreuen

Grillzeit
Strom: Jede Seite etwa 10 Minuten
Gas: 1. Seite etwa 10 Minuten, 2. Seite 7 – 10 Minuten.

Veränderung: Das Filet nach Belieben in Scheiben geschnitten grillen.

Bratwurst, gegrillt

4 vorgebrühte Bratwürste auf den Grillrost legen, unter den vorgeheizten Grill schieben, zunächst von der einen, dann von der anderen Seite grillen
die Bratwürste während des Grillens mit
Speiseöl bestreichen

Grillzeit: Jede Seite etwa 5 Minuten.

Beigabe: Scharfer Senf oder Tomaten-Ketchup.

Marinierte Grill-Koteletts

4 Koteletts (je etwa 200 g) in eine flache Schüssel legen
für die Marinade
250 ml (¼ l) Speiseöl mit dem
Saft von 1 Zitrone
1 abgezogenen, gehackten Knoblauchzehe
1 Eßl. gerebeltem Thymian
Salz
Pfeffer verrühren, über die Koteletts gießen, etwa 24 Stunden an einem kühlen Ort stehenlassen, das Fleisch ab und zu wenden
die Koteletts aus der Marinade nehmen, abtropfen lassen, auf den Grillrost legen, unter den vorgeheizten Grill schieben, zunächst von der einen, dann von der anderen Seite grillen, ab und zu mit der Marinade bestreichen

Grillzeit: Jede Seite etwa 7 Minuten.

Beilage: Pommes frites, Grill-Tomate, gemischter Salat.

Rippchen vom Rost

1 – 1½ kg Schweinerippchen	in Portionsstücke teilen, waschen, abtrocknen *für die Marinade*
5 Eßl. Speiseöl	mit dem
Saft von 1 Zitrone 2 abgezogenen, gehackten Knoblauchzehen geschrotetem, schwarzem Pfeffer Worcestersoße 1 Spritzer Tabascosoße	verrühren, über die Rippchen gießen, etwa ½ Stunde ziehen lassen, das Fleisch ab und zu wenden die Rippchen trockentupfen, auf den Grillrost legen, unter den vorgeheizten Grill schieben, zunächst von der einen, dann von der anderen Seite grillen nach der Hälfte der Grillzeit die Rippchen auf beiden Seiten mit
125 ml (⅛ l) hellem Bier	bestreichen die garen Rippchen mit Pfeffer,
Salz	bestreuen
Grillzeit:	Jede Seite etwa 10 Minuten.
Beigabe:	Senf, Bauernbrot.

Kasseler Koteletts

4 Kasseler Koteletts (ohne Knochen, je etwa 125 g)	auf den heißen Grillrost legen, unter den vorgeheizten Grill schieben, zunächst von der einen, dann von der anderen Seite grillen
1 Zwiebel	abziehen, reiben, mit
3 Eßl. Apfelsinensaft	verrühren, die Koteletts nach etwa 2½ Minuten Grillzeit mit der Hälfte der Masse bestreichen die Koteletts nach dem Wenden nach etwa 1½ Minuten mit der restlichen Masse bestreichen
Grillzeit:	Jede Seite etwa 6 Minuten.
Beilage:	Porreegemüse, Petersilienkartoffeln.

Schaschlik

1 kleines Schweinefilet (etwa 300 g)	
4 Scheiben Leber (nicht zu dick, etwa 250 g)	
	beide Zutaten waschen, trockentupfen,
250 g Tomaten	waschen, abtrocknen
1 große Banane	schälen
1 – 2 Zwiebeln	abziehen
125 g durchwachsener Speck	
einige Essiggurken	
	alle Zutaten in Stücke oder Scheiben von gewünschter Größe (am besten gut 3 cm groß) schneiden, in beliebiger Reihenfolge auf Grillspieße stecken, dünn mit
Speiseöl	bestreichen
	einen Grillrost mit
Alufolie	belegen, die Spieße darauf legen, unter den vorgeheizten Grill schieben, zunächst von der einen, dann von der anderen Seite grillen, nach dem Wenden die Spieße nochmals mit Speiseöl bestreichen, nach dem Grillen mit
Schaschlik-Gewürz	bestreuen
Grillzeit	
Strom:	Jede Seite etwa 8 Minuten
Gas:	Jede Seite 4 – 5 Minuten.

Schweinebauchscheiben, gegrillt

8 dünne Scheiben (je etwa 60 g) durchwachsenen Schweinebauch	waschen, abtrocknen
3 Eßl. Senf	mit dem
Saft von ½ Zitrone	
1 Teel. geriebenem Meerrettich (aus dem Glas)	
Salz	
schwarzem Pfeffer	
2 Eßl. Speiseöl	verrühren, die Schweinebauchscheiben damit bestreichen, auf den heißen Grillrost legen, unter den vorgeheizten Grill schieben, von jeder Seite etwa 5 Minuten grillen, das Fleisch mit
125 ml (⅛ l) Bier	bestreichen oder beträufeln, weitere 3 – 4 Minuten grillen, damit es eine knusprige Kruste bekommt
Grillzeit:	Etwa 9 Minuten.

Gegrillte Nackenkoteletts

4 Nackenkoteletts (je etwa 180 g) waschen, abtrocknen, auf den heißen Grillrost legen, unter den vorgeheizten Grill schieben, von jeder Seite etwa 4 Minuten grillen

2 Eßl. Honig mit
3 Eßl. Sojasoße
3 Eßl. Weißwein
4 Eßl. Speiseöl
gemahlenem Rosmarin
gemahlenem Thymian
Pfeffer verrühren, das Fleisch damit bestreichen, von jeder Seite weitere 3–4 Minuten grillen, mit
Salz bestreuen, sofort servieren

Grillzeit: Jede Seite etwa 8 Minuten.
Beigabe: Gegrillte Früchte, Brot, Salat.

Kalbsmedaillons auf Toast mit „sauce hollandaise"

Für die „sauce hollandaise"
100 g Butter zerlassen, etwas abkühlen lassen
2 Eigelb mit
1 Teel. Essig
2 Eßl. Wasser im Wasserbad oder auf der Automatikplatte so lange schlagen, bis die Masse dicklich ist, mit
Salz
Pfeffer
Zucker
Zitronensaft abschmecken
die zerlassene Butter nach und nach unterschlagen
die Soße im Wasserbad warm halten, damit sie nicht gerinnt
4 Scheiben Toastbrot rund ausstechen (Durchmesser etwa 8 cm), in einer Grillpfanne in
Butter von beiden Seiten rösten
4 Kalbsmedaillons etwas zusammendrücken
in der Grillpfanne
Butter oder Margarine erhitzen, das Fleisch darin grillen, dabei ab und zu mit Bratenfett begießen, damit es saftig bleibt
die Toastscheiben auf vorgewärmte Teller legen
die Medaillons darauf anrichten
die „sauce hollandaise" dazureichen

Grillzeit: Jede Seite etwa 5 Minuten.
Beigabe: Grüner Salat.

Pfifferlingsschnitzel, überbacken

1 kleine Zwiebel	abziehen, fein würfeln
1 Eßl. Butter	zerlassen, die Zwiebelwürfel darin andünsten
200 g Pfifferlinge	putzen, waschen, dazugeben, mit
Salz, Pfeffer	würzen, gar dünsten lassen, mit
1 Eßl. gehackter Petersilie	vermengen
4 Schweineschnitzel	mit Pfeffer bestreuen, mit
Worcestersoße	beträufeln
2 Eßl. Margarine oder Butterschmalz	erhitzen, die Schnitzel darin von beiden Seiten braten, aus der Pfanne nehmen, auf einer vorgewärmten, feuerfesten Platte anrichten, die Pfifferlinge auf die Schnitzel verteilen, von
4 Scheiben mittelaltem Gouda oder Emmentaler	je eine Scheibe auf jedes Schnitzel legen, die Platte auf dem Rost in den vorgeheizten Backofen schieben, überbacken
Dünstzeit für die Pfifferlinge:	15 – 20 Minuten
Bratzeit für die Schnitzel:	Jede Seite etwa 5 Minuten
Einstellung für den Backofen	
Strom:	Etwa 225
Gas:	4 – 5
Backzeit:	Etwa 5 Minuten.
Beilage:	Butterreis, bunter Salat.

Frikadellen mit Käsehaube

2 Brötchen (Semmeln)	in kaltem Wasser einweichen
2 mittelgroße Zwiebeln	abziehen, fein würfeln
500 g Gehacktes (halb Rind-, halb Schweinefleisch)	mit den gut ausgedrückten Brötchen, den Zwiebeln,
2 Eiern	vermengen, mit
Salz Pfeffer Mango Chutney	abschmecken die Blättchen von
½ Kästchen Kresse	abschneiden, waschen, abtropfen lassen, unter die Fleischmasse mengen, mit nassen Händen acht Frikadellen formen, auf ein Backblech legen, mit
2 Eßl. Speiseöl	bestreichen, in den Backofen schieben, etwa 35 Minuten von beiden Seiten braten lassen etwa 5 Minuten vor Beendigung der Bratzeit
8 gedünstete Pfirsichhälften	abtropfen lassen, auf die Frikadellen geben, mit
Pfeffer	bestreuen
8 Scheiben Käse	darauf legen, überbacken lassen, mit
Kresse	garnieren, sofort servieren
Strom:	Etwa 225
Gas:	Etwa 4
Backzeit:	Etwa 35 Minuten.
Beigabe:	Stangenweißbrot oder Toastbrot, Grüner Salat.

Zitronen-Knoblauch-Hähnchen

2 tiefgefrorene Hähnchen (je 800 – 1000 g)	bei Zimmertemperatur auftauen lassen, den Beutel mit Innereien und den Hals herausnehmen, die Hähnchen waschen, gut abtrocknen
8 Knoblauchzehen	abziehen, zerdrücken, mit dem
Saft von 1 Zitrone	
1 gestrichenen Teel. Salz	
4 Eßl. Speiseöl	verrühren, die Hähnchen innen und außen mit der Gewürzmischung einreiben, die Hähnchen fest in
Alufolie	wickeln, 30 Minuten ziehen lassen
2 säuerliche Äpfel	waschen, vierteln, entkernen
1 Zitrone (unbehandelt)	waschen, schälen
1 Bund Petersilie	waschen, trockentupfen die Hähnchen mit Äpfelvierteln, Zitronenschale, Petersilienstengeln füllen Flügel und Keulen mit Küchengarn am Rumpf festbinden die Hähnchen auf den Drehspieß schieben, mit den Haltegabeln befestigen, den Drehspieß unter den vorgeheizten Grill hängen, 30 – 35 Minuten grillen
100 ml saure Sahne	mit
1 Teel. gerebeltem Rosmarin	
Salz	verrühren, die Hähnchen damit bestreichen, nochmals 5 Minuten grillen, bis die Haut gut gebräunt ist die garen Hähnchen vom Spieß nehmen, in Hälften teilen, die Füllung entfernen die Hähnchen auf einer vorgewärmten Platte anrichten
Grillzeit:	35 – 40 Minuten.
Beigabe:	Stangenweißbrot oder Pommes frites, gemischter Salat.

Putenrollbraten mit Gemüsebeilage

1 Putenrollbraten (600 – 750 g)	waschen, abtrocknen, auf den Drehspieß schieben, mit den Haltegabeln befestigen, unter den vorgeheizten Grill hängen
1 Eßl. Speiseöl	mit
Salz	
Paprika edelsüß	
mittelscharfem Senf	verrühren, das Fleisch damit bestreichen, während des Grillens den Braten ab und zu mit dem herabgetropften Fett aus der Grillpfanne bestreichen
etwa 200 g feine, gedünstete Erbsen	
etwa 200 g gekochten Brechspargel	
etwa 200 g extra kleine, gedünstete Karotten	das Gemüse getrennt jeweils in der Gemüseflüssigkeit erhitzen, abtropfen lassen, mit Salz abschmecken den garen Braten einige Minuten stehenlassen, dann in Scheiben schneiden, mit dem Gemüse auf einer vorgewärmten Platte anrichten
50 g Butter	zerlassen, über das Gemüse gießen, mit
gehackter Petersilie	bestreuen
Grillzeit	
Strom:	Je nach Dicke des Bratens 45 – 60 Minuten
Gas:	Je nach Dicke des Bratens etwa 50 Minuten.
Beilage:	Röstkartoffeln, Eisbergsalat.

Ente mit Apfelsinenscheiben

1 kleine Ente (1½ – 2 kg, vorbereitet gewogen)	waschen, abtrocknen (überlappende Haut abschneiden) innen mit
Salz	einreiben, Flügel und Keulen mit Küchengarn am Rumpf festbinden, Bauch- und Halsöffnung mit kleinen Holzstäbchen zustecken die Ente mit
Paprika edelsüß	einreiben, auf den Drehspieß schieben, mit den Haltegabeln befestigen, unter den vorgeheizten Grill hängen nach einiger Zeit (Strom etwa 20 Minuten, Gas 10 – 15 Minuten) das herabgetropfte Fett in der Grillpfanne mit
1 gestrichenen Teel. Salz	
1 Messerspitze Pfeffer	verrühren, während des Grillens die Ente ab und zu damit bestreichen
2 Apfelsinen	schälen, in Scheiben schneiden, nach etwa 30 Minuten in 4 Portionen in die Grillpfanne legen
Schale von 1 Apfelsine (unbehandelt)	abreiben, mit
2 Eßl. Grand Marnier	verrühren, die Ente gegen Ende der Grillzeit (Strom etwa 15 Minuten vorher, Gas etwa 5 Minuten vorher) damit bestreichen die Ente vom Spieß nehmen, mit den Apfelsinenscheiben warm stellen, den Bratensatz in der Grillpfanne (evtl. etwas Fett abschöpfen) mit Wasser auf 250 ml (¼ l) auffüllen, loskochen, die abgeriebene Apfelsine auspressen, den Saft hinzufügen
1 gut gehäuften Eßl. Weizenmehl	mit
2 Eßl. kaltem Wasser	anrühren, die Bratenflüssigkeit damit binden, die Soße mit Salz,
Pfeffer	
Zucker	abschmecken die Ente in Portionsstücke schneiden, mit den Apfelsinenscheiben,
Petersilie	garnieren, die Soße getrennt dazureichen
Grillzeit	
Strom:	Je nach Größe der Ente 60 – 90 Minuten
Gas:	Je nach Größe der Ente 50 – 75 Minuten.
Beilage:	Kartoffelklöße, Rotkohl.

Fasan vom Grillspieß mit Bratäpfeln

2 küchenfertige Fasane (je etwa 1 kg)	waschen, abtrocknen, innen mit
Salz	
Zwiebelpulver	
6 – 8 zerdrückten Wacholderbeeren	einreiben die Fasane hintereinander auf den Grillspieß stecken, in den vorgeheizten Grill setzen
Grillzeit:	Etwa 45 Minuten
	für die Bratäpfel
4 Äpfel	waschen, abtrocknen, von jedem Apfel einen Deckel abschneiden, die Äpfel in eine flache, mit
Butter	gefettete Auflaufform setzen, in den Backofen schieben die garen Fasane mit den Äpfeln auf einer Platte anrichten auf jeden Apfel einen Eßl. von
4 Eßl. Preiselbeerkompott	geben, die Fasane mit
blauen Weintrauben	
Petersilie	garnieren
Strom:	200 – 225
Gas:	3 – 4
Backzeit:	35 – 45 Minuten.
Beilage:	Kartoffelbrei.

Rebhühner auf Apfelkraut

Für das Apfelkraut

50 g durchwachsenen Speck in kleine Würfel schneiden, in
2 Eßl. Speiseöl auslassen
500 g Sauerkraut mit
½ Lorbeerblatt
5 Wacholderbeeren hinzufügen, durchdünsten lassen
gut 125 ml (⅛ l) heißes Wasser hinzugießen, das Sauerkraut etwa 30 Minuten dünsten lassen
500 g säuerliche Äpfel schälen, vierteln, entkernen, in dünne Spalten schneiden
die Apfelspalten,
125 ml (⅛ l) Weißwein unter das Sauerkraut rühren, etwa 20 Minuten mitdünsten lassen
das Apfelkraut mit
Salz
Pfeffer würzen, auf eine vorgewärmte Platte geben, warm stellen
2 küchenfertige Rebhühner (je etwa 250 g) an der Bauchseite mit der Geflügelschere aufschneiden, waschen, abtrocknen, mit Pfeffer einreiben
einen Grillrost mit Alufolie belegen, die Rebhühner mit dem Rücken darauf legen
1 Eßl. Butter zerlassen, Bauch und Flügel der Rebhühner mit der Hälfte der Butter bestreichen, unter den vorgeheizten Grill schieben, zunächst von der einen, dann von der anderen Seite grillen, die Rebhühner nach dem Wenden mit der restlichen Butter bestreichen
die garen Rebhühner mit Salz bestreuen, auf dem Apfelkraut anrichten, mit
Petersilie garnieren

Dünstzeit für das Apfelkraut: Etwa 50 Minuten
Grillzeit
Strom: Bauchseite: Etwa 8 Minuten
Rücken: Etwa 10 Minuten
Gas: Jede Seite 5 – 6 Minuten.
Beilage: Kartoffelpüree.

Hirschsteaks „Försterin Art"

1 kleine Zwiebel abziehen, würfeln
1 Eßl. Butter zerlassen, die Zwiebelwürfel darin hellgelb dünsten
etwa 200 g gedünstete Pfifferlinge abtropfen lassen, zu den Zwiebelwürfeln geben, gut durchdünsten lassen (3 – 5 Minuten), mit
Salz, Pfeffer würzen, warm stellen
4 gedünstete Pfirsichhälften mit
2 Eßl. Preiselbeeren (aus dem Glas) füllen, die Pfirsichhälften auf Alufolie auf den heißen Grillrost legen
Butter zerlassen, über das Obst geben, unter den vorgeheizten Grill schieben, nach dem Grillen warm stellen
4 Hirschsteaks (je etwa 125 g) waschen, trockentupfen, evtl. von Haut und Sehnen befreien, leicht flachklopfen, etwas zusammendrücken, auf den heißen Grillrost legen, unter den vorgeheizten Grill schieben, zunächst von der einen, dann von der anderen Seite grillen, nach jeweils 1 Minute mit zerlassener Butter bestreichen
4 Scheiben Toastbrot mit Butter bestreichen, die Hirschsteaks darauf legen, die Pfifferlinge darauf verteilen
½ Bund Petersilie waschen, trockentupfen, fein hacken, das Fleisch damit bestreuen, mit den Pfirsichhälften garnieren

Grillzeit für die Pfirsiche
Strom: Etwa 4 Minuten
Gas: 2 – 3 Minuten
Grillzeit für die Steaks
Strom: Jede Seite etwa 5 Minuten
Gas: Jede Seite 3 – 4 Minuten.

Rehsteaks mit Champignons

200 – 250 g gedünstete Champignons	abtropfen lassen, in Scheiben schneiden
40 g Butter oder Margarine	zerlassen, die Champignons darin gar dünsten, mit
Salz, Pfeffer	würzen
gehackte Petersilie	unterrühren, warm stellen
4 Scheiben Rehfleisch (je etwa 125 g, 2 cm dick, aus der Keule geschnitten)	waschen, trockentupfen, etwas zusammendrücken, dünn mit
Olivenöl	bestreichen, auf den heißen Grillrost legen, unter den vorgeheizten Grill schieben, zunächst von der einen, dann von der anderen Seite grillen die Steaks nach dem Grillen mit Salz, Pfeffer bestreuen, mit den Champignons anrichten
Dünstzeit für die Champignons:	Etwa 8 Minuten
Grillzeit	
Strom:	Jede Seite 5 – 6 Minuten
Gas:	1. Seite 3 – 5 Minuten, 2. Seite 2 – 3 Minuten.
Beilage:	Röstkartoffeln.

Lammfleisch-Spieße

200 g Lammfleisch (ohne Knochen)	waschen, abtrocknen, in 1½ cm große Würfel schneiden
1 grüne oder rote Paprikaschote	halbieren, entstielen, entkernen, die weißen Scheidewände entfernen, die Schote waschen, in 2 cm große Stücke schneiden, in
etwas kochendes Salzwasser	geben, zum Kochen bringen, in etwa 8 Minuten gar kochen lassen
100 g durchwachsenen Speck	in dünne Scheiben schneiden, halbieren, zu Röllchen aufwickeln, abwechselnd mit den Fleischwürfeln und den Paprikastücken auf 4 Grillspieße schieben, einen Grillrost mit Alufolie belegen, die Spieße darauf legen
2 Eßl. Speiseöl	mit
2 Eßl. Tomaten-Ketchup Pfeffer Paprika edelsüß	verrühren, die Spieße mit der Hälfte davon bestreichen, unter den vorgeheizten Grill schieben, zunächst von der einen, dann von der anderen Seite grillen, nach dem Wenden die Spieße mit dem restlichen Ketchup bestreichen nach dem Grillen die Spieße mit
Salz	bestreuen
Grillzeit	
Strom:	Jede Seite 5 – 6 Minuten
Gas:	Jede Seite 2 – 3 Minuten.
Beilage:	Curryreis, Tomatensalat.

Hammelkoteletts mit Paprikagemüse

4 rote Paprikaschoten	halbieren, entstielen, entkernen, die weißen Scheidewände entfernen, die Schoten waschen, in dünne Streifen schneiden
1 Eßl. Butter oder Margarine	zerlassen, die Paprikastreifen darin in etwa 25 Minuten gar dünsten lassen
1 schwach gehäuften Teel. Speisestärke	mit
125 ml (⅛ l) Sahne	anrühren, das Gemüse damit binden, mit
Salz, Pfeffer	abschmecken, das Gemüse auf eine vorgewärmte Platte geben, warm stellen
4 Hammelkoteletts	waschen, trockentupfen, vom Fett befreien, auf den heißen Grillrost legen, unter den vorgeheizten Grill schieben, zunächst von der einen, dann von der anderen Seite grillen die Koteletts nach jeweils 1 Minute mit
Speiseöl	bestreichen die garen Koteletts mit Salz, Pfeffer,
Paprika edelsüß	bestreuen, mit dem Gemüse anrichten
Grillzeit	
Strom:	Jede Seite etwa 6 Minuten
Gas:	1. Seite etwa 4 Minuten, 2. Seite etwa 3 Minuten.
Beilage:	Butterreis.

Spargel-Krabben-Gratin in Muscheln

100 g gekochte Spargelabschnitte gut abtropfen lassen, dicke Stücke längs halbieren
30 g Butter zerlassen
30 g Weizenmehl unter Rühren so lange darin erhitzen, bis es hellgelb ist
250 ml (¼ l) Flüssigkeit (Spargelwasser mit Wasser aufgefüllt) hinzugießen, mit einem Schneebesen durchschlagen, darauf achten, daß keine Klumpen entstehen, die Soße zum Kochen bringen, etwa 5 Minuten kochen lassen, mit
1 verschlagenen Eigelb abziehen, mit
Salz
Zucker
2 Teel. Zitronensaft abschmecken, die abgetropften Spargelstücke mit
150 g Krabben (frisch oder tiefgekühlt) und der Soße vermengen (tiefgekühlte Krabben vorher auftauen lassen), in mit
Butter oder Margarine gefettete Muschelförmchen füllen
3 Eßl. geriebenen Butterkäse oder Allgäuer Emmentaler darüber streuen
die Muschelförmchen auf ein Backblech stellen, im vorgeheizten Backofen (mittlere Schiene) 5 – 10 Minuten überbacken oder unter dem vorgeheizten Grill 2 – 3 Minuten überbacken bis der Käse zerlaufen und leicht gebräunt ist das Gratin mit
Zitronenscheiben gewaschenem Dill garnieren, sofort servieren.

Fischfilet, überbacken mit Curryreis

400 g Fischfilet (z. B. Kabeljau) unter fließendem kaltem Wasser abspülen, trockentupfen, mit dem
Saft von 1 Zitrone beträufeln, etwa 15 Minuten stehenlassen, mit
Salz bestreuen
2 Zwiebeln abziehen
4 Scheiben gekochter Schinken
die beiden Zutaten in Würfel schneiden, in eine Pfanne geben, andünsten
5 Tomaten waschen, abtrocknen, in Scheiben schneiden
150 g geschnittene, gedünstete Champignons abtropfen lassen
2 Becher (je 150 g) Joghurt mit Salz,
1 Bund feingeschnittenem Schnittlauch
1 Bund gehacktem Dill
1 Bund feingehackter Petersilie
Pfeffer
Paprika edelsüß
Streuwürze verrühren
eine längliche, feuerfeste Form mit

Butter	
oder Margarine	fetten, das Fischfilet hineinlegen, Schinken-Zwiebelmischung, Champignons und Tomatenscheiben darauf schichten, mit der Joghurt-Soße übergießen
2 Eßl. Semmelmehl	darüber streuen
Butter	in Flöckchen darauf setzen
	für den Curryreis
etwa 300 g (2 Tassen) Brühreis (Langkorn)	waschen, mit
600 ml (4 Tassen) Salzwasser	
Butter	in eine runde, feuerfeste Form geben, mit
Currypulver	bestreuen, die Form mit dem Deckel verschließen
	die beiden Formen in den Backofen stellen
	etwa 10 Minuten vor Beendigung der Garzeit
150 g geriebenen Emmentaler Käse	über das Fischfilet streuen
Strom:	200 – 225
Gas:	3 – 4
Dünstzeit:	45 – 50 Minuten.

Gegrilltes Rotbarschfilet

1 Packung (400 g) tiefgekühltes Rotbarschfilet	
	die Filets auf einen Teller legen, etwa ½ Stunde auftauen lassen, mit
Zitronensaft	beträufeln, mit
Salz	bestreuen
1 Eßl. Speiseöl	mit
1 Teel. Paprika edelsüß	und etwas Salz verrühren, die Fischfilets auf den heißen, gefetteten Grillrost legen, mit dem Öl bestreichen, von jeder Seite etwa 5 Minuten grillen
Butter	zerlassen
4 Scheiben Ananas (aus der Dose)	darin von beiden Seiten braten, mit den Filets anrichten
Grillzeit:	Jede Seite etwa 5 Minuten.
Beilage:	Butterreis, Chicoréesalat.

Scholle vom Rost

4 küchenfertige Schollen (je etwa 300 g)	unter fließendem kaltem Wasser abspülen, trockentupfen, mit dem
Saft von 1 Zitrone	beträufeln, etwa 15 Minuten stehenlassen, wieder trockentupfen, auf den Grillrost legen, im vorgeheizten Grill von beiden Seiten grillen
	die garen Schollen mit
Salz	bestreuen
Grillzeit:	Jede Seite 4 – 6 Minuten.

Kartoffelbrei-Nestchen

750 g Kartoffeln	gründlich waschen, in der Schale in
Salzwasser	gar kochen lassen, abgießen, noch heiß pellen, durch die Presse geben oder mit einem elektrischen Handrührgerät verrühren
2 Eier	
1 – 2 Eßl. Butter	unterrühren, die Masse durchschlagen, mit
Salz	
Pfeffer	
geriebener Muskatnuß	abschmecken
	den Kartoffelbrei in einen Spritzbeutel (mit großer, gezackter Tülle) füllen, auf ein gefettetes Backblech Nestchen (Durchmesser etwa 5 cm) spritzen
1 Eigelb	mit
etwas kaltem Wasser	verschlagen, die Kartoffelbrei-Nestchen damit bestreichen, das Backblech in die Mitte des Backofens schieben
Kochzeit:	25 – 30 Minuten
Einstellung für den Backofen	
Strom:	200 – 225
Gas:	4 – 5
Backzeit:	10 – 15 Minuten
	für die Füllung
375 g Speisequark	mit
1 – 2 gehäuften Eßl. gemischten Kräutern	
1 gehäuften Eßl. gehackter, eingelegter roter Paprikaschote	
8 feingehackten grünen Oliven	
Salz	verrühren, evtl.
etwas Milch	unterrühren
	die heißen Kartoffelbrei-Nestchen mit der Quarkmasse füllen, nach Belieben mit
Tomatenscheiben	
Feldsalat	garnieren.

Leber

4 Scheiben Kalbs- oder Rinderleber (1½ – 2½ cm dick)	waschen, trockentupfen, von der feinen Haut, den Sehnen und Röhren befreien, mit
Pfeffer	bestreuen, mit
Speiseöl	bestreichen, auf den heißen Grillrost legen, unter den vorgeheizten Grill schieben, zunächst von der einen, dann von der anderen Seite grillen
	die gare Leber mit
Salz	bestreuen, nach Belieben mit
Apfelsinenscheiben	
Preiselbeerkompott	anrichten
Grillzeit	
Strom:	1. Seite 3 – 4 Minuten, 2. Seite 3 – 3½ Minuten
Gas:	Jede Seite 2½ – 3½ Minuten.
Tip:	Leberscheiben lassen sich auch in einer mit etwas Speiseöl ausgestrichenen Stielgrillpfanne grillen (jede Seite etwa 2½ Minuten).
Beilage:	Kartoffeln oder Kroketten, Chicorée-Mandarinen-Salat.

Zwiebelsuppe „Pierre"

1 Packung tiefgekühlte Zwiebelsuppe Parisienne	nach der Vorschrift auf der Packung zubereiten
1 Eigelb	mit
3 Eßl. Sherry	verschlagen, nach Beendigung der Kochzeit die Suppe damit abziehen die Suppe auf vorgewärmte Suppentassen oder -teller verteilen, nach Belieben
geröstete Weißbrotwürfel	in die Suppe geben, mit dem der Packung beiliegendem
geriebenem Käse	bestreuen, im vorgeheizten Grill überbacken, mit
Paprika edelsüß	bestreuen
Kochzeit:	Etwa 15 Minuten.

Käseschnitten

75 g Butter	schaumig rühren
100 g geriebenen Käse gehackte Petersilie oder feingeschnittenen Schnittlauch	hinzufügen, mit
Salz Paprika edelsüß	abschmecken
4 Scheiben Weißbrot (am besten Toastbrot)	auf einer Seite unter dem Grill leicht bräunen die Käsemasse bergförmig auf die ungebräunte Seite der Brotscheiben streichen die Schnitten auf den Grillrost legen, unter den vorgeheizten Grill schieben
Grillzeit:	Etwa 3 Minuten.

Cheeseburgers

1 Zwiebel	abziehen, würfeln, mit
375 g Gehacktem (halb Rind-, halb Schweinefleisch) 1 eingeweichten, ausgedrückten Brötchen 1 Ei 1 schwach gehäuften Teel. mittelscharfem Senf	vermengen, mit
Salz Pfeffer Paprika edelsüß	würzen aus dem Fleischteig 4 quadratische Frikadellen (7 – 8 cm groß) formen, auf den heißen Grillrost legen, mit
Speiseöl	bestreichen, unter den vorgeheizten Grill schieben, zunächst von der einen, dann von der anderen Seite grillen
4 Scheiben Chester-Käse (in der Größe der Frikadellen)	über Eck auf die garen Frikadellen legen, sie noch einmal unter den Grill schieben auf die Cheeseburgers nach Belieben
Tomaten-Ketchup gehackte Petersilie	geben
4 große Brötchen	durchschneiden, die Cheeseburgers dazwischen legen
Grillzeit für die Frikadellen	
Strom:	Jede Seite 4 – 5 Minuten
Gas:	Jede Seite 3 – 4 Minuten
Überbackzeit für den Käse	
Strom:	Etwa 3 Minuten
Gas:	1 – 2 Minuten.
Beigabe:	Gurken-Tomaten-Zwiebel-Salat.

Toast „Helene"

(Für 2 Personen)

2 Scheiben Toastbrot	von beiden Seiten toasten
2 Eier	verschlagen
80 g gedünstete Champignons	abtropen lassen, in Scheiben schneiden
1 enthäutete Tomate	halbieren, entkernen, in Würfel schneiden Champignons, Tomate,
gehackte Petersilie	mit dem Ei verrühren, mit
Salz geriebener Muskatnuß	würzen
Margarine	in einer Pfanne zerlassen, die Eiermasse darin stocken lassen, auf die beiden Toastbrotscheiben verteilen, mit
2 Scheiben Edamer Käse	belegen, auf dem Backblech so lange unter den Grill schieben, bis der Käse geschmolzen ist
Grillzeit:	Etwa 5 Minuten.

Rindfleischkroketten mit feiner Kräutersoße

6 Frühlingszwiebeln	abziehen, fein würfeln
50 g durchwachsenen Speck	in Würfel schneiden
1 Eßl. Butter	zerlassen, Zwiebel- und Speckwürfel darin glasig dünsten, mit
1 Eßl. Weizenmehl	bestäuben, gut verrühren, goldbraun dünsten lassen
125 ml (⅛ l) Instant-Fleischbrühe	hinzugießen, zum Kochen bringen, etwa 2 Minuten kochen lassen, von der Kochstelle nehmen
300 g gekochtes Rindfleisch	durch den Fleischwolf drehen, zu der Speck-Zwiebelsoße geben
1 Eßl. gehackte Petersilie	unterrühren, mit
Salz	
Pfeffer	würzen, erkalten lassen aus dem Teig 8 längliche Kroketten formen die Kroketten zuerst in
Weizenmehl	dann in
2 verschlagenen Eiern	zuletzt in
100 g Semmelmehl	wenden, kurze Zeit stehenlassen
Fritierfett	in einer Friteuse auf 180 Grad erhitzen, die Kroketten portionsweise darin fritieren, bis die Kroketten knusprig braun sind, auf Haushaltspapier abtropfen lassen, auf einer vorgewärmten Platte anrichten, warm stellen *für die feine Kräutersoße*
2 Frühlingszwiebeln	abziehen, fein würfeln, mit
6 Eßl. Mayonnaise	
2 Teel. Estragonessig	
1 Teel. Estragonblättern (frisch oder gerebelt)	verrühren, mit Salz, Pfeffer,
Zucker	abschmecken
Fritierzeit:	Etwa 4 Minuten.
Beigabe:	Weißbrot oder Bauernbrot, gemischter Salat.

Roastbeefröllchen auf Zwiebelringen

3 mittelgroße Zwiebeln	abziehen, in Ringe schneiden, von
12 Scheiben Roastbeef (je etwa 50 g)	den Fettrand entfernen, die Roastbeefscheiben mit
scharfem Senf	bestreichen, mit
Pfeffer	bestreuen
3 Eßl. gemischte, gehackte Kräuter	darauf verteilen, die Röllchen mit Küchengarn umwickeln oder mit Holzstäbchen feststecken, in
Weizenmehl	wenden
Fritierfett	in einer Friteuse auf 180 Grad erhitzen, zuerst die Zwiebelringe darin fritieren, auf Haushaltspapier abtropfen lassen, auf eine vorgewärmte Platte geben, warm stellen die Roastbeefröllchen in 3 Portionen fritieren, auf Haushaltspapier abtropfen lassen, Küchengarn oder Holzstäbchen entfernen, die Roastbeefröllchen auf den Zwiebelringen anrichten, mit
Tomatenachteln	
Petersilie	garnieren
Fritierzeit für die Zwiebeln:	Etwa 5 Minuten
für die Roastbeefröllchen:	Etwa 1½ Minuten.
Beilage:	Pommes frites, Meerrettichsahne oder Remouladensoße, Tomaten-Gurkensalat.

Köstliche Steaks „Annette"

125 g Champignons	putzen, waschen, fein hacken
1 Knoblauchzehe	abziehen, zerdrücken
1 Eßl. Butter	zerlassen, die Champignons, die Knoblauchzehe darin weich dünsten lassen
1 Teel. scharfen Senf	mit
1 Eßl. gehackter Petersilie	unterrühren, mit
Salz	
Pfeffer	würzen, erkalten lassen
4 kleine Filetsteaks (je etwa 100 g, 2 – 3 cm dick)	mit
Speiseöl	bestreichen, mit
Pfeffer	bestreuen
1Eßl. Butter	erhitzen, die Filetsteaks von jeder Seite 1-1½ Minuten darin anbraten, aus der Pfanne nehmen, jedes Steak mit etwas Pilzmasse bestreichen, erkalten lassen
1 Packung (300 g) tiefgekühlten Blätterteig	bei Zimmertemperatur auftauen lassen, den Teig zu einem Rechteck von 40 x 40 cm ausrollen, in 4 Vierecke schneiden, die restliche Pilzmasse darauf verteilen, jeweils 1 Steak darauf legen
1 Ei	verschlagen, die Blätterteigränder damit bestreichen den Teig über dem Fleisch zusammenlegen, die Teig-Pakete umdrehen, die glatte Teigseite mit verschlagenem Ei bestreichen die Teigreste ausrollen, zu Halbmonden ausstechen, die Teig-Pakete damit garnieren, mit verschlagenem Ei bestreichen

Fritierfett in einer Friteuse auf 190 Grad erhitzen, die Steaks in 2 Portionen darin goldbraun fritieren, auf Haushaltspapier abtropfen lassen, auf einer vorgewärmten Platte anrichten, mit
Feldsalat garnieren
Fritierzeit: Etwa 6 Minuten.
Beigabe: Bunter Salat (Grüner Salat, Tomaten, Gurke, Paprikaschoten).

Partybällchen

1 Brötchen (Semmel) in kaltem Wasser einweichen
2 Zwiebeln abziehen, fein würfeln
30 g durchwachsenen Speck in feine Würfel schneiden
1 Eßl. Butter oder Margarine zerlassen, Zwiebel- und Speckwürfel darin andünsten
250 g Tatar mit dem gut ausgedrückten Brötchen, der Speck-Zwiebel-Masse,
125 g Hackfleisch (halb Rind-, halb Schweinefleisch)
2 Eiern vermengen
3 Teel. grünen Pfeffer (aus dem Glas) abtropfen lassen, zerdrücken, hinzufügen
die Fleischmasse mit
Salz
Knoblauchpulver abschmecken, Bällchen daraus formen
Fritierfett in einer Friteuse auf 175 Grad erhitzen, die Hackfleischbällchen portionsweise darin knusprig braun fritieren, auf Haushaltspapier abtropfen lassen, heiß oder kalt servieren

Fritierzeit: Etwa 6 Minuten.
Beigabe: Gemischter Salat, grüne spanische Oliven, Silberzwiebeln, Stangenweißbrot.

Leber im Backteig mit „sauce tartare“

100 g Weizenmehl in eine Schüssel sieben, mit
2 Eiern
8 Eßl. Milch oder Weißwein zu einem geschmeidigen Teig verrühren, mit
Salz würzen
500 g Kalbsleber waschen, trockentupfen, in etwa 2 cm breite Streifen schneiden
40 g Weizenmehl mit Salz,
Pfeffer vermengen, die Leberstreifen darin wenden, durch den Ausbackteig ziehen
Fritierfett in einer Friteuse auf 180-190 Grad erhitzen, die Leberstreifen portionsweise darin goldbraun fritieren, auf Haushaltspapier abtropfen lassen, warm stellen
für die „sauce tartare“
6–8 Eßl. Mayonnaise mit
2 Eßl. gehackter Petersilie
1–2 Eßl. Kapern
3 kleinen, feingehackten Gewürzgurken
abgeriebener Schale von ½ Zitrone (unbehandelt) verrühren, mit Salz, Pfeffer abschmecken
die Leberstreifen auf einer vorgewärmten Platte anrichten, mit
Zitronenscheiben
Petersilie garnieren, sofort mit der „sauce tartare“ servieren
Fritierzeit: Je Portion 2–3 Minuten.
Beigabe: Toast, Salat.

Kräuter-Hamburger

400 g Gehacktes (halb Rind-, halb Schweinefleisch)	mit
200 g gut abgetropftem Speisequark	in eine Schüssel geben
2 kleine Zwiebeln	abziehen, fein würfeln, mit
2 Eßl. feingeschnittenem Schnittlauch	
2 Eßl. gehackter Petersilie	
2 Eiern	zu dem Fleisch geben, mit
Salz	
Pfeffer	würzen, gut vermengen, nochmals mit Salz, Pfeffer abschmecken aus dem Fleischteig mit nassen Händen 4 Klopse formen, in
40 g Semmelmehl	wenden
Fritierfett	in einer Friteuse auf 180 Grad erhitzen, die Kräuter-Klopse in 2 Portionen darin fritieren, auf Haushaltspapier abtropfen lassen
4 Brötchen	im vorgeheizten Backofen einige Minuten erwärmen, halbieren, die unteren Brötchenhälften mit
Butter	bestreichen, mit je einem von
4 gewaschenen Salatblättern	belegen
kalte Kräuter-Sahnesoße	zubereiten, einen Teil der Soße auf den Salatblättern verteilen
4 Tomaten	waschen, in Scheiben schneiden, auf die belegten Brötchenhälften geben, die Frikadellen darauf legen, die restliche Kräuter-Sahnesoße darauf verteilen die belegten Brötchenhälften mit den oberen Brötchenhälften bedecken
Fritierzeit:	7 – 8 Minuten.

Panierte Schweinelendchen mit Käsesoße

	Für die Füllung
1 ungebrühte, feine Bratwurst (etwa 100 g)	aus der Haut drücken, mit
2 Eßl. Sahne oder Dosenmilch	
1 Eßl. feingeschnittenem Schnittlauch	verrühren
½ Camembert (45%)	in 4 Streifen schneiden
4 Schweinelendchen (je etwa 150 g)	waschen, abtrocknen, enthäuten in jedes Schweinelendchen eine Tasche einschneiden, je einen Camembertstreifen mit ¼ der Bratwurstmasse in jedes Schweinelendchen geben, mit Holzstäbchen zustecken, mit
Salz	
Pfeffer	würzen, zuerst in
Weizenmehl	wenden, dann durch
1 verschlagenes Ei	ziehen
2 Eßl. Semmelmehl	mit
2 Eßl. abgezogenen, gehobelten Mandeln	vermengen, die Schweinelendchen darin wenden, die Mandeln gut andrücken
Fritierfett	in einer Friteuse auf 180 Grad erhitzen, die Schweinelendchen in 2 Portionen darin fritieren, auf Haushaltspapier abtropfen lassen, auf einer vorgewärmten Platte anrichten, warm stellen *für die Soße*
2 Schalotten	
1 Knoblauchzehe	abziehen, würfeln
1 Eßl. Butter	zerlassen, Schalotten- und Knoblauchwürfel darin andünsten
½ Camembert (45%)	in Würfel schneiden, mit
125 ml (⅛ l) Instant-Fleischbrühe	hinzufügen, unter Rühren erhitzen, bis der Käse geschmolzen ist
½ – 1 Becher (75 – 150 g) Crème fraîche	unterrühren, die Soße mit Salz, Pfeffer,
trockenem Sherry	
Pilz-Sojasoße (aus dem Reformhaus)	abschmecken
Fritierzeit:	8 – 12 Minuten.
Beilage:	Petersilienkartoffeln, Broccoligemüse.

Mandelschnitzel

4 Schweineschnitzel (je etwa 125 g)	leicht flachklopfen, mit
Salz	
Pfeffer	bestreuen, zuerst in
Weizenmehl	dann in
1 verschlagenen Ei	zuletzt in
etwa 80 g abgezogenen, gehobelten Mandeln	wenden, die Mandeln gut andrücken
Fritierfett	in einer Friteuse auf 170 Grad erhitzen, jeweils 2 Schnitzel darin fritieren, auf Haushaltspapier abtropfen lassen, auf einer vorgewärmten Platte anrichten, mit
Zitronenachteln	
Petersilie	garnieren
Fritierzeit:	5 – 7 Minuten.
Beilage:	Petersilienkartoffeln, Erbsen- und Möhrengemüse oder Butterreis, Mango Chutney, Salat.

Hähnchenbrust mit Currysoße

	Für die Currysoße
4 Eßl. Mayonnaise	mit
4 Eßl. saurer Sahne	
1 – 2 Teel. Currypulver	
2 Spritzern Worcestersoße	
8 gefüllten, feingehackten Oliven	
1 Eßl. feingeschnittenem Schnittlauch	verrühren, mit
Salz	
Pfeffer	abschmecken
6 Hähnchenbrust-filets (etwa 600 g)	waschen, abtrocknen, mit Salz, Pfeffer bestreuen, zuerst in
Weizenmehl	wenden, durch
1 verschlagenes Ei	ziehen, dann in
60 g Semmelmehl	wenden, kurze Zeit kalt stellen
Fritierfett	in einer Friteuse auf 180 Grad erhitzen, die Hähnchenbrustfilets darin goldbraun fritieren, auf Haushaltspapier abtropfen lassen, mit
Tomatenachteln	
Brunnenkresse	garnieren, sofort mit der Currysoße servieren
Fritierzeit:	Etwa 4 Minuten.
Beigabe:	Toast, Salat.

Backhendl

1 Hähnchen (etwa 1 kg)	ausnehmen, waschen, abtrocknen, in 8 Portionsstücke teilen
1 Ei	mit
Pfeffer	
Paprika edelsüß	
1 gestrichenen Teel. Salz	verschlagen, die Hähnchenstücke darin wenden, rundum fest in
Semmelmehl	drücken
Fritierfett	in der Friteuse auf 180 – 190 Grad erhitzen, die Hähnchenstücke darin goldbraun fritieren, auf Haushaltspapier abtropfen lassen, mit
Tomatenachteln	
Zitronenscheiben	
Petersilie	garnieren
Fritierzeit:	Etwa 10 Minuten.

Putenschnitzel im Sesammantel

4 Putenschnitzel (je etwa 150 g, aus der Brust geschnitten)	mit
Salz, Pfeffer	würzen, zuerst in
Weizenmehl	wenden, durch
1 großes, verschlagenes Ei	ziehen, zuletzt in
etwa 150 g Sesamsamen	wenden, den Sesamsamen fest andrücken
Fritierfett	in einer Friteuse auf 180 Grad erhitzen, die Putenschnitzel in 2 Portionen darin fritieren, auf Haushaltspapier abtropfen lassen, sofort servieren
Fritierzeit:	Etwa 4 Minuten.
Beilage:	Risi-Pisi, Grüner Salat.

Panierter Camembert

2 Camembert-Hälften (nicht zu reif, gut gekühlt) zuerst in
1 verschlagenen Ei dann in
Semmelmehl wenden, gut festdrücken, nochmals in dem verschlagenen Ei und dem Semmelmehl wenden
Fritierfett in einer Friteuse auf 180 Grad erhitzen, die Camembert-Hälften darin goldgelb fritieren, auf Haushaltspapier abtropfen lassen
1 Banane schälen, in Scheiben schneiden, die Bananenscheiben darin unter Wenden erhitzen, mit dem Camembert,
Apfelsinenscheiben anrichten
auf die Apfelsinenscheiben jeweils einige
Preiselbeeren (aus dem Glas) geben
Fritierzeit: Etwa 4 Minuten.
Beilage: Toast.

Mandel-Forellen

4 kleine küchenfertige Bachforellen unter fließendem kaltem Wasser abspülen, trockentupfen, mit
2 Eßl. Zitronensaft beträufeln, etwa 15 Minuten stehenlassen, trockentupfen, die Forellen innen und außen mit
Salz
Pfeffer bestreuen, in
Weizenmehl wenden, durch
1 verschlagenes Ei ziehen, zuletzt in
40 g abgezogenen, gehobelten Mandeln wenden, die Mandeln gut andrücken
Fritierfett in einer Friteuse auf etwa 170 Grad erhitzen, jeweils 2 Forellen darin goldbraun fritieren, auf Haushaltspapier abtropfen lassen, auf einer vorgewärmten Platte anrichten, mit
Zitronenscheiben
Dillzweigen garnieren
Fritierzeit: 5-7 Minuten.
Beilage: Junge Erbsen, Kartoffelpüree mit Kräutern, Grüner Salat.

Gefüllte Brassen

4 kleine Brassen schuppen, ausnehmen, die Flossen entfernen, den Fisch unter fließendem kaltem Wasser abspülen, trockentupfen, mit
Zitronensaft beträufeln, etwa 15 Minuten stehenlassen, wieder trockentupfen, mit
Salz bestreuen

für die Füllung

100 g durchwachsenen Speck in feine Würfel schneiden, auslassen
1 Zwiebel abziehen, fein würfeln, im Speckfett glasig dünsten lassen
1 Scheibe Weißbrot (ohne Rinde) zerkrümeln, mit
50 g gehackten Cashewnußkernen vermengen
1 Eßl. gehackte Petersilie hinzufügen, in die Speck-Zwiebel-Masse geben, erhitzen, mit Salz,
Paprika edelsüß würzen, mit
Zitronensaft abschmecken

die Brassen damit füllen, mit Küchengarn zunähen oder mit Holzstäbchen zustecken

die Fische zuerst in
Milch dann in
etwa 50 g feinen Haferflocken wenden
Fritierfett, z. B. Biskin in einer Friteuse auf 175 Grad erhitzen, die Fische in 2 Portionen darin goldbraun fritieren, auf Haushaltspapier abtropfen lassen, auf einer vorgewärmten Platte anrichten, mit
Zitronenachteln
Petersilie garnieren

Fritierzeit: Etwa 6 Minuten.
Beilage: Blattspinat, Petersilienkartoffeln.

Ananasbeignets „Cocos"

500 g Ananasscheiben (aus der Dose) gut abtropfen lassen

für den Teig

250 g Weizenmehl
9 g (3 gestrichene Teel.) Backpulver Backin mischen, in eine Schüssel sieben, in die Mitte eine Vertiefung eindrücken
1 Ei mit
1 – 2 Eßl. Zucker
250 ml (¼ l) Milch verschlagen, etwas davon in die Vertiefung geben, von der Mitte aus Eimilch mit einem Teil des Mehls verrühren, die übrige Eimilch dazugeben, darauf achten, daß keine Klumpen entstehen

die Ananasscheiben in den Teig tauchen,
Fritierfett in einer Friteuse auf 180 grad erhitzen, die Ananasscheiben darin portionsweise goldgelb fritieren, auf Haushaltspapier abtropfen lassen, mit
Zucker und Zimt bestreuen, warm servieren

Fritierzeit je Portion: 1 – 2 Minuten.

Minestrone

Italienische Gemüsesuppe

1 Zwiebel	abziehen, würfeln
4 Eßl. Speiseöl	im offenen Schnelltopf erhitzen, die Zwiebelwürfei darin glasig dünsten
100 g Möhren 100 g Sellerieknolle 100 g Weißkohl 1 Stange Porree	
	das Gemüse putzen (Möhren schrappen), waschen, in Streifen schneiden
½ Kopf Blumenkohl	von Blättern, schlechten Stellen und dem Strunk befreien, in Röschen teilen, waschen
3 enthäutete Tomaten	vierteln
	das Gemüse zu den Zwiebelwürfeln geben, kurz durchdünsten lassen
1½ l Instant-Fleischbrühe	hinzugießen, zum Kochen bringen
100 g Spaghetti	in kleine Stücke brechen, mit
1 Eßl. Tomatenmark	in die Suppe geben, den Schnelltopf schließen, garen lassen
	die Minestrone mit
Salz, Pfeffer	würzen
2 Knoblauchzehen	abziehen, zerdrücken, mit
1 Eßl. Schweineschmalz	in die Suppe rühren, mit
gehackter Petersilie geriebenem Parmesan-Käse	bestreuen
Kochzeit:	Etwa 10 Minuten.

Hühnerbrühe

1½ l Wasser	im offenen Schnelltopf zum Kochen bringen
1 küchenfertiges Suppenhuhn (etwa 1 kg)	waschen, abtrocknen, vierteln, mit Herz, gesäubertem Magen und Hals in das Wasser geben, zum Kochen bringen, abschäumen
1 Bund Suppengrün	putzen, waschen, grob zerkleinern, hinzufügen, mit
Salz	würzen, den Schnelltopf schließen, kochen lassen
	das gare Fleisch herausnehmen, von den Knochen befreien, kleinschneiden, die Brühe durch ein Sieb gießen, das Fleisch hineingeben oder nach Belieben anderweitig verwenden, die Suppe mit
geriebener Muskatnuß	abschmecken
	nach Belieben
gekochte Fadennudeln oder gekochten Reis	in die Suppe geben, vor dem Servieren mit
gehackter Petersilie	bestreuen
Kochzeit:	20 – 25 Minuten
Im Super 3 (3. Kochstufe):	12 Minuten.

Französische Zwiebelsuppe

(Für 6 Personen)

500 g Zwiebeln	abziehen, halbieren, in dünne Scheiben schneiden
50 g Butter oder Margarine	im offenen Schnelltopf zerlassen, die Zwiebelscheiben darin andünsten
1 l Fleischbrühe (aus Brühwürfeln)	hinzugießen, den Schnelltopf schließen, kochen lassen
125 ml (⅛ l) Weißwein	in die Suppe geben, mit
Salz geschrotetem weißem Pfeffer	abschmecken
2 Scheiben Weißbrot	toasten, in sehr kleine Würfel schneiden
30 g Butter	zerlassen, die Weißbrotwürfel darin goldgelb rösten
	die Zwiebelsuppe in 6 Tassen füllen
	die Weißbrotwürfel darauf verteilen
50 g geriebenen Parmesan-Käse	darüber geben, im vorgeheizten Grill überbacken, sofort servieren
Kochzeit:	Etwa 4 Minuten.

Szegediner Krautsuppe

100 g durchwachsenen Speck	in Würfel schneiden, im offenen Schnelltopf auslassen
1 Zwiebel	abziehen, würfeln, dazugeben, hellgelb dünsten lassen
1 Eßl. Paprika edelsüß	unterrühren
500 g Sauerkraut	grob hacken, mit
1 abgezogenen, gehackten Knoblauchzehe	
1 l Instant-Fleischbrühe	hinzufügen, zum Kochen bringen
500 g geräucherte Schweinerippchen	waschen, dazugeben, den Schnelltopf schließen, kochen lassen das gare Fleisch herausnehmen, von den Knochen befreien, kleinschneiden, wieder in die Suppe geben
125 ml (⅛ l) saure Sahne	mit
1 Eßl. Weizenmehl	verrühren, unter die Suppe rühren, kurz aufkochen lassen, mit
Salz, Pfeffer	abschmecken kurz vor dem Servieren mit
gehacktem Dill	bestreuen
Kochzeit:	Etwa 8 Minuten.

Feurige Gulaschsuppe

300 g Zwiebeln	abziehen, in Scheiben schneiden
3 grüne Paprikaschoten	halbieren, entstielen, entkernen, die weißen Scheidewände entfernen, die Schoten waschen, in feine Streifen schneiden
300 g Rindfleisch	waschen, abtrocknen, in kleine Würfel schneiden
60 g Margarine	im offenen Schnelltopf zerlassen, die Zwiebelscheiben darin hellgelb dünsten lassen, die Paprikastreifen hinzufügen, unter Rühren andünsten
1 Eßl. Tomatenmark	unterrühren das Fleisch dazugeben, gut durchschmoren lassen, mit
Salz Rosenpaprika Pfeffer Cayennepfeffer Knoblauchpulver	würzen
1 l Instant-Fleischbrühe	hinzugießen, den Schnelltopf schließen, kochen lassen die Suppe mit
einigen Spritzern Tabascosoße	abschmecken
Kochzeit:	15 – 20 Minuten
Im Super 3 (3. Kochstufe):	8 Minuten.

Tomaten-Cremesuppe mit Sahnehäubchen

400 g Tomaten	waschen, kleinschneiden
60 g Speck	in Würfel schneiden, im offenen Schnelltopf auslassen
1 abgezogene, gehackte Zwiebel	und nach Belieben
1 – 2 abgezogene, zerdrückte Knoblauchzehen	dazugeben, kurze Zeit mitdünsten lassen
40 g Weizenmehl	darüber stäuben, hellgelb dünsten lassen die Tomaten hinzufügen, verrühren
750 ml (¾ l) Instant-Fleischbrühe	hinzugießen
2 Eßl. Tomatenmark	unterrühren, mit
gerebeltem Oregano	würzen, den Schnelltopf schließen, kochen lassen, die Suppe durch ein Sieb streichen, kurz vor dem Servieren
4 Eßl. Schlagsahne	
gehackten Dill	auf die Suppe geben
Kochzeit:	Etwa 5 Minuten.

Stockholmer Schweinebraten

1 kg Schweinerücken (als Tasche geschnitten)	waschen, abtrocknen
20 eingeweichte, entkernte Backpflaumen	abtropfen lassen, in die Fleischtasche geben, zunähen, das Fleisch mit
Salz Pfeffer	einreiben
2 Eßl. Speiseöl	im offenen Schnelltopf erhitzen, das Fleisch von allen Seiten gut darin anbraten, mit
2 Eßl. Weinbrand	begießen
1 Möhre	putzen, schrappen
1 Stück Sellerie	putzen, das Gemüse waschen, mit
1 abgezogenen Zwiebel	
	das Gemüse grob zerkleinern, mit
1 Lorbeerblatt gerebeltem Majoran	zu dem Fleisch geben
250 ml (¼ l) Weißwein	hinzugießen, den Schnelltopf schließen, garen lassen das Fleisch in Scheiben schneiden, auf einer vorgewärmten Platte anrichten, warm stellen die Flüssigkeit mit dem Gemüse durch ein Sieb streichen
1 Eßl. Weizenmehl	mit
2 Eßl. kaltem Wasser	anrühren, die Flüssigkeit damit binden, die Soße mit Salz,
Zitronensaft Zucker Weinbrand	abschmecken, zu dem Fleisch reichen
Garzeit:	Etwa 30 Minuten.
Beilage:	Salzkartoffeln, Möhren- oder Porreegemüse.

Pikantes Ochsenschwanzragout

Etwa 1 kg Ochsenschwanz (fleischige Stücke)	waschen, abtrocknen
2 Eßl. Schweineschmalz	im offenen Schnelltopf erhitzen, das Fleisch darin von allen Seiten gut anbraten
2 Zwiebeln	abziehen
2 Möhren	putzen, schrappen
½ Stange Porree	putzen das Gemüse waschen, in Scheiben schneiden
2 Tomaten	waschen, achteln das Gemüse mit
1 Lorbeerblatt	zu dem Fleisch geben, kurze Zeit mitschmoren lassen
125 ml (⅛ l) Instant-Fleischbrühe	
125 ml (⅛ l) Malzbier	hinzugießen, mit
Salz Pfeffer	würzen, den Schnelltopf schließen, garen lassen das Fleisch von den Ochsenschwanzstükken lösen, warm stellen
3 gestrichene Eßl. Weizenmehl	mit
125 ml (⅛ l) Sherry oder Madeira	anrühren, die Flüssigkeit damit binden die Soße mit Salz, Pfeffer abschmecken die Fleischstücke in die Soße geben, miterhitzen
Garzeit:	Etwa 40 Minuten
Im Super 3 (3. Kochstufe):	20 – 22 Minuten.
Beilage:	Salzkartoffeln.

SUPER 3
3 2 1
KOCHEN
ÖFFNEN
WMF
GERMANY

Gekochte Rinderbrust mit Meerrettichsoße

500 g Rinderbrust (ohne Knochen) waschen
4 Markknochen waschen, mit
1½ l kaltem Wasser im offenen Schnelltopf zum Kochen bringen
1 Zwiebel abziehen, halbieren, in
etwas zerlassener Margarine hellgelb dünsten lassen
1 Bund Suppengrün putzen, waschen, grob zerkleinern
Fleisch, Zwiebel, Suppengrün zu den Markknochen geben, einige Minuten mitkochen lassen, dabei abschäumen
den Schnelltopf schließen, garen lassen
das Fleisch in Scheiben schneiden, auf einer vorgewärmten Platte anrichten, warm stellen
die Brühe durch ein Sieb gießen
für die Meerrettichsoße
30 g Butter oder Margarine im offenen Schnelltopf zerlassen
40 g Weizenmehl unter ständigem Rühren darin hellgelb dünsten lassen
500 ml (½ l) Fleischbrühe hinzugießen, mit einem Schneebesen durchschlagen, darauf achten, daß keine Klumpen entstehen, die Soße zum Kochen bringen, etwa 5 Minuten kochen lassen
2 gehäufte Eßl. Meerrettich (aus dem Glas) unter die Soße rühren, mit
Salz
Zitronensaft abschmecken, über das Fleisch geben
Garzeit für die Rinderbrust: Etwa 45 Minuten
Im Super 3 (3. Kochstufe): 25 – 28 Minuten.
Beilage: Salzkartoffeln, Chinakohlsalat.

Rinderzunge in Madeira

1 frische Rinderzunge ohne Schlund (etwa 1¼ kg) gut waschen
1 Bund Suppengrün oder 1 Packung tiefgekühltes Suppengrün putzen, waschen, grob zerkleinern
1½ l Wasser im offenen Schnelltopf zum Kochen bringen, Zunge und Suppengrün hineingeben, mit
Salz würzen, den Topf schließen, garen lassen (die Zunge ist gar, wenn sich die Zungenspitze weich ansticht)
die Zunge in kaltes Wasser legen, die Haut abziehen, die Zunge bis zum Anrichten warm stellen, in Scheiben schneiden, auf einer vorgewärmten Platte anrichten oder in eine Schüssel geben
die Brühe durch ein Sieb gießen
für die Madeirasoße
60 g Butter oder Margarine im offenen Schnelltopf zerlassen
75 g Weizenmehl unter Rühren so lange darin erhitzen, bis es dunkelbraun ist
500 ml (½ l) Zungenbrühe hinzugießen, mit einem Schneebesen durchschlagen, darauf achten, daß keine Klumpen entstehen, die Soße zum Kochen bringen
etwa 170 g geschnittene, gedünstete Champignons dazugeben, etwa 5 Minuten schwach kochen lassen
6 Eßl. Madeira unterrühren, die Soße mit
Zucker abschmecken, über die Zunge geben
Garzeit für die Zunge: 35 – 45 Minuten
Kochzeit für die Soße: Etwa 10 Minuten.
Beilage: Salzkartoffeln, verschiedene Gemüse.

Omas Rinderrouladen

4 Scheiben Rindfleisch (je etwa 150 g, aus der Keule geschnitten) leicht klopfen, mit
Senf bestreichen, mit
Salz, Pfeffer
Paprika edelsüß bestreuen, von
4 Scheiben gekochtem Schinken je eine Scheibe auf jede Rindfleischscheibe legen
1 Gewürzgurke längs vierteln

60 g Speck	in Streifen schneiden
2 Zwiebeln	abziehen, halbieren, in Scheiben schneiden die Zutaten auf die Fleischscheiben geben, von der schmalen Seite her aufrollen, mit einer Bratennadel oder Küchengarn zusammenhalten
2 Eßl. Schweineschmalz	im offenen Schnelltopf erhitzen, die Rouladen von allen Seiten gut darin anbraten
125 ml (⅛ l) Malzbier **125 ml (⅛ l) Instant-Fleischbrühe**	hinzugießen, den Schnelltopf schließen, garen lassen aus den Rouladen die Bratennadeln ziehen oder das Küchengarn entfernen die Rouladen auf einer vorgewärmten Platte anrichten, warm stellen
1 gestrichenen Eßl. Weizenmehl	mit
2 Eßl. kaltem Wasser	anrühren, die Flüssigkeit damit binden die Soße mit Salz, Pfeffer abschmecken, zu den Rouladen reichen
Garzeit:	Etwa 15 Minuten
Im Super 3 (3. Kochstufe):	Etwa 8 Minuten.
Beilage:	Kartoffelklöße, Rotkohl.

Kasseler mit Sauerkraut

250 ml (¼ l) Wasser	in den Schnelltopf gießen, den gelochten Einsatz hineinstellen
4 Kasseler Koteletts (je etwa 200 g)	waschen, abtrocknen, nebeneinander in den Einsatz geben, den Schnelltopf schließen, etwa 15 Minuten garen lassen, den Topf öffnen
750 g Sauerkraut	in den ungelochten Einsatz geben
250 ml (¼ l) Wasser **2 Eßl. Schweineschmalz** **2 Nelken** **1 Lorbeerblatt** **3 Wacholderbeeren** **Salz** **Zucker**	hinzufügen, den Einsatz auf den unteren gelochten Einsatz stellen, den Schnelltopf schließen, etwa 5 Minuten garen lassen
Garzeit:	Etwa 20 Minuten
Im Super 3 (3. Kochstufe):	Etwa 11 Minuten.
Beilage:	Kartoffelbrei.

Putenkeulen in Rahmsoße

2 Putenoberschenkel	waschen, abtrocknen, mit
Salz **Pfeffer**	einreiben
50 g Speck	in Würfel schneiden, im offenen Schnelltopf in
3 Eßl. Speiseöl	auslassen, die Putenoberschenkel von allen Seiten darin anbraten
1 Zwiebel	abziehen, würfeln, mit den Putenschenkeln, dem Fett,
6 Eßl. Sherry **125 ml (⅛ l) Instant-Fleischbrühe**	in den Schnelltopf geben, den Topf schließen, garen lassen
etwa 125 g gedünstete Pfifferlinge	abtropfen lassen, kleinschneiden, zu den Putenschenkeln geben
125 ml (⅛ l) Sahne	unterrühren, mit Salz, Pfeffer abschmecken
Garzeit:	20 – 30 Minuten.
Beilage:	Risotto oder Nudeln, Endiviensalat.

Gänsebrust mit Äpfeln

2 Gänsebrüste (etwa 1 kg)	von den Knochen lösen das Fleisch waschen, abtrocknen, mit
Pfeffer **1 gestrichenen Teel. gerebeltem Majoran** **¼ Teel. gerebeltem Salbei**	einreiben
500 g Äpfel	schälen, achteln, entkernen
100 g Rosinen	waschen, abtropfen lassen
50 g Gänsefett	im offenen Schnelltopf erhitzen, die Gänsebrüste darin anbraten Äpfel, Rosinen,
250 ml (¼ l) Weißwein	hinzufügen, den Topf schließen, garen lassen die Gänsebrüste in Scheiben schneiden, auf einer vorgewärmten Platte anrichten, warm stellen Äpfel und Rosinen mit einem Schaumlöffel aus der Soße nehmen, in
3 – 4 Eßl. Weinbrand	erhitzen, zu dem Fleisch geben die Soße nochmals mit den Gewürzen abschmecken, zu dem Fleisch reichen
Garzeit:	30 – 35 Minuten.
Beilage:	Kartoffelkroketten, bunte Gemüseschüssel (z. B. Möhren, Erbsen, Bohnen, Blumenkohl).

Coq au vin

Huhn in Rotwein

1 küchenfertiges Huhn (etwa 1¼ kg)	waschen, abtrocknen, in 6 – 8 Stücke schneiden, mit
Pfeffer	einreiben
80 g durchwachsenen Speck	in Würfel schneiden, im offenen Schnelltopf auslassen
50 g Butter oder Margarine	hinzufügen, zerlassen, das Fleisch von allen Seiten gut darin anbraten
1 Zwiebel	abziehen, würfeln
200 g Champignons	putzen, waschen, vierteln die beiden Zutaten zu dem Fleisch geben, einige Minuten mitschmoren lassen
250 ml (¼ l) Rotwein	
125 ml (⅛ l) Instant-Fleischbrühe	hinzugießen
1 Lorbeerblatt	
4 Nelken	
gerebelten Rosmarin	dazugeben, den Topf schließen, garen lassen das Fleisch auf einer vorgewärmten Platte anrichten, warm stellen
2 gestrichene Eßl. Weizenmehl	mit
3 Eßl. Rotwein	anrühren, die Flüssigkeit damit binden die Soße mit Pfeffer abschmecken
Garzeit:	8 – 10 Minuten.
Beilage:	Kartoffelbrei oder Butternudeln, Chicoréesalat.

Seelachsfilet im eigenen Saft „spezial“

250 ml (¼ l) Wasser	in den Schnelltopf gießen
4 tiefgekühlte Portionen Seelachsfilet	mit dem
Saft von 1 Zitrone	beträufeln, mit
Salz	bestreuen den ungelochten Einsatz mit
flüssiger Butter	ausstreichen
2 Zwiebeln	abziehen, halbieren, in Scheiben schneiden
2 Fenchelknollen	putzen, waschen, in feine Streifen schneiden
2 enthäutete, entkernte Tomaten	in Würfel schneiden
100 g Champignons	putzen, waschen, in Scheiben schneiden das Gemüse in den Einsatz geben, die Seelachsfiletstücke darauf legen, mit
3 Eßl. flüssiger Butter	beträufeln, den Einsatz in den Schnelltopf stellen, den Topf schließen, garen lassen die Seelachsfiletstücke mit Reis anrichten, das Gemüse darüber geben, mit
gehackter Petersilie	bestreuen
Garzeit:	8 – 10 Minuten.

Heilbutt „Gärtnerin"

4 Scheiben schwarzen Heilbutt (etwa 800 g)	unter fließendem kaltem Wasser abspülen, trockentupfen, mit
1–2 Eßl. Zitronensaft	beträufeln, etwa 15 Minuten stehenlassen, mit
Pfeffer	bestreuen
250 g gedünstete Erbsen und Möhren	
250 g gekochten Stangenspargel	
	die Zutaten abtropfen lassen, in den Schnelltopf geben, mit Pfeffer würzen, die Heilbuttscheiben darauf legen
250 ml (¼ l) Wasser	in den Schnelltopf gießen, den Topf schließen, garen lassen

	für die Champignonsoße
1 kleine Zwiebel	abziehen, fein würfeln
200 g gedünstete Champignonstücke	abtropfen lassen, 125 ml (⅛ l) von der Flüssigkeit abmessen
1–2 Eßl. Butter	zerlassen, die Zwiebelwürfel darin hellgelb dünsten, die Champignonstücke dazugeben, durchdünsten lassen, mit
1–2 Eßl. Weizenmehl	bestäuben, unter Rühren erhitzen, die Champignonflüssigkeit hinzugießen, mit einem Schneebesen durchschlagen, darauf achten, daß keine Klumpen entstehen, die Soße zum Kochen bringen, etwa 5 Minuten kochen lassen, mit Pfeffer abschmecken
Garzeit für den Fisch:	Etwa 6 Minuten
für die Soße:	Etwa 10 Minuten.
Beilage:	Salzkartoffeln.

Thunfischsteaks „Alhambra“

250 ml (¼ l) Wasser	in den Schnelltopf gießen den ungelochten Einsatz mit
1 abgezogenen Knoblauchzehe	ausreiben, mit
flüssiger Butter	ausstreichen
4 Thunfischsteaks (je etwa 150 g)	waschen, trockentupfen, mit dem
Saft von 1 Zitrone	beträufeln, mit
Salz	bestreuen, in
60 g Weizenmehl	wenden
3 Eßl. Speiseöl	erhitzen, die Fischsteaks von beiden Seiten darin anbraten
1 große Zwiebel	abziehen, würfeln, in den Einsatz geben, die Fischsteaks darauf legen, den Einsatz in den Schnelltopf stellen
125 ml (⅛ l) Weißwein	über die Fischsteaks gießen
4 enthäutete Tomaten	sehr klein schneiden
1 – 2 Eßl. Butter	in einem kleinen Topf zerlassen, die Tomaten darin etwa 1 Minute dünsten lassen, mit Salz,
gerebeltem Oregano	würzen, über die Steaks verteilen, den Schnelltopf schließen, garen lassen
Garzeit:	Etwa 7 Minuten.
Beilage:	Reis.

Sizilianische Fischrouladen

4 Rotbarschfilets (je etwa 200 g)	unter fließendem kaltem Wasser abspülen, trockentupfen, mit dem
Saft von 1 Zitrone	beträufeln, mit
Salz	bestreuen, die Filets mit der Hautseite nach unten legen, dünn mit
mildem Senf	bestreichen
gehackte Petersilie	darüber streuen
4 Scheiben Gouda-Käse **6 – 8 Sardellenfilets** **1 Gewürzgurke**	die drei Zutaten in Streifen schneiden, gleichmäßig auf die Fischfilets verteilen die Filets von der schmalen Seite her aufrollen, mit je zwei Zahnstochern feststecken
50 g Butter oder Margarine	im offenen Schnelltopf zerlassen die Fischrouladen darin von allen Seiten anbraten
125 ml (⅛ l) Rotwein **125 ml (⅛ l) Instant-Fleischbrühe**	hinzugießen den Schnelltopf schließen, garen lassen die Fischrouladen warm stellen unter den Fischsud
2 Eßl. Tomatenmark	rühren, mit Salz,
Pfeffer **gerebeltem Oregano**	würzen
2 gestrichene Eßl. Weizenmehl	mit
3 – 4 Eßl. kaltem Wasser	anrühren, die Flüssigkeit damit binden die Soße mit Salz, Pfeffer abschmecken die Fischrouladen in die Soße legen
Garzeit:	Etwa 5 Minuten.

Gefüllte Paprikaschoten

	Von
4 großen grünen Paprikaschoten	die Stiele entfernen, die Deckel abschneiden, Kerne und weiße Scheidewände entfernen, die Schoten waschen, abtrocknen, die Deckel in Streifen schneiden *für die Füllung*
500 g Gehacktes (halb Rind-, halb Schweinefleisch)	mit
200 g gekochtem Reis	
1 kleinen, abgezogenen, feingehackten Zwiebel	
1 Ei	
1 Eßl. gehackter Petersilie	gut vermengen, mit
Salz, Pfeffer	würzen, die Füllung in die Paprikaschoten geben
50 g Schweineschmalz	im offenen Schnelltopf erhitzen
1 Zwiebel	abziehen, würfeln, darin andünsten, die Paprikaschoten in den Topf stellen
200 g Tomaten	waschen, vierteln, mit den Paprikastreifen,
375 ml (⅜ l) Instant-Fleischbrühe	dazugeben, den Schnelltopf schließen, garen lassen die Paprikaschoten auf einer vorgewärmten Platte anrichten, warm stellen die Flüssigkeit durch ein Sieb streichen
2 gestrichene Eßl. Weizenmehl	mit
4 Eßl. kaltem Wasser	anrühren, die Flüssigkeit damit binden, die Soße mit Salz, Pfeffer,
Zucker	
Zitronensaft	abschmecken
4 Scheiben durchwachsenen Speck	in einer Pfanne kroß braten, über die Paprikaschoten legen
Garzeit:	Etwa 8 Minuten.

Parma-Bohnen

500 g Grüne Bohnen	abfädeln, waschen, in Stücke brechen
150 g Champignons	putzen, waschen, vierteln
200 g enthäutete Tomaten	vierteln
50 g Speck	in Würfel schneiden, im offenen Schnelltopf auslassen
1 Zwiebel	abziehen, würfeln, darin glasig dünsten lassen, das Gemüse hinzufügen
½ Teel. gerebeltes Bohnenkraut	darüber streuen, mit
gerebeltem Oregano	
Salz	würzen
125 ml (⅛ l) Instant-Fleischbrühe	hinzugießen den Schnelltopf schließen, garen lassen die Parma-Bohnen mit Salz abschmecken, mit
40 g geriebenem Parmesan-Käse	bestreuen
Garzeit:	Etwa 4 Minuten.

Geschmorter Grünkohl

1 kg Grünkohl kochendem Wasser	putzen, gründlich waschen, mit überbrühen, abtropfen lassen, grob hacken oder durch den Fleischwolf (grobe Scheibe) drehen
100 g durchwachsenen Speck	in Würfel schneiden, im offenen Schnelltopf auslassen
50 g Schweineschmalz	hinzufügen, zerlassen
2 Zwiebeln	abziehen, würfeln, in dem Fett glasig dünsten lassen den Grünkohl hinzufügen
250 ml (¼ l) Instant-Fleischbrühe	hinzugießen, mit
Salz Pfeffer	würzen
1 Eßl. Haferflocken	unterrühren, den Schnelltopf schließen, garen lassen
Garzeit:	Etwa 20 Minuten
Im Super 3 (3. Kochstufe):	7 – 8 Minuten.

Rassiger Rotkohl

	Von
1 kg Rotkohl	die welken äußeren Blätter entfernen, den Kohlkopf achteln, den Strunk herausschneiden, den Kohl waschen, fein schneiden oder hobeln
4 Eßl. Essig	unterrühren
2 Zwiebeln	abziehen, würfeln
1 – 2 Eßl. Butter oder Margarine	im offenen Schnelltopf zerlassen, die Zwiebelwürfel darin glasig dünsten lassen
1 Apfel	schälen, vierteln, entkernen, in Würfel schneiden, zu den Zwiebeln geben
4 Scheiben Ananas (aus der Dose)	in sehr feine Streifen schneiden, mit dem Rotkohl,
3 Gewürznelken 1 Lorbeerblatt	hinzufügen, mit
Salz Pfeffer	würzen
125 ml (⅛ l) Rotwein 250 ml (¼ l) Instant-Fleischbrühe	hinzugießen, den Schnelltopf schließen, garen lassen den Rotkohl nach Belieben mit
Zucker	abschmecken
Garzeit:	Etwa 10 Minuten.
Im Super 3 (3. Kochstufe):	Etwa 4 Minuten.

Katalonischer Gemüsetopf

(Für 6 – 8 Personen)

4 große Zwiebeln	abziehen, würfeln
60 g Schweineschmalz	im offenen Schnelltopf erhitzen, die Zwiebelwürfel darin glasig dünsten lassen
2 grüne Paprikaschoten	halbieren, entstielen, entkernen, die weißen Scheidewände entfernen, die Schoten waschen, in Streifen schneiden, kurze Zeit mitdünsten lassen
200 g Möhren	putzen, schrappen, waschen
250 g Kartoffeln	schälen, waschen beide Zutaten in Würfel schneiden, mit
300 g tiefgekühlten Erbsen	in den Schnelltopf geben
1¼ l Instant-Fleischbrühe	hinzugießen, mit
Salz Pfeffer gerebeltem Rosmarin	würzen, den Schnelltopf schließen, garen lassen
200 g rohen Schinken oder Schinkenspeck	in Streifen schneiden
2 hartgekochte Eier	pellen, in Scheiben oder Viertel schneiden, auf den Gemüseeintopf geben, mit
2 Eßl. gehackter Petersilie	bestreuen
Garzeit:	Etwa 10 Minuten.

Irish Stew

	Von
1 kg Weißkohl oder Wirsing	die schlechten äußeren Blätter entfernen, den Kopf vierteln, in Streifen schneiden, waschen, gut abtropfen lassen
etwa 200 g Kartoffeln	schälen, waschen, in Würfel schneiden
3 Zwiebeln	abziehen, fein würfeln
1 Möhre	putzen, schrappen, waschen, würfeln
500 g Hammelfleisch (ohne Fett und Knochen)	waschen, abtrocknen, in Würfel schneiden
3 Eßl. Butter oder Margarine	im offenen Schnelltopf erhitzen das Fleisch von allen Seiten gut darin anbraten, die Zwiebelwürfel hinzugeben, kurz durchdünsten lassen Weißkohlstreifen, Kartoffel- und Möhrenwürfel hinzufügen
250 ml (¼ l) heiße Instant-Fleischbrühe	hinzugießen, mit
Pfeffer, Kümmel	würzen, den Topf schließen, garen lassen, den Eintopf nochmals mit Pfeffer abschmecken
Garzeit:	15 – 20 Minuten
Im Super 3 (3. Kochstufe):	Etwa 9 Minuten.

Siebenbürger Paprikatopf

300 g durchwachsenen Speck	in Würfel schneiden, im offenen Schnelltopf auslassen
6 grüne Paprikaschoten	halbieren, entstielen, entkernen, die weißen Scheidewände entfernen, die Schoten waschen, in etwa 1 cm breite Streifen schneiden
2 große Zwiebeln	abziehen, würfeln, mit den Paprikastreifen zu dem Speck geben, durchdünsten lassen
500 g Kartoffeln	schälen, waschen, in kleine Würfel schneiden, zu dem Gemüse geben
1 l Instant-Fleischbrühe	hinzugießen, mit
Salz Paprika edelsüß Selleriesalz	würzen, den Schnelltopf schließen, etwa 8 Minuten kochen lassen
300 g enthäutete Tomaten	in große Würfel schneiden, zu dem Eintopf geben, im offenen Schnelltopf noch etwa 2 Minuten kochen lassen
250 ml (¼ l) saure Sahne	unterrühren, nach Belieben mit
2 Eßl. gehackter Petersilie	bestreuen
Kochzeit:	Etwa 10 Minuten.

Spanischer Hühnertopf

1 küchenfertiges Hähnchen (etwa 1 kg)	waschen, abtrocknen, in etwa 10 Stücke schneiden
4 Eßl. Olivenöl	im offenen Schnelltopf erhitzen, die Hähnchenteile von allen Seiten gut darin anbraten
2 rote Paprikaschoten	halbieren, entstielen, entkernen, die weißen Scheidewände entfernen, die Schoten waschen, in breite Streifen schneiden, zu dem Fleisch geben, kurze Zeit mitschmoren lassen
150 g Brühreis (Langkorn)	mit
300 g tiefgekühlten Erbsen etwa 200 g Champignonstücken (mit der Flüssigkeit aus der Dose)	hinzufügen
4 Eßl. Tomatenmark	unterrühren
1½ l Instant-Fleischbrühe	hinzugießen, mit
Salz Pfeffer gerebeltem Basilikum gerebeltem Rosmarin	würzen, den Schnelltopf schließen, kochen lassen
Kochzeit:	Etwa 8 Minuten.

Bäuerlicher Fleischpudding

1 Zwiebel	abziehen, würfeln
2 eingeweichte Brötchen	gut ausdrücken
500 g Gehacktes (halb Rind-, halb Schweinefleisch) 3 Eier	
	alle Zutaten miteinander vermengen, mit
Salz Pfeffer geriebener Muskatnuß	würzen
50 g geriebenen Käse 4 Eßl. Sahne	unterrühren die Masse in den ungelochten, gefetteten Einsatz des Schnelltopfes füllen
250 ml (¼ l) Wasser	in den Schnelltopf gießen, den Einsatz hineinstellen, den Schnelltopf schließen, garen lassen den Fleischpudding auf eine Platte stürzen, warm oder kalt servieren
Garzeit:	Etwa 15 Minuten.
Beigabe:	Stangenweißbrot, gemischter Salat.

Emmentaler Käsekartoffeln

1 kg Kartoffeln	schälen, waschen, in Scheiben schneiden
50 g fetten Speck	in Würfel schneiden, im offenen Schnelltopf auslassen
2 Zwiebeln	abziehen, in Scheiben schneiden, in dem Speck hellgelb dünsten lassen die Kartoffelscheiben hinzufügen
100 geriebenen Emmentaler Käse	darüber streuen, mit
Salz, Pfeffer gerebeltem Majoran	würzen, gut verrühren
250 ml (¼ l) Instant-Fleischbrühe	hinzugießen, den Schnelltopf schließen, garen lassen die Käsekartoffeln mit
2 Eßl. feingeschnittenem Schnittlauch	bestreuen
Garzeit:	Etwa 12 Minuten.

Lyoner Kartoffeln

1 kg Kartoffeln	schälen, waschen, in große Würfel schneiden
2 Eßl. Schweineschmalz	im offenen Schnelltopf erhitzen
2 große Zwiebeln	abziehen, in Scheiben schneiden, in dem Schmalz goldgelb dünsten lassen
1 Eßl. Weizenmehl	darüber stäuben
250 ml (¼ l) Weißwein	hinzugießen, gut verrühren die Kartoffeln hineingeben, mit
Salz, Pfeffer	würzen, den Schnelltopf schließen, garen lassen
1 Teel. Weizenmehl	mit
1 Eßl. kaltem Wasser	anrühren, unter die Kartoffeln rühren, kurz aufkochen lassen
Garzeit:	Etwa 10 Minuten.

Kartoffelklöße

250 ml (¼ l) Wasser	in den Schnelltopf gießen, den gelochten Einsatz hineinstellen
750 g Kartoffeln	waschen, in den Einsatz geben, den Schnelltopf schließen, garen lassen die Kartoffeln pellen, noch heiß durch die Presse geben, mit
1 Ei	
Salz	
geriebener Muskatnuß	
etwa 125 g Weizenmehl	verkneten aus dem Teig mit bemehlten Händen Klöße formen
250 ml (¼ l) Wasser	in den Schnelltopf gießen, den gelochten Einsatz hineinstellen, die Klöße hineingeben, den Schnelltopf schließen, garen lassen
Kochzeit für die Kartoffeln:	Etwa 12 Minuten
Garzeit für die Klöße:	Etwa 12 Minuten
Im Super 3 (3. Kochstufe):	3 – 5 Minuten.

Milchreis

50 g Butter	im offenen Schnelltopf zerlassen, mit
250 g Milchreis (Rundkorn)	
1 l Milch	
100 g Zucker	
1 Stange Zimt	hinzufügen, gut verrühren den Schnelltopf schließen, garen lassen
Garzeit:	Etwa 10 Minuten.
Beigabe:	Gebräunte Butter, Zucker und Zimt, Kompott.

Kirschmichel

250 g Zwieback	zerbröckeln, mit
250 ml (¼ l) heißer Milch	übergießen
50 g Butter	mit
100 g Zucker	
3 Eigelb	schaumig rühren
500 g entsteinte, gedünstete Sauerkirschen	abtropfen lassen
3 Eßl. abgezogene, gehobelte Mandeln	
	alle Zutaten miteinander vermengen
3 Eiweiß	zu steifem Schnee schlagen, unter die Masse heben, in den ungelochten Einsatz des Schnelltopfes füllen
250 ml (¼ l) Wasser	in den Schnelltopf gießen, den Einsatz hineinstellen, den Schnelltopf schließen, garen lassen den Kirschmichel in dem Einsatz servieren
Garzeit:	Etwa 10 Minuten.
Beigabe:	Vanille-Soße.

Suppentopf „Provençale“

250 g Schweinefilet oder mageres Schweinefleisch	waschen, abtrocknen, in Scheiben schneiden
etwa 3 Eßl. Speiseöl	erhitzen, das Fleisch darin bräunen lassen
1 Zwiebel	
1 Knoblauchzehe	die beiden Zutaten abziehen, fein würfeln, zu dem Fleisch geben, mitdünsten lassen
1¼ l Instant-Fleischbrühe	hinzugießen, zum Kochen bringen
etwa 750 g Kartoffeln	schälen, waschen, in kleine Würfel schneiden, mit
450 g (1 Packung) tiefgekühltem Suppengemüse	unaufgetaut in die Brühe geben, zum Kochen bringen, in etwa 20 Minuten gar kochen lassen
5 Tomaten	kurze Zeit in kochendes Wasser geben, in kaltem Wasser abschrecken, enthäuten, die Tomaten in Stücke schneiden, kurz vor Beendigung der Kochzeit in die Suppe geben, mit
Salz	
Pfeffer	
gerebeltem Thymian	
gerebeltem Basilikum	abschmecken
Garzeit:	Etwa 30 Minuten.
Beigabe:	Stangenweißbrot.

Blattspinat „Römische Art“

2 Eßl. Butter	zerlassen
2 Zwiebeln	abziehen, würfeln, darin andünsten
600 g (2 Packungen) tiefgekühlten Blattspinat	unaufgetaut hinzufügen, in etwa 20 Minuten gar dünsten lassen, mit
Salz	
Pfeffer	
geriebener Muskatnuß	abschmecken
6 Tomaten	kurze Zeit in kochendes Wasser legen, in kaltem Wasser abschrecken, enthäuten, in Achtel schneiden
1 Eßl. Butter	zerlassen, die Tomatenachtel mit
1 abgezogenen, zerdrückten Knoblauchzehe	hinzufügen, kurz dünsten lassen
200 g Mortadella	enthäuten, in Würfel schneiden, zu den Tomaten geben, miterhitzen Tomaten und Mortadella unter den garen Blattspinat geben
Dünstzeit:	Etwa 35 Minuten.
Beigabe:	Geriebener Käse, Stangenweißbrot oder Bratkartoffeln.

Grünkohl-Schlemmertopf

1 tiefgekühlte Gänsekeule (etwa 350 g) bei Zimmertemperatur auftauen lassen
1 Kasseler Kotelett (etwa 150 g) beide Zutaten waschen, abtrocknen, das Fleisch von den Knochen lösen, in kleine Würfel schneiden
4 Eßl. Gänseschmalz erhitzen, die Fleischwürfel darin anbraten
60 g durchwachsenen Speck in Streifen schneiden
2 mittelgroße Zwiebeln abziehen, würfeln nach Belieben
1 geräuchertes Mettwürstchen (etwa 100 g) in Scheiben schneiden, mit den Speckstreifen, den Zwiebelwürfeln, zu dem Fleisch geben, mitbraten lassen
600 g (1 Packung) tiefgekühlten Grünkohl unaufgetaut mit
gut 750 ml (¾ l) Instant-Fleischbrühe oder Wasser hinzufügen, schmoren lassen
etwa 750 g Kartoffeln schälen, waschen, in Würfel schneiden, nach etwa 30 Minuten Schmorzeit zu dem Grünkohl geben, den Grünkohl-Schlemmertopf mit
Salz
Pfeffer
gemahlenem Piment abschmecken

Garzeit: Etwa 1½ Stunden.
Beigabe: Bauernbrot.

Broccoli „Genfer Art“

1 l Salzwasser mit
geriebener Muskatnuß zum Kochen bringen
600 g (2 Packungen) tiefgekühlten Broccoli hineingeben, zum Kochen bringen, 8 Minuten kochen lassen, den Broccoli mit einem Schaumlöffel vorsichtig herausnehmen, warm stellen von dem Kochwasser 250 ml (¼ l) abmessen
2 Eßl. Butter zerlassen
2 Eßl. Weizenmehl unter Rühren so lange darin erhitzen, bis es hellgelb ist
250 ml (¼ l) Kochwasser von dem Broccoli hinzugießen, mit einem Schneebesen durchschlagen, darauf achten, daß keine Klumpen entstehen, die Soße zum Kochen bringen, etwa 5 Minuten kochen lassen
125 g Käse in kleine Würfel schneiden, in die Soße geben
1 Eigelb mit
2 Eßl. Crème fraîche verrühren, die Soße damit abziehen (nicht mehr kochen lassen) den Broccoli in
4 Scheiben gekochten Schinken einrollen, die Schinken-Broccoli-Rollen in eine mit
Butter gefettete Auflaufform geben, die Soße darüber verteilen, auf dem Rost in den Backofen schieben

Strom: Etwa 200
Gas: 3 – 4
Überbackzeit: Etwa 20 Minuten.
Veränderung: Den Broccoli „Genfer Art“ mit Parmesan-Käse überbacken.
Beilage: Rösti oder Butterkartoffeln.

Spinatwähe

	Für den Teig
250 g Weizenmehl	auf die Tischplatte sieben, in die Mitte eine Vertiefung eindrücken
2 Eßl. Crème fraîche	mit
Salz	hineingeben, mit einem Teil des Mehls zu einem dicken Brei verarbeiten
150 g kalte Butter	in Stücke schneiden, mit Mehl bedecken, von der Mitte aus alle Zutaten schnell zu einem glatten Teig verkneten, den Teig mindestens 30 Minuten in den Kühlschrank stellen
	für den Belag
50 g durchwachsenen Speck	in Streifen schneiden
2 Zwiebeln	abziehen, würfeln
1 – 2 Eßl. Butter	erhitzen, Speckstreifen, Zwiebelwürfel darin andünsten
75 ml (½ Tasse) Wasser	hinzugießen, erhitzen
600 g (1 Packung) tiefgekühlten Rahmspinat	unaufgetaut hinzugeben, unter öfterem Umrühren in etwa 15 Minuten garen, erkalten lassen
	den Teig auf dem gefetteten Boden einer Springform (Durchmesser etwa 26 cm) dünn ausrollen, am Rand 2 – 3 cm hochdrücken, mit
5 Scheiben gekochtem Schinken	belegen, darauf die Spinatmasse verteilen, auf dem Rost in den Backofen schieben, nach Beendigung der Backzeit etwa 5 Minuten ruhen lassen
Dünstzeit für den Spinat:	Etwa 15 Minuten
Einstellung für den Backofen	
Strom:	200 – 225
Gas:	3 – 4
Backzeit:	Etwa 1 Stunde.

Florentiner Fischplatte mit Rahmspinat

450 g (1 Packung) tiefgekühlten Rahmspinat	nach der Vorschrift auf der Packung zubereiten, in eine mit
Butter	gefettete flache Anlaufform geben, warm stellen
600 g tiefgekühltes Seelachsfilet	mit
Zitronensaft	beträufeln, mit
Salz, Pfeffer	bestreuen, in
Weizenmehl	wenden
2 – 3 Eßl. Butter	erhitzen, die Fischfilets darin etwa 10 Minuten unter öfterem Wenden braten lassen
	die garen Fischfilets auf den Rahmspinat geben, warm stellen
80 g durchwachsenen Speck	in Streifen schneiden, auslassen, etwas abkühlen lassen
3 Tomaten	kurze Zeit in kochendes Wasser legen, in kaltem Wasser abschrecken, enthäuten
	die Tomaten in Stücke schneiden
1 Zwiebel	abziehen, halbieren, in Scheiben schneiden
80 g Käse	in Würfel schneiden
	die vier Zutaten mit
tiefgekühlten gehackten Kräutern	gut vermengen, über den Fisch geben
	die Auflaufform auf dem Rost in den Backofen setzen, überbacken, bis der Käse goldgelb zerlaufen ist
Dünstzeit für den Spinat:	Etwa 15 Minuten
Einstellung für den Backofen	
Strom:	Etwa 200
Gas:	Etwa 3
Überbackzeit:	Etwa 10 Minuten.
Beilage:	Butterkartoffeln.

Zigeuner-Klößchen mit Risi-Pisi

450 g (1 Packung) tiefgekühlte Zigeuner-Klößchen 1 l Wasser im Kochbeutel unaufgetaut in geben, zum Kochen bringen, in etwa 20 Minuten gar kochen lassen
die Zigeuner-Klößchen aus dem Kochbeutel nehmen, in eine vorgewärmte Schüssel geben, warm stellen

für das Risi-Pisi

250 g Brühreis (Langkorn) in
2 l kochendes Salzwasser geben, zum Kochen bringen, nach etwa 6 Minuten Kochzeit
300 g (1 Packung) tiefgekühlte Erbsen unaufgetaut hinzufügen, zum Kochen bringen, weitere 12 Minuten kochen lassen, den garen Reis mit den Erbsen auf ein Sieb geben, mit kaltem Wasser übergießen
2 Eßl. Butter zerlassen, das Risi-Pisi darin schwenken, zu den Zigeuner-Klößchen reichen

Kochzeit: Etwa 40 Minuten.

Farmerhacksteaks „Europe“

Für die Farmerhacksteaks

2 Eßl. Butter oder Margarine erhitzen
4 Stück (1 Packung) tiefgekühlte Farmerhacksteaks unaufgetaut hinzufügen, von beiden Seiten darin knusprig braun braten lassen, herausnehmen, warm stellen

für das Gemüse

300 g (1 Packung) tiefgekühlte Französische Gemüsepfanne „Provençale“ mit
6 Eßl. Wasser zum Kochen bringen, kurz aufkochen lassen, etwa 10 Minuten dünsten lassen

für die Rösti

4 Eßl. Butter oder Margarine zerlassen
4 Stück (aus 2 Packungen mit je 3 Stück) tiefgekühlte Rösti unaufgetaut darin 2 – 3 Minuten anbraten, die Rösti wenden, in etwa 8 Minuten unter Wenden goldbraun braten
die Farmerhacksteaks zusammen mit der Gemüsepfanne und den Rösti servieren

Bratzeit für die Farmerhacksteaks: Etwa 10 Minuten
Dünstzeit für die Gemüsepfanne: Etwa 15 Minuten
Bratzeit für die Rösti: Etwa 12 Minuten.
Tip: Tiefgekühlte Rösti können einzeln aus der Packung genommen werden, so daß die verbleibenden zwei Rösti eingefroren bleiben können.

Fischfrikadellen „Bella Fiesta“

2 Eßl. Butter oder Margarine	erhitzen
8 Stück (2 Packungen) tiefgekühlte Fischfrikadellen	unaufgetaut darin etwa 8 Minuten von beiden Seiten braten lassen
Bratzeit:	Etwa 8 Minuten
	für den Salat
etwa 340 g Maiskörner (aus der Dose)	abtropfen lassen
1 rote und 1 grüne Paprikaschote	halbieren, entstielen, entkernen, die weißen Scheidewände entfernen, die Schoten waschen, in kleine Würfel schneiden
1 Zwiebel	abziehen, würfeln
	für die Salatsoße
gut 3 Eßl. Mayonnaise	mit
1 Becher (150 g) Crème fraîche	
1 abgezogenen, zerdrückten Knoblauchzehe	
Saft von 1 Zitrone	verrühren, die Soße mit
Salz	
Pfeffer	
Cayennepfeffer	würzen, mit den Salatzutaten vermengen den Salat mit den Fischfrikadellen servieren.
Beilage:	Bratkartoffeln.

Matrosenschmaus „Kap Horn“

Etwa 2 Eßl. Butter	erhitzen
4 Stück (1 Packung) tiefgekühlten Matrosenschmaus	unaufgetaut hineingeben, von beiden Seiten darin braun braten, herausnehmen, warm stellen
etwa 2 Eßl. Butter	zerlassen
600 g (1 Packung) tiefgekühlte Bratkartoffeln	unaufgetaut hineingeben
50 g durchwachsenen Speck	in Würfel schneiden, hinzufügen Kartoffeln und Speck in 8 – 10 Minuten unter Wenden goldbraun braten
1 Zwiebel	abziehen, fein würfeln, nach etwa 5 Minuten Bratzeit zu den Kartoffeln geben, mit
Salz, Pfeffer	würzen die Kartoffeln in eine mit
Butter	gefettete flache Auflaufform geben, den Matrosenschmaus darauf legen
tiefgekühlte Kräuter	darüber streuen
1 Gewürzgurke	in Scheiben schneiden, auf die Kräuter geben
2 Eßl. Tomaten-Ketchup	darüber verteilen
4 Scheiben Käse	darauf legen, die Auflaufform auf dem Rost in den Backofen schieben
Bratzeit für den Matrosenschmaus:	Etwa 6 Minuten
für die Bratkartoffeln:	8 – 10 Minuten
Einstellung für den Backofen	
Strom:	Etwa 225
Gas:	Etwa 4
Überbackzeit:	Etwa 10 Minuten.
Beigabe:	Rote Bete.

Schlemmerfilet „Gourmet“ im Reisbett

2 Zwiebeln	abziehen, würfeln
3 Eßl. Butter	in einer flachen Auflaufform zerlassen, die Zwiebelwürfel darin andünsten
400 ml Wasser	hinzugießen, zum Kochen bringen
250 g Brühreis (Langkorn)	hinzugeben, mit
Salz	
Pfeffer	würzen, zum Kochen bringen
800 g (2 Packungen) tiefgekühltes Schlemmerfilet Gourmet mit Champignons	
	die beiden Fischfilets unaufgetaut aus der Aluschale nehmen, auf den Reis geben, die Auflaufform auf dem Rost in den Backofen schieben
Strom:	Etwa 225
Gas:	Etwa 4
Backzeit:	Etwa 45 Minuten.
Beigabe:	Bunter Salat.

Schlemmerfilet „Parisienne“ mit Salat

800 g (2 Packungen) tiefgekühltes Schlemmerfilet à la parisienne	nach der Vorschrift auf der Packung in etwa 35 Minuten im Backofen garen lassen
Strom:	Etwa 225
Gas:	Etwa 4
Backzeit:	Etwa 35 Minuten
	für den Salat
500 g Möhren	putzen, schrappen, waschen
400 g Sellerie	schälen, waschen
	beide Zutaten raspeln, den
Saft von 1 Zitrone	darüber geben
50 g Haselnußkerne	kleinhacken, mit
1 Becher (150 g) Crème fraîche	unterrühren
	den Salat mit
Zucker	abschmecken.
Beilage:	Pommfix.

Fischstäbchensalat „Geestemünde"

100 g Brühreis (Langkorn)	in
1 l kochendes Salzwasser	geben, zum Kochen bringen, in etwa 20 Minuten ausquellen lassen, auf ein Sieb geben, mit kaltem Wasser abspülen, abtropfen lassen
100 g tiefgekühlte Erbsen	nach der Vorschrift auf der Packung gar kochen, abtropfen lassen
2 – 3 Eßl. Margarine	erhitzen
15 Stück (1 Packung) tiefgekühlte Fischstäbchen	unaufgetaut hineingeben, etwa 10 Minuten braten, erkalten lassen, jeweils in 2 – 3 Stücke schneiden
1 rote Paprikaschote	halbieren, entstielen, entkernen, die weißen Scheidewände entfernen, die Schoten waschen, in Würfel schneiden
1 mittelgroße Zwiebel	abziehen, in Ringe schneiden *für die Salatsoße*
2 – 3 Eßl. Salatöl	mit
1 – 2 Eßl. Essig	
1 Teel. Senf	
Salz	
Pfeffer	
2 Eßl. tiefgekühlten Kräutern	verrühren Reis, Erbsen, Paprikastücke und Zwiebelringe mit der Soße vermengen die Fischstücke vorsichtig unterheben, evtl. nochmals mit Salz, Pfeffer abschmecken.
Beigabe:	Frisches Stangenweißbrot.

Fischpfanne „Atlantic"

2 Eßl. Margarine	erhitzen
15 Stück (1 Packung) tiefgekühlte Fischstäbchen	unaufgetaut hineingeben, 8 – 10 Minuten braten lassen
50 g durchwachsenen Speck	in Streifen schneiden, nach 5 Minuten Bratzeit zu dem Fisch geben, mitbraten
1 mittelgroße Zwiebel	abziehen, in Ringe schneiden, hinzufügen, mitdünsten lassen, mit
Salz	
Pfeffer	würzen
1 Teel. Kapern	darüber streuen
4 Eier	mit
1 Teel. tiefgekühltem Schnittlauch	verschlagen, über den Fisch gießen, stocken lassen, in der Pfanne servieren
Bratzeit für die Fischstäbchen:	Etwa 10 Minuten
Gerinnungszeit für die Eier:	Etwa 10 Minuten.
Beilage:	Rahmspinat, Kartoffelbrei.

Bauernschmaus „Espanola“

600 g (2 Packungen) tiefgekühlten Bauernschmaus	in eine heiße Bratpfanne geben, etwa 4 Minuten anbraten
10 grüne spanische Oliven, mit Paprika gefüllt	in Scheiben schneiden
½ rote und ½ grüne Paprikaschote	entstielen, entkernen, die weißen Scheidewände entfernen, die Schoten waschen, in Würfel schneiden
3 Tomaten	waschen, in Stücke schneiden die drei Zutaten zu dem Bauernschmaus geben, braten lassen
5 Eier	mit
Salz	
Pfeffer	verschlagen, über den Bauernschmaus geben, stocken lassen, den Bauernschmaus auf eine vorgewärmte Platte geben, mit
schwarzen Oliven	garnieren
Bratzeit:	Etwa 15 Minuten.
Beigabe:	Gemischter Salat mit Zwiebelringen.

Westfälischer Schlemmertopf

2 Eßl. Margarine	erhitzen
600 g (1 Packung) tiefgekühlte Bratkartoffeln	unaufgetaut hineingeben, goldbraun braten lassen, mit
Salz	
Pfeffer	würzen
1 mittelgroße Zwiebel	abziehen, fein würfeln, kurz vor Beendigung der Bratzeit hinzufügen, mitbraten lassen die Bratkartoffeln in eine feuerfeste Form geben
1 – 2 Eßl. Margarine	erhitzen
150 g gekochten Schinken	würfeln, darin anbraten
1 Stange Porree (Lauch)	putzen, waschen, kleinschneiden, hinzufügen, kurz andünsten
1 Becher (150 g) Crème fraîche	unterrühren
3 Eier	verschlagen, über die Bratkartoffeln geben, die Schinken-Lauch-Masse gleichmäßig darüber verteilen, mit
Salz	
Pfeffer	würzen, mit
Kümmel	bestreuen die Form auf dem Rost in den Backofen schieben
Bratzeit für die Bratkartoffeln:	Etwa 10 Minuten
Einstellung für den Backofen	
Strom:	Etwa 225
Gas:	Etwa 5
Backzeit:	20 – 25 Minuten.
Beigabe:	Feldsalat.

Knusperia-Pizza „Margherita“

Diese beliebten und traditionellen „Margherita“-Auflagen aus saftigen Tomatenstücken, zartschmelzendem Käse und feinen Kräutern schmecken auf dem knusper-dünnen Hefeteig besonders würzig und saftig.
Aber auch Pizza-Individualisten kommen voll auf ihre Kosten. Denn insbesondere die „Margherita“ eignet sich ideal für zusätzliches Belegen nach eigenem Geschmack (s. Abb. links).

1 Packung (250 g) Knusperia-Pizza Margherita prima einige Minuten antauen lassen, in sechs gleich große Stücke schneiden, mit den folgenden Zutaten belegen

1. Salamischeiben
Paprikaschotenstücke
Salatgurkenscheiben

2. Bockwurstscheiben
Gewürzgurkenstücke
geriebener Käse

3. Pfifferlinge (aus der Dose)
Speckstreifen
Zwiebelringe
gehackte Petersilie

4. Fleischsoße (aus dem Glas)
Porreeringe
Paprikaschotenstücke
Schafskäse

5. Fleischwurststückchen
Maiskörner (aus der Dose)
Camembertscheiben
Broccoli (vorgegart)

6. Muschelfleisch
Shrimps oder Krabben
schwarze Oliven
Käsescheiben
Dillzweige

die Pizzastücke auf dem Backblech in den Backofen schieben

Strom: Etwa 225
Gas: Etwa 4
Backzeit: 12 – 15 Minuten.

Knusperia-Pizza „Margherita“ à la „Bella Marina“

„Bella Marina“ ist ein weiteres interessantes Beispiel für die Vielseitigkeit der Knusperia-Pizza „Margherita“.

100 g tiefgekühlte Krabben antauen lassen
8 schwarze Oliven halbieren, entkernen
10 grüne spanische Oliven, mit Paprika gefüllt in Scheiben schneiden
1 Tomate waschen, abtrocknen, in Achtel schneiden
2 Artischockenböden (aus der Dose) abtropfen lassen, halbieren
12 Perlzwiebeln (aus dem Glas) abtropfen lassen
etwa 200 g Champignons (aus der Dose) abtropfen lassen, in Viertel schneiden
1 Packung (250 g) Knusperia-Pizza Margherita prima unaufgetaut mit den Zutaten belegen
150 g Käse, z. B. Edamer grob raspeln, darüber geben, mit
3 Teel. Olivenöl beträufeln, mit
gerebeltem Oregano bestreuen, auf dem Backblech in den Backofen schieben

Strom: Etwa 225
Gas: Etwa 4
Backzeit: Etwa 15 Minuten.

Pizza „Vier Jahreszeiten“ mit Capricciosa-Salat

Eine Pizza „Vier Jahreszeiten“ begeistert wohl jeden Pizza-Kenner. Die üppige Vielfalt ihrer vierfach verschiedenen komponierten Auflage macht sie zu einem besonderen Geschmackserlebnis. Dazu schmeckt ein Capricciosa-Salat nach original italienischem Rezept.

1 Packung (500 g) tiefgekühlte Beste Pizza „Vier Jahreszeiten“	nach der Vorschrift auf der Packung zubereiten, nach Belieben vor dem Backen mit
2 Teel. Speiseöl	beträufeln
Strom:	Etwa 225
Gas:	Etwa 4
Backzeit:	Etwa 15 Minuten
	für den Salat
1 Kopf Salat	putzen, waschen, abtropfen lassen, in kleine Stücke zerpflücken
½ Fenchelknolle	putzen, waschen, in Streifen schneiden
250 g Tomaten	waschen, abtrocknen, achteln
1 Gemüsezwiebel	abziehen, in Ringe schneiden
2 hartgekochte Eier	pellen, vierteln
etwa 100 g Thunfisch (aus der Dose)	abtropfen lassen, etwas zerpflücken
etwa 6 grüne spanische Oliven, mit Paprika gefüllt	in Scheiben schneiden
	für die Salatsoße
3 Eßl. Salatöl	mit
3 Eßl. Kräuteressig	
etwa 200 ml (⅕ l) Wasser	
½ Teel. Senf	verschlagen, mit
Salz, Zucker, Pfeffer	würzen
	die Salatzutaten mit der Soße vermengen.

Pizza „Salami Cipolli“ mit Tomaten-Salat

Mit Salami, Röstzwiebeln, Tomatenstücken, Käse und einer raffinierten Kräutermischung ist sie etwas Besonderes für Pizza-Freunde, die die herzhaft-pikante Geschmacksnote bevorzugen. Als Beilage empfehlen wir einen fruchtigen Tomaten-Salat.

1 Packung (300 g) Beste Pizza „Salami Cipolli“	nach der Vorschrift auf der Packung zubereiten, nach Belieben vor dem Backen mit
2 Teel. Speiseöl	beträufeln
Strom:	Etwa 225
Gas:	Etwa 4
Backzeit:	Etwa 15 Minuten
	für den Salat
500 g Tomaten	waschen, abtrocknen, in Achtel schneiden
	für die Salatsoße
2 Bund Schnittlauch	waschen, abtrocknen, fein schneiden
2 mittelgroße Zwiebeln	abziehen, fein würfeln
3 Eßl. Essig	mit
3 Eßl. Salatöl	verschlagen, Schnittlauch- und Zwiebelwürfel unterrühren, die Soße mit
Salz	
Pfeffer	würzen, mit den Tomatenachteln vermengen, zu der Pizza servieren.

Knusperia-Pizza „Classica“ mit Paprika-Salat

Auf dem knusper-dünnen Hefeteig schmeckt dieses reichhaltige Auflagen-Rezept mit gekochtem Schinken, Salami, Mortadella und Kräutersoße besonders würzig und pikant.
Ein knackiger Paprika-Salat paßt ideal zur „Classica“.

1 Packung (250 g) Knusperia Pizza „Classica“	nach der Vorschrift auf der Packung zubereiten, nach Belieben vor dem Backen mit
2 Teel. Speiseöl	beträufeln
Strom:	Etwa 225
Gas:	Etwa 4
Backzeit:	Etwa 15 Minuten
	für den Salat
2 grüne, 2 rote und 2 gelbe Paprikaschoten	halbieren, entstielen, entkernen, die weißen Scheidewände entfernen, die Schoten waschen, in feine Streifen schneiden
2 Äpfel	schälen, vierteln, entkernen, grob raspeln, mit
Zitronensaft	beträufeln
2 Zwiebeln	abziehen, in feine Ringe schneiden
etwa 275 g Maiskörner (aus der Dose)	abtropfen lassen die 4 Zutaten miteinander vermengen
	für die Salatsoße
2 Becher (je 150 g) Crème fraîche	mit
gehackter Petersilie	verrühren, mit
Salz, Pfeffer	würzen die Soße mit den Salatzutaten vermengen, mit der Pizza servieren.

Pizza „Romana“ mit buntem Salat-Teller

Pizza „Romana“ ist eine der Lieblings-Pizzas in vielen Familien. Das harmonisch abgestimmte Auflagen-Rezept schmeckt den großen und kleinen Pizza-Freunden. Mit gekochtem Schinken können Sie schnell eine pikante „Romana“ zaubern.
Dazu schmeckt lecker ein bunter Salat-Teller.

100 g gekochten Schinken	in Streifen schneiden
150 g Käse, z. B. Edamer	grob raspeln
2 Packungen tiefgekühlte Pizza Romana	mit den Zutaten belegen, auf dem Backblech in den Backofen schieben
Strom:	Etwa 225
Gas:	Etwa 4
Backzeit:	Etwa 15 Minuten
	für den Salat
1 Kopf Salat	putzen, waschen, abtropfen lassen, in kleine Stücke zerpflücken
1 Zwiebel	abziehen, in Scheiben schneiden
4 Tomaten	waschen, abtrocknen, in Scheiben schneiden
2 Paprikaschoten	halbieren, entstielen, entkernen, die weißen Scheidewände entfernen, die Schoten waschen, in Streifen schneiden
4 hartgekochte Eier	pellen, vierteln
10 grüne spanische Oliven, mit Paprika gefüllt	in Scheiben schneiden
	für die Salatsoße
6 Eßl. Salatöl	mit
3 – 4 Eßl. Essig	verschlagen, mit
Salz, Pfeffer, Zucker	würzen die Salatzutaten mit der Soße vermengen, in einer Schüssel anrichten zu der Pizza reichen.

Baguettes „Paris" mit Apfel-Tomaten-Salat

4 Stück (2 Packungen) tiefgekühlte Baguettes „Paris"	unaufgetaut in den kalten Backofen geben, in etwa 18 Minuten knusprig backen, bis der Käse zerlaufen ist, sofort servieren
Strom:	Etwa 225
Gas:	Etwa 4
Backzeit:	Etwa 18 Minuten
	für den Salat
250 g Äpfel	schälen, vierteln, entkernen, in sehr dünne Scheiben schneiden
250 g Tomaten	kurze Zeit in kochendes Waser legen, in kaltem Wasser abschrecken, enthäuten, in Scheiben schneiden
	für die Salatsoße
3 – 4 Eßl. Zitronensaft	mit
2 Eßl. Salatöl	verschlagen, mit
Salz, Pfeffer, Zucker	würzen
	die Salatsoße mit den Salatzutaten vermengen, den Salat auf
gewaschenen Salatblättern	anrichten, mit
1 Eßl. feingeschnittenem Schnittlauch	bestreuen.

Blätterteig-Taschen, pikant gefüllt

	Für die Füllung
125 g Schinken (roh oder gekocht)	
100 g Käse, z. B. Gouda	in Würfel schneiden, mit
1 – 2 Eßl. tiefgekühlter Petersilie	vermengen
300 g (1 Packung) tiefgekühlten Blätterteig	bei Zimmertemperatur auftauen lassen, die Teigplatten etwa 3 mm dick ausrollen, mit einer runden Form (Durchmesser etwa 9 cm) Plättchen ausstechen die Ränder mit etwas von
3 Eßl. Dosenmilch	bestreichen, die Füllung in die Mitte der Plättchen geben, die Teigplättchen zusammenklappen, die Ränder gut festdrücken, den Teig mit der restlichen Dosenmilch bestreichen, auf ein mit Wasser abgespültes Backblech legen, in den vorgeheizten Backofen schieben
Strom:	Etwa 225
Gas:	Etwa 4
Backzeit:	Etwa 15 Minuten.

China-Suppe „Tunhang" mit Ingwer-Toast

1 Packung tiefgekühlte Chinasuppe Tunhang	unaufgetaut in
600 ml Wasser	geben, zum Kochen bringen, ab und zu umrühren, in etwa 5 Minuten gar ziehen lassen, in vorgewärmte Suppentassen oder -teller geben
	für den Ingwer-Toast
20 g Ingwer (aus dem Glas)	mit lauwarmem Wasser abspülen, trockentupfen, fein hacken, mit
3 Eßl. weicher Butter	verrühren
4 Scheiben Weißbrot	rösten, mit der Ingwerbutter bestreichen, nach Belieben diagonal durchschneiden, zu der Suppe reichen
Garzeit:	Etwa 10 Minuten.

Frühlingsrollen mit Currysoße

	Für die Soße
1 Apfel	schälen, vierteln, entkernen, fein reiben
3 Eßl. Mayonnaise	mit
3 Eßl. Sahne	
1 Teel. Currypulver	
1 Eßl. Calvados	verrühren
	für die Frühlingsrollen
150 g Pflanzenfett oder gut 125 ml (⅛ l) Speiseöl	in einer Pfanne erhitzen
4 Stück (4 Packungen) tiefgekühlte Frühlingsrollen	hineingeben, die Pfanne verschließen die Frühlingsrollen in etwa 10 Minuten von beiden Seiten garen lassen, danach die Frühlingsrollen unter öfterem Wenden in der offenen Pfanne goldgelb braten, auf Haushaltspapier abtropfen lassen, sofort servieren, die Currysoße zu den Frühlingsrollen reichen
Bratzeit:	Etwa 15 Minuten.
Beigabe:	Tomaten-Ketchup, Sambal-Oelek oder Relish-Soßen.

Cannelloni mit Broccoli

Für die Cannelloni

900 g (2 Packungen) tiefgekühlte Cannelloni unaufgetaut aus der Aluschale nehmen, in eine mit
Butter oder Margarine gefettete Auflaufform geben
80 g Salami in Würfel schneiden
150 g Käse grob raspeln
die beiden Zutaten über die Cannelloni geben
200 ml (⅕ l) Sahne darüber gießen
die Form auf dem Rost in den Backofen schieben
für den Broccoli
1 l Wasser mit
Salz
geriebener Muskatnuß zum Kochen bringen
600 g (2 Packungen) tiefgekühlten Broccoli hineingeben, zum Kochen bringen, in etwa 10 Minuten gar kochen lassen, den garen Broccoli mit einem Schaumlöffel vorsichtig herausnehmen, in eine vorgewärmte Schüssel geben, mit den Cannelloni servieren

Einstellung für den Backofen
Strom: Etwa 225
Gas: Etwa 4
Backzeit: Etwa 40 Minuten
Kochzeit für den Broccoli: Etwa 10 Minuten.

Bihun-Suppe mit Apfel-Curry-Creme

1 Packung tiefgekühlte Bihun-Suppe unaufgetaut in
gut 500 ml (½ l) Wasser geben, erhitzen, gut umrühren, in etwa 5 Minuten garen lassen, in vorgewärmte Suppentassen füllen
für die Apfel-Curry-Creme
125 ml (⅛ l) Sahne fast steif schlagen
1 Apfel schälen, vierteln, entkernen, raspeln, mit
1 Teel. Currypulver unter die Sahne heben, die Sahne auf die Bihun-Suppe geben, sofort servieren
Garzeit: Etwa 10 Minuten.

Nasi Goreng „in situ“

900 g (2 Packungen) tiefgekühltes Nasi Goreng unaufgetaut in
gut 250 ml (¼ l) Wasser geben, erhitzen, gut durchrühren, unter ständigem Rühren garen lassen
etwa 200 g gedünstete Pfirsiche
etwa 200 g Ananas (aus der Dose)
etwa 230 g Lychees (aus der Dose)
die Früchte abtropfen lassen, in kleine Schalen geben, zu dem Nasi Goreng reichen
Garzeit: Etwa 16 Minuten.

Menü „Fernost“

Peking-Suppe sauer-scharf

1 Packung tiefgekühlte Peking-Suppe sauer-scharf	unaufgetaut in
600 ml Wasser	geben, gut umrühren, zum Kochen bringen, in etwa 5 Minuten garen lassen
100 g Krabben	hinzufügen, miterhitzen, die Suppe sofort servieren
Garzeit:	Etwa 8 Minuten.

China-Gericht süß-sauer auf Reis

600 g (2 Packungen) tiefgekühltes China-Gericht süß-sauer	unaufgetaut in
500 ml (½ l) Wasser	geben, gut umrühren, erhitzen, etwa 8 Minuten dünsten lassen, dabei ab und zu umrühren
200 g Brühreis	in
1½ l kochendes Salzwasser	geben, zum Kochen bringen, im geschlossenen Topf in etwa 20 Minuten ausquellen lassen
	den Reis auf ein Sieb geben, mit kaltem Wasser übergießen, abtropfen lassen, in
zerlassener Butter	schwenken, den Reis in eine vorgewärmte Schüssel geben, das China-Gericht auf dem Reis anrichten
Garzeit:	Etwa 35 Minuten.

Vanille-Eis mit Lychees

1 Becher Eiskrönung Vanille	in Scheiben schneiden, auf vier Gläsern oder Schalen verteilen
etwa 425 g Lychees (aus der Dose)	abtropfen lassen
	das Eis mit den Lychees garnieren, die restlichen Lychees dazureichen.

Menü „Liaison“

Hühnersuppe mit Eierfäden

1 Packung tiefgekühlte Hühnersuppe	unaufgetaut in
600 ml Wasser	geben, gut umrühren, zum Kochen bringen, in etwa 10 Minuten garen lassen
1 Ei	mit
Salz	verschlagen, langsam in die kochende Suppe geben, die Suppe umrühren, sofort servieren
Garzeit:	Etwa 15 Minuten.

Schweinelendchen mit Spinatsoufflé, Tomatensoße und Schloßkartoffeln

	Für das Spinatsoufflé
450 g (1 Packung) tiefgekühlten Rahmspinat	bei Zimmertemperatur auftauen lassen
80 g gekochten Schinken	in kleine Würfel schneiden, zu dem Spinat geben
3 Eier	mit
2 Eßl. Sahne	mit einem elektrischen Rührgerät eine Minute lang schlagen, zu dem Spinat geben
	die Masse in 4 bis 8 kleine, mit
Butter oder Margarine	gefettete Förmchen geben, im Wasserbad zugedeckt in 20 – 30 Minuten gar ziehen lassen
	für die Schloßkartoffeln
etwa 800 g Kartoffeln	schälen, waschen, vierteln, halbmondförmig schneiden, die Kartoffeln in
kochendes Salzwasser	geben, zum Kochen bringen, in 15 Minuten gar kochen lassen, abgießen, mit
Salz	
Pfeffer	bestreuen
2 – 3 Eßl. Butter	zerlassen, die Kartoffeln darin goldbraun braten lassen
	für die Tomatensoße
1 Zwiebel	abziehen, würfeln
1 Knoblauchzehe	abziehen, zerdrücken
50 g Speck	in Würfel schneiden, auslassen, Zwiebel- und Knoblauchwürfel darin andünsten
gut 2 Eßl. Tomatenmark	unterrühren
1 Teel. Weizenmehl	darüber stäuben, kurz miterhitzen
200 ml (⅕ l) Wasser	hinzugießen, mit einem Schneebesen durchschlagen, darauf achten, daß keine Klumpen entstehen, zum Kochen bringen, die Soße etwa 15 Minuten kochen lassen, durch ein Sieb streichen, mit
Salz	
Pfeffer	
gerebeltem Basilikum	
gerebeltem Oregano	würzen
1 Eßl. Butter	unterrühren
	für die Schweinelendchen
etwa 500 g Schweinelendchen	waschen, abtrocknen, evtl. von Fett und Haut befreien, das Fleisch in dicke Scheiben schneiden, die Scheiben leicht flachdrücken, mit Salz, Pfeffer bestreuen
2 – 3 Eßl. Margarine	erhitzen, die Filetscheiben in etwa 8 Minuten braun braten lassen, auf einer vorgewärmten Platte anrichten die Förmchen mit dem Spinat-Soufflé aus dem Wasserbad nehmen, auf die Fleischplatte stürzen, einige Kartoffeln dazu legen, die restlichen Kartoffeln und die Tomatensoße dazureichen
Garzeit für das Spinatsoufflé:	20 – 30 Minuten
für die Schloßkartoffeln:	Etwa 25 Minuten
Kochzeit für die Tomatensoße:	Etwa 12 Minuten
Bratzeit für die Schweinelendchen:	Etwa 8 Minuten.

Eiskrönung Vanille mit heißen Himbeeren

1 Eßl. Butter	zerlassen
3 schwach gehäufte Eßl. Zucker	darin leicht bräunen lassen
300 g (1 Packung) tiefgekühlte Himbeeren	unaufgetaut hinzufügen, unter Rühren zum Kochen bringen
1 Teel. Speisestärke, z. B. Gustin	mit
4 Eßl. Himbeergeist	anrühren, die Flüssigkeit damit binden
1 Becher Eiskrönung Vanille	in Würfel schneiden oder zu Kugeln formen, in 4 Gläser oder Schalen geben, mit der heißen Himbeersoße übergießen, sofort servieren.

Menü „Crescendo“

Scampicocktail in Dillrahm

300 g tiefgekühlte Scampi	bei Zimmertemperatur auftauen lassen, mit
Zitronensaft	beträufeln
etwa 80 g kleine, gedünstete Champignons	
etwa 60 g Mandarinenspalten (aus der Dose)	
	beide Zutaten abtropfen lassen
1 Bund Dill	waschen, trockentupfen, fein hacken Scampis, Champignons, Mandarinenspalten und Dill in 4 Gläser oder Schalen geben, mit
Salz, Pfeffer	würzen
	für die Cocktailsoße
2 Becher (je 150 g) Crème fraîche	mit
6 Eßl. Tomaten-Ketchup	
4 Eßl. Weißwein	
4 Eßl. Weinbrand	
1 Teel. Meerrettich (aus dem Glas)	verrühren
gehackte Kräuter	hinzufügen, die Soße mit
Salz, Pfeffer	
Cayennepfeffer	abschmecken
125 ml (⅛ l) Sahne	steif schlagen, unterheben die Soße auf die Cocktailzutaten geben, mit
Dillzweigen	garnieren.

Markklößchensuppe

1 Packung tiefgekühlte Markklößchensuppe	nach der Vorschrift auf der Packung zubereiten, mit
gehackter Petersilie	bestreuen, sofort servieren
Garzeit:	Etwa 7 Minuten.

Wildschweinmedaillons in Preiselbeer-Rotweinsoße

8 Wildschwein-medaillons	kurz waschen, trockentupfen, mit
Salz	
zerdrückten Wacholderbeeren	
gerebeltem Thymian	
gerebeltem Majoran	
gerebeltem Rosmarin	
gerebeltem Salbei	einreiben
Butterschmalz	erhitzen, die Medaillons darin von beiden Seiten braten lassen, herausnehmen, auf einer vorgewärmten Platte anrichten, warm stellen
	für die Preiselbeer-Rotweinsoße
3 Zwiebeln	abziehen, würfeln, in dem Bratfett kurz anbraten lassen
250 ml (¼ l) Rotwein	hinzufügen, aufkochen lassen, durch ein Sieb gießen
2 Becher (je 150 g) Crème fraîche	mit
4 Eßl. Preiselbeerkompott (aus dem Glas)	unterrühren, kurz aufkochen lassen die Soße mit Salz,
Pfeffer	
Suppenwürze	abschmecken, nach Belieben etwas von der Soße über die Medaillons geben, die restliche Soße dazureichen
Bratzeit:	Jede Seite etwa 4 Minuten.
Beilage:	Orangenscheiben mit Preiselbeerkompott, tiefgekühlte Pommes Croquettes.

Rosenkohl in Mandelbutter

600 g (2 Packungen) tiefgekühlter Rosenkohl	nach der Vorschrift auf der Packung zubereiten, mit
Salz, Pfeffer	
geriebener Muskatnuß	abschmecken, in eine vorgewärmte Schüssel geben, warm stellen
150 g Butter	
100 g abgezogene, gehobelte Mandeln	hinzufügen, miterhitzen die Mandelbutter über den Rosenkohl geben
Kochzeit:	Etwa 15 Minuten.

Cassis-Sorbet mit angeschlagener Vanillesahne

1 Packung „Das Feine“ Cassis Sorbet	in Würfel schneiden oder zu Kugeln formen, in 4 gekühlte Gläser oder Schalen geben
250 ml (¼ l) Sahne	mit
1 Eßl. Vanillin-Zucker	etwa 1 Minute mit einem elektrischen Rührgerät schlagen (Sahne soll halbfest sein), die angeschlagene Sahne um das Eis geben, die Eisportionen mit
4 Johannisbeer-trauben	garnieren.

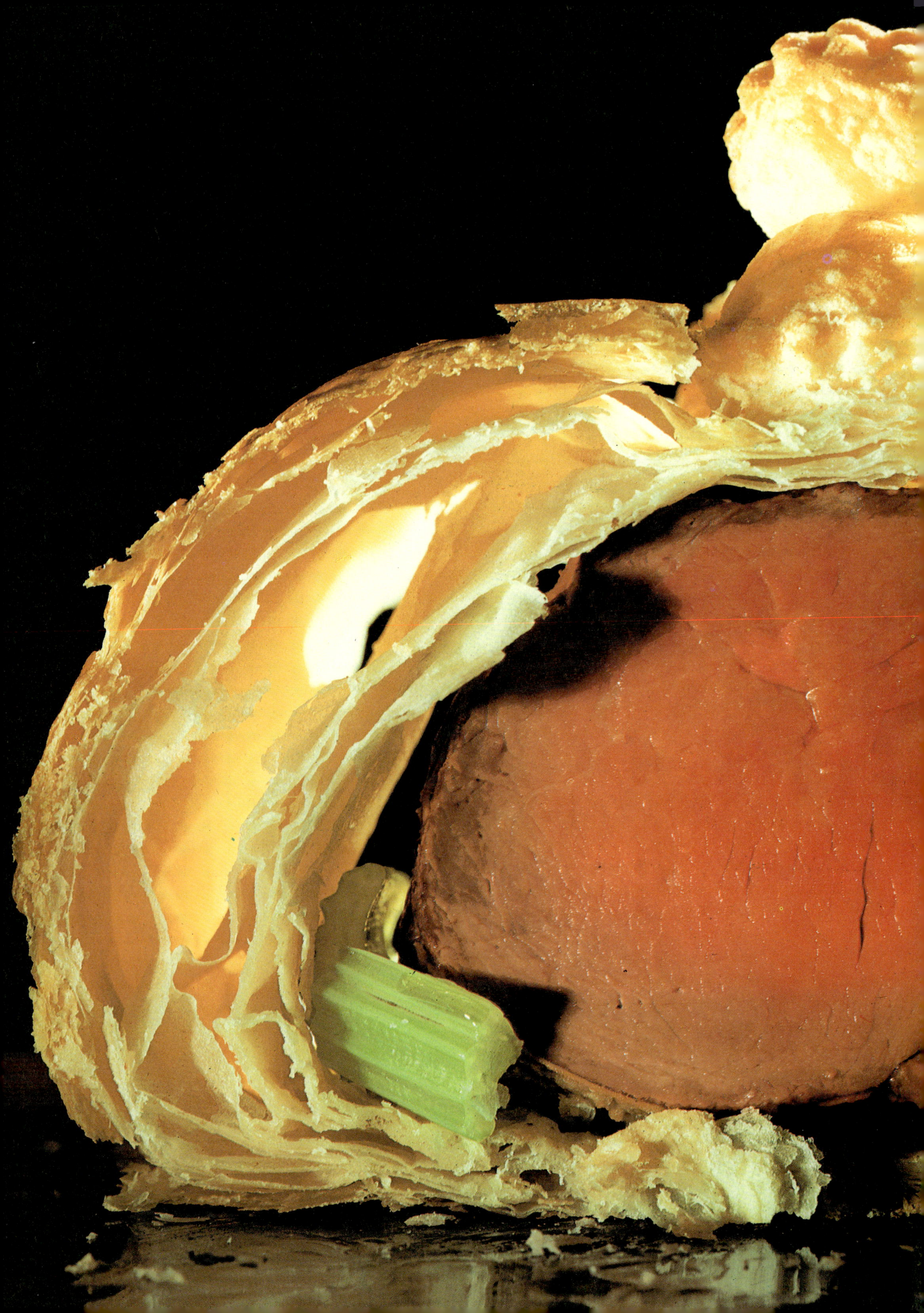

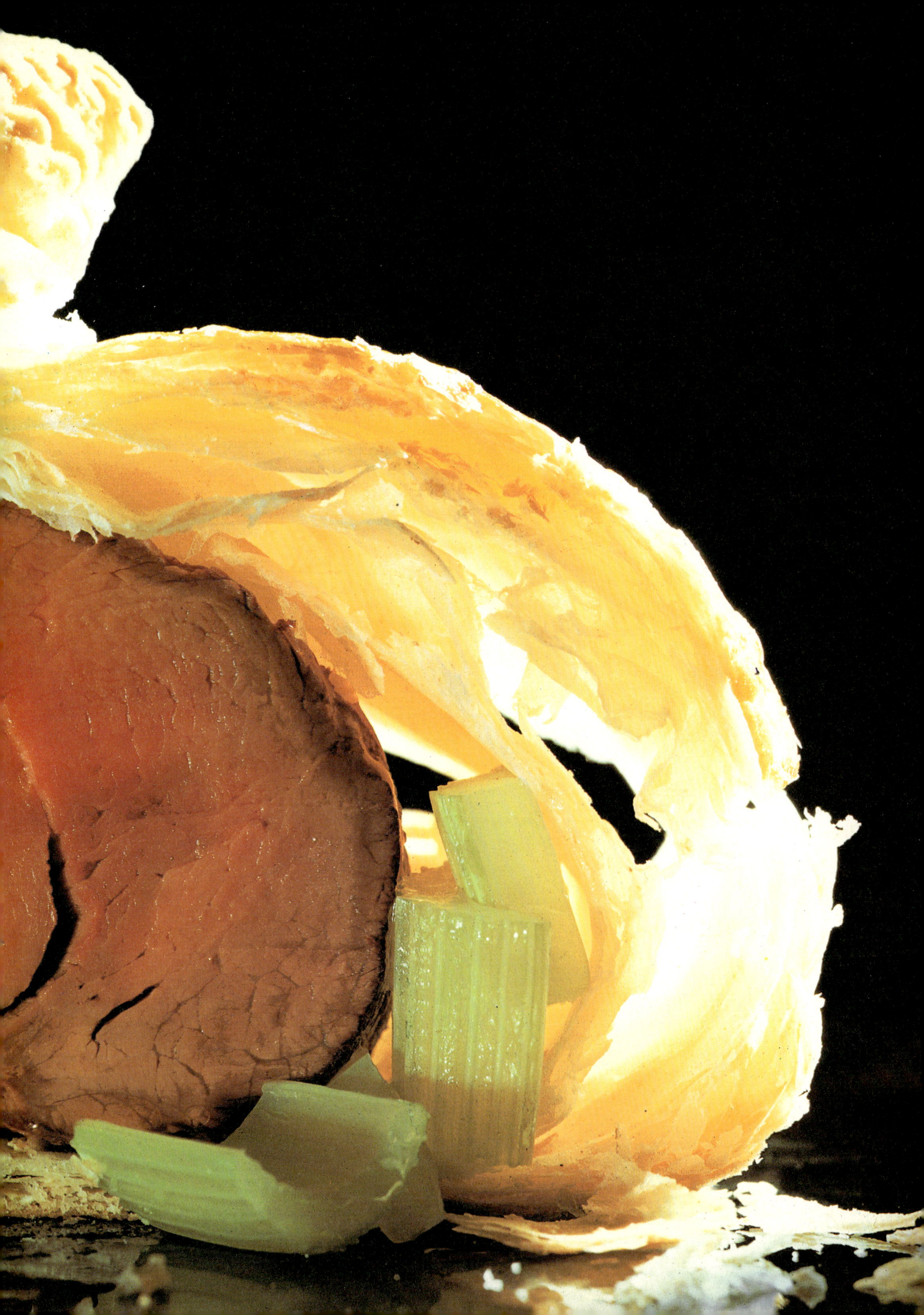

Rinderfilet im Blätterteigmantel

	Für die Füllung
1 kg Rinderfilet	waschen, abtrocknen, enthäuten
1 – 2 Eßl. Margarine	erhitzen, das Fleisch von allen Seiten darin anbraten, mit
Salz	
Pfeffer	würzen, aus der Pfanne nehmen, abkühlen lassen
250 g Staudensellerie	putzen, waschen, in Stücke schneiden, in dem Bratfett glasig dünsten lassen, mit Salz, Pfeffer abschmecken, kalt stellen
	für den Teig
1 Packung (300 g) tiefgekühlten	
Blätterteig	bei Zimmertemperatur auftauen lassen, zu einer länglichen Platte in der doppelten Größe des Filets ausrollen (nach Belieben etwas Teig zum Garnieren zurücklassen)
	etwas von dem Sellerie in der Länge des Filets in die Mitte des Teiges geben, das Filet darauf legen, mit der restlichen Selleriemasse bedecken
	den Teig um das Fleisch schlagen, auf ein mit Wasser abgespültes Backblech legen (glatte Teigseite nach oben), mit dem zurückgelassenen Teig garnieren
	über die Teigoberseite verteilt 3 etwa pfenniggroße Löcher ausstechen
1 Teel. Milch	mit
½ Eigelb	verschlagen, den Teig damit bestreichen
Strom:	200 – 225
Gas:	3 – 4
Backzeit:	40 – 50 Minuten.
Beilage:	Tiefgekühlte Kroketten.

Rindfleischsuppe „Kaiser Art“

250 g zerkleinerte Rindfleischknochen	
250 g Rindfleisch	
(Beinscheibe)	unter fließendem kaltem Wasser abspülen, in
1½ l kaltes	
Salzwasser	geben, zum Kochen bringen, abschäumen
1 Bund Suppengrün	putzen, waschen, kleinschneiden, hinzufügen, zum Kochen bringen, das Fleisch gar kochen lassen
	das Fleisch aus der Brühe nehmen, in Stücke schneiden
	die Brühe durch ein Sieb gießen
250 g Kaiserschoten (junge, zarte Erbsen-	
schoten)	waschen, in die Brühe geben, zum Kochen bringen, etwa 5 Minuten kochen lassen, die Fleischstücke in die Brühe geben
	die Rindfleischsuppe mit
Fleischextrakt	
oder Suppenwürze	abschmecken
Kochzeit für die Suppe:	Etwa 2½ Stunden
für die Kaiserschoten:	Etwa 5 Minuten.

Salatsoße „Italia“

3 Schalotten oder 1 mittelgroße	
Zwiebel	abziehen, fein würfeln
1 rote Peperoni	
(aus dem Glas)	abtropfen lassen, entkernen, in Ringe schneiden
1 Teel. Kapern	fein hacken
	die 3 Zutaten mit
3 Eßl. Olivenöl	
2 Eßl. Weinessig	
1 Eßl. Rotwein	verrühren, mit
Salz	
Pfeffer	
Zucker	abschmecken
1 Eßl. gehackte	
Kräuter	unterrühren.
Tip:	Die Salatsoße „Italia“ eignet sich für alle Blattsalate sowie für Gurken- und Spargelsalat.

Kasseler Koteletts mit grünem Pfeffer

4 Kasseler Koteletts	leicht klopfen, mit
Salz	bestreuen
1 – 2 Eßl. grünen Pfeffer	
(aus dem Glas)	abtropfen lassen, auf den Koteletts verteilen, etwas andrücken, die Koteletts in
1 gestrichenen Eßl.	
Weizenmehl	wenden
50 g Butter	
oder Margarine	erhitzen, die Koteletts darin von beiden Seiten braten lassen, auf einer vorgewärmten Platte anrichten, warm stellen
500 g Pfifferlinge	putzen, waschen, große Pilze evtl. halbieren oder vierteln
100 g durch-	
wachsenen Speck	in feine Würfel schneiden, auslassen
150 g Zwiebeln	abziehen, fein würfeln, in dem Speckfett goldbraun braten lassen
	Pfifferlinge hinzufügen, dünsten lassen, bis die Flüssigkeit verdampft ist, die Pilze mit
Salz	
Pfeffer	würzen
1 – 2 Bund Petersilie	waschen, trockentupfen, fein hacken,

	unter die Pfifferlinge heben die Pilze über die Koteletts geben, sofort servieren
Bratzeit für die Koteletts:	10 – 15 Minuten
Dünstzeit für die Pfifferlinge:	10 – 15 Minuten.

Rehrücken „Nouvelle Cuisine“

1 – 1½ kg Rehrücken	waschen, abtrocknen, enthäuten, mit
Salz Pfeffer gemahlenem Rosmarin	einreiben den Rehrücken in eine mit Wasser ausgespülte Rostbratpfanne legen, mit
200 g fetten Speckscheiben	bedecken, in den vorgeheizten Backofen schieben sobald der Bratensatz bräunt
3 – 4 abgezogene, geviertelte Zwiebeln 2 Teel. Wacholderbeeren 1 Teel. Pfefferkörner	hinzufügen, etwas von
250 ml (¼ l) Rotwein	hinzugießen, das Fleisch ab und zu mit dem Bratensatz begießen, verdampfte Flüssigkeit nach und nach ersetzen das gare Fleisch vom Knochen lösen, in Scheiben schneiden, wieder auf das Knochengerüst legen, auf einer vorgewärmten Platte anrichten, warm stellen den Bratensatz mit
Rotwein	loskochen, durch ein Sieb gießen, nach Belieben
etwas Weizenmehl	mit
etwas kaltem Wasser	anrühren, den Bratensatz damit binden, die Soße mit Salz, Pfeffer abschmecken, zu dem Fleisch reichen
Strom:	200 – 225
Gas:	4 – 5
Bratzeit:	30 – 45 Minuten.
Beilage:	Maronenkroquetten.

Maronenkroquetten

250 g Maronen (Eßkastanien)	kreuzweise aufschneiden, auf einem Backblech so lange im warmen Backofen lassen, bis die Schalen springen und sich lösen lassen die Kastanien mit kochendem Wasser abbrühen, die gelbe Haut entfernen, solange die Früchte noch heiß sind die Kastanien in
250 ml (¼ l) kochende Instant-Fleischbrühe	geben, zum Kochen bringen, gar kochen (Maronen dürfen nicht zerfallen), gut abtropfen lassen, evtl. abtrocknen *für den Kroquettenteig*
500 g Kartoffeln	schälen, waschen, in
Salzwasser	zum Kochen bringen, gar kochen lassen, abgießen, sofort durch die Kartoffelpresse geben, erkalten lassen die Kartoffeln mit
1 Eigelb 1 Teel. Speisestärke	verrühren, mit
Salz geriebener Muskatnuß	abschmecken jeweils 1 Marone mit Kartoffelteig (etwa 50 g) umhüllen, mit bemehlten Händen Kugeln daraus formen, die Kugeln mit
rohen Fadennudeln	spicken die Maronenkroquetten portionsweise schwimmend in siedendem
Pflanzenfett	goldbraun backen
Garzeit für die Maronen:	20 – 30 Minuten
Kochzeit für die Kartoffeln:	20 – 25 Minuten
Backzeit für die Maronenkroquetten:	2 – 3 Minuten.

Ente mit Äpfeln und Backpflaumen

	Für die Füllung
125 g entsteinte Backpflaumen	in
250 ml (¼ l) Rotwein	etwa 1 Stunde einweichen
2 mürbe Äpfel	waschen, vierteln, entkernen (nicht schälen) die Backpflaumen aus dem Rotwein nehmen, 8 Pflaumen zurücklassen, die restlichen mit den Äpfelvierteln mischen, den Rotwein aufbewahren
1 küchenfertige Ente (etwa 2 kg)	waschen, abtrocknen, innen mit
Salz	
Pfeffer	
gerebeltem Oregano	einreiben die Füllung in die Ente geben, die Ente mit Küchengarn zunähen oder mit Holzstäbchen zustecken mit dem Rücken nach unten auf den Rost auf eine mit kaltem Wasser ausgespülte Rostbratpfanne legen, auf der unteren Schiene in den Backofen schieben während des Bratens ab und zu unterhalb der Flügel und Keulen in die Ente stechen, damit das Fett besser ausbraten kann nach 30 Minuten Bratzeit das sich angesammelte Fett abschöpfen sobald der Bratensatz bräunt, etwas von dem zurückgelassenen Rotwein und etwas
heißes Wasser	hinzugießen, die Ente ab und zu mit dem Bratensatz begießen, verdampfte Flüssigkeit nach und nach ersetzen
4 Äpfel	waschen, das Kerngehäuse ausstechen, die obere Apfelkappe abschneiden, je 2 Backpflaumen darauflegen, mit den Äpfeln 10 Minuten vor Beendigung der Bratzeit zu der Ente geben die Ente mit
kaltem Salzwasser	bestreichen, die Hitze auf stark stellen, damit die Haut schön kroß wird die gare Ente vom Küchengarn (Holzstäbchen) befreien, auf einer vorgewärmten Platte anrichten, die Äpfel dazugeben, warm stellen den Bratensatz mit
Rotwein	loskochen, durch ein Sieb gießen, nach Belieben mit
etwas Weizenmehl	
etwas kaltem Wasser	anrühren, den aufgefüllten Bratensatz damit binden, die Soße mit
Salz	
Pfeffer	abschmecken
Strom:	200 – 225
Gas:	3 – 4
Bratzeit:	Etwa 1¾ Stunden.
Beilage:	Glasierte Maronen, Kartoffelkroquetten.

Glasierte Maronen

500 g Eßkastanien (Maronen)	kreuzweise aufschneiden, auf einem Backblech so lange im warmen Backofen lassen, bis die Schalen springen und sich lösen lassen die Kastanien mit kochendem Wasser abbrühen, die gelbe Haut entfernen, solange die Früchte noch heiß sind die Kastanien in
250 ml (¼ l) kochende Instant-Fleischbrühe	geben, zum Kochen bringen, gar kochen (Maronen dürfen nicht zerfallen), gut abtropfen lassen, evtl. abtrocknen
1 Teel. Butter	zerlassen
2 Eßl. Zucker	hinzufügen, bräunen lassen, die Kastanien dazugeben, solange darin wenden, bis sie mit der Butter-Zucker-Masse überzogen sind
Garzeit:	20 – 30 Minuten.

Gekochter Barsch

4 küchenfertige Barsche (je 250 – 300 g)	unter fließendem kaltem Wasser abspülen, trockentupfen, mit dem
Saft von 2 Zitronen	beträufeln, etwa 15 Minuten stehenlassen
1 Möhre	putzen, schrappen, waschen, in Scheiben schneiden

2 Zwiebeln	abziehen, in Ringe schneiden
	das Gemüse mit
4 Lorbeerblättern	
10 Pfefferkörnern	
10 Pimentkörnern (Nelkenpfeffer)	
5 Nelken	
3 getrockneten Chilischoten	
5 Eßl. Essig	
1 Eßl. Salz	in
1½ l Wasser	geben, zum Kochen bringen, etwa 10 Minuten kochen lassen
	die Barsche hinzufügen, zum Kochen bringen, in 15 – 20 Minuten gar ziehen lassen, auf einer vorgewärmten Platte anrichten oder im Fischsud servieren
Garzeit:	Etwa 20 Minuten.
Beilage:	Salzkartoffeln, zerlassene Butter.

Maiskolben

	Von
4 Maiskolben	die Blätter entfernen
	die Maiskolben waschen, in
kochendes Salzwasser	geben, zum Kochen bringen, gar kochen, abtropfen lassen
100 g weiche Butter	über die Maiskolben geben oder getrennt dazureichen
Kochzeit:	Etwa 10 Minuten.

Salade niçoise

4 Kartoffeln	waschen, in
Salzwasser	zum Kochen bringen, gar kochen lassen, abgießen, sofort pellen, in feine Scheiben schneiden, erkalten lassen
250 g Grüne Bohnen	abfädeln, waschen, in etwa 4 cm lange Stücke schneiden oder brechen, in
wenig Salzwasser	geben, gar dünsten, abtropfen, erkalten lassen
1 Kopf Salat	putzen, waschen, abtropfen lassen, in kleine Stücke zerpflücken
4 Tomaten	waschen, abtrocknen, achteln
4 hartgekochte Eier	pellen, achteln
etwa 150 g Thunfisch (aus der Dose)	abtropfen lassen, zerpflücken
etwa 50 g Sardellenfilets (aus dem Glas)	mit kaltem Wasser abspülen, abtropfen lassen
etwa 10 schwarze Oliven	
	Kartoffelscheiben, Grüne Bohnen, Tomatenachtel, Salatblätter in eine Schüssel schichten
	Eierachtel, Thunfisch, Sardellenfilets, Oliven darüber geben
	für die Salatsoße
4 Eßl. Salatöl	mit
2 – 3 Eßl. Essig	verschlagen, mit
Salz, Pfeffer, Zucker	würzen
1 Eßl. gehackte Kräuter	unterrühren, die Salatsoße über die Zutaten geben, den Salat sofort servieren
Kochzeit für die Kartoffeln:	25 – 30 Minuten
Dünstzeit für die Grünen Bohnen:	Etwa 30 Minuten.

Grüne Soße (Salsa verde)

100 g Frühlingszwiebeln (mit Grün) oder 100 g Schalotten	
2 Knoblauchzehen	
	Zwiebeln und Knoblauchzehen abziehen
1 Bund Petersilie	waschen, trockentupfen
4 Sardellenfilets (aus dem Glas)	mit kaltem Wasser abspülen
2 Eßl. Kapern (aus dem Glas)	
	alle Zutaten fein hacken
100 ml Salatöl	mit
4 Eßl. Zitronensaft	verschlagen, die feingehackten Zutaten unterrühren
	die Salsa verde mit
Salz	
Pfeffer	abschmecken.

Gemischter Fleischtopf (Bolliti Misti) (Für 6 – 8 Personen)

Etwa 800 g küchenfertige Kalbszunge	
etwa 1 kg Rindfleisch (aus der Keule)	
1 küchenfertiges Suppenhuhn	
	das Fleisch waschen, in
Salzwasser	geben, zum Kochen bringen
1 Bund Suppengrün	putzen, waschen, nach Belieben kleinschneiden
1 Zwiebel	abziehen, vierteln das Gemüse mit
1 Teel. Pfefferkörnern	zu dem Fleisch geben, zum Kochen bringen, gar kochen lassen das gare Fleisch aus der Brühe nehmen, die Zunge kalt abspülen, die Haut abziehen, solange die Zunge heiß ist das obere knorpelige Ende ablösen Zunge und Rindfleisch in Scheiben schneiden das Hühnerfleisch von den Knochen lösen, nach Belieben kleinschneiden das Fleisch auf einer vorgewärmten Platte anrichten die Brühe durch ein Sieb gießen, Suppengrün und Zwiebelviertel zu dem Fleisch geben die Brühe mit
Salz	
Suppenwürze oder Fleischextrakt	abschmecken, etwas Brühe über das Fleisch gießen, sofort servieren
Kochzeit:	2½ – 3 Stunden.
Beigabe:	Salsa verde (Grüne Soße, S. 349).

Pellkartoffeln mit Kräuterquark

1 kg Kartoffeln	waschen, in
Salzwasser	zum Kochen bringen, gar kochen lassen, abgießen die Kartoffeln im offenen Topf unter öfterem Schütteln abdämpfen lassen *für den Kräuterquark*
500 g Speisequark	mit
125 ml (⅛ l) Sahne	verrühren
1 Bund Schnittlauch	
1 Bund Petersilie	waschen, fein hacken, unter den Quark rühren, mit
Salz	
Pfeffer	abschmecken den Kräuterquark schaumig rühren, die Kartoffeln etwas aufdrücken, jeweils 1 Eßl. Kräuterquark hineingeben.

Bandnudeln mit Kerbelsoße (Fettuccine al salca)

250 g Bandnudeln (Fettuccine)	in
1½ l kochendes Salzwasser	geben, zum Kochen bringen, ab und zu umrühren, ausquellen lassen die garen Nudeln auf ein Sieb geben, mit kaltem Wasser übergießen, abtropfen lassen
40 g Butter	zerlassen, die Nudeln darin schwenken
2 Becher (je 150 g) Crème fraîche	hinzufügen, unter Rühren erhitzen, mit
Salz	
Pfeffer	
geriebener Muskatnuß	würzen, kurz vor dem Servieren
1 Eßl. gehackten Kerbel	unterheben das Gericht nach Belieben mit
geriebenem Parmesan-Käse	bestreuen
Kochzeit:	8 – 10 Minuten.

Crêpes „Mandarin"

100 g Weizenmehl	mit
2 Eßl. Zucker	mischen, mit
2 Eiern	
250 ml (¼ l) Milch	verrühren
1 Eßl. Butter	zerlassen, unterrühren
60 g Butter	in einem Töpfchen zerlassen, eine kleine Stielpfanne (Durchmesser 16 – 18 cm) erhitzen, mit etwas von der Butter auspinseln, eine dünne Teiglage hineingeben, von beiden Seiten goldgelb backen, aufrollen

	aus dem restlichen Teig weitere dünne Crêpes auf die gleiche Weise zubereiten, warm stellen
2 unbehandelte Apfelsinen	abwaschen, abtrocknen, mit den Ecken von
10 Stück Würfelzucker	die Apfelsinenschale abreiben
60 g Butter	in einer Stielpfanne (Flambierpfanne) erhitzen, den Würfelzucker,
50 g Zucker	darin auflösen, bräunen lassen
etwa 200 g Mandarinen-Orangen (aus der Dose)	abtropfen lassen, mit
2 Eßl. Zitronensaft	
10 Eßl. Apfelsinensaft	hinzufügen, erhitzen die aufgerollten Crêpes hineinlegen, ebenfalls erhitzen, ab und zu mit der Flüssigkeit begießen, mit
6 Eßl. Grand Marnier	flambieren, sofort servieren.

Paradiesische Quarksoße

	Aus
1 Päckchen Paradies-Creme Vanille	
250 ml (¼ l) Milch	nach der Vorschrift auf dem Päckchen eine Creme zubereiten, mit
125 g Speisequark	gut verrühren.
Tip:	Paradiesische Quarksoße über Schokoladenpudding oder beliebiges, gezuckertes Obst geben.

Marillen- (Aprikosen-) Knödel

60 g weiche Butter	schaumig rühren
250 g Speisequark	mit
125 g Weizenmehl	unterrühren
10 kleine Aprikosen (Marillen)	waschen, abtrocknen, den Kern vorsichtig herauslösen, von
10 Stück Würfelzucker	jeweils 1 Stück in eine Aprikose geben aus dem Teig eine Rolle von etwa 18 cm Länge formen, in 10 Stücke schneiden jedes Teigstück mit bemehlten Händen etwas flachdrücken, eine Aprikose darauf legen, das Teigstück darüber zusammendrücken die 10 gefüllten Teigstücke zu Knödeln formen, in
2 – 3 l kochendes Salzwasser	geben, zum Kochen bringen, gar ziehen lassen (Wasser muß sich leicht bewegen) die Knödel mit einem Schaumlöffel herausnehmen, abtropfen lassen
75 g Butter	zerlassen
2 Eßl. Zucker	
1 Päckchen Vanillin-Zucker	unter Rühren leicht darin rösten die Knödel darin wälzen, sofort servieren
Kochzeit:	Etwa 15 Minuten.

Aprikosensoße

250 g Aprikosen	waschen, halbieren, entsteinen, in kleine Stücke schneiden (einige Früchte zurücklassen)
250 ml (¼ l) Wasser	mit
50 g Zucker	
1 Päckchen Vanillin-Zucker	zum Kochen bringen, die Aprikosenstücke hineingeben, zum Kochen bringen, gar kochen lassen, mit der Flüssigkeit durch ein Sieb streichen, wieder zum Kochen bringen
2 gestrichene Teel. Speisestärke	mit
1 Eßl. kaltem Wasser	anrühren, die Soße damit binden, mit
Zitronensaft	abschmecken, kalt stellen.
Tip:	Aprikosensoße eignet sich als Beilage zu Pudding, Eis, Wild oder zu gekochtem Rindfleisch.

Aprikosen-Kaltschale

500 g Aprikosen waschen, halbieren, entsteinen, kurze Zeit in kochendes Wasser legen, in kaltem Wasser abschrecken, enthäuten (einige Früchte zum Garnieren zurücklassen), die restlichen Früchte in etwa 1 cm breite Streifen schneiden
1 l Wasser mit
100 g Zucker
1 Päckchen Vanillin-Zucker
½ Stück Stangenzimt
2 Zitronenscheiben (unbehandelt) zum Kochen bringen, die Aprikosenstreifen hineingeben, zum Kochen bringen, gar kochen lassen, mit der Flüssigkeit durch ein Sieb streichen, wieder zum Kochen bringen
2 gut gehäufte Eßl. Speisestärke mit
2 Eßl. kaltem Wasser anrühren, die Flüssigkeit damit binden
die Suppe mit Zucker,
Zitronensaft abschmecken, kalt stellen
die zurückgelassenen Aprikosenhälften hineingeben
nach Belieben kurz vor dem Servieren
Schneeklößchen auf die Kaltschale geben
Kochzeit: Etwa 20 Minuten.

Champagner-Johannisbeer-Sorbet

500 ml (½ l) roten Johannisbeersaft mit
250 g gesiebtem Puderzucker und der Hälfte von
1 Flasche Champagner verrühren, bis sich der Zucker völlig gelöst hat
2 Eiweiß mit
1 Eßl. feinem Zucker in einer Metallschüssel kurz anschlagen (soll dickflüssig bleiben), den Johannisbeer-Champagner unterrühren
die Metallschüssel mit der Masse in das Gefrierfach des Kühlschranks (3-Sterne-Fach) stellen, etwa 1½ Stunden gefrieren lassen
die Masse etwa alle 15 Minuten mit einem Schneebesen gut umrühren
sobald eine körnige Beschaffenheit der Masse erreicht ist, sie in gekühlte Sektkelche füllen
das Sorbet mit
Johannisbeeren
Mandelblättchen garnieren, kurz vor dem Servieren mit dem restlichen Champagner auffüllen.

Kirschen im Backteig

500 g Kirschen mit Stiel waschen, gut abtropfen lassen
für den Teig
250 g Weizenmehl mit
9 g (3 gestrichene Teel.) Backpulver Backin mischen, in eine Schüssel sieben, in die Mitte eine Vertiefung eindrücken
1 Ei mit
250 ml (¼ l) Milch verschlagen, etwas davon in die Vertiefung geben, von der Mitte aus Eimilch mit einem Teil des Mehls verrühren, die übrige Eimilch dazugeben, darauf achten, daß keine Klumpen entstehen
die Kirschen in den Teig tauchen
Fritierfett in einer Friteuse auf etwa 180 Grad erhitzen, die Kirschen portionsweise darin goldgelb fritieren, auf Haushaltspapier abtropfen lassen
die Kirschen nach Belieben mit
Puderzucker bestäuben, sofort servieren
Fritierzeit: 1 – 2 Minuten.

KÜCHENRATGEBER

Allgemeine Regeln zum Kochen, Dünsten und Braten

Dieser von der Dr. Oetker Versuchsküche sorgfältig erarbeitete Ratgeberteil informiert in ausführlichen Regeln über die richtige Zubereitung der veschiedenen Lebensmittel wie Fleisch, Fisch, Gemüse usw.
Er gibt Hinweise und Anleitungen für das Grillen, das Fritieren, das Einfrieren von Lebensmitteln und den Umgang mit Schnellkochtöpfen. Aufgeführt sind darin weiter küchentechnische Ausdrücke, Maße, Gewichts- und Mengenangaben sowie eine Nährwerttabelle der wichtigsten Nahrungsmittel für kalorienbewußtes Kochen.
Die genaue Befolgung dieser Anleitungen und Tips gibt eine zusätzliche Geling-Garantie der in diesem Buch enthaltenen Rezepte und ist deshalb sowohl für Kochanfänger als auch für versierte Hausfrauen eine nützliche Informationsquelle.

Vorheizen von Backöfen

Die Rezepte in diesem Buch sind für Elektro- und Gasherde erarbeitet.

Bei **Elektroherden** kommen die Speisen in den vorgeheizten Backofen;

bei **Gasherden** in den kalten Backofen, wenn nicht im Rezept anders angegeben.

SUPPEN

Fleisch-, Knochen- und Grundsuppen

1. Fleisch und Knochen nur kurz mit kaltem Wasser abspülen, damit keine Nährstoffe verlorengehen.

2. Fleisch in kaltes oder kochendes Wasser geben. Kommt es nur auf eine gute Brühe an, das Fleisch (evtl. kleinschneiden) in kaltem Wasser aufsetzen, damit das Fleisch besser auslaugt. Soll das Fleisch saftig bleiben, es in kochendes Wasser geben; das Eiweiß an den Schnittflächen gerinnt sofort und verschließt die Poren des Fleisches.

3. Fleisch muß während des Kochens mit Wasser bedeckt sein, da es sonst hart und zäh wird.

4. Brühe bei starker Hitze fast zum Kochen bringen, abschäumen, bei schwacher Hitze fertig kochen.

5. Ein Verkochen der Flüssigkeit braucht beim Ansetzen nicht berücksichtigt zu werden, da auf dem Gas- und Elektroherd bei richtiger Einstellung der Flamme bzw. der Kochplatte kaum Wasser verdampft.

6. Das geputzte, gewaschene Suppengrün kleingeschnitten oder gebündelt in die Brühe geben, je nachdem, ob es in der Suppe bleiben soll oder nicht.
Petersilie erst kurz vor dem Anrichten in die Suppe geben, sie verliert durch das Kochen die grüne Farbe und die Vitamine.
Um eine dunklere Färbung der Brühe zu erzielen, eine fettlos gebräunte Zwiebel darin mitkochen lassen.

7. Wird eine besonders klare Suppe gewünscht, Einlagen wie Teigwaren, Reis, Klöße in Salzwasser gar kochen, mit kaltem Wasser abspülen (Klöße nicht) und sie erst kurz vor dem Anrichten in die fertige Suppe geben.

8. Um einer gebundenen Suppe einen kräftigen Geschmack zu geben, Mehl, Grieß, Reis und Sago zunächst mit Fett anrösten, dann mit der erforderlichen Flüssigkeit auffüllen (ablöschen), gar kochen. Diese Zubereitungsart bei der sogenannten Mehlschwitze wählen, wobei das Mehl, je nach Wunsch, heller oder dunkler geröstet werden kann.

Gemüsesuppen

1. Gemüsesuppen ganz oder zum Teil mit Fleisch- oder Knochenbrühe zubereiten. Wasser, Gemüsebrühe und Reste von Gemüsekochwasser ebenfalls verwenden.

2. Die Vorbereitung von frischem Gemüse (putzen, waschen) erfolgt nach den Vorschriften, die für das Vorbereiten von Gemüse angegeben sind.

3. Frisches Gemüse entweder mit kochender Flüssigkeit ansetzen oder in Fett andünsten, mit heißer Flüssigkeit auffüllen, gar kochen lassen.

4. Trockengemüse (Hülsenfrüchte) 12 – 24 Stunden in Wasser einweichen, mit dem Einweichwasser zum Kochen bringen, gar kochen lassen.

5. Zur feineren Zubereitung Suppen durch ein Sieb streichen.

6. Falls Diätvorschriften eine Mehlschwitze verbieten, die Suppe mit kalt angerührter Speisestärke, z. B. Gustin, binden, vor dem Anrichten ein Stück Butter hinzufügen.

Süße Suppen

1. Süße Suppen haben als Grundlage Milch (Milchprodukte), Wasser, Obstsaft, Wein oder Bier. Die Suppen mit einem stärkehaltigen Nahrungsmittel wie Mehl, Speisestärke, z. B. Gustin, Grieß usw. binden.

2. Milchsuppen sind nahrhaft und eignen sich gut zum Frühstück und Abendbrot. Da sie leicht verdaulich sind, spielen sie in der Kinder- und Krankenkost eine große Rolle.

3. Mehl, Grieß und dergleichen bei schwacher Hitze garen lassen.

4. Obstsuppen zum Kochen bringen, garen lassen. Die Früchte vor dem Kochen gründlich reinigen, getrocknete Früchte 12 Stunden einweichen, das Einweichwasser mitverwenden.

5. Alkoholische Flüssigkeiten nicht kochen, sondern nur erhitzen, zuletzt in die Suppe geben.

6. Die Suppe im Kochtopf erkalten lassen, ab und zu umrühren, damit sich keine Haut bildet.

7. Als Einlage eignen sich bei süßen Suppen Zwiebackbröckchen, Suppenmakronen, Schnee-, Grieß-, Schwemmklößchen oder Mandelreis.
Schneeklößchen auf der heißen Suppe oder auf kochendheißem Wasser im zugedeckten Topf garen.

Suppeneinlagen

1. Wird eine besonders klare Suppe gewünscht, Einlagen – wie Teigwaren, Reis, Klöße – in Salzwasser gar kochen, sie erst kurz vor dem Anrichten in die fertige Suppe geben. Einlagen in gebundenen Suppen garen.

2. Um Klößchen abzustechen, Löffel vorher in die kochende Flüssigkeit tauchen, damit sich der Teig gut ablöst; um runde Klößchen zu erhalten, diese zweckmäßig mit nassen Händen formen.

3. Alle Klößchen in kochende Flüssigkeit geben, im offenen Topf gar ziehen lassen (Flüssigkeit muß sich leicht bewegen).

4. Beim Einlauf darauf achten, daß die Brühe stark kocht, damit das Ei sofort gerinnt und große Flocken entstehen. Nach dem Aufkochen die Brühe im zugedeckten Topf so lange stehenlassen (nicht kochen), bis sie wieder klar ist.

SOSSEN

1. Die Grundlage der warmen, salzigen Soßen ist im allgemeinen die helle oder dunkle Mehlschwitze. Sie wird mit Fleisch-, Knochen- oder Gemüsebrühe aufgefüllt. Die Grundsoße kann mit verschiedenen Zutaten gewürzt und verändert werden.

2. Um warme, helle Soßen zu verfeinern, sie mit Eigelb abziehen (legieren): Dazu 1 Eigelb mit 2 Eßl. Milch oder Sahne verschlagen. Langsam einige Eßl. der heißen Soße hinzugeben – ohne mit dem Schlagen auszusetzen – zuletzt das Eigelb unter Rühren an die heiße, aber nicht mehr kochende Soße geben. Dabei ebenfalls tüchtig rühren und darauf achten, daß die Soße nicht anfängt zu kochen, da das Eigelb sonst gerinnt.

3. Wenn warme Soßen mit saurer Sahne, Crème fraîche, Dosenmilch, Zitronensaft, Wein, Senf, Meerrettich oder feinen Kräutern abgeschmeckt werden sollen, dürfen die Soßen nach Zugabe dieser Zutaten nicht mehr kochen, da sie dadurch geschmacklich beeinträchtigt würden.

4. Bei kalten Soßen im allgemeinen Öl, Sahne und Eier mit Zitronensaft oder Essig und Salz zu einer glatten Emulsion rühren oder schlagen, ehe die würzigen Beigaben hinzugegeben werden. Die Soßen passen besonders gut zu kaltem Fleisch und Fisch.
Salate und Rohkostgemüse können auch damit gebunden werden.

5. Die Herstellung der süßen Soßen ist besonders einfach. Sie bestehen aus Milch, Saft oder Wein und werden mit Speisestärke oder Ei gebunden. Das Bindemittel, z. B. Gustin, mit kaltem Wasser anrühren, dann in die kochende Flüssigkeit geben. Soll die Soße mit Eigelb abgezogen werden, sich nach den Angaben unter Punkt 2 richten.

FLEISCH

Gekochtes Fleisch

1. Größere Fleischstücke rollen und binden, damit sie dem Wasser wenig Oberfläche bieten.

2. Fleisch in kochendes Wasser geben, damit das Eiweiß der äußeren Schicht gerinnt. Poren schließen sich und der Fleischsaft kann nicht heraustreten.

3. Während der Kochzeit darf das Wasser nur sieden.

4. Große Fleischstücke evtl. nach dem Kochen 10 Minuten in der Brühe liegen lassen, damit sie saftiger bleiben.

5. Die Fleischbrühe zur Zubereitung von Soßen verwenden.

6. Für kleine helle Fleischstücke helle Soßen (Frikassee), für kleine dunkle Fleischstücke dunkle Soßen (Ragout) verwenden.

7. Gare kleine Fleischstücke wieder in die kochende Soße geben, kurz aufkochen lassen.

8. Gare große Fleischstücke quer zur Faser hin aufschneiden.

Geschmortes Fleisch

1. Das Fleisch in heißem Fett bis zur Bräunung anbraten, dann unter Zusatz von etwas Wasser im geschlossenen Topf gar schmoren lassen. Für diese Zubereitungsweise eignen sich besonders kleinere Fleischstücke (unter 1 kg) und solche mit derber Fleischfaser.

2. Werden Zwiebeln, Tomaten oder kleingeschnittenes Suppengrün verwendet, sie in das Fett geben, wenn das Fleisch fast fertig gebräunt ist.

3. Sobald das Fleisch gut gebräunt ist, etwas von 500 ml (½ l) heißem Wasser hinzugießen, im geschlossenen Topf gar schmoren lassen, verdampfte Flüssigkeit nach und nach ersetzen.

4. Um die Soße zuzubereiten, das gare Fleisch aus dem Topf nehmen, den Bratensatz durch ein Sieb gießen, so viel Wasser hinzugießen, wie im Rezept angegeben ist. Die Flüssigkeit zum Kochen bringen, mit angerührter Speisestärke, z. B. Gustin, oder angerührtem Weizenmehl binden.
Die Soße durch Zugabe von saurer Sahne oder Crème fraîche verfeinern.

5. Das gare Fleisch vor dem Schneiden etwa 10 Minuten „ruhen“ lassen, damit sich der Fleischsaft setzt und beim Aufschneiden nicht herauslaufen kann.

6. Das gare Fleisch quer zur Faser hin aufschneiden.

Gebratenes Fleisch, im Backofen

1. Fleischstücke von mindestens 1 kg werden in der Rostbratpfanne oder auf dem Rost auf der Rostbratpfanne gebraten.

2. Fleisch vor dem Braten mit Salz und Gewürzen einreiben.

3. Rostbratpfanne mit Wasser ausspülen. Sobald der Bratensatz anfängt zu bräunen oder das Wasser verdampft ist, heißes Wasser nachgießen.

4. Um eine kräftige Soße zu erzielen, Knochen von Anfang an in die Rostbratpfanne geben. Zwiebeln, Suppengrün, Tomaten 30 Minuten vor Beendigung der Bratzeit in die Pfanne geben.

5. Die Soße aus dem losgekochten Bratensatz zubereiten. Ihn durch ein Sieb gießen, mit so viel Wasser auffüllen, wie im Rezept angegeben ist. Die Flüssigkeit auf der Kochstelle zum Kochen bringen, mit angerührter Speisestärke, z. B. Gustin, oder angerührtem Weizenmehl binden.
Die Soße evtl. durch Zugabe von saurer Sahne oder Crème fraîche verfeinern.

6. Das gare Fleisch vor dem Schneiden etwa 10 Minuten „ruhen“ lassen, damit sich der Fleischsaft setzt und beim Aufschneiden des Fleisches nicht herausläuft.

7. Das gare Fleisch quer zur Faser hin aufschneiden.

Gebratenes Fleisch, in der Pfanne

1. Fleischstücke unpaniert oder paniert verwenden.

2. Panierte Fleischstücke:
Durch das Panieren wird eine Schutzschicht geschaffen; der Fleischsaft geht nicht verloren, das Fleisch bleibt saftiger.

3. Panieren:
Das gesalzene Fleisch zunächst in Weizenmehl, dann in verschlagenem Ei und zuletzt in Semmelmehl wenden.

4. Die panierten Fleischstücke sofort braten, damit der Belag nicht aufweicht und das Bräunen nicht erschwert wird.

5. Unpanierte Fleischstücke:
Das Fett in der Pfanne erhitzen, dann erst das Fleisch hineingeben. Die Poren schließen sich und der Fleischsaft kann nicht heraustreten.

6. Alle unpanierten Fleischstücke salzen und würzen, nachdem die untere Seite gebräunt ist.

7. Die fertig gebratenen Fleischstücke sofort servieren, da sie sonst hart und unansehnlich werden.

8. Den losgekochten Bratensatz zu dem Fleisch reichen.

Fleisch in Gelee (Aspik)

1. Zum Gelieren von 500 ml (½ l) Flüssigkeit 1 Päckchen Gelatine gemahlen, weiß oder 6 Blatt weiße Gelatine verwenden.

2. Gemahlene Gelatine mit kaltem Wasser anrühren, 10 Minuten zum Quellen stehenlassen und – wenn im Rezept nicht anders angegeben – unter Rühren erwärmen, bis sie gelöst ist, evtl. kühl stellen, unter die zu steifende Speise rühren.
Blatt-Gelatine in kaltem Wasser einweichen, in heißer Flüssigkeit auflösen.

3. Flüssigkeit mit gelöster Gelatine wird erst dann fest, wenn sie genügend abgekühlt ist und lange genug gestanden hat. Falls die Zimmertemperatur über 23° C beträgt, erstarrt gelöste Gelatine nicht mehr. Daraus ergibt sich folgendes: Gelatine-Speisen einige Stunden vor dem Verzehr – am besten am Abend vorher – zubereiten und kalt stellen.

4. Sollen Gelatine-Speisen gestürzt werden, sie in Formen füllen, die mit kaltem Wasser ausgespült sind. Damit sich die Speisen gut stürzen lassen, sie mit einem Messer vom Rand lösen, die Form einen Augenblick in heißes Wasser halten.

5. Um eine klare Brühe zu erhalten, sie folgendermaßen „klären“:
Die erkaltete Brühe entfetten, 1 Eierschale zerdrücken, mit 1 Eiweiß, 3 Eßl. kaltem Wasser verschlagen, in die Brühe geben, unter ständigem Schlagen bis kurz vor dem Kochen erhitzen, dabei gerinnt das Eiweiß und bindet die in der Brühe enthaltenen Bestandteile. Die Brühe kalt stellen, so lange ruhig stehenlassen, bis sie klar ist, abschäumen, durch ein sauberes Tuch gießen.

WILD

1. Wild muß gut abgehangen sein.

2. Damit das Fleisch zarter und der Wildgeschmack gemildert wird, das Fleisch evtl. eine Nacht in eine Marinade oder einige Tage in Buttermilch legen.

3. Beim Braten von Wild die dünneren Teile, z. B. Rücken, nicht sofort mit in die Pfanne legen, sondern erst zu einem späteren Zeitpunkt, da diese Fleischstücke am zartesten sind und leicht trocken werden.

GEFLÜGEL

1. Das Geflügel sauber rupfen, sengen, ausnehmen, waschen.

2. Zum Braten das Geflügel abtrocknen, evtl. binden (Keulen und Flügel fest an den Körper drücken), damit es saftiger bleibt und sich besser zerlegen läßt.

3. Soll das Geflügel gefüllt werden, die Füllung in das Innere geben, die Öffnung anschließend mit einem Holzstäbchen zustecken.

4. Mageres Geflügel mit Fett bestreichen oder mit Speckscheiben belegen.

5. Fettes Geflügel während des Bratens ab und zu unterhalb der Flügel und Keulen einstechen, damit das Fett besser ausbraten kann (evtl. das Fett abschöpfen).

6. Damit die Haut schön kroß wird, das Geflügel 10 Minuten vor Beendigung der Bratzeit mit Salzwasser bestreichen.

FISCH

Um zu verhindern, daß Hände und Küchengeräte Fischgeruch annehmen, diese vor der Fischzubereitung mit kaltem Wasser abspülen.
Alle Fische werden nach der Drei-S-Methode vorbereitet: Säubern – Säuern – Salzen.

1. Säubern:
Seefische schuppen. Den Schwanz anfassen, den Fisch mit flach gehaltenem Messer oder mit einem Fischschupper vom Schwanz zum Kopf hin schuppen. Zarthäutige Fische und solche, die blau gekocht werden sollen, nicht schuppen. Die blaue Farbe entsteht durch den Farbstoff und Schleimgehalt der Haut, die deshalb nicht verletzt werden darf. Diese Fische unter fließendem kaltem Wasser abspülen (nicht trockentupfen) ohne sie viel anzufassen.
Flossen und Schwanz der Fische, besonders größerer, mit einer Schere beschneiden.
Bei Seezungen die äußere Haut abziehen. Die Haut am Schwanz lockern, mit einem kräftigen Ruck zum Kopf hin abziehen.
Bei Rotzungen die rote Haut abziehen, aber vom Kopf zum Schwanz hin, die weiße Haut nur schuppen.
Um Fische auszunehmen, unterhalb des Kopfes den Bauch bis zum Ende der Bauchhöhle mit einem scharfen Messer aufschneiden. Das Eingeweide entfernen, aber darauf achten, daß die Galle nicht verletzt wird.
Sowohl die innere schwarze Haut als auch die bei einigen Fischen vorhandene weiße, lederartige Haut längs des Rückgrats sowie das geronnene Blut restlos entfernen.
Bei Seefischen die Kiemen (unter den Kiemendeckeln) herausnehmen.
Fische unter fließendem kaltem Wasser gründlich innen und außen abspülen, evtl. trockentupfen.

2. Säuern:
Fische mit Zitronensaft oder Essig beträufeln, 30 Minuten stehenlassen (Fleisch wird fester, Fischgeruch verschwindet).

3. Salzen:
Fische innen und außen mit Salz einreiben.

4. Fisch folgendermaßen filetieren:
Mit einem scharfen, großen Messer am Kopfende im Rücken einen Einschnitt machen, darauf achten, daß das Messer direkt über den Gräten liegt. Die linke Hand auf den Fisch legen, das Messer immer vom Kopf zum Schwanz hinziehen; dabei wird das Fleisch von den Gräten gelöst.
Danach die Fischhaut entfernen. Die entgrätete Fischhälfte auf ein Brett legen (Haut nach unten). Am Schwanzende ein Stück Haut ablösen, das Messer leicht schräg halten, weiterschieben und dabei die Haut vom Fisch trennen.

5. Zum Braten den Fisch vor dem Panieren sorgfältig trockentupfen (wird knuspriger), das Semmelmehl gut andrücken.

6. Fische sind gar, wenn sich die Rückenflosse leicht herausziehen läßt.

GEMÜSE

Das Vorbereiten

Auberginen

Den Stielansatz der Aubergine abschneiden, die Frucht in Hälften oder Scheiben schneiden, mit Salz bestreuen, etwa 30 Minuten stehenlassen, damit die im Fruchtfleisch enthaltenen Bitterstoffe herausziehen.
Bei Auberginenfleisch, das gekocht oder gedünstet wird, ist eine solche Vorbehandlung nicht erforderlich.

Blumenkohl

Blätter und schlechte Stellen entfernen, den Strunk abschneiden, den Blumenkohl unter fließendem kaltem Wasser waschen.
Wenn er ganz verwendet werden soll, ihn einige Zeit mit dem Strunk nach oben in Salzwasser legen (Raupen und Insekten kommen nach oben), ihn andernfalls in Röschen teilen, darauf achten, daß das Ungeziefer entfernt wird.

Bohnen

Sie oben und unten an den Spitzen etwas abschneiden, dabei die Fäden (falls vorhanden) abziehen, die Bohnen waschen, je nach Rezept in Stücke brechen oder in einer Maschine schnippeln.
Große Bohnen auspalen, waschen.

Broccoli

Die Blätter entfernen, den Stengel am Strunk schälen, bis kurz vor den Röschen kreuzweise einschneiden, waschen, gut abtropfen lassen.

Chicorée

Die welken Blätter entfernen, den Chicorée halbieren, den Strunk keilförmig herausschneiden, den Chicorée waschen, gut abtropfen lassen, je nach Rezeptangabe weiter verarbeiten.

Chinakohl

Die welken Blätter entfernen, die Stauden längs halbieren, in schmale Streifen schneiden, waschen, gut abtropfen lassen.

Eisbergsalat

Die äußeren Blätter entfernen, den Salatkopf halbieren oder vierteln, zerpflücken, waschen, gut abtropfen lassen.

Endiviensalat

Wurzeln und äußere Blätter abschneiden, die übrigen Blätter übereinanderlegen, in schmale Streifen schneiden, sorgfältig waschen, gut abtropfen lassen.

Erbsen

Auspalen, evtl. das Ungeziefer entfernen, die Erbsen waschen.

Feldsalat

Die Wurzelenden abschneiden, fehlerhafte Blätter entfernen, größere Blätter evtl. einmal durchschneiden, gründlich waschen, gut abtropfen lassen.

Fenchel

Die Stiele dicht oberhalb der Fenchelknolle abschneiden, braune Stellen und Blätter entfernen (zartes Blattgrün evtl. feingehackt mitverwenden), die Wurzelenden gerade schneiden, den Fenchel waschen, je nach Rezeptangabe weiter verarbeiten.

Grünkohl

Welke und fleckige Blätter und Rippen entfernen, den Kohl gründlich waschen, abkochen.

Gurken

Waschen, nach Belieben mit Schale verwenden oder schälen.

Kohlrabi

Schälen, waschen, in Streifen oder Scheiben schneiden oder raspeln.

Kopfsalat

Harte und welke Blätter entfernen, die anderen vom Strunk lösen, die großen Blätter teilen, die Herzblätter ganz lassen, den Salat in reichlich Wasser waschen, gut abtropfen lassen.

Möhren (Wurzeln) Karotten

Ältere Möhren mit einer Bürste unter fließendem kaltem Wasser sorgfältig reinigen, die Möhren schrappen (schaben), waschen, in Würfel, Scheiben oder Streifen schneiden oder raspeln.

Paprika

Die Schoten halbieren, entstielen, entkernen, die weißen Scheidewände entfernen, die Schoten waschen.

Pilze

Bei größeren Pilzen Lamellen und Haut entfernen, kleinere nur abschaben, die Pilze waschen, beim Zerkleinern darauf achten, daß wurmstichige Stellen entfernt werden.

Porree (Lauch)

Die Wurzeln abschneiden, welke und harte Blätter entfernen, den Porree gründlich waschen, je nach Rezeptangabe weiter verarbeiten, evtl. nochmals waschen.

Radicchio

Die welken Blätter entfernen, die Wurzeln abschneiden, den Radicchio auseinanderpflücken, waschen, gut abtropfen lassen.

Rosenkohl

Die beschädigten und fleckigen äußeren Blättchen entfernen, etwas vom Strunk abschneiden, diesen kreuzförmig einschneiden, den Rosenkohl waschen.

Rote Bete (Rote Rüben)

Unter fließendem kaltem Wasser mit einer Bürste reinigen, roh verwenden oder mit der Schale gar kochen. Sie sofort mit kaltem Wasser übergießen, damit sich die Schale besser abziehen läßt, und die Rote Bete, sobald sie erkaltet sind, zerkleinern. Rote Bete nach Belieben aber auch schälen, in Scheiben schneiden, in etwas Wasser gar kochen.

Rotkohl

Die äußeren Blätter und die schlechten Stellen entfernen, den Kopf halbieren, den Strunk herausschneiden, jede Hälfte kurz waschen, möglichst fein schneiden oder hobeln.

Schwarzwurzeln

Unter fließendem kaltem Wasser mit einer Bürste reinigen, die dunkle Haut abschaben, die Schwarzwurzeln nochmals kurz waschen, sofort bis zum Kochen in mit etwas Mehl verrührtes Essigwasser legen (verfärben sich sonst).

Sellerie

Unter fließendem kaltem Wasser mit einer Bürste reinigen, roh verwenden oder mit der Schale gar kochen. Sie sofort mit kaltem Wasser übergießen, damit sich die Schalen besser abziehen lassen. Die erkalteten Knollen, je nach Rezeptangabe, weiter verarbeiten. Sellerie nach Belieben aber auch schälen, in Scheiben schneiden, in etwas Wasser gar kochen.

Spargel

Die einzelnen Stangen unten, so weit sie holzig sind, abschneiden, sie dann schälen, und zwar unterhalb des Kopfes beginnen, die Stangen anschließend kurz waschen.

Spinat/Melde

Sorgfältig verlesen, dabei sämtliche Wurzeln und die besonders großen Stengel entfernen, den Spinat mindestens 5 – 6 mal sorgfältig waschen, ohne Wasser kochen.

Staudensellerie

Die einzelnen Stengel am Wurzelansatz abschneiden, bei den äußeren kräftigen Stengeln evtl. die gröbsten Fasern abziehen, braune Stellen entfernen.

Steckrüben (Kohlrüben, Wruken)

Schälen, waschen, in Stücke schneiden.

Tomaten

Blüten und Stengelansätze entfernen, die Tomaten waschen. Sollen die Tomaten enthäutet werden, sie kurze Zeit in kochendes Wasser legen (nicht kochen lassen), in kaltem Wasser abschrecken, enthäuten.

Weißkohl/Wirsing

Die äußeren Blätter und die schlechten Stellen entfernen, den Kopf halbieren, den Strunk herausschneiden, jede Hälfte kurz waschen, möglichst fein schneiden oder hobeln.

Zucchini

Bei einer Länge bis zu 8 cm können die Zucchini mit der Schale zubereitet werden, größere und ältere Früchte sollten immer geschält werden.

Zwiebeln

Die äußere Haut abziehen.

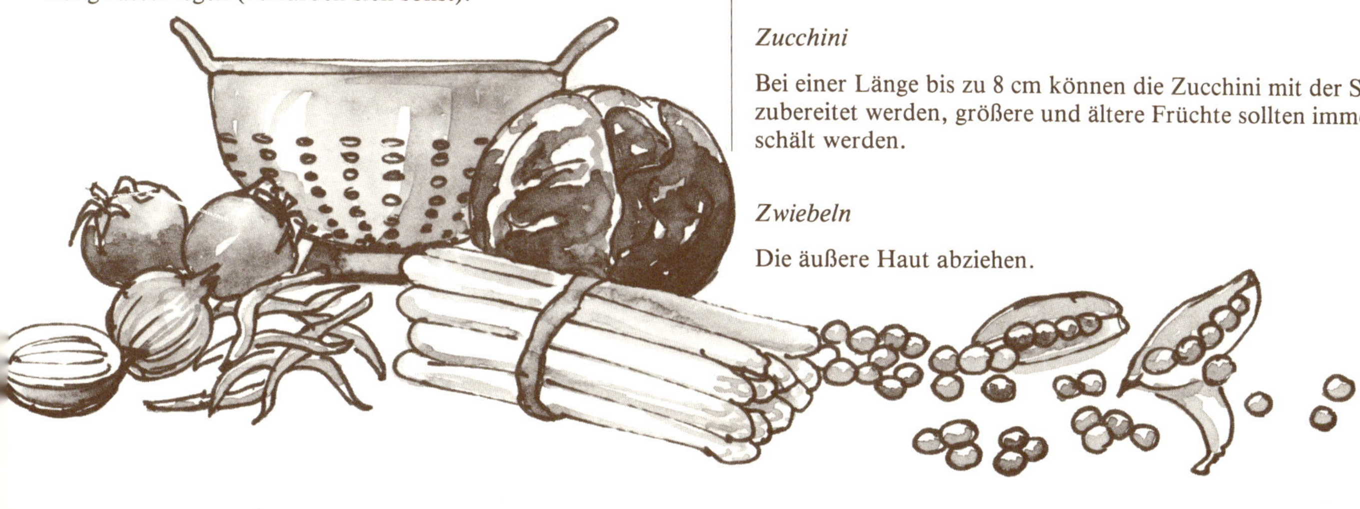

Gekochtes Gemüse

1. Gemüse möglichst nicht in Wasser kochen, da Nähr- und Geschmacksstoffe ausgelaugt werden. Gemüse dämpfen oder dünsten. Sollte Gemüse doch gekocht werden, es in kochendes Wasser geben.

2. Bei Verwendung von Wasser, dieses salzen, da Salz die auslaugende Wirkung des Wassers einschränkt.

3. Die im Rezept angegebene Wassermenge mit etwas Salz in einen Kochtopf geben, zum Kochen bringen. Das vorbereitete Gemüse hineinlegen, den Topf mit einem Deckel verschließen, bei schwacher Hitze garen.

Gedünstetes Gemüse

1. Das vorbereitete Gemüse in Fett anschwitzen, mit möglichst wenig Wasser im geschlossenen Topf garen; manche Gemüse ohne Wasser garen (z. B. Spinat).

2. Gemüse so kurz wie möglich dünsten, durch lange Garzeit wird es entwertet.

Gefülltes Gemüse

1. Ausgehöhlte Knollen (Kohlrabi, Sellerie), ausgehöhlte Früchte (Tomaten, Gurken) oder Kohlblätter (Wirsing, Weißkohl) füllen.

2. Das Gemüse vor dem Füllen evtl. dünsten.

3. Gleich große Knollen und Früchte wählen, um ein gleichzeitiges Garwerden zu erreichen.

4. Gefülltes Gemüse schmoren oder dünsten.

5. Gefülltes Gemüse evtl. zur Garnierung großer Fleisch- und Gemüseplatten verwenden.

Trockengemüse (Hülsenfrüchte)

1. Hülsenfrüchte vor dem Gebrauch waschen, 12 – 24 Stunden einweichen.

2. Zum Einweichen kaltes Wasser nehmen.

3. Die Hülsenfrüchte in dem Einweichwasser aufsetzen.

4. Da die Schalen schwer verdaulich sind, die garen Hülsenfrüchte evtl. durch ein Sieb streichen.

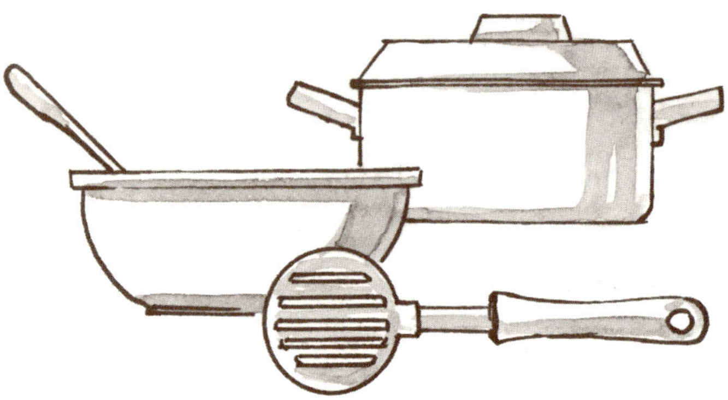

SALATE

1. Alle rohen Salate gründlich waschen, gut abtropfen lassen, erst dann anrichten.
Wässeriger Salat schmeckt fade und nimmt das Öl nicht an.

2. Geschnittenen Salat nicht im Wasser liegenlassen; Mineralstoffe sind zum Teil wasserlöslich.

3. Blattsalate nicht ausdrücken, am besten nach dem Waschen in einem Tuch oder Drahtkorb ausschwenken. Blattsalate erst kurz vor dem Verzehr anrichten, da das Aussehen durch längeres Stehen leidet.

4. Junge Möhren nicht schrappen. Sellerie nach dem Schälen sofort in Zitronen- oder Essigwasser geben, damit er weiß bleibt.

5. Je nach ihrer Beschaffenheit und Verdaulichkeit Gemüse grober oder feiner zerkleinern. Dazu Messer, Gemüsehobel, Rohkostraffel oder Küchenmaschine benutzen.

6. Zerkleinertes Gemüse mit einer einfachen Salatsoße, aber auch mit Sahnesoße oder Salatmayonnaise vermengen.

7. Den Geschmack durch Beigabe von Kräutern, Zwiebeln und Gewürzen abwandeln.

8. Rohe Salate besonders sorgfältig und appetitlich anrichten. Beim Zusammenstellen einer Rohkostplatte sowohl Geschmack als auch Farbe der Gemüsearten berücksichtigen.

9. Gemüse- und Fleischsalate einige Stunden in der Soße oder Mayonnaise durchziehen lassen.

EINTÖPFE

s. Suppen

KARTOFFEL-GERICHTE

1. Für ein Gericht möglichst gleich große Kartoffeln nehmen, um ein gleichzeitiges Garwerden zu erzielen.

2. Die Kartoffeln besonders gründlich waschen oder bürsten bei Zubereitung von Pellkartoffeln.

3. Nach dem Schälen Kartoffeln sofort in kaltes Wasser legen, damit sie nicht braun werden.

4. Kleingeschnittene Kartoffeln nie längere Zeit im Wasser liegenlassen.

5. Kartoffeln mit kaltem Wasser aufsetzen.

6. Nach einer Kochzeit von 20 Minuten Kartoffeln mit einer Gabel prüfen, ob sie gar sind.

7. Nach dem Abgießen des Wassers die Kartoffeln im offenen Topf einige Zeit stehenlassen, damit der Dampf entweichen kann (abdämpfen lassen).

GERICHTE AUS GETREIDE-ERZEUGNISSEN

Teigwaren

1. Teigwaren trocken in kochendes Wasser geben.

2. Sie brauchen viel Kochwasser, um genügend quellen zu können.

3. Da sie sich im Anfang leicht zusammenballen und auf dem Boden des Topfes festsetzen, sie ab und zu umrühren.

4. Gare Nudeln zum Abtropfen auf ein Sieb geben, mit kaltem Wasser übergießen, damit sie nicht aneinanderkleben, abtropfen lassen.

Klöße

1. Kloßteig kräftig durcharbeiten, damit eine geschmeidige Masse entsteht und der Teig beim Kochen nicht auseinanderfällt.

2. Kloßteig vor dem Formen abschmecken.

3. Um sich von der Festigkeit der Teigmasse zu überzeugen, einen Probekloß kochen. Sollte er zu fest sein, die Teigmasse durch die Zugabe von gekochten Zutaten wie gekochtem Fleisch, Kartoffeln, Grießbrei oder geriebener Semmel lockern.
Sollte der Probekloß auseinanderfallen, die Teigmasse durch Zusatz von rohen Zutaten wie Ei, Kartoffeln, Grieß oder Mehl binden.

4. Um Klöße abzustechen, den Löffel vorher in kochendes Salzwasser tauchen.

5. Läßt sich der Teig formen, auf einem bemehlten Holzbrett eine Rolle formen, in gleichmäßige Scheiben schneiden, mit mehlbestäubten Händen zu Klößen formen.

6. Die Klöße bis zum Kochen auf bemehlte Holzbretter legen.

7. Klöße in kochendes Salzwasser legen.

8. Nur so viele Klöße in den Topf geben, wie nebeneinander Platz haben (dabei das Aufgehen berücksichtigen).

9. Klöße sollen mehr ziehen als kochen (Flüssigkeit muß sich leicht bewegen).

10. Klöße im offenen Topf kochen, Dampf würde Klöße auseinanderreißen, mit Ausnahme von Hefeklößen.

Aufläufe

1. Zum Backen von Aufläufen feuerfeste Formen aus Porzellan, Steingut oder Jenaer Glas verwenden.

2. Die Form vor dem Einfüllen der Masse gut mit streichfähiger Butter oder Margarine ausstreichen.

3. Bei allen Aufläufen, die aufgehen (auflaufen) sollen, die Form nur ¾ füllen.

4. Die Oberfläche mit Semmelmehl oder geriebenem Käse bestreuen, Butterflöckchen darauf setzen.

5. Den Rand der Form nach dem Einfüllen gut säubern, um ein Verbrennen der Reste zu vermeiden.

6. Aufläufe in der Form, in der sie gebacken wurden, servieren.

EIERSPEISEN

1. Eier vor dem Kochen säubern und einstechen.

2. Eier vorsichtig aufschlagen und prüfen, ob sie gut sind (das einzelne Ei erst in eine Tasse gleiten lassen).

3. Ganze Eier vor dem Einrühren verquirlen oder verschlagen, damit Eigelb und Eiweiß richtig gemischt werden.

4. Bei Verwendung von Eigelb allein, es mit 1 Eßl. Milch oder Sahne gut verschlagen, dann in die Speise rühren.

5. Legierte Speisen dürfen nicht mehr kochen, da sonst das Ei gerinnt, die Speise nur vorsichtig erwärmen, am besten im Wasserbad warm halten.

6. Beim Schlagen von Eiweiß zu Schnee das Eiweiß sorgfältig vom Eigelb trennen, darauf achten, daß kein Eigelb in das Eiweiß läuft, da sich das Eiweiß sonst nicht aufschlagen läßt. So lange schlagen, bis ein fester Schnee entstanden ist, es muß ein Messerschnitt sichtbar bleiben, d. h., der Schnee darf nicht herausfließen beim Umdrehen des Gefäßes. Eierschnee wird durch Stehen wieder flüssig, deshalb sofort verwenden.

7. Eierschnee lose unterziehen (nicht rühren).

8. Ein übriggebliebenes Eigelb ist, mit Wasser bedeckt, 1 – 2 Tage haltbar.

QUARKSPEISEN

1. Molkereimäßig behandelte Milch braucht vor dem Genuß nicht aufgekocht zu werden.

2. Zum Milchkochen möglichst immer den gleichen Topf mit glatter Innenfläche benutzen. Milch brennt nicht an, wenn die Milch während der Erwärmung umgerührt oder der Topf vor dem Einfüllen mit klarem Wasser ausgespült wird.

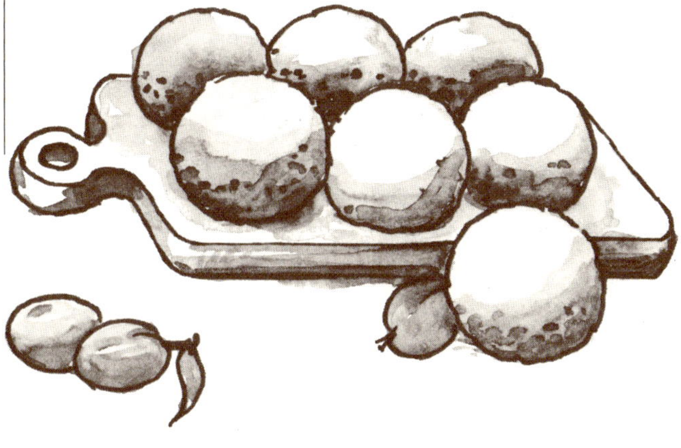

OBST

1. Frisches Obst waschen und abtropfen lassen.

2. Getrocknetes oder gedörrtes Obst in kaltem Wasser 12 – 24 Stunden einweichen.

3. Obst erst nach dem Waschen entsteinen oder schälen.

4. Obst nie längere Zeit im Wasser liegenlassen, Äpfel, Birnen und Bananen nach dem Schälen mit Zitronensaft beträufeln, damit sie nicht braun werden.

5. Besonders saftreiche Obstsorten im eigenen Saft dünsten.

6. Obstmus erst nach dem Durchrühren süßen, damit kein Zukker mit dem Rückstand verlorengeht.

7. Gewürze wie Zitronen- und Apfelsinenschalen usw. vor dem Anrichten des Obstes entfernen.

SÜSSPEISEN

Puddinge

1. Pudding-Pulver oder Speisestärke, z. B. Gustin, und Zucker zusammen mit kaltem Wasser oder kalter Milch anrühren, in die kochende Flüssigkeit rühren. Das Anrühren geht schnell und gut mit einer Gabel. Damit sich beim Hineinrühren in die Flüssigkeit keine Klumpen bilden, den Topf von der Kochstelle nehmen. Danach die Speise unter Rühren kurz aufkochen lassen.

2. Eigelb mit dem Dickungsmittel, dem Zucker und Flüssigkeit verschlagen, dann aufkochen oder es mit etwas kalter Milch oder Wasser verschlagen, dann unter kräftigem Rühren nach und nach an die heiße, nicht mehr kochende Speise geben.

3. Eiweiß zu steifem Schnee schlagen, sofort nach dem Kochen unter die heiße Speise heben.

4. Soll ein Pudding nach dem Erkalten gestürzt werden, ihn sofort nach dem Kochen in eine mit kaltem Wasser ausgespülte Sturzform füllen.
Bevor der Pudding auf eine Platte gestürzt wird, seine obere Seite mit Wasser bestreichen, damit man ihn verschieben kann, falls er nicht in der Mitte liegt.

Wie stellt man sicher, daß jeder gekochte Pudding seine Festigkeit behält?

Durch Kochen zubereitete Puddinge sowie sämige Soßen und Suppen verdanken ihre Konsistenz der Speisestärke, die in Pudding- bzw. Soßenpulver enthalten ist. Unter normalen Umständen behalten ein Pudding oder eine Soße die ursprüngliche Beschaffenheit so lange bei, wie sie genießbar bleiben (zumeist also bis zum Sauerwerden der verwendeten Milch).
Trotzdem kann man hin und wieder beobachten, daß sich ein Pudding während des Abkühlens wieder verflüssigt oder daß eine anfangs sämige Suppe oder Soße dünnflüssig wird. Was ist die Ursache dieser Veränderung?
Es liegt zwar nahe, das Pudding- bzw. Soßenpulver dafür verantwortlich zu machen, doch trifft dieser Verdacht nicht zu. Ursache ist vielmehr ein äußerer Einfluß, nämlich die nachträgliche Einwirkung eines Enzyms, also eines Wirkstoffes, der die Stärke in Zucker umwandeln und sie dadurch ihrer Dickungsfähigkeit berauben kann. Dieses Enzym, Diastase genannt, befindet sich z. B. in rohem Eigelb, in geringerem Umfang auch in Hühnereiweiß sowie in zerkleinerten frischen Walnußkernen. Auch der menschliche Mundspeichel enthält dieses Enzym in beachtenswerter Menge. Es ist ferner von Bedeutung, daß dieser Wirkstoff oberhalb 80° C, also erst recht beim Kochen, vollständig zerstört wird, und daß er bei tiefen Temperaturen praktisch unwirksam wird. Ein frisch gekochter Pudding enthält also keine Spur eines Enzyms.
Gerät ein solcher Wirkstoff nach dem Kochen in eine Puddingmischung oder in eine andere zum Abkühlen hingestellte stärkehaltige Zubereitung, so kann sich diese je nach Temperatur und Menge des zugefügten Enzyms in wenigen Minuten oder auch erst nach Stunden vollständig verflüssigen.
Um dies zu vermeiden, empfehlen wir, bei nachträglicher Zugabe von Ei oder Nußkernen die Speise noch einmal kurz aufzukochen oder zumindest die Zutaten der noch kochendheißen Speise zuzugeben.
Beim Abschmecken des noch warmen Puddings ist besondere Vorsicht geboten. Niemals darf der Pudding mit einem Löffel in Berührung kommen, mit dem man vorher die Speise probiert hat. Die Beachtung dieses Hinweises ist für das gute Gelingen von größter Bedeutung!

Geleespeisen

1. Gelatine gemahlen, weiß oder rot, mit etwas kaltem Wasser anrühren. 10 Minuten zum Quellen stehenlassen, unter ständigem Rühren bei schwacher Hitze erwärmen, bis sie gelöst ist.
3 Eßl. von der Speise mit der Gelatinelösung verrühren, unter die restliche Speise rühren.

2. Eierschnee oder steifgeschlagene Sahne erst dann unter eine Gelatinespeise geben, wenn diese anfängt zu gelieren, andernfalls steigt der Schnee oder die Schlagsahne an die Oberfläche.

3. Gelatinespeisen, die gestürzt werden sollen, in mit kaltem Wasser ausgespülte Formen geben. Die Speise vor dem Stürzen vorsichtig mit einem Messer vom Formenrand lösen. Die Form einen Augenblick in heißes Wasser halten.

4. Bei Verwendung von roter Gelatine zum Steifen von Buttermilch, Sauermilch, Joghurt und Quark, diese Speisen erst einige Stunden vor Gebrauch zubereiten, da sie nach längerem Stehen – abgesehen von einer dünnen rosa Schicht an der Oberfläche – vollkommen weiß werden. Diese Entfärbung wird durch die in diesen Zutaten in ungekochtem Zustand enthaltenen Milchsäurebakterien verursacht. Nur dort, wo der Sauerstoff der Luft direkt an die Speise kommt, vermögen die Milchsäurebakterien nicht zu wirken.

5. Gelatinespeisen immer rechtzeitig zubereiten, da sie Zeit zum Erstarren brauchen und kalt stehen müssen. Bei Zimmertemperaturen über 23 Grad C bleiben Gelatinespeisen flüssig, und bereits festgewordene Speisen können wieder flüssig werden.

Cremespeisen

1. Creme ist eine halbsteife Süßspeise, die nicht gestürzt werden kann.

2. Als Bindemittel kann Speisestärke oder auch Gelatine verwendet werden.

3. Cremespeisen, die mit Gelatine und geschlagenem Eiweiß oder Schlagsahne bereitet werden, müssen dicklich sein, bevor der Eierschnee oder die Schlagsahne untergehoben wird; andernfalls steigt Schnee oder Sahne an die Oberfläche, und die gelöste Gelatine setzt sich als Geleeschicht am Boden ab.

4. Creme nicht im Aluminiumtopf rühren oder schlagen, da sie sonst grau wird.

Frost-Desserts

1. Das Gefrierfach des Kühlschranks darf keine Eisschicht haben, weil diese den Gefriervorgang verzögern würde.

2. Zwischen den einzelnen Kühlschrankfabrikaten bestehen Unterschiede; darum müssen auch die Angaben über Eisbereitung in der jedem Kühlschrank beigegebenen Betriebsvorschrift beachtet werden.

Allgemeine Regeln zum Grillen

1. Gegrillt kann werden
a) im Backofen mit beheizter Sondereinrichtung (eingebautem Grillheizkörper)
oder
b) in einem Tisch-Grillgerät
oder
c) auf einem Holzkohlengrill im Freien.

2. Zum Grillen eignen sich besonders kleine, abgehangene Fleischstücke, wie Koteletts, Filets, Schnitzel, kleines Geflügel und Fisch.

3. Das Grillgut nach Belieben einige Stunden vor dem Grillen in eine Marinade legen, es vor dem Grillen würzen, aber **nicht** salzen. Grillgut erst **nach** dem Grillen salzen.

4. Um eine schöne Bräunung des Grillguts zu erreichen, dieses vor und auch während des Grillens mit Speiseöl, Bier o. a. (s. Rezepte) bestreichen. Für Diätkost kann auch ohne Fett gegrillt werden.

5. Den Grill vorheizen, bevor das Grillgut eingeschoben wird.

6. Zum Grillen im Backofen und zum Vorheizen den Backofenschalter in die dafür vorgesehene Einstellung bringen, das Abschirmblech zwischen Grillheizkörper und Backofendecke schieben und die Backofentür dagegenlehnen.
Den Gasherd-Grill etwa 5 Minuten vorheizen, den Elektroherd-Grill etwa 10 Minuten.

7. Die Einschubhöhe richtet sich nach Art und Höhe des Grillguts. Allgemein gilt: Je flacher das Grillgut ist, desto höher kann es eingeschoben werden und umgekehrt.

8. Zum Grillen von ganzem Geflügel oder größeren Fleischstükken den Drehspieß verwenden.
Geflügel und Fleischstücke zusammenbinden, damit sie ihre Form behalten.
Das Fleisch so auf den Spieß stecken, daß es nach keiner Seite hin Übergewicht hat und der Spieß sich gleichmäßig drehen kann.

9. Größere Fleischstücke nach dem Grillen etwa 5 Minuten stehenlassen, damit so wenig Fleischsaft wie möglich beim Anschneiden herauslaufen kann.

Allgemeine Regeln zum Fritieren

1. Zum Fritieren nur hitzestabile Fette verwenden, z. B. Kokosfett, Erdnußöl, Sonnenblumenöl oder Maiskeimöl.
Butter und Schmalz sind ungeeignet, da sie schon bei einer Temperatur von 120 bzw. 160 Grad C anfangen zu rauchen, d. h. also, wenn die beste Fritiertemperatur von 180 Grad C erreicht ist, sind diese Fette bereits verbrannt.

2. Bei Verwendung einer Friteuse, das Fritiergut erst dann in das Fett geben, wenn die eingestellte Temperatur erreicht ist, d. h. die Kontrollampe erloschen ist.
Bei mehreren Fritiervorgängen hintereinander, das Fett immer wieder auf die gewünschte Temperatur bringen, bevor das Fritiergut hineinkommt.

3. Jedes Fritiergut muß trocken sein, bevor es in das heiße Fett gegeben wird, um ein Überschäumen des Fettes und ein Spritzen zu verhindern. Die Fritierstücke dürfen nicht zu groß sein; größte Stücke: Koteletts, kleine Hähnchenhälften.

4. Um das Aufsaugen von Fett besonders bei Gemüse und Obst zu vermeiden, sollten diese durch einen Ausbackteig gezogen werden.

5. Das Fritiergut nach dem Garen gut abtropfen lassen bzw. zum Entfetten auf Haushaltspapier legen.

6. Nach dem Fritieren das etwas abgekühlte, aber noch flüssige Fritierfett durch eine Papierfiltertüte gießen oder durch einen mit Haushaltspapier ausgelegten Fritierkorb.
Das Fritierfett in einem fest verschlossenen Gefäß kühl aufbewahren.
Wird häufig fritiert, kann das Fritierfett in der Friteuse aufbewahrt werden, die Friteuse muß dann an einem kühlen und trokkenen Ort stehen.

7. Altes, verbrauchtes Fett riecht in heißem und in kaltem Zustand ranzig, es ist bräunlich verfärbt und fängt schon vor Erreichen der Fritiertemperatur an zu rauchen; es schäumt übermäßig, auch bei gut abgetrocknetem Fritiergut.
Altes Fritierfett fest werden lassen, in Stücke schneiden und in Tüten verpackt in die Mülltonne werfen.
Altes, verbrauchtes Fritieröl in Plastikflaschen füllen und ebenfalls in die Mülltonne werfen.

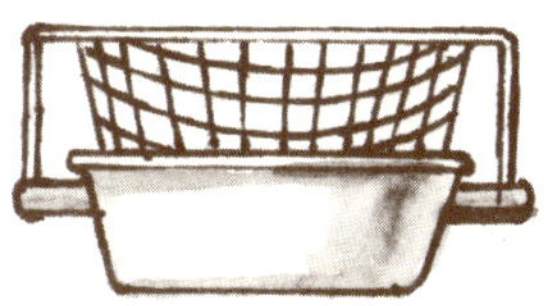

Allgemeine Regeln zum Schnellkochen

Suppen

1. Den Schnelltopf mit allen Zutaten nur bis zu ⅔ füllen. Bei stark schäumenden und quellenden Speisen den Topf nur bis zur Hälfte füllen.

2. Suppen und Brühen im offenen Schnelltopf ankochen und gut abschäumen.

3. Dann erst den Topf mit dem Deckel verschließen und sofort den Kochstufenregler auf die gewünschte Kochstufe einstellen.

4. Die Heizquelle so rechtzeitig regulieren, daß der gewünschte Ring am Ventil nur ganz schwach sichtbar wird.
5. Suppeneinlagen wie Reis, Nudeln, Grieß in die fertige Brühe geben und im offenen Topf kochen oder im ungelochten Einsatz im geschlossenen Topf beim Kochen der Brühe mitgaren.

6. Stark trübende Teigwaren (z. B. Nudeln) gesondert in Salzwasser garen und in die fertige Suppe geben.

Fleisch

1. Fleisch stets in heißem Fett anbraten, damit sich die Poren schnell schließen und das Fleisch saftig bleibt.

2. Dünne, flache Fleischstücke beim 3. oder beim 2. Ring garen – falls im Rezept nicht anders angegeben.

3. Zartes Fleisch, z. B. Kalbfleisch, beim 1. Ring garen.

Geflügel

1. Nicht zu großes Geflügel im ganzen garen – höchstens bis zu 1 kg – andernfalls in Portionsstücke schneiden.

2. Geflügelteile vor dem Garen evtl. enthäuten und entbeinen.

3. Geflügel beim 2. oder 3. Ring (Super 3) garen.

Fisch

1. Nicht zu große Fischstücke im ganzen garen – höchstens bis zu 1 kg – andernfalls in Portionsstücke schneiden.

2. Fisch stets beim 1. Ring garen.

3. Kleinere Mengen und sehr zarten Fisch im ungelochten Einsatz garen. Dabei stets 250 ml (¼ l) Flüssigkeit in den Schnelltopf gießen.

Gemüse

1. Vorbereitetes Gemüse nie längere Zeit im Wasser liegenlassen, da es sonst auslaugt.

2. Zartes Gemüse – z. B. Spargel, Blumenkohl, Broccoli – nur beim 1. Ring garen; andere Gemüsearten beim 2. Ring und bei Benutzung des Super 3 ggf. beim 3. Ring.

3. Die Garzeiten für Gemüse können je nach Qualität und Menge schwanken.

4. Hinweise für stark quellende Speisen (Hülsenfrüchte) s. Suppenregeln, S. 354.

Eintöpfe

1. Den Schnelltopf höchstens bis zu ⅔ füllen.

2. Das vorbereitete Gemüse und die Kartoffeln zusammen mit dem Fleisch in den Schnelltopf geben; bei Gemüse, das nur eine kurze Garzeit benötigt, das Fleisch bis zu ⅔ der Garzeit vorgaren. Im Super 3 verkürzen sich die Kochzeiten nochmals ganz wesentlich, s. Rezepte.

3. Hülsenfrüchte erst nach dem Garen salzen, da sich so die Garzeit verkürzt.

Kartoffeln

1. Neue Kartoffeln immer mit kochendem Wasser ansetzen; alte Kartoffeln mit kaltem ansetzen, damit die Stärke während des Erhitzens aufquellen kann.

2. Bei Pellkartoffeln auf möglichst gleiche Größe achten.

3. Salzkartoffeln in gleich große Stücke schneiden.

4. Die angegebenen Garzeiten sind Durchschnittswerte und können je nach Qualität, Sorte und Menge der Kartoffeln gering schwanken.

5. Kartoffeln beim 2. Ring garen.

6. Bei Pellkartoffeln kein Schnellabdampfen, da sie sonst platzen.

Teigwaren – Nudeln

1. Wegen der unterschiedlichen Art der Teigwaren ergeben sich abweichende Garzeiten. Kleinere Mengen bis zu 300 g in den ungelochten Einsatz – mit warmem Wasser bedeckt – legen und über Wasser garen. Die Garzeit ist dann um etwa ⅓ kürzer als auf der Packung angegeben.

2. Größere Mengen in reichlich Salzwasser garen.

3. Teigwaren grundsätzlich beim 2. Ring garen.

4. Kleine und dünne Teigwaren mit einer Kochzeit bis 4 Minuten im offenen Topf garen.

5. Beim Kochen von Nudeln 1 – 2 Teel. Speiseöl in das Kochwasser geben, so kleben sie nicht zusammen.

Reis

1. Reis direkt im Schnelltopf oder im ungelochten Einsatz garen.

2. Reis beim 2. Ring oder bei Verwendung des Super 3 auf der 3. Stufe garen.

Klöße/Knödel

1. Rohe und gekochte Kartoffelklöße sowie Semmelknödel im gelochten oder ungelochten Einsatz über Wasser garen oder direkt im Schnelltopf im kochenden Wasser.

2. Hefeklöße im ungelochten Einsatz über Wasser garen.

Puddinge

1. Im Schnelltopf können Puddinge in nur ⅙ bis ⅓ der üblichen Kochzeit gegart werden.

2. Der Pudding kann entweder in einer Puddingform oder im ungelochten Einsatz gegart werden.

3. Den ungelochten Einsatz gut ausfetten oder mit gefetteter Alufolie auslegen und mit Semmelmehl ausstreuen. Einsatz auf den Einsatzsteg über Wasser oder andere Speisen stellen.

4. Den Pudding mit Alufolie abdecken, damit sich kein Kondenswasser absetzen kann.

5. Damit er sich besser aus der Form löst, den Pudding nach dem Garen kurze Zeit stehenlassen, erst dann stürzen.

Wissenswertes über den Schnelltopf und seine Technik

Das Wichtigste beim Schnellkochen ist der richtige Topf. Ob Sie sich für einen Schnelltopf aus rostfreiem Edelstahl 18/10 oder aus Stahlemail entschließen, ist letztlich eine Frage des Geschmacks. In jedem Fall aber sollten Sie sich für ein Markenerzeugnis entscheiden. Denn damit haben Sie die Gewähr hervorragender Gebrauchseigenschaften.

Der Boden eines hochwertigen Kochgeschirrs ist im kalten Zustand ganz leicht nach innen gewölbt. Dadurch wird sichergestellt, daß der erhitzte Boden beim Kochen wirklich plan auf der Kochplatte aufliegt. Das gilt sowohl für Stahlemail-Kochgeschirre als auch für Töpfe und Pfannen aus Edelstahl Rostfrei. Letztere besitzen zur besseren Energieverteilung einen Sandwich-Boden mit Leichtmetallkern. Alle Marken-Schnelltöpfe sind für sämtliche Herdarten – Gas und Elektro – und auch für die modernen Glaskeramik-Kochfelder voll geeignet.

Der Deckel wird durch einen kräftigen Bajonettverschluß auf dem Schnelltopf festgehalten. Überhaupt kommt dem Deckel besondere Bedeutung zu, denn er ist Träger der eigentlichen „Technik“. Außer dem zuverlässigen Griff mit einer Verschlußsicherung zählen dazu als wesentliche Elemente, die natürlich besonders sorgfältig gepflegt werden sollten, Gummidichtung, Abdampfventil und eventuell der Kochstufenregler. Im Ventilgehäuse, ganz gleich ob in der Topfmitte oder am Griff, lagert ein gefederter Druckanzeiger, der je nach den Druckverhältnissen nach oben austritt.

Es gibt Schnelltöpfe mit einer Kochstufe und Schnelltöpfe mit mehreren Kochstufen. Die verschiedenen Kochstufen werden durch Ringanzeigen sichtbar gemacht. Durch Regelung der Energiezufuhr wird der für die gewünschte Kochstufe notwendige Druck beibehalten.

Am bequemsten für die Hausfrau sind regulierte Kochstufen, d. h. der Schnelltopf dampft ab, wenn der eingestellte Druck erreicht ist. Als einziger Schnelltopf verfügt der WMF-Schnelltopf Super 3 über 3 exakt regulierte Kochstufen. Die 3. Stufe bringt bei Gerichten mit langer Garzeit beträchtliche Zeit-und Energieersparnisse. Überall, wo der Einsatz des Super 3 sinnvoll ist, ist es im Rezeptteil vermerkt.

Auch bei Schnelltöpfen mit Kochstufenregulierung sollte nach Erreichen der gewünschten Kochstufe die Energiezufuhr gedrosselt werden. Nur so kommt der Energiespareffekt voll zum Tragen und der Flüssigkeitsverlust wird auf ein Minimum reduziert.

Die jedem Schnelltopf beigefügte Gebrauchsanweisung des Herstellers sollte auf alle Fälle immer exakt beachtet werden.

Und noch ein Wort zur Sicherheit der Schnelltöpfe. Die heutigen DIN-(Norm 66065) und TÜV-gerechten Schnelltöpfe sind dreifach gegen unsachgemäße Bedienung gesichert:

1. Die Verschlußsicherung gewährleistet, daß sich bei nicht richtig verschlossenem Deckel kein Dampfdruck entwickeln kann. Erst bei übereinanderstehenden Griffen nach Einstellung des Kochstufenreglers auf eine der Kochstufen ist der Topf dicht verschlossen.

2. Die Verschlußsicherung verhindert unbeabsichtigtes Öffnen des Topfes unter Druck.

3. Gegen zu hohen Druck sichert das Ventil. Eine zusätzliche Sicherung besteht darin, daß der Gummiring im Deckel durch einen seitlich ausgesparten Schlitz nach außen gedrückt wird, so daß ein eventuell entstehender Überdruck entweichen kann.

Alles in allem: In bezug auf Handhabung und Sicherheit ist Schnellkochen überhaupt kein Problem, vorausgesetzt, man benutzt das richtige Gerät.

Tiefkühlkost: Wichtiges und Wissenswertes

Kälte erhält die Qualität

Je kühler Lebensmittel aufbewahrt werden, desto länger bleiben sie frisch. Die moderne Technik des Tiefkühlens, auch Tiefgefrieren genannt, ermöglicht es, Lebensmittel und fertige Speisen über Wochen, ja sogar über Monate hinweg ohne Qualitätsverlust aufzubewahren, ohne daß sie dabei an Aussehen, an Aroma oder auch an Geschmack einbüßen.

Das Lagern bei Dauerkälte von $-18°$ und tiefer nimmt z. B. Bakterien, Fäulnis-, Schimmel- und Gärungserregern die Möglichkeit, sich zu vermehren und die Lebensmittel so zu verändern, daß sie ungenießbar werden.

Was heißt tiefgefroren

Tiefgefroren heißt, Lebensmittel bei sehr tiefen Temperaturen schockartig gefrieren. Nur so bleiben sie nahezu unverändert. Bei langsamem Gefrieren, das geschieht bereits bei nur wenigen Graden unter Null, erfrieren die Lebensmittel. Sie verändern Aussehen, Aroma und Konsistenz und verderben dann sehr rasch. Zurückzuführen ist dies auf das in allen Lebensmitteln enthaltene Wasser.

Gefriert dieses langsam, bilden sich große Eiskristalle, die die Zellwände zerstören. Das ist die Ursache des Verderbs. Beim schockartigen Gefrieren bilden sich nur sehr kleine Eiskristalle. Die Zellwände bleiben unbeschädigt, die Qualität und viele Eigenschaften auch der leicht verderblichen Lebensmittel bleiben erhalten.

Tiefkühlkost nützt der Gesundheit

Tiefkühlen ist die natürlichste Konservierungsmethode und in punkto Gesundheit die unbedenklichste, die wir heute kennen, denn Zusätze von Fremdstoffen und Chemikalien sind nicht notwendig.
Während des „Kälteschlafs" verlieren die Lebensmittel nichts von ihrem Nährstoffgehalt und ihrem Wert für die Gesundheit.
Im Gegenteil: Aus tiefgekühlten Lebensmitteln können einige Vitamine, z. B. der B-Gruppe, das Eisen und auch das Eiweiß vom Körper besser genützt und verwertet werden.
Viele schwer verdauliche Lebensmittel und Speisen, wie Pilze, Gurkensalat oder auch Hülsenfrüchte werden durch Tiefkühlen bekömmlicher. Das ist sowohl für Magenempfindliche, als auch im Bereich der Kranken- und Kinderernährung sehr wichtig. Ob Diätgerichte oder Babynahrung, eingefrorene Lebensmittel oder bereits zubereitete Speisen, im Gefriergerät sind sie alle bestens aufgehoben.

Tips für den Einkauf von Tiefkühlkost

- Kaufen Sie nur aus sauberen, gut gepflegten Händlertruhen, in denen die Packungen übersichtlich sortiert gelagert sind und die nur bis zur Lademarke (eine Kennzeichnung am Truhenrand) gefüllt sind. „Warenberge" sind unzulässig.
- Der Reifansatz an den Truhen darf nur wenige Millimeter betragen, sonst ist die notwendige Lagertemperatur von – 18° nicht gewährleistet. Auch die Packungen dürfen nicht vereist sein.
- Packungen, Kartons und Folien müssen unbeschädigt sein.
- Manche Lebensmittel, wie Erbsen oder Rosenkohl, werden erst eingefroren und dann verpackt. Sie „klappern", wenn man die Pakete schüttelt. Tun sie es nicht, besteht die Gefahr, daß die Ware bereits angetaut war.
- Fleckige Verfärbung bei Fleisch und Geflügel lassen auf „Gefrierbrand" schließen, eine Minderung der Qualität.
- Achten Sie auf die Kennzeichnung tiefgekühlter Lebensmittel und Fertiggerichte mit dem Herstellungs- oder Verbrauchsdatum. Bevorzugen Sie Tiefkühlkost mit diesen Angaben zur Haltbarkeit (nur bei Fleisch, Fisch und daraus bzw. damit hergestellten Erzeugnissen ist diese Kennzeichnung gesetzliche Vorschrift).

Aufbewahrungszeiten industriell tiefgefrorener Lebensmittel
Tiefkühlkost kann mindestens bis zum Ablauf der vom Hersteller angegebenen Haltbarkeitsdauer aufbewahrt werden. Für Tiefkühlkost ohne Haltbarkeitsdatum und für Speiseeis werden folgende Aufbewahrungszeiten empfohlen:

Gefriergerät – 18° und tiefer	Tiefkühlkost Speiseeis	3 Monate u. länger einige Monate
Tiefkühlgerät Kühlschrank 3-Sterne-Fach, wenigstens – 18°	Tiefkühlkost Speiseeis	2 – 3 Monate mehrere Wochen
Kühlschrank 2-Sterne-Fach ca. – 12°	Tiefkühlkost Speiseeis	3 – 14 Tage 1 – 2 Tage
Kühlschrank 1-Stern-Fach ca. – 6°	Tiefkühlkost Speiseeis	1 – 3 Tage einige Stunden
Kühlschrank ca. + 5°	Tiefkühlkost Speiseeis	6 – 24 Stunden 2 – 4 Stunden
Raumtemperatur ca. + 20°	Tiefkühlkost Speiseeis	1 – 8 Stunden sofort

EINFRIEREN IM HAUSHALT

Richtig einfrieren

- Lebensmittel und Fertiggerichte gut kühlen (evtl. im Kühlschrank), ehe sie in das Gefriergerät gepackt werden.
- Packungen an die kälteste Stelle des Gefriergerätes legen: auf den Boden, an die Wände oder ins Vorgefrierfach.
- Die Packungen dürfen sich nicht berühren. Die Kälte soll von allen Seiten einwirken können.
- Abstand halten, auch zu bereits eingefrorener, gelagerter Ware.
- Erst nach ca. 24 Stunden die neugefrorene Ware stapeln. Dabei beachten, daß die Ware, die zuerst verbraucht werden muß, in Griffnähe ist.

Zum Einfrieren nicht geeignet sind:

- alle Blattsalate (z. B. Kopfsalat, Endivien, Feldsalat, Eisbergsalat, Radicchio);
- Radieschen, Rettiche;
- ganze Tomaten, Äpfel, Birnen und Bananen, Weintrauben (jeweils ganze, rohe Früchte);
- rohe Kartoffeln;
- rohe Zwiebeln und Knoblauch;

- Joghurt, Kefir, Dickmilch, einige Fertigdesserts, Pudding;
- mit Gelatine hergestellte Speisen;
- Mayonnaise;
- rohe Eier in der Schale, ganze gekochte Eier und Scheiben von gekochten Eiern;
- Makronengebäck, Baiser;
- Hirn, Bries.

Beste Qualität wählen

Einfrieren lassen sich nahezu alle Lebensmittel und Speisen. Aber ein gutes Ergebnis werden Sie nur dann erreichen, wenn Sie Lebensmittel bester Qualität nehmen, sie sorgfältig vorbereiten, zubereiten und einfrieren, die Lagerzeiten beachten und die Lebensmittel richtig weiterverarbeiten.
Was im einzelnen zu beachten ist, erfahren Sie aus der nachfolgenden Tabelle auf den Seiten 368/369.

Verpackung muß sein

Das richtige Verpackungsmaterial ist eine wichtige Voraussetzung für die Qualität von Tiefkühlkost. Auch wenn die Lagerung nur kurz ist. Schlecht oder gar nicht verpackte Lebensmittel trocknen aus, sie werden unansehnlich in Farbe, verändern ihren Geschmack und der Vitamingehalt nimmt ab.
Verwenden Sie in jedem Fall für das Verpacken von Tiefkühlkost nur Folien, Dosen oder Beutel, die speziell zum Einfrieren angeboten werden.
Zum Verschließen eignen sich Clips, Klebestreifen, Gummiringe oder das spezielle Folienschweißgerät.

Spezielles zum Einfrieren von Gemüse

1. Prüfen Sie zuerst, ob sich das Einfrieren der jeweiligen Sorte für Sie lohnt oder ob es preisgünstiger ist, die industriell hergestellte Tiefkühlkost zu kaufen.
2. Nur einwandfreies, frisches Gemüse im besten Reifezustand eignet sich zum Tiefgefrieren.
3. Nutzen Sie die Saisonangebote.
4. Selbstgeerntetes oder eingekauftes Gemüse muß äußerst rasch und sehr sorgfältig verarbeitet werden.
5. Kaufen oder ernten Sie immer nur so viel, wie Sie am gleichen Tage auch verarbeiten können.
6. Von einigen wenigen Ausnahmen abgesehen, muß Gemüse vor dem Einfrieren blanchiert werden.
7. Denken Sie an portionsgerechte und möglichst platzsparende Verpackung (Dosen, Beutel).
8. Tiefgefrorenes Gemüse schmeckt am besten, wenn es gefroren zubereitet (gedünstet, gekocht) wird.
9. Die Garzeit ist bei tiefgekühltem Gemüse ca. ⅓ kürzer als bei frisch zubereitetem.
10. Einmal aufgetautes Gemüse darf nicht wieder eingefroren werden.

Blanchieren: Erst Hitze, dann Kälte

Blanchieren heißt abbrühen (abwellen). Die Lebensmittel werden nur kurze Zeit in kochendes Wasser getaucht. Für das Tiefgefrieren von Gemüse ist diese Vorarbeit wichtig, um es lange Zeit lagern zu können, ohne daß es an Qualität verliert.
Denn: auch geerntetes Gemüse „lebt", z. B. ändern sich Farbe, Aroma, Geschmack und auch Vitamin-C-Gehalt nachteilig. Die sogenannten Enzyme bewirken das. Sie sind auch bei großer Kälte in Aktion, werden aber durch Hitze zerstört.
Da das Vitamin C aber auch hitzeempfindlich ist, ist es wichtig, die angegebenen Zeiten für das Blanchieren und auch das Lagern von tiefgekühltem Gemüse zu beachten. Nur dann erhalten Sie beste Qualität.

So wird blanchiert:

- Für 1 kg Gemüse brauchen Sie einen Topf, der 10 Liter Wasser faßt. Dazu ein passendes Blanchiersieb oder ein Henkelsieb, das in den Topf paßt (Einsatz des Schnellkochtopfes).
- Bei manchen Gemüsen wird dem Wasser Salz zugesetzt (*). Helle Gemüse müssen im Wasser mit Ascorbinsäure-Zusatz (Vitamin-C-Pulver aus der Apotheke) blanchiert werden. Das verhindert, daß sich das Gemüse dunkel verfärbt. Von der Ascorbinsäure nehmen Sie für 10 Liter Wasser ca. 5 g.
- Das Wasser zum Kochen bringen und Gemüse auf einmal mit dem Sieb ins kochende Wasser tauchen. Ab dem Moment, in dem das Wasser wieder kocht, die angegebene Blanchierzeit rechnen. Schwenken Sie das Sieb ab und zu hin und her.
- Das erhitzte Gemüse muß rasch abgekühlt werden. Füllen Sie dazu das Spülbecken mit eiskaltem Wasser (reichlich Eiswürfel zugeben).
- Nach Ablauf der Blanchierzeit das Gemüse in das Eiswasser tauchen und genauso lange schwenken wie im heißen Wasser.
- Das Gemüse gut abtrocknen (evtl. auf Küchentücher auslegen oder mit Haushaltspapier trockentupfen).
- Das Gemüse verpacken und einfrieren.

Gemüse	Blanchierzeit i. Min.
Artischocken *	6–10
Auberginen	1–2
Blumenkohl *	2–3
Bohnen	2–3
Dicke Bohnen	3–4
Broccoli	–
Erbsen	2
Fenchel	4
Grünkohl	2
Karotten/Möhren	2–3
Kohlrabi	4
Lauch/Porree	3–5
Mais	6–8
Paprika	2–3
Pilze	3–4
Schwarzwurzeln	3
Spinat	2

Gefriergut	Vorbereitung	Verpackung	Tip	Auftauen/ Lagerzeit	Saison-Monat
Obst	Nur einwandfreies Obst verwenden. Säubern, entstielen oder entkernen, evtl. häuten. Unblanchiert mit oder ohne Zucker oder in Zuckerlösung einfrieren.	Folienschlauch, Gefrierbeutel, Gefrierformen aus Kunststoff.	Beeren erst einzeln vorfrieren, dazu eine Schicht auf ein Tablett geben, rasch frosten und tiefgekühlt in Dosen und Beutel füllen und verschließen. Äpfel nur gekocht. Quitten, Rhabarber, Birnen nur gekocht.	Aus der Verpackung nehmen und in zugedeckter Schüssel bei Raumtemperatur auftauen (mit Zucker bestreutes Obst ca. 5 Std., in Zuckerlösung bis 12 Stunden). *Lagerzeit:* **ca. 8 Monate.**	Beerenobst – Juni, August; Steinobst – August, Oktober; Kernobst – Juni, September.
Gemüse	Ganz frisches Gemüse putzen und topffertig zerschneiden. Gemüse blanchieren, abkühlen und abtropfen lassen.	Folienschlauch, Gefrierbeutel, Koch-Gefrierbeutel. Gefrierform aus Kunststoff.	Frieren Sie zu den Gemüsen gleich die entsprechende Portion frische Kräuter ein. Z. B. Bohnen und Bohnenkraut. Möhren und Petersilie. Rotkohl nur gekocht. Tomaten nur als Püree. Spargel vorfrosten.	Aus der Verpackung direkt in den Topf geben und garen. *Lagerzeit:* **ca. 10 Monate.**	Spinat – April, Mai; Erbsen und Möhren – Juni; Kohl, Bohnen – August, September.
Backwaren	Kuchen backen, abkühlen lassen und einfrieren. Sahne- und Buttercremetorten im ganzen einfrieren. Brot und Brötchen frisch einfrieren.	Folienschlauch, große Gefrierbeutel, Alufolie.	Backen Sie mehrere Kuchen, schneiden Sie diese und frieren Sie „bunte" Platten ein. Nun können Sie Einzelstücke entnehmen; jeder nach seinem Geschmack. Garnierte Torten vor dem Verpacken vorfrieren.	Feste Kuchen, Blätter- oder Plunderteig und Brötchen im Backofen aufbacken. Sahne-und Buttercremetorte 5 – 6 Stunden bei Zimmertemperatur auftauen lassen. *Lagerzeit:* **ca. 6 Monate.**	Das ganze Jahr über.
Fleisch	Fett abschneiden, wenn möglich Knochen auslösen. Fleisch für die Verwendung portionieren, für Gulasch würfeln, Schnitzel oder Koteletts schneiden, Hackfleisch durchdrehen.	Folienschlauch, Gefrierbeutel, Kunststoff, Gefrierformen, Alufolie.	Wo Knochen unvermeidbar sind, diese mit Kunststoffolie umwickeln, dann in Alufolie oder Gefrierbeutel einpakken. So verletzen Sie mit den spitzen Knochen die Folie nicht.	Kleinfleisch gleich ins heiße Fett geben. Große Fleischstücke abgedeckt im Kühlschrank 5 – 8 Stunden auftauen lassen. *Lagerzeit:* **ca. 8 Monate.**	Wild – September, Dezember, Spanferkel – April, Juni, sonst nach Angebot.

Gefriergut	Vorbereitung	Verpackung	Tip	Auftauen/ Lagerzeit	Saison-Monat
Geflügel	Gründlich rupfen und ausnehmen. Großes Geflügel nach Wunsch zerlegen und Fett entfernen. Gut waschen und mit Haushaltspapier abtrocknen.	Folienschlauch, Gefrierbeutel, Alufolie, Geflügel auch in Aluschalen, Gefrierdosen.		Folie entfernen und abgedeckt im Kühlschrank, je nach Größe mehrere Stunden auftauen lassen. *Lagerzeit:* **4 – 10 Monate. Gefülltes Geflügel kürzer.**	Besonders von Mai – August.
Fisch	Säubern, ausnehmen, evtl. schuppen. Vorfrieren und dann verpacken. Frische Kräuter gleich mit dem Fisch einfrieren.	Folienschlauch, Gefrierbeutel, Gefrierkochbeutel, Aluschalen, Alufolie.	Fische mit Kräutern können gleich im Gefrierkochbeutel in kochendem Wasserbad garen. Besonders gut in der Diät.	Kleine Fische sofort garen. Große Fische aus der Folie nehmen und im Kühlschrank ca. 6 Stunden auftauen lassen. *Lagerzeit:* **ca. 3 Monate.**	Das ganze Jahr über.
Fertiggerichte	Garen, jedoch alle Speisen nicht zu weich werden lassen. Soßen nicht mit Mehl, Ei oder Sahne binden und vor dem Einfrieren gut abkühlen lassen.	Aluschalen, Gefrierdosen aus Kunststoff, Gefrierkochbeutel.	Kochen Sie gleich größere Portionen Eintopf oder Gulasch, mehrere Rouladen, usw.	Inhalt in Aluschalen gleich im Backofen auftauen und erhitzen. Gefrierkochbeutel in kochendes Wasser hängen. Anders bei geringer Wärmezufuhr im Kochtopf. *Lagerzeit:* **ca. 3 Monate.**	Das ganze Jahr über.

Maße und Gewichte

1 kg	=	1000 g
½ kg (1 Pfund)	=	500 g
1 Eßl. Mehl, gestrichen	=	10 g
1 Eßl. Gustin, gestrichen	=	8 g
1 Eßl. Gustin, schwach gehäuft	=	10 g
1 Eßl. Semmelmehl, gestrichen	=	10 g
1 Eßl. Semmelmehl, schwach gehäuft	=	15 g
1 Eßl. Grieß, gestrichen	=	12 g
1 Eßl. Graupen, Grütze, gestrichen	=	12 g
1 Eßl. Salz, gestrichen	=	15 g
1 Eßl. Zucker, gestrichen	=	15 g
1 Eßl. Zucker, schwach gehäuft	=	20 g
1 Eßl. Zucker, gut gehäuft	=	25 g
1 Teel. Mehl, gestrichen	=	3 g
1 Teel. Mehl, schwach gehäuft	=	4 g
1 Teel. Gustin, gestrichen	=	2 g
1 Teel. Gustin, schwach gehäuft	=	3 g
1 Teel. Salz, gestrichen	=	5 g
1 Teel. Zucker, gestrichen	=	4 g
1 Teel. Zucker, schwach gehäuft	=	5 g
1 Teel. Backpulver, gestrichen	=	3 g
1 Teel. Speiseöl	=	5 g
1 Teel. Senf, schwach gehäuft	=	8 g
1 Eßl. Senf, schwach gehäuft	=	25 g
1 Eßl. Fett, gestrichen	=	15 g
1 Eßl. Tomatenmark, gestrichen	=	20 g
1 Eßl. Tomatenmark, schwach gehäuft	=	25 g
1 Eßl. Tomaten-Ketchup, schwach gehäuft	=	30 g
1 Eßl. Joghurt (3,5% Fett), gestrichen	=	20 g
1 Eßl. Joghurt (3,5% Fett), schwach gehäuft	=	35 g
1 Eßl. saure Sahne (10% Fett), gestrichen	=	20 g
1 Eßl. saure Sahne (10% Fett), schwach gehäuft	=	35 g
1 Eßl. Crème fraîche (30% Fett), schwach gehäuft	=	30 g
1 Eßl. Salatmayonnaise	=	30 g
1 Eßl. gehackte Kräuter	=	4 g
1 Eßl. Kapern	=	15 g
1 Eßl. geriebener Meerrettich, schwach gehäuft	=	35 g
1 Eßl. geriebener Apfel, schwach gehäuft	=	25 g
1 Teel. Zwiebelwürfel, schwach gehäuft	=	5 g
1 Ei (Gewichtsklasse 3)	=	60 g
1 Brötchen (Semmel)	=	50 g
1 kleine Zwiebel	=	30 g
1 mittelgroße Zwiebel	=	40 g
1 große Zwiebel	=	75 g
1 kleine Tomate	=	50 g
1 mittelgroße Tomate	=	65 g
1 kleiner Apfel	=	100 g
1 mittelgroßer Apfel	=	125 g
1 mittelgroße Kartoffel	=	100 g
1 kleine Möhre	=	50 g
1 mittelgroße Möhre	=	100 g
1 kleine Salatgurke	=	375 g
1 mittelgroße Salatgurke	=	750 g
1 mittelgroße Scheibe Ananas	=	50 g
1 Gewürz- oder Essiggurke	=	50 g
1 Bund Suppengrün (Möhre, Porree, Sellerie, Petersilienwurzel)	=	250 g
1 Päckchen tiefgekühltes Suppengrün	=	75 g

Mengenangaben

Bei den folgenden Angaben handelt es sich um Durchschnittsmengen, die jede Hausfrau aufgrund ihrer Erfahrungen für die besonderen Verhältnisse ihrer Familie abändern muß. Bei der Veranschlagung des Kostmaßes sind Alter, Berufsarbeit, Gewöhnung, Veranlagung der einzelnen Personen und die Speisenzusammenstellung zu berücksichtigen.
Im allgemeinen werden folgende Mengen für eine Person und Mahlzeit zugrundegelegt:

Vorsuppe:		250 ml (¼ l)
Hauptgericht:		500 ml (½ l) Suppe
	oder	150-200 g Fleisch ohne Knochen
	oder	200-250 g Fleisch mit Knochen
	oder	250 g Fisch mit Kopf
	oder	150-200 g Fischfilet
Beigaben:		100-125 ml (¹⁄₁₀ – ⅛ l) Soße
	und	250 g Gemüse (ungeputzt)
	oder	60 g Backobst
	und	250 g Kartoffeln (ungeschält)
	oder	60 – 70 g Reis
	oder	60 – 70 g Teigwaren
Nachtisch:		150 – 200 g frisches Obst
	oder	125 g frisches Obst für Kompott
	oder	60 g Backobst

Flüssigkeitsmengen

1000 ml (1 l)	Wasser	=	1 kg	=	1000 g
750 ml (¾ l)	Wasser	=	¾ kg	=	750 g
500 ml (½ l)	Wasser	=	½ kg	=	500 g
375 ml (⅜ l)	Wasser	=	⅜ kg	=	375 g
250 ml (¼ l)	Wasser	=	1 Suppenteller		
200 ml (⅕ l)	Wasser	=	200 g		
150 ml	Wasser	=	1 Tasse		
125 ml (⅛ l)	Wasser	=	8 Eßl.		
100 ml (¹⁄₁₀ l)	Wasser	=	6 Eßl.		
15 ml	Wasser	=	1 Eßl.		

Abkürzungen

kg	= Kilogramm	kj	= Kilojoule
g	= Gramm	kcal	= Kilokalorie
l	= Liter	E	= Eiweiß
ml	= Milliliter	F	= Fett
Eßl.	= Eßlöffel	Kh	= Kohlenhydrat
Teel.	= Teelöffel		

Küchentechnische Ausdrücke

Abschäumen

Entfernen des Schaumes nach dem ersten Aufkochen von Fleischbrühen.

Abschrecken

Übergießen heißer Nahrungsmittel mit kaltem Wasser.

Abschlagen

Schlagen von rohen Zutaten unter Erwärmung im Wasserbad zu einer cremigen Masse.

Abziehen (legieren)

Eigelb oder Ganz-Ei mit etwas Flüssigkeit (Wasser oder Sahne) verschlagen und unter Schlagen in die kochendheiße Speise geben, diese darf nicht mehr aufkochen.

Al dente

Körnig (mit Biß) kochen, z. B. Teigwaren (Nudeln), Reis (Risotto).

Anschwitzen (andünsten)

Erhitzen des Kochgutes (Suppengrün, Zwiebel, Gemüse) in heißem Fett, ohne daß es bräunt.

Ausbacken (fritieren)

Garen in heißem Fett, das Kochgut muß darin schwimmen. Entweder wird dazu nur Speiseöl verwendet oder nur festes Fett, z. B. Pflanzenfett, aber nicht Öl und festes Fett gemischt.

Backen

Garen durch heiße Luft im Backofen oder in Spezialgeräten wie Waffeleisen usw.

Binden

Suppen oder Soßen mit kalt angerührter Speisestärke (z. B. Gustin) oder kalt angerührtem Mehl sämig machen.

Braten

Garen in Fett bei hoher Temperatur im Brattopf, in der Pfanne, im Backofen, auf dem Rost oder in der Rostbratpfanne. Wichtig ist die schnelle und gute Bräunung, bei der sich Röst- und Aromastoffe bilden.

Dämpfen

Garen im Siebeinsatz in Wasserdampf im gut verschlossenen Topf. Der Nährstoffverlust ist gering, da das Kochgut nicht unmittelbar mit dem Kochwasser in Berührung kommt.

Dünsten

Garen im eigenen Saft, wenn nötig unter Zugabe von etwas Fett oder Flüssigkeit. Die Nährstoffe bleiben weitgehend erhalten.

Flambieren

Ein Gericht mit Alkohol übergießen und anzünden.

Garnieren

Gerichte mit farblich abgestimmten kleinen Beigaben ausschmücken.

Gar ziehen lassen

Das Kochgut knapp unter der Kochtemperatur halten.

Glasieren

Gerichte mit Sülze, Gelee, konzentriertem Fleischsaft überziehen oder Kuchen und Torten durch Zuckerguß, Schokoladenguß, durchgerührter, erwärmter Konfitüre glänzend machen.

Grillen

Garen durch Strahlungshitze bei besonders hoher Temperatur.

Karamelisieren

Schmelzen und Bräunen von Zucker unter ständigem Rühren, mit Flüssigkeit ablöschen.

Klären

Brühe durch Aufkochen mit Eiweiß oder durch Filtrieren klären.

Kochen

Garen in Flüssigkeit. Nur anzuwenden, wenn die Flüssigkeit zu Suppen oder Soßen verwendet werden kann, da ein Teil der Nährstoffe in das Kochwasser übergeht. Grundsätzlich muß das Kochgut bei hoher Einstellung zum Kochen gebracht und dann bei niedriger Einstellung kochend gehalten werden, ohne überzukochen. Bei Herden mit Automatikplatten, die auf den Bereich „Kochen“ gestellt werden können, entfällt das Umstellen, denn der Kochvorgang wird selbsttätig durch die Temperaturautomatik überwacht.

Köcheln

Bei schwacher Hitze kochen.

Marinieren

Fleisch, Fisch oder Gemüse in eine Beize einlegen.

Panieren

Das Bratgut nacheinander wenden in Weizenmehl, verschlagenem Ei und Semmelmehl.

Passieren

Soßen, Suppen, Gemüse, Früchte usw. durch ein Sieb streichen.

Pochieren

Aufgeschlagene Eier in kochendes Essigwasser gleiten lassen und garen.

Pürieren

Zerkleinern von rohen oder gekochten Lebensmitteln zu einer breiigen Masse.

Quellen

Einweichen von Hülsenfrüchten, Backobst in reichlich Wasser, damit sich das Gewebe mit Wasser anreichert und ein schnelles Garen erreicht wird. Einweichwasser grundsätzlich mit verwerten.

Schmoren

Anbraten in Fett im offenen Gefäß bis zur Bräunung und garen unter Zugabe von Flüssigkeit im geschlossenen Topf.

Spicken

Speckstreifen mit einer Spezialnadel durch Fleisch ziehen.

Stocken

Garen von Ei oder Eimasse mit oder ohne Fett bei geringer Temperatur.

Tranchieren

Kunstgerechtes Zerlegen von Geflügel, Fleisch oder Fisch.

Überbacken (gratinieren)

Fertige Speisen, die mit geriebenem Käse oder Semmelmehl und Butterflöckchen belegt sind, bei starker Hitze von oben bräunen oder überkrusten lassen.

Unterheben (unterziehen)

Vorsichtiges Vermengen (nicht verrühren) von steifgeschlagenem Eiweiß oder Sahne mit einer Teig-/Eigelbmasse.

Im Wasserbad garen

Garen von empfindlichen Speisen (abgeschlagene Soßen und Cremes) in einer Schüssel, die in einem Topf mit kochendheißem Wasser hängt.

Nährwerttabelle

Nahrungsmittel 100 g enthalten (eßbarer Anteil)	**Eiweiß g**	**Fett g**	**Kohlenhydrate g**	**Kilojoule kj**	**Kilokalorien kcal**
Rindfleisch:					
Filet	19,2	4,4	–	527	126
Keule	17,4	5,9	–	552	132
Ochsenschwanz	11,1	6,3	–	452	108
Roastbeef	19,0	9,4	–	724	173
Zunge	11,8	11,8	–	699	167
Schweinefleisch:					
Filet	18,6	9,9	–	736	176
Hackfleisch (halb und halb)	18,8	24,5	–	1322	316
Kasseler	15,3	21,6	–	1138	272
Keule	15,2	20,6	–	1100	263
Kotelett	13,1	19,6	–	1021	244
Leber	18,7	5,7	–	615	147
Nieren	14,4	4,5	–	456	109
Kalbfleisch:					
Brust	10,6	3,6	–	339	81
Keule	16,1	1,2	–	347	83
Schulter	15,8	2,2	–	381	91
Hammelfleisch:					
Kotelett	12,1	25,9	–	1255	300
Geflügel:					
Ente	14,5	13,8	–	812	194
Gans	9,9	19,5	–	958	229
Poularde	15,2	4,1	–	448	107
Pute (Steak)	21,4	1,0	–	481	115
Suppenhuhn	13,5	14,8	–	837	200
Taube	18,3	2,7	–	431	103
Wild:					
Kaninchen	16.4	6,0	–	552	132
Rehrücken	15,7	2,5	–	389	93
Wildschweinkeule	18,8	2,1	–	410	98
Fisch:					
Aal (grün)	10,5	17,2	–	874	209
Forelle	10,1	1,4	–	243	58
Kabeljau (Netto)	17,7	0,4	–	343	82
Karpfen	9,4	2,5	–	272	65
Rotbarsch	10,2	1,7	–	230	55
Seelachs	11,9	0,5	–	238	57
Scholle	9,6	0,5	–	197	47
Milchprodukte:					
Buttermilch	3,5	0,5	4,0	151	36
Crème fraîche, 30% Fett	2,6	30,2	3,9	1293	309
Joghurt, 3,5% Fett	3,9	3,8	4,6	293	70
Sahne, 30% Fett	2,4	31,7	3,4	1326	317
saure Sahne, 10% Fett	3,1	10,5	4,0	531	127
Trinkmilch, 3,5% Fett	3,3	3,6	4,7	276	66

Nahrungsmittel 100 g enthalten (eßbarer Anteil)	**Eiweiß g**	**Fett g**	**Kohlenhydrate g**	**Kilojoule kj**	**Kilokalorien kcal**
Eier:					
Ei, Gewichtsklasse 3 (Brutto)	11,3	9,9	0,6	615	147
Öle und Fette:					
Butter	0,7	83,2	0,7	3247	776
Margarine	0,2	80,0	0,4	3138	750
Erdnußfett	–	93,0	–	3619	865
Pflanzenöl	–	93,0	–	3619	865
Getreideerzeugnisse:					
Grieß	10,3	0,8	75,3	1548	370
Reis, poliert	7,0	1,0	79,0	1540	368
Sago	2,0	–	82,0	1435	343
Nudeln	13,0	2,9	72,4	1632	390
Weizenmehl, Type 405	10,6	1,0	74,0	1540	368
Speisestärke (Gustin)	0,4	0,1	86,6	1460	349
Pudding-Pulver (Vanille-Geschmack)	0,4	–	85,5	1443	345
Gemüse:					
Blumenkohl	1,6	0,2	2,4	71	17
Bohnen, grün	2,3	0,2	4,8	134	32
Champignons	2,7	0,2	2,9	100	24
Chicorée	1,2	0,2	2,0	59	14
Gurken	0,4	0,1	1,0	29	7
Grünkohl	2,2	0,5	2,6	100	24
Kartoffeln	1,6	0,1	14,8	293	70
Kopfsalat	1,3	0,2	2,2	67	16
Möhren	0,8	0,2	7,1	138	33
Pfifferlinge	1,0	0,3	1,8	59	14
Spargel	1,4	0,1	2,2	63	15
Spinat	2,1	0,3	2,9	92	22
Tomaten	0,9	0,2	3,3	79	19
Weißkohl	1,1	0,2	3,3	79	19
Zwiebeln	1,2	0,2	8,0	176	42
Hülsenfrüchte:					
Bohnen (weiße)	21,3	1,6	57,6	1473	352
Erbsen	22,9	1,4	58,9	1515	362
Linsen	23,5	1,4	56,2	1481	354
Süßwaren:					
Zucker	–	–	99,8	1648	394
Schokolade (Vollmilch)	9,1	32,8	54,7	2356	563
Obst:					
Ananas	0,3	0,1	7,1	126	30
Äpfel	0,3	0,4	12,6	230	55
Bananen	0,8	0,1	15,6	276	66
Birnen	0,4	0,3	11,9	218	52
Erdbeeren	0,8	0,4	7,3	151	36
Himbeeren	1,3	0,3	8,1	167	40
Pflaumen	0,6	0,2	13,6	243	58
Weintrauben	0,7	0,3	16,1	289	69
Backobst	2,8	0,6	64,1	1151	275

Nahrungsmittel 100 g enthalten (eßbarer Anteil)	**Eiweiß g**	**Alkohol g**	**Kohlenhydrate g**	**Kilojoule kj**	**Kilokalorien kcal**
Getränke:					
Apfelsaft	–	–	11,6	192	46
Orangensaft, frisch	0,7	–	10,6	192	46
Rotwein, leicht	0,2	7,9	2,4	276	66
Weißwein, mittlere Qualität	0,2	8,4	2,6	293	70
Vollbier, hell	0,5	3,6	4,8	197	47

Rezeptverzeichnis nach Kapiteln

SUPPEN

SOSSEN

FLEISCH

WILD

Seite

GEFLÜGEL

Seite

FISCH

Seite

GEMÜSE Seite

SALATE Seite

EINTÖPFE Seite

KARTOFFEL-GERICHTE — Seite

GERICHTE AUS GETREIDE-ERZEUGNISSEN — Seite

EIERSPEISEN — Seite

QUARKSPEISEN — Seite

OBST — Seite

SÜSSPEISEN Seite

GRILLEN UND ÜBERBACKEN Seite

FRITIEREN Seite

SCHNELLKOCHEN Seite

TIEFKÜHLKOST-GERICHTE

Seite

Rezeptverzeichnis, alphabetisch

A

B

C

D

E

F

G

H

I

J

K

L

M

N

O

P

Q

R

S

Sch

T

U

V

W

Z